Die Anwendung des Subsidiaritätsprinzips auf dem Gebiet der Europäischen Verkehrspolitik

Europäische Hochschulschriften
Publications Universitaires Européennes
European University Studies

Reihe II
Rechtswissenschaft

Série II Series II
Droit
Law

Bd./Vol. 3850

PETER LANG
Frankfurt am Main · Berlin · Bern · Bruxelles · New York · Oxford · Wien

Matthias Mehl

Die Anwendung des Subsidiaritätsprinzips auf dem Gebiet der Europäischen Verkehrspolitik

Zugleich eine Studie über die gemeinschaftliche Rechtsetzungsbefugnis im Verkehrssektor

PETER LANG
Europäischer Verlag der Wissenschaften

Bibliografische Information Der Deutschen Bibliothek
Die Deutsche Bibliothek verzeichnet diese Publikation in der Deutschen Nationalbibliografie; detaillierte bibliografische Daten sind im Internet über <http://dnb.ddb.de> abrufbar.

Zugl.: Bielefeld, Univ., Diss., 2003

D 361
ISSN 0531-7312
ISBN 3-631-51850-1

www.peterlang.de

Meinen Eltern und meiner Frau

Vorwort

Die vorliegende Arbeit wurde von der Rechtswissenschaftlichen Fakultät der Universität Bielefeld im Sommersemester 2003 als Dissertation angenommen. Für die Veröffentlichung konnten die bis Ende September bekanntgewordene Rechtsprechung und die bis zu diesem Zeitpunkt erschienen Literatur berücksichtigt werden.

Meinem Doktorvater Professor Armin Hatje möchte ich an dieser Stelle für die ermutigende, konstruktive und kritische Begleitung der Dissertation bedanken. Herrn Professor Dr. Johannes Hellermann danke ich für die Erstellung des Zweitgutachtens.

Ganz besonders danken möchte ich meinen Eltern sowie meinem Onkel Dipl.-Ing. Heinz Pottkamp, die mich stets in meinen akademischen Vorhaben finanziell und ideell unterstützt haben. Den allergrößten Dank gebührt jedoch meiner Ehefrau Aurélia, die mir in allen Phasen dieser Arbeit durch konstruktive Anregungen zur Seite stand.

Kehl am Rhein, Herbst 2003 Matthias Mehl

Inhaltsverzeichnis

Abkürzungsverzeichnis

Die Abkürzungen folgen Kirchner, Hildebert / Butz, Cornelie: Abkürzungsverzeichnis der Rechtssprache, 5. Auflage, Berlin 2003. Darüber hinaus werden folgende Abkürzungen verwendet:

AEAP = Annuaire Européen d'Administration Publique

ADMA = Annuaire de droit maritime et aérien

AJP/PJA = Aktuelle Juristische Praxis / Pratique juridique actuelle

APUZ = Aus Politik und Zeitgeschichte

BullEU = Bulletin der Europäischen Union

CDE = Cahiers de droit européen

CML Rev. = Common Market Law Review

EL Rev. = European Law Review

endg. = endgültig

ENVL Rev. = Environmental law review

FAZ = Frankfurter Allgemeine Zeitung

Harv. ILJ = Harvard International Law Journal

Int. TranspZ = Internationale Transportzeitschrift

Int. Verkw. = Internationales Verkehrswesen

KSE = Kölner Schriften zum Europarecht

ORDO = Jahrbuch für die Ordnung von Wirtschaft und Gesellschaft

RFDA = Revue Française de droit aérien

RMC = Revue du Marché Commun

RMUE = Revue du Marché Unique Européen

RMCUE = Revue du Marché commun et de l'Union européenne

RTDE = Revue trimestrielle de droit européen

SEK = Dokumente des Sekretariats der Kommission

URP/DEP = Umweltrecht in der Praxis / Le Droit de l'environnement dans la pratique

WiD = Zeitschrift für deutschen und europäischen Wettbewerb

verb. Rs. = verbundene Rechtssachen

Y.E.L.=Yearbook of European Law

ZAU = Zeitschrift für angewandte Umweltforschung

ZEuS= Zeitschrift für europäische Studien

ZVerkWiss = Zeitschrift für Verkehrswissenschaft

Einleitung

Gegenstand der vorliegenden Arbeit ist die Anwendung des in Art. 5 Abs. 2 EGV verankerten Subsidiaritätsprinzips auf die verkehrspolitische Gemeinschaftsrechtsetzung. Mit dieser Untersuchung ist gleichzeitig eine umfassende Analyse der vertraglichen Rechtsetzungsbefugnis auf dem Gebiet des Verkehrs verbunden.

A. Die Ausgangslage

Die gemeinsame Verkehrspolitik gehört zu den Politikfeldern der Europäischen Gemeinschaft, die in den vergangenen Jahren durch eine zunehmende Zahl gemeinschaftlicher Rechtsakte geprägt waren. Die wachsende Bedeutung gemeinschaftlicher Aktivitäten im Bereich des Verkehrs [1] könnte dabei als Reaktion der Gemeinschaft auf die Erkenntnis gewertet werden, dass eine ausschließlich auf nationaler Ebene betriebene Verkehrspolitik für eine Vielzahl verkehrsspezifischer Probleme keine befriedigende Lösung bildet. Die vor allem seit dem sog. Untätigkeitsurteil des EuGH vom 22. Mai 1985 [2] vorangetriebene Entwicklung einer eigenständigen gemeinschaftlichen Verkehrspolitik, die sich bis zu diesem Zeitpunkt in jahrzehntelanger lähmender Stagnation befand [3], scheint dieser Annahme - zumindest im Grundsatz - Rechnung zu tragen.
Die verkehrspolitischen Integrationsschritte der zurückliegenden Jahre werden jedoch auch von Unsicherheiten und Bedenken bezogen auf Form und Geschwindigkeit des europäischen Einigungsprozesses begleitet. Das zeigt sich nicht nur in der wachsenden Kritik an der Legitimität gemeinschaftlichen Handelns im Rahmen der gemeinsamen Verkehrspolitik [4], sondern auch in der Be-

---

[1] In dem Zeitraum von 1958 bis 1980 belief sich die Anzahl der erlassenen Rechtsakte auf ca. 160. Diese betrafen vor allem die Bereiche des Wettbewerbsrechts, Unternehmenszulassungsregeln, die Freizügigkeit der Arbeitnehmer im Verkehrsgewerbe, die Anpassung der Schienenwirtschaft, Arbeitszeitregelungen für Lastkraftfahrer und Führerscheinregelungen. Die Europäischen Gemeinschaften hat seitdem ungefähr weitere 450 Rechtsakte erlassen. Rechnet man die ausschließlich oder überwiegend den Verkehr betreffenden Rechtsakte aus anderen Politikfeldern, z.B. der Wettbewerbs- und Umweltpolitik hinzu, so kommt man unter Einschluss der bereits erlassenen Rechtsakte auf insgesamt ca. 900 Rechtsakte. Auch wenn man dabei berücksichtigt, dass zahlreiche Rechtsakte lediglich frühere Rechtsakte zum gleichen Gegenstand geändert haben, bleibt die Zahl der verabschiedeten Rechtsakte dennoch ganz erheblich, vgl. zu den Zahlenangaben, *Mückenhausen* in: Frohnmeyer/Mückenhausen, Kommentar zum EG-Verkehrsrecht, Vorwort des Herausgebers, S. 1.

[2] EuGH, Rs. 13/83 (Parlament/Rat), Slg. 1985, S. 1513 ff.

[3] Ausführlich zur Entwicklung der gemeinsamen Verkehrspolitik, *Erdmenger* in: von der Groeben/Thiesing/Ehlermann, Kommentar zum EU-/EG-Vertrag, Bd. 1, Art. 74 Rdnr. 9 ff.

[4] Siehe dazu insbesondere die Kritik an der seit Jahren geplanten Einführung einer gemeinschaftsweiten Geschwindigkeitsbegrenzung auf Autobahnen, vgl. dazu *Lütkes*, Zulässigkeit von Geschwindigkeitsbeschränkungen auf Autobahnen nach dem EWG-Vertrag; ebenfalls *Goppel* in: EuZW 1993, S. 367 ff. [370]; siehe auch weiterhin die Diskussion um das sog.

anstandung unsachgemäßer Kompetenzübertragungen an die Europäische Gemeinschaft in diesem Politikfeld [5]. Vor diesem Hintergrund wird dem im Vertrag von Maastricht in Art. 5 Abs. 2 EGV eingefügten Subsidiaritätsprinzips eine besondere Bedeutung beigemessen [6]. Mit diesem Gemeinschaftsprinzip wird insofern das Anliegen verbunden, einer hypertrophierenden gemeinschaftlichen Rechtsetzung im Bereich des Verkehrs wirksam entgegenwirken zu können [7].

B. Die Funktion des Subsidiaritätsprinzips

Art. 5 Abs. 2 EGV bestimmt Folgendes: „In den Bereichen, die nicht in die ausschließliche Zuständigkeit fallen, wird die Gemeinschaft nach dem Subsidiaritätsprinzip nur tätig, sofern und soweit die Ziele der in Betracht gezogenen Maßnahmen auf Ebene der Mitgliedstaaten nicht ausreichend erreicht werden können und daher wegen ihres Umfangs oder ihrer Wirkungen besser auf Gemeinschaftsebene erreicht werden können". Das Subsidiaritätsprinzip schränkt also weder die der Gemeinschaft gesetzten Ziele ein noch die ihr im EG-Vertrag zugewiesenen Befugnisse zur Verwirklichung dieser Gemeinschaftsziele. Des Weiteren ist es auch nicht selbst ein Ziel der Gemeinschaft [8]. Art. 5 Abs. 2 EGV bestimmt vielmehr, wann die Gemeinschaft „tätig wird" und wann die Mitgliedstaaten. Das Subsidiaritätsprinzip regelt also die Ausübung der der Gemeinschaft zunächst einmal durch den EG-Vertrag zugewiesenen nicht ausschließlichen Befugnisse. Subsidiarität ist demzufolge nicht nur „ein Wort" [9], „das alles und nichts besagt" [10]. Vielmehr errichtet Art. 5 Abs. 2 EGV eine allgemeine

---

Sonn- und Feiertagsfahrverbot, dazu *Classen* in: Deutsche Verkehrswissenschaftliche Gesellschaft, Supranationale Verkehrspolitik – Konfliktpotentiale im europäischen Raum, S. 37 ff. [45 f.], der das Sonn- und Feiertagsfahrverbot als Ausdruck eines besonderen nationalen Verständnisses von der Sonntagsruhe betrachtet, das den religiösen und kulturellen Charakter des Sonntags gerecht werde.

[5] Vgl. dazu insbesondere die substantiierte Kritik *Kirchhofs* in: DRiZ 1995, S. 253 ff. [258 ff.], der u.a. die verkehrspolitische Ermächtigungsgrundlage des Art. 71 Abs. 1 lit. d EGV als eine aus deutscher Sicht verfassungsrechtlich bedenkliche „Blankettvorschrift" betrachtet.

[6] So u.a. der Verkehrsausschuss des Deutschen Bundestages in seiner Stellungnahme zum Ratifizierungsgesetzentwurfs zum Maastrichter Vertrag, BT-Drucksache 12/3895, S. 10; ferner *Knittel* in: AVR 32 (1994), S. 291 ff. [292], der behauptet, dass das Subsidiaritätsprinzip von „ganz wesentlicher Bedeutung" für den Verkehrssektor sei; siehe ferner *Stamm* in: Deutsche Verkehrswissenschaftliche Gesellschaft, Verkehrswelt im Umbruch, S. 26 ff. [37 f.], der insbesondere eine stärkere Beachtung des Subsidiaritätsprinzips im Rahmen der europarechtlichen Harmonisierung im Bereich des Verkehrs fordert.

[7] Vgl. *Oppermann*, Europarecht, Rdnr. 1424; *Schmidhuber* in: DVBl. 1993, S. 417 ff. [418].

[8] Art. 2 EGV und der Zielkatalog des Art. 3 EGV enthalten die Subsidiarität nicht.

[9] *Grimm* in: FAZ Nr. 217 vom 17.9.1992, S. 38.

[10] *Rupp* in: NJW 1993, S. 38 ff. [40].

Kompetenzausübungsschranke [11], was nunmehr infolge des Vertrages von Amsterdam auch primärrechtlich in Nr. 1 S. 1 und Nr. 3 S. 3 des Protokolls über die Anwendung der Grundzüge der Subsidiarität und der Verhältnismäßigkeit bestätigt wurde.
Die Anwendung dieser Kompetenzausübungsregel auf die gemeinschaftliche Rechtsetzung setzt jedoch ein einheitliches Subsidiaritätsverständnis voraus, wovon zum gegenwärtigen Zeitpunkt allerdings nicht die Rede sein kann [12]. Während das Subsidiaritätsprinzip den einen lediglich als Argument für eine undifferenzierte Rückführung ganzer Politikbereiche in nationale Zuständigkeit dient [13], verbinden andere damit die Forderung nach einer Ausdehnung der gemeinschaftlichen Kompetenzen [14].
Angesichts dieser unterschiedlichen Auffassungen hinsichtlich Ausrichtung und Inhalt des Subsidiaritätsprinzips knüpft die vorliegende Arbeit an die Diskussion um eine wirksame Umsetzung dieses Grundsatzes an und erörtert sie exemplarisch für die Rechtsetzung im Bereich der gemeinsamen Verkehrspolitik.

C. Die Konkretisierung des Subsidiaritätsprinzips anhand einzelner Politikbereiche

Über den Begriff der Maßnahme in Art. 5 Abs. 2 EGV wird bestimmt, welche Gemeinschaftstätigkeiten dem Anwendungsbereich des Subsidiaritätsprinzips unterfallen. Die Formulierung, wonach die „in Betracht gezogenen Maßnahmen" den Anknüpfungspunkt des Subsidiaritätsprinzips bilden, setzt zunächst einen gewissen Konkretisierungsgrad der gemeinschaftlichen Tätigkeit voraus. Eine ganze Gemeinschaftspolitik kann damit keine Maßnahme i.S. des Art. 5 Abs. 2 EGV sein. Allerdings ist es nicht ausgeschlossen, für einen einzelnen Politikbereich Grundsätze für die Anwendung des Subsidiaritätsprinzips aufzustellen, die dann im Hinblick auf eine konkrete Maßnahme in diesem Politikfeld zur Anwendung gelangen. Das ergibt sich bereits aus dem Wortlaut des Art. 5 Abs. 2 EGV, der auf die *Ziele* der in Betracht gezogenen Maßnahmen abstellt. Da die Gemeinschaft ein Bündel von Zielen verfolgt, welche ihrerseits wiederum den besonderen Vertragsbestimmungen unterliegen, muss die Anwendung

---

[11] Ganz h.M., vgl. statt vieler *Durand* in: Commentaire Megret, Le droit de la CE, Bd. 1, S. 433 Rdnr. 136; *Pieper* in: DVBl. 1993, S. 705 ff. [707]; *Streinz*, Europarecht, Rdnr. 145a; *Zuleeg* in: Grabitz/Hilf, Das Recht der Europäischen Union, Altband 1, Art. 3 b Rdnr. 18; *von Borries* in: EuR, S. 263 ff. [279]; vgl. auch die Kommission der EG, Das Subsidiaritätsprinzip, Mitteilung an den Rat und das Europäische Parlament vom 30.10.1992, SEK (92) 1990endg., S. 1, 2 und Anhang S. 3.

[12] Vgl. nur die umfangreiche Literatur zum Subsidiaritätsprinzip, siehe bloß das Literaturverzeichnis bei *Calliess*, Subsidiaritäts- und Solidaritätsprinzip in der Europäischen Union, S. 363 ff.

[13] Siehe hierzu *Schelter* in: RMC 1991, S. 138 ff.

[14] Siehe dazu vor allem die verschiedenen Positionen der Mitgliedstaaten im Vorfeld von Maastricht, vgl. dazu *Blanke* in: EuR 1991, S. 133 ff. [131 f.]

des Subsidiaritätsprinzips notwendigerweise im Licht der sektoriellen Ziele und Aufgaben ausgelegt werden, wobei die Aufgaben auch danach variieren, wie eng beziehungsweise wie weit der gesetzgeberische Gestaltungsspielraum der Gemeinschaft im jeweiligen Politikfeld bemessen ist [15].
Die einzelnen Aufgaben können je nach dem materiell betroffenen Politikbereich unterschiedliche Durchführungsebenen beanspruchen [16], so dass dem Subsidiaritätsprinzip nicht in allen Bereichen dieselbe Bedeutung zukommen kann [17]. Der Inhalt und die Funktion des Grundsatzes wechseln daher von Politikbereich zu Politikbereich und müssen demzufolge gesondert bestimmt werden. Die Anwendung des Art. 5 Abs. 2 EGV ist mit anderen Worten „jeweils relativ und flexibel“ [18]. So kann etwa die Verfolgung energiepolitischer Ziele ganz andere Strategien verlangen als die Behandlung von Bildung, Gesundheitswesen und Kultur, und während für bestimmte verkehrspolitische Belange Gemeinschaftsaktionen erforderlich sein mögen, sind die Bereiche Katastrophenschutz und Fremdenverkehr möglicherweise besser im Verantwortungsbereich nationaler oder lokaler Entscheidungsträger zu belassen [19].

D. Die Anwendung des Subsidiaritätsprinzips vor dem Hintergrund staatlicher Einflussnahme und internationaler Ausrichtung im Verkehrssektor

Wenn die Bedingungen des Subsidiaritätsprinzips in Art. 5 Abs. 2 EGV nicht erfüllt sind, also die primäre Ebene (die Mitgliedstaaten) das angestrebte Ziel erreichen kann, dann darf die Europäische Gemeinschaft nicht tätig werden [20]. Diese Feststellung gilt grundsätzlich für sämtliche Bereiche europäischer Rechtsetzung. Der Verkehrssektor weist im Vergleich zu anderen Regelungsgegenständen jedoch einige Eigenheiten auf, die im Rahmen der Auslegung und Anwendung des Art. 5 Abs. 2 EGV besonders beachtenswert sein könnten.
So ist der Verkehr einerseits aus der Natur der Sache eine grenzüberschreitende Veranstaltung, darauf angelegt, Märkte zu verbinden und Völker einander näher zu bringen. Ihn mit den Mitteln des Rechts zu ordnen, ist deshalb grundsätzlich

---

[15] *Kahil*, Europäisches Sozialrecht und Subsidiarität, S. 28 f.
[16] Ähnlich *Jarass* in: EuGRZ 1994, S. 209 ff. [215], der darauf hinweist, dass die Antwort auf die Frage, ob die Voraussetzungen des Subsidiaritätsprinzips erfüllt sind, naturgemäß von den Besonderheiten der jeweiligen Regelungsmaterie abhängt.
[17] Vgl. *Brinkhorst* in: European Institute of Public Administration, Subsidiarity: The Challenge of Change, S. 89 ff. [89]; *Kahil* aaO. (Anm. 15), S. 28; *Kahl* in: AöR 118 (1993), S. 414 ff. [436].
[18] *Constantinesco* in: Integration 13 (1990), S. 165 ff. [168].
[19] Vgl. dazu insbesondere *Kahil* aaO. (Anm. 15), S. 29, *Schmidhuber/Hitzler* in: NVwZ 1992, S. 720 ff., die dem Subsidiaritätsprinzip je nach Politikbereich eine unterschiedlich große Bedeutung beimessen.
[20] Vgl. statt vieler *von Bogdany/Nettesheim* in: Grabitz/Hilf, Das Recht der Europäischen Union, Altband 1, Art. 3b Rdnr. 39; *Kenntner* in: NJW 1998, S. 2871 ff. [2874].

eine Aufgabe, die über die Kräfte der nationalen Gesetzgeber hinausgeht [21]. Tatsächlich gibt es auch kaum einen anderen Wirtschaftssektor, in dem die Bemühungen um gemeinsame Regeln, so früh und intensiv einsetzten wie im Verkehr [22]. So legte der älteste noch in Kraft befindliche multilaterale Staatsvertrag der Bundesrepublik Deutschland, die Mannheimer Akte, schon im Jahre 1868 das bis heute im Wesentlichen unveränderte, liberale Regime der Rheinschifffahrt fest [23].

Umgekehrt kann das Verkehrsrecht aber auch als ein Bereich dargestellt werden, in welchem das Subsidiaritätsprinzip besonders strenge Beachtung verdient. So wird die rechtliche Ordnung internationaler Verkehrsmärkte weltweit grundsätzlich durch das völkerrechtliche Souveränitätsdogma geprägt [24], was sich insbesondere in Art. 1 des Abkommens über die Internationale Zivilluftfahrt vom 7. Dezember 1944 (Abkommen von Chicago) [25] zeigt, wonach jeder Staat über seinem Hoheitsgebiet die volle und ausschließliche Lufthoheit besitzt. Ein weiteres signifikantes Beispiel bilden die einzelstaatlichen Eisenbahnunternehmen, die faktisch als Monopolgesellschaften - mittelbar oder unmittelbar - vom Staat beherrscht werden [26].

Die Verkehrspolitik ist traditionell an den nationalen geographischen, ökonomischen, politischen und historischen Verhältnissen orientiert und hinsichtlich ihrer Reichweite auf das nationale Territorium begrenzt. Beförderungsleistungen, die auf dem Hoheitsgebiet eines Staates erbracht werden, gelten als ureigene Angelegenheiten eines Staates. Während ausländische Transportunternehmer im privaten Verkehrsrecht der Leistungsbeziehungen durch eine Reihe von multilateralen Übereinkommen gleichstehen [27], differenzieren das nationale Wirtschaftsrecht und insbesondere seine Marktzugangsregeln zum Schutz des einheimischen Transportgewerbes nach der Staatsangehörigkeit des Transportunternehmers [28]. Die wirtschaftlichen Fragen von Marktzutritt, Kapazitätssteuerung, Preisregulierung, Ordnung und Bedingungen des Wettbewerbs hängen

---

[21] *Basedow* in: Basedow, Europäische Verkehrspolitik, S. 1 ff. [1].

[22] Vgl. auch *Köberlein*, Kompendium der Verkehrspolitik, S. 268.

[23] Revidierte Rheinschifffahrtsakte vom 17.10.1868, Gesetz-Sammlung für die Königlichen Preußischen Staaten 1869, S. 798 ff., in geänderter Fassung neu bekanntgemacht in BGBl. 1969 II S. 597 ff.

[24] *Köberlein* aaO. (Anm. 22), S. 267.

[25] United Nations Treaty Series (UNTS), Bd. 15, S. 295; BGBl. 1956 II, S. 411.

[26] So auch *Oppermann*, Europarecht, Rdnr. 1450.

[27] Vgl. nur Haager Regeln für die Seeschiffahrt/Brüssler Internationales Übereinkommen zur Vereinheitlichung von Regeln über Konnossemente vom 25.8.1924, RGBl. 1939 II, S. 1049 ff.; Warschauer Abkommen zur Vereinheitlichung von Regeln über die Beförderung im internationaler Luftverkehr vom 12.10.1929, RGBl. 1933 II, S. 1039 ff.; Übereinkommen über den internationalen Eisenbahnverkehr vom 9.5.1980, BGBl. 1985 II, S. 130.

[28] Vgl. zu den unterschiedliche Regulierungstypen des nationalen Verkehrsrechts, *Basedow /Dolfen* in: Dauses, EU-Wirtschaftsrechts, Bd. 2, Abschnitt L Rdnr. 9 ff.; ferner *Aberle*, Transportwirtschaft: einzelwirtschaftliche und gesamtwirtschaftliche Grundlagen, S. 100 ff.

damit weniger davon ab, wer die Verkehrsleistung am effizientesten erbringen kann; entscheidend ist vorrangig die Nationalität des Transportunternehmers.
Darüber hinaus wird der Verkehr von einigen Staaten als Teil der staatlichen Daseinsfürsorge angesehen, der sowohl in Quantität als auch in Intensität staatliche Eingriffe erfordert, die hoheitliche Interventionen in anderen Wirtschaftszweigen bei weiten übertreffen. Diese von Traditionen geprägten Systeme verkehrspolitischer Ordnung [29] sowie die unterschiedlichen verkehrsökonomischen Voraussetzungen in den verschiedenen Staaten scheinen der Regelung durch Gemeinschaftsrecht zu widersprechen.
Je nach dem gewählten Blickwinkel lässt sich eine strenge Anwendung des Subsidiaritätsprinzips auf Verkehrsgesetzgebungsverfahren der Gemeinschaft entweder begründen oder aber verneinen. Die Beliebigkeit des Ergebnisses könnte jedoch vermieden werden, wenn die primärrechtlichen Zielvorgaben und Rechtsgrundlagen für den Bereich des Verkehrs hinreichend berücksichtigt werden. Eine wechselseitige Untersuchung der primärrechtlichen Grundlagen gemeinschaftlicher Verkehrsgesetzgebung und des Subsidiaritätsprinzips könnte es ermöglichen, Aussagen über die Wirkungen des Art. 5 Abs. 2 EGV im Bereich der Verkehrspolitik zu treffen.

E. Der Gang der Darstellung

Im ersten Teil der Arbeit werden anhand der primärrechtlichen Vorgaben zunächst die legitimen Ziele und Aufgaben der gemeinsamen europäischen Verkehrspolitik herausgearbeitet. Sodann soll im zweiten Teil der Anwendungsbereich des Subsidiaritätsprinzips im Bereich der verkehrsspezifischen Rechtsetzung verifiziert werden. Dazu wird es erforderlich sein, sich eingehend mit dem verkehrspolitischen Kompetenzgefüge im EG-Vertrag auseinander zu setzen. Schließlich soll im dritten und zugleich letzten Teil der Untersuchung untersucht werden, ob die Anwendung des Subsidiaritätsprinzips im Rahmen der verkehrspolitischen Rechtsetzung anhand möglichst justiziabler Kriterien konkretisiert werden kann. Abschließend soll in gebotener Kürze geprüft werden, inwieweit das Ergebnis dieser Untersuchungen auch für die übrigen Politikbereiche des Vertrages fruchtbar gemacht werden kann.

---

[29] Vgl. auch *Aberle* aaO. (Anm. 27), S. 109.

Erster Teil:

Die Ziele der gemeinsamen Verkehrspolitik: Der Ausgangspunkt der Subsidiaritätsprüfung

A. Einführung

In den Bereichen, in denen das Subsidiaritätsprinzip beachtet werden muss, darf die Gemeinschaft nach Art. 5 Abs. 2 EGV nur dann tätig werden, wenn die *Ziele* der in Betracht gezogenen Maßnahme auf mitgliedstaatlicher Ebene nicht ausreichend erreicht werden können und daher wegen ihres Umfanges oder ihrer Wirkungen besser auf Gemeinschaftsebene realisiert werden können.
Den Ausgangspunkt der Subsidiaritätsprüfung bilden demnach die *Ziele* der in Betracht gezogenen Maßnahme [30].
Die Ziele, die das Handeln der Gemeinschaft inhaltlich ausrichten, sind sämtlichen Vorschriften des Vertrages zu entnehmen [31]. Der Begriff der Ziele verweist dabei zunächst auf Art. 2 EGV. Eine Konkretisierung erhalten die in Art. 2 EGV in recht allgemeiner Form genannten Ziele und Aufgaben in Art. 3 EGV und Art. 4 EGV sowie in den jeweiligen Bestimmungen der einzelnen Gemeinschaftspolitiken [32].
Mit dem Begriff der „Ziele" in Art. 5 Abs. 2 EGV ist jedoch nicht ohne weiteres dasselbe gemeint wie mit dem Inhalt der „Ziele" in Art. 308 EGV [33]. Vielmehr geht es allein um das konkrete Einzelziel einer einzelnen sekundären Maßnahme, was anhand der üblicherweise im Gemeinschaftsrecht angewendeten Auslegungsmethoden zu ermitteln ist.
Die Organe der Europäischen Gemeinschaft sind bei der Auswahl der jeweils anzustrebenden konkreten Ziele im Rahmen ihres pflichtgemäßen Ermessens grundsätzlich frei [34]. Dieser Umstand birgt daher die Gefahr in sich, dass die Gemeinschaftsorgane durch eine entsprechende Formulierung der Ziele eine ausreichende mitgliedstaatliche Zielverwirklichung quasi ausschließen können [35]. Da im EG-Vertrag nach Art. 5 Abs. 1 EGV aber weiterhin keine allumfas-

---

[30] *Schön* in: ZGR 24 (1995), S. 1 ff. [22 f.] bezeichnet die Festlegung der Ziele als den „archimedische(n) Punkt der Subsidiaritätsprüfung", mit dessen Hilfe die Gemeinschaftsorgane den besseren Ausgangspunkt als die Mitgliedstaaten besitzen.
[31] *von Bogdandy/Nettersheim* in: Grabitz/Hilf, Das Recht der Europäischen Union, Altband 1, Art. 3b Rdnr. 5.
[32] *Grabitz* in: Grabitz/Hilf, Das Recht der Europäischen Union, Bd. 1, Art. 3 Rdnr. 1; *Geiger*, Kommentar zum EU-/EGV, Art. 2 Rdnr. 2.
[33] Zu den Vertragszielen vgl. insbesondere *Grabitz* in: Grabitz/Hilf, Das Recht der Europäischen Union, Altband 2, Art. 235 Rdnr. 235 ff.
[34] So *Konow* in: DÖV 1993, S. 405 ff.; vgl. auch *Hatje*, Die gemeinschaftsrechtliche Steuerung der Wirtschaftsverwaltung, S. 108.
[35] So *Lienbacher* in: Schwarze, EU-Kommentar, Art. 5 Rdnr. 18; ebenfalls *Bruha* in: Riklin/Batliner, Subsidiarität - Ein interdisziplinäres Symposium, S. 375 ff. [403].

sende Zuständigkeit hinsichtlich einer umfassenden Zielsetzungsbefugnis statuiert ist, müssen sich die Ziele der Einzelmaßnahme im Rahmen der Vertragsziele bewegen [36]. Die Gemeinschaftsorgane können infolgedessen die konkreten Ziele nicht frei wählen, sondern müssen ein Ziel aus den Gemeinschaftsverträgen auswählen [37]. Für die Erreichung außervertraglicher Ziele ist die Gemeinschaft somit von vornherein unzuständig [38]; mit der Folge, dass eine Maßnahme, die ein vertragsfremdes Ziel verfolgt, rechtswidrig ist [39] und damit nicht der Subsidiaritätsprüfung des Art. 5 Abs. 2 EGV unterfällt.
Im Folgenden soll nun anhand der primärrechtlichen Bestimmungen geprüft werden, welche Ziele von der Gemeinschaft im Rahmen der gemeinsamen Verkehrspolitik zulässigerweise verfolgt werden können, wobei sich vor dem Hintergrund der in der Einleitung aufgeworfenen Aufgabenstellung [40] insbesondere die Frage stellt, inwieweit die gemeinschaftlichen Ziele im Bereich des Verkehrs einer restriktiven ordnungspolitischen Einflussnahme unterliegen.
Sollte sich dabei herausstellen, dass die gemeinsame Verkehrspolitik weder international noch marktwirtschaftlich ausgerichtet ist, sondern vielmehr dirigistischen bzw. protektionistischen Vorstellungen (der Mitgliedstaaten) unterliegt, könnte sich die gemeinsame Verkehrspolitik von vornherein als ein Bereich darstellen, in welchem das Subsidiaritätsprinzip eine besonders strenge Beachtung verdient.

B. Die verkehrsspezifischen Zielvorgaben im EG-Recht

Im ersten Teil des EG-Vertrages sind in Art. 3 Abs. 1 EGV die Aufgaben aufgeführt, welche die Europäische Wirtschaftsgemeinschaft zu erfüllen hat. Zu diesen Aufgaben gehört nach Buchstabe f auch die Einführung einer gemeinsamen Politik auf dem Gebiet des Verkehrs. Der EG-Vertrag stellt als Grundlage dafür im dritten Teil in Titel V die Art. 70 bis 80 EGV zur Verfügung [41]. Durch den Vertrag von Maastricht ist mit den Vorschriften der Art. 3 Abs. 1 lit. o EGV und der Art. 154 bis 156 EGV (ex-Art. 129 b bis 129 d EGV [42]) über den Aus- und

[36] Hierzu *Pieper*, Subsidiarität, S. 255.
[37] Dies übersieht *Steindorff* in: Weiterentwicklung der Europäischen Gemeinschaften, FIW-Schriftenreihe, Heft 148, S. 11 ff. [70]; wie hier *Epiney* in: AJP/PJA 1993, S. 950 ff. [958]; *von Borries* in: EuR 1994, S. 263 ff. [276]; *Langguth* in: Lenz, Kommentar zum EG-Vertrag, Art. 5 Rdnr. 14.
[38] *Schwartz* in: AfP 1993, S. 409 ff. [411].
[39] *von Bogdandy/Nettersheim* aaO. (Anm. 31), Art. 3b Rdnr. 5.
[40] Siehe Einleitung, Abschnitt D.
[41] EuGH, Gutachten 1/76 (Stillegungsfonds für die Binnenschifffahrt), Slg. 1977, S. 741 ff. [755 Rdnr. 1].
[42] Ex-Art. 129b bis 129d EGV, in Kraft getreten am 1.11.1993, ABl. 1993 Nr. L 293/61.

Aufbau transeuropäischer Verkehrsnetze das gemeinschaftliche Tätigkeitsfeld im Bereich der gemeinsamen Verkehrspolitik erweitert worden [43].

Art. 70 EGV spricht die Verpflichtung der EG-Mitgliedstaaten aus, im Bereich des Verkehrs die Ziele des EG-Vertrages zu verwirklichen. Hierunter darf jedoch nicht ein einheitliches Vorgehen aller Mitgliedstaaten bei sämtlichen Maßnahmen verstanden werden, die von ihnen auf dem Sachgebiet des Verkehrs getroffen werden [44]. Wie sich aus den verkehrspolitischen Befugnisgrundlagen der Art. 71 Abs. 1 EGV, Art. 80 Abs. 2 EGV und insbesondere aus dem Auftrag des Art. 3 Abs. 1 lit. f EGV ergibt, handelt es sich bei der Einführung der gemeinsamen Verkehrspolitik um eine von den nationalen Hoheitsgewalten unabhängige Tätigkeit der Gemeinschaft [45], wenn auch nicht zu verkennen ist, dass bis zum Vorhandensein einer gemeinsamen Verkehrspolitik ein möglichst einheitliches Vorgehen der Mitgliedstaaten beim Erlass nationaler Rechtsvorschriften wünschenswert wäre [46].

Wie die gemeinsame Verkehrspolitik ausgestaltet sein soll, sagt Art. 70 EGV jedoch nicht. So enthält Art. 70 EGV keine konkreten verkehrspolitischen Zielvorgaben, sondern nur einen allgemein gehaltenen Verweis auf die Ziele der Gemeinschaft, so dass allein daraus die inhaltliche Ausrichtung der gemeinsamen Verkehrspolitik nicht ohne weiteres bestimmt werden kann [47]. Es stellt sich daher die Frage, was unter den Begriff der „Ziele des Vertrages“ zu verstehen ist.

Die allgemeinen Vertragsziele sind zunächst in Art. 2 EGV beschrieben. Die einzelnen Tätigkeitsfelder des Art. 3 EGV konkretisieren dabei die allgemeine Zielsetzung des Art. 2 EGV [48]. Insofern stellt die Verkehrspolitik im Gesamtzusammenhang des Vertrages einen Politikbereich neben anderen zur Verwirklichung der in Art. 2 EGV und Art. 3 EGV formulierten Zielsetzungen dar und ist damit in sich als Gesamtheit und gleichzeitig als Teilaspekt der gesamten Politik der Gemeinschaft zu verstehen [49]. Damit ist aber nicht die Frage geklärt, *wie* diese Zielsetzungen erreicht werden können; mit anderen Worten: wie soll die

---

[43] *Frohnmeyer* in: Grabitz/Hilf, Das Recht der Europäischen Union, Bd. 1, Art. 70 Rdnr. 4; *Oppermann*, Europarecht, Rdnr. 1424.

[44] So jedoch *Everling* in: Wohlfarth/Everling/Glaesner/Sprung, Die Europäische Wirtschaftsgemeinschaft, Vorb. vor Art. 74, Anm. I. 2. m. w. N.

[45] *Stabenow* in: von der Groeben/von Boeckh/Thiesing, Kommentar zum EWG-Vertrag, Bd. 1, 2. Aufl., Art. 74 Anm. II; *Wägenbaur* in: ZHR 130 (1968), S. 217 ff. [218].

[46] *Wägenbaur* aaO, S. 218 Fn. 5.

[47] Vgl. auch *Basedow*, Wettbewerb auf den Verkehrsmärkten, S. 158, demzufolge Art. 70 EGV „vielmehr nur eine unbefristete Pflicht zu einer an sich völlig konturlosen gemeinsamen Verkehrspolitik“ statuiert; ähnlich *Stabenow* in: Lambert Schaus, S. 132 ff. [132], nach dem Art. 70 EGV vielmehr das Mandat enthält, die Vertragsverhandlungen im Rahmen des institutionellen Gefüges der Gemeinschaft fortzuführen.

[48] Vgl. dazu auch Teil 1, Abschnitt A.

[49] Ähnlich auch *Basedow/Dolfen* in: Dauses, Handbuch des EU-Wirtschaftsrechts, Bd. 2, Abschnitt L Rdnr. 31; *Mückenhausen* in: Lenz, Kommentar zum EG-Vertrag, vor Art. 70-80 Rdnr. 3.

gemeinsame Verkehrspolitik im Einzelnen ausgestaltet sein, um die in Art. 2 EGV und Art. 3 EGV niedergelegten allgemeinen Ziele des EG-Vertrages zu erreichen ?
Im Folgenden soll daher versucht werden, mit Hilfe der Vorschriften aus den Titeln V und XV diese Frage zu beantworten.
Im Gegensatz zum EG-Vertrag lassen sich im EAG-Vertrag keine besonderen Verkehrsregelungen finden [50], so dass der EAG-Vertrag zur Inhaltsbestimmung der gemeinsamen Verkehrspolitik nicht herangezogen werden kann.

I. Die Vorschriften des Verkehrstitels: Die Art. 70 bis 80 EGV

Um den Inhalt der einzelnen Regelungen des Verkehrstitels und ihren Beitrag zur Gesamtkonzeption des Verkehrs besser nachvollziehen zu können, soll zunächst die verkehrspolitische Ausgangslage zu Beginn der Verhandlungen zum EWG-Vertrag dargestellt werden.

1. Die verkehrspolitische Ausgangslage bei Beginn der Vertragsverhandlungen

Walter Hallstein, der Leiter der deutschen Vertragsdelegation von 1957, bezeichnete die vertragliche Ausgestaltung der gemeinsamen Verkehrspolitik anlässlich der Vertragsverhandlungen über den EWG-Vertrag mit folgenden Worten: „Die Verkehrspolitik gehörte zum ‚harten Kern' des Verhandlungsstoffs, der erst in den letzten Wochen der Konferenz im Schloss von ‚Val Duchesse' in Brüssel unter Dach und Fach gebracht werden konnte ... Als ich die Konferenz verließ, hatte ich den Eindruck, eher einem pseudokirchlichen Konzil als einer wirtschaftspolitischen Verhandlung beigewohnt zu haben. Mit einer geradezu religiösen Inbrunst war um dogmatische Positionen (ist der Verkehr eine Wirtschaftstätigkeit oder ein öffentlicher Dienst ?) gerungen worden.“ [51]
Wie aber konnte es zu diesen Auseinandersetzungen zwischen den europäischen Vertragspartnern kommen ?
Die Ursache dieses Streites hat ihren Kern in der nationalen Eisenbahnpolitik. Die Eisenbahnen hatten sich seit Mitte des 19. Jahrhunderts zum wichtigsten Binnenverkehrsträger in Europa entwickelt und bildeten bis in die ersten Jahrzehnte des letzten Jahrhunderts in den meisten europäischen Ländern faktisch ein Transportmonopol [52]. In den großen Flächenstaaten Deutschland, Frankreich und Italien hatten sich die Bahnen neben der staatlichen Bürokratie in dieser Zeit zu großen Umverteilungsapparaten entwickelt [53]. Ihre Aufgabe erschöpfte sich

[50] *Oppermann*, aaO. (Anm. 43), Rdnr. 1420.
[51] *Hallstein*, Der unvollendete Bundesstaat, S. 180.
[52] *Basedow*, Wettbewerb auf den Verkehrsmärkten, S. 54.
[53] *Basedow/Dolfen* in: Dauses, Handbuch zum EU-Wirtschaftsrechts, Abschnitt L Rdnr. 58.

nicht im Transport von Gütern und Personen; so sollte der Schienenverkehr durch die sog. gemeinwirtschaftliche Preisbildung nach den Kriterien der Frachtempfindlichkeit und Werttarifierung zusätzlich für eine Kreuzsubventionierung der billigen Massengüter von Agrar- und Montanwirtschaft durch die höherwertige Ladung von Handel und Industrie sorgen. Zugleich dienten die Bahnen damit dem Ausgleich zwischen ländlich und städtisch strukturierten Räumen und damit den Zielen einer dezentralistischen Raumordnung [54]. Zudem spielten bei den Aufgaben der Bahn auch militärische Interessen eine nicht unbedeutende Rolle [55].

Sollte die Eisenbahn aber auch weiterhin für volkswirtschaftliche Umverteilungswünsche in Anspruch genommen werden, bedurfte sie des Schutzes vor der aufstrebenden Konkurrenz der Straße [56]. Deshalb verpflichtete man in den dreißiger Jahren mit Hilfe einer sog. Marktordnung auch den Straßenverkehr, nach den Tarifsätzen der Bahn abzurechnen [57], und reduzierte zudem die Straßentransportkapazität durch Konzessionierung und Kontingentierung [58]. In Deutschland bildete die dritte Notverordnung vom 6. Oktober 1931 zur Sicherung von Wirtschaft und Finanzen und zur Bekämpfung politischer Ausschreitungen mit ihrem Kapitel V „Überlandverkehr mit Kraftfahrzeugen" [59] die erste Reglementierung des Straßengüterverkehrs, die am 26. Juni 1935 durch das Gesetz über den Güterfernverkehr mit Kraftfahrzeugen [60] ersetzt wurde und schließlich im Güterkraftverkehrsgesetz vom 17. Oktober 1952 [61] ihren vorläufigen Abschluss fand. Alle drei Gesetze enthielten für den Straßengüterfernverkehr (entgeltliche Transporte von mehr als 50 Kilometer) einschneidende Bestimmungen bzgl. der Tarifgestaltung, der Konzessionierung und der Kontingentierung [62].

Ganz anders war die Ausgangslage und deswegen auch die verkehrspolitische Einstellung in Belgien und den Niederlanden, wo die Bahn aufgrund der geographischen Gegebenheiten gerade im Massenguttransport von Anfang an der starken Konkurrenz der Binnenschifffahrt auf einem gut ausgebauten Wasser-

---

54 Vgl. zu den gemeinwirtschaftlichen Verpflichtungen der Bahn, *Aberle*, Transportwirtschaft: einzelwirtschaftliche und gesamtwirtschaftliche Grundlagen, S. 110.

55 *Ipsen*, Europäisches Gemeinschaftsrecht, S. 861; *Müller-Graff* in: Bruchhausen/ Hefermehl/Hommelhoff/ Messer, Festschrift für Rudolf Dirk, S. 715 ff. [723].

56 *van Suntum* in: APUZ 5/1993, S. 3 ff. [4].

57 Siehe dazu Rodière, Droit des Transports, Bd. 2, S. 242 f., Nr. 211.

58 Siehe dazu den rechtvergleichenden Überblick bei *Müller-Herrmann*, Die Grundlagen der gemeinsamen Verkehrspolitik in der EWG, S. 160 (Deutschland), S. 162 (Frankreich), S. 164 (Italien).

59 Dritte Verordnung des Reichspräsidenten zur Sicherung von Wirtschaft und Finanzen und zur Bekämpfung politischer Ausschreitungen, Teil 5, Kap. V vom 6.10.1931, RGBl. 1931 I, S. 537, 558.

60 Gesetz über den Güterfernverkehr mit Kraftfahrzeugen vom 26.6.1935, RGBl. 1935 I, S. 788.

61 Güterkraftverkehrsgesetz vom 17.10.1952, BGBl. 1952 III, S. 9241-1.

62 Vgl. *Heimes*, Vom Saumpferd zur Transportindustrie, S. 89 ff., 114 ff., 183 ff.

straßennetz ausgesetzt war, so dass sich hier ein Transportmonopol der Bahn niemals herausbilden konnte [63]. Monopolistische Preisbildung und Quersubventionierung schieden von Beginn an aus. Die Bahn war ein Wettbewerber neben anderen auf dem Verkehrsmarkt; für einen verkehrspolitischen Schutz bestand daher kein Anlass [64].
Vor allem die niederländischen Vertreter vertraten bei den Vorarbeiten (insbesondere im Spaak-Bericht und in der Redaktionsgruppe) eine liberal-marktwirtschaftliche Haltung [65]. So wurde von dieser Seite der Einschluss aller Binnentransporte in den gemeinsamen Markt, d.h. ein gemeinsamer Verkehrsmarkt unter weitestgehender Anwendung der allgemeinen Regeln des Vertrages gefordert.
Im Gegensatz dazu verfolgten namentlich die Vertreter der Bundesrepublik Deutschland sowie Frankreichs eine vorwiegend limitative Haltung [66]. Hier wurde, unter Berufung auf die Besonderheiten des Verkehrs, ein gemeinsamer Verkehrsmarkt abgelehnt und Beschränkung auf eine gemeinsame Verkehrspolitik nach besonderen Grundsätzen gefordert. Die Anwendbarkeit der allgemeinen Vertragsregeln auf den Verkehr wurde im Grundsatz abgelehnt.
Bei Beginn der Verhandlungen über die Europäische Wirtschaftsgemeinschaft bestand daher zwischen den großen Flächenstaaten und den Benelux-Staaten aufgrund dieser unterschiedlichen Ausgangslagen keine Einigkeit bzgl. der Frage, ob die europäische Verkehrspolitik letztendlich dirigistisch oder liberal ausgestaltet werden sollte.

2. Die inhaltliche Ausrichtung des Verkehrstitels

Art. 80 EGV unterscheidet hinsichtlich der Anwendbarkeit der Art. 71 bis 80 EGV zunächst zwischen den sog. Binnenverkehrsträgern und der Seeschiff- und Luftfahrt. Nach Absatz 1 gilt der Verkehrstitel nur für den Eisenbahn-, Straßen und Binnenschifffahrtsverkehr, so dass zur Regelung der Seeschiff- und Luftfahrt nur der Absatz 2 des Art. 80 EGV verbleibt. Aufgrund dieser ungleichen Verteilung der verkehrspolitischen Zuständigkeiten, soll im Folgenden der Binnenverkehr getrennt von der Seeschiff- und Luftfahrt behandelt werden.

---

[63] Vgl. dazu *Erdmenger*, EG unterwegs – Wege zur Gemeinsamen Verkehrspolitik, S. 18 ff.; *Weinstock* in: Bieber/Bleckmann/Capotorti, Das Europa der zweiten Generation, Gedächtnisschrift für Christoph Sasse, Bd. 1, S. 511 ff. [519 f.].
[64] Hierzu ausführlich *Berkenkopf* in: Greiß/Meyer/Müller-Armak, Wirtschaft, Gesellschaft und Kultur: Festgabe für Müller-Armack, S. 363 ff. [364 ff.]; ferner *Everling* in: Wohlfarth/Everling/Glaesner/Sprung, Die Europäische Wirtschaftsgemeinschaft, Vorb. vor Art. 74 Anm. V.
[65] Vgl. dazu *Krauss* in: ZVerkWiss 47 (1976), S. 1 ff. [1].
[66] *Krauss* aaO. (Anm. 65), S. 1

a) Die gemeinschaftlichen Regelungen für den Binnenverkehr

Aus der Kompetenzvorschrift des Art. 71 Abs. 1 lit. a EGV lässt sich zunächst entnehmen, dass die Gemeinschaft „gemeinsame Regeln" für den internationalen Verkehr - also für den Eingangs-, Ausgangs- und Durchgangsverkehr in den Hoheitsgebieten der Mitgliedstaaten sowie deren Verkehr mit Drittländern - erlassen kann; ferner ermächtigt Art. 71 Abs. 1 EGV in Buchstabe b die Gemeinschaft dazu, „Bedingungen" für die Zulassung von Verkehrsunternehmen zum Verkehr innerhalb eines Mitgliedstaates zu erlassen. Das spricht zunächst für eine grundsätzlich marktwirtschaftliche Ausrichtung des Binnenverkehrs. Formulierungen wie „Bedingungen" und „gemeinsame Regeln" schließen jedoch die Möglichkeit nicht aus, dass auch in Zukunft einschränkende Regelungen sowohl für nationale als auch internationale Verkehrsdienstleistungen erlassen werden können [67]. Aus Art. 71 Abs. 1 lit. a und b EGV ergibt sich somit das widersprüchliche Bild, dass einerseits für die Liberalisierung der Verkehrsdienstleistungen gemeinsame Voraussetzungen im Gemeinschaftsraum geschaffen werden sollen, andererseits hierfür eine Abschaffung sämtlicher Beschränkungen im Verkehrsdienstleistungssektor gerade nicht vorausgesetzt wird.
Auch Art. 71 Abs. 1 lit. c und d EGV vermögen keine Klarheit über die inhaltliche Ausrichtung der gemeinsamen Verkehrspolitik zu schaffen. Art. 71 Abs. 1 lit. c EGV ermächtigt die Gemeinschaft nur punktuell zum Erlass von Maßnahmen zur Verbesserung der Verkehrssicherheit. Art. 71 Abs. 1 lit. d EGV enthält mit der weit formulierten Befugnis des Rates zum Erlass aller „sonstigen zweckdienlichen Vorschriften" keinerlei Hinweise, wie die gemeinsame Verkehrspolitik auszugestalten ist [68].
Dieses unklare Bild, was Art. 71 Abs. 1 EGV im Hinblick auf die inhaltliche Ausgestaltung der gemeinsamen Verkehrspolitik enthält, wird durch den Absatz 2 des Art. 71 EGV bestätigt. Hiernach sind - abweichend von dem in Art. 71 Abs. 1 EGV vorgesehenen Verfahren - diejenigen Vorschriften einstimmig zu erlassen, die das sog. öffentliche Interesse [69] beeinträchtigen [70]. Im Rahmen dieser Prüfung ist nach Art. 71 Abs. 2 EGV jedoch auch der Notwendigkeit einer

---

67 So auch *Erdmenger* in: von der Groeben/Thiesing/Ehlermann, Kommentar zum EU-/EG-Vertrag, Bd. 1, Art. 75 Rdnr. 34; *Frohnmeyer* in: Grabitz/Hilf, Das Recht der Europäischen Union, Bd. 1, Art. 71 Rdnr. 27 und 30; *Brandt* in: TranspR 1986, S. 85 ff. [94]. Vgl. auch den Vorschlag der Kommission vom 22.1.1983 für eine Richtlinie des Rates über die Bedingungen für die Zulassung von Verkehrsunternehmen zu bestimmten Beförderungen im Binnenverkehr innerhalb eines Mitgliedstaates, in dem sie nicht ansässig sind, ABl. 1983 Nr. C 18/3.
68 Vgl. dazu *von der Groeben/Müller*, Möglichkeiten und Grenzen einer Europäischen Union, Bd. 1, S. 51, die Art. 71 Abs. 1 lit. d EGV als „Verlegenheitsformel" bezeichnen; siehe auch *Brandt* aaO. (Anm. 67), S. 91.
69 Wie z.B. der Vermeidung der ernstlichen Gefährdung der Lebenshaltung und Beschäftigungslage in bestimmten Regionen sowie des Betriebs der Verkehrseinrichtungen.
70 Vgl. zu den Voraussetzungen des Art. 71 Abs. 2 EGV, *Schmitt* in: Int. TranspZ 1988, S. 1107 ff. [1109].

Anpassung an die sich aus der Errichtung des Gemeinsamen Marktes ergebende wirtschaftliche Entwicklung Rechnung zu tragen.
Dieser in Art. 71 EGV festgestellte inhaltliche Widerspruch hinsichtlich der Ausrichtung der gemeinsamen Verkehrspolitik wird durch die übrigen Regelungen des Verkehrstitels noch vervollständigt:
- Eine Modifizierung des Marktwirtschaftsprinzips findet sich in Art. 73 EGV, wonach Beihilfen zulässig sind, die den Erfordernissen der Verkehrskoordinierung oder der Abgeltung bestimmter, mit dem Begriff des öffentlichen Dienstes zusammenhängender Leistungen entsprechen.
- In Art. 74 EGV lassen sich sowohl marktwirtschaftliche als auch dirigistische Aspekte finden. Nach dieser Vorschrift muss jede Regelung der Beförderungsentgelte und -bedingungen nach Maßgabe des EG-Vertrages der wirtschaftlichen Lage der Verkehrsunternehmer Rechnung tragen. Auf der einen Seite betont Art. 74 EGV damit die Zuständigkeit der Gemeinschaft für Maßnahmen auf dem Gebiet der Beförderungsentgelte und -bedingungen [71], um sie auf der anderen Seite durch einen preispolitischen Leitsatz zu verpflichten, neben den gesamtwirtschaftlichen Aspekten die finanziellen Belange der Verkehrsunternehmer zu berücksichtigen [72]. In dieser Vorschrift werden somit sowohl dirigistische als auch marktwirtschaftliche Ansätze berücksichtigt, ohne dass dabei zum Ausdruck gebracht wird, welchem dieser Belange letztendlich der Vorzug zu geben ist.
- Sowohl das Verbot des Art. 75 EGV, dass ein Verkehrsunternehmer auf denselben Verkehrsverbindungen für die gleichen Güter je nach ihrem Herkunftsland unterschiedliche Frachten oder Beförderungsbedingungen anwendet, als auch die Untersagung des Art. 76 EGV staatlicherseits Fracht- und Beförderungsbedingungen festzulegen, die in irgendeiner Weise der Unterstützung oder dem Schutz eines oder mehrer bestimmter Unternehmen oder Industrien dienen, lassen zunächst einmal darauf schließen, dass eine marktwirtschaftliche Steuerung des Verkehrsbereichs angestrebt wird [73]. Diese marktliberalen Grundprinzipien werden aber durch den nachfolgenden Art. 76 Abs. 2 EGV sogleich wieder modifiziert. So kann gem. Art. 76 Abs. 2 EGV das Verbot von Unterstützungsmaßnahmen aufgrund der Erfordernisse einer angemessenen Standortpolitik, der Bedürfnisse der unterentwickelten Gebiete, der Probleme der durch politische Umstände schwer betroffenen Gebiete und der Auswirkungen der in Art. 76 Abs. 1 EGV genannten Frachten- und Beförderungsbedingungen auf den Wettbewerb zwischen den Verkehrsarten durch von der Kommission erlassene Ausnahmegenehmigungen „aufgeweicht" werden.
Aus den speziellen Regelungen für den Binnenverkehr ergeben sich also keine konkreten Antworten auf die Frage, ob die europäische Verkehrspolitik nun marktwirtschaftlich oder dirigistisch geordnet werden soll; mit anderen Worten:

---

[71] *Basedow*, Wettbewerb auf den Verkehrsmärkten, S. 158.
[72] *Erdmenger* aaO. (Anm. 67), Art. 78 Rdnr. 2.
[73] So *Maury* in: RTDE 20 (1984), S. 249 ff. [250 f.]; *Müller-Graff* in: Bruchhausen/Hefermehl/Hommelhoff/Messer, Festschrift für Rudolf Dirk, S. 715 ff. [726].

ob der Zugang zu den europäischen Verkehrsmärkten frei oder kontingiert ist, die Preise dementsprechend ausgehandelt oder staatlich festgelegt werden [74].

b) Die gemeinschaftlichen Regelungen für die Seeschiff- und Luftfahrt

Hinsichtlich der Seeschiff- und Luftfahrt gestaltet sich die Suche nach der inhaltlichen Ausrichtung der gemeinsamen Verkehrspolitik sogar noch um einiges schwerer. Für diese Verkehrsträger bildet wegen Art. 80 Abs. 1 EGV, der die Anwendung der Art. 70 bis 79 EGV auf den See- und Luftverkehr ausschließt, die Vorschrift des Art. 80 Abs. 2 EGV die einzig anwendbare Norm im Verkehrstitel.
Im Hinblick auf die Ausgestaltung der Seeschiff- und Luftverkehrspolitik spricht Art. 80 Abs. 2 EGV vom Erlass geeigneter Vorschriften; was „geeignete Vorschriften" sein sollen, ist aus diesem Absatz jedoch nicht zu entnehmen. Die Seeschiff- und Luftfahrtpolitik muss daher im Verkehrstitel ohne irgendeinen tauglichen Hinweis auf ihre inhaltliche Ausgestaltung auskommen [75].

c) Fazit

Zusammenfassend gesehen, kann man in den Art. 71 bis 80 EGV eine Anzahl von speziellen „Indikationen" dafür erblicken, welche Fragen im Rahmen der gemeinsamen Verkehrspolitik von der Gemeinschaft zu regeln sind. Dennoch kann man nicht sagen, dass die Art. 71 ff. EGV ein inhaltliches Konzept der gemeinsamen Verkehrspolitik erkennen ließen, und sei es auch nur als „Bruchstücke einer großen Konfession" [76]. Klare Vorgaben für die inhaltliche Ausrichtung der gemeinsamen Verkehrspolitik sucht man daher in den multivalenten Bestimmungen [77] der Art. 71 bis 80 EGV vergeblich [78]. Vielmehr über-

---

[74] *Basedow* in: TranspR 1989, S. 402 ff. [402], *Oppermann*, Europarecht, Rdnr. 1424.

[75] Diese gänzlich fehlende inhaltliche Ausgestaltung der Seeschiff- und Luftverkehrspolitik im EG-Vertrag ist u.a. darauf zurückzuführen, dass der innergemeinschaftliche Verkehr auf dem Kontinent zum Zeitpunkt der Vertragsverhandlungen zum EWG-Vertrag nur im begrenzten Maße von See- und Luftverbindungen abhing, vgl. *Kraus* in: ZVerkWiss 47 (1976), S. 1 ff. [2]; *Erdmenger* in: von der Groeben/Thiesing/Ehlermann, Kommentar zum EU-/EG-Vertrag, Bd. 1, Vorb. Art. 74-84, Rdnr. 11; *Basedow/Dolfen* in: Dauses, Handbuch des EU-Wirtschaftsrechts, Bd. 2, Abschnitt L Rdnr. 59. Ein weiterer Grund für das „Schweigen" des Vertrages im Hinblick auf Seeschifffahrt und Luftfahrt ist ferner darin zu sehen, dass wegen des auf internationaler Ebene gewachsenen völkerrechtliche Rechts- und Ordnungssystems (vgl. bzgl. des Zivilluftverkehrs vor allem die Chicago Convention on International Civil Aviation 1944, UNTS, Bd. 15, S. 295, BGBl 1956 II, S. 411) für diese Bereiche zum Zeitpunkt der Gründung der Europäischen Wirtschaftsgemeinschaft keine Einigung über eine gemeinsame Luft- und Seeverkehrspolitik erreicht werden konnte, vgl. *Erdmenger* aaO. (Anm. 75), Vorb. Art. 74-84 Rdnr. 10 und Art. 84 Rdnr. 2; *Weber*, Die Zivilluftfahrt im Europäischen Gemeinschaftsrecht, S. 88 f.

[76] *Oppermann*, Europarecht, Rdnr. 1430.

[77] Vgl. zum Begriff „Multivalenz" *von der Groeben/Möller*, Möglichkeiten und Grenzen einer Europäischen Integration, Bd. 1, S. 51 ff.

lässt der EG-Vertrag die weitere Ausgestaltung der „Gemeinsamen Verkehrspolitik" (Art. 70 EGV) weitgehend den Gemeinschaftsorganen und deren Sekundärrechtsgestaltung (vgl. Art. 70 Abs. 1 EGV und 80 Abs. 2 EGV) [79].
Es stellt sich im Anschluss daran das Problem, ob dieses Ermessen der Gemeinschaftsorgane nicht durch die allgemeinen Grundsätze des EG-Vertrages begrenzt wird [80], zu denen nach Auffassung des EuGH insbesondere die vier Grundfreiheiten und ein funktionsfähiger Wettbewerb zu zählen sind [81].
Insgesamt kann man deshalb mit *Ipsen* zu Recht von einer Inhalts- und Konzeptionslosigkeit des Verkehrstitels sprechen [82], welcher die Meinungsverschiedenheiten zwischen den Gründungsstaaten hinsichtlich der inhaltlichen Ausrichtung der gemeinsamen Verkehrspolitik mehr als deutlich widerspiegelt [83].

II. Die Vorschriften des Titels XV über die transeuropäischen Netze: Art. 154 bis 156 EGV

Die Art. 154 ff. EGV über die transeuropäischen Netze sind durch den Vertrag von Maastricht in den dritten Teil des EG-Vertrages eingefügt worden [84]. Dieses Tätigkeitsfeld wird in Art. 3 Abs. 1 lit. o EGV als „die Förderung des Aus- und

---

[78] Vgl. hierzu *Basedow/Dolfen* in: Dauses, Handbuch des EU-Wirtschaftsrechts, Bd. 2, Abschnitt L Rdnr. 57, wonach in den Art. 71 bis Art. 80 EGV nur eine Reihe zweitrangiger Einzelaspekte angesprochen werden, ohne dass sich hieraus eine inhaltliche Gesamtkonzeption entnehmen lässt; vgl. auch *Basedow* in: Basedow, Europäische Verkehrspolitik, S. 1 ff. [8 ff.]; *Oppermann*, aaO. (Anm. 76), Rdnr. 1424, spricht von einer gewissen „Mischung aus marktwirtschaftlichen und staatlich lenkenden Maßnahmen", aus denen sich eine nähere Zielsetzung der gemeinsamen Verkehrspolitik nicht entnehmen lasse; vgl. ferner *Schmitt* in: KSE 18 (1972), S. 1 ff. [22]; *Fennel* in: EL Rev. 10 (1985), S. 264 ff. [267 ff.]; Schlussanträge des Generalanwalts *Lenz*, Rs. 13/83 (Parlament/Rat), Slg. 1985, S. 1513 ff. [1537].

[79] *Hummer* in: Mayer-Tasch/Molt/Tiefenthaler, Transit: das Drama der Mobilität: Wege zu einer humanen Verkehrspolitik, S. 95 ff. [96], bezeichnet die verkehrspolitischen Zielbestimmungen als „dilatorischen Formelkompromiß".

[80] So auch *Koch* in: Grabitz/Hilf, Das Recht der Europäischen Union, Altband 1, vor Art. 85 Rdnr. 24.

[81] In der Rs. 167/73 zählt der EuGH zu den Grundsatzbestimmungen des EG-Vertrages ausdrücklich die Vorschriften über den freien Warenverkehr, die Freizügigkeit sowie den freien Dienstleistungs- und Kapitalverkehr, EuGH, Rs. 167/73 (Kommission/Frankreich), Slg. 1974, S. 359 ff. [370 Rdnr. 17/23]; in den verb. Rsen 209-213/84 zählt der EuGH auch die Vorschriften über den Wettbewerb zu den Grundsatzbestimmungen des EG-Vertrages, EuGH, verb. Rsen 209-213/84 (Asjes), Slg. 1986, S. 1425 ff. [1464 Rdnr. 32].

[82] *Ipsen*, Europäisches Gemeinschaftsrecht, S. 862; *Schmitt* aaO. (Anm. 78), S. 4, spricht von einer unklaren inhaltlichen Ausgestaltung der gemeinsamen Verkehrspolitik; *Weinstock* in: Bieber/Bleckmann/Capotorti, Das Europa der zweiten Generation, Gedächtnisschrift für Christoph Sasse, Bd. 1, S. 511 ff. [513]

[83] Vgl. auch *Krauss* in: ZVerkWiss 47 (1976), S. 1 ff. [1]; *Everling* in: Wohlfarth/Everling/Glaesner/Sprung, Die Europäische Wirtschaftsgemeinschaft, Vorb. vor Art. 74 Anm. VI.

[84] Ex-Art. 129b bis 129d EGV, in Kraft getreten am 1.11.1993, ABl. 1993 Nr. L 293/61.

Aufbaus transeuropäischer Netze“ definiert. Nach Art. 154 Abs. 1 EGV umfasst diese Aufgabe neben den Bereichen der Telekommunikations- und Energieinfrastruktur auch den Sektor der Verkehrsinfrastruktur.

Bevor die einzelnen Vorschriften im Hinblick auf verkehrspolitische Zielvorgaben untersucht werden können, stellt sich zunächst die Frage, ob die Art. 154 ff. EGV überhaupt zur Ermittlung gesamtverkehrspolitischer Ziele herangezogen werden dürfen.

Der Anwendungsbereich der in Art. 154 ff. EGV enthaltenden Zielvorgaben ist zwar grundsätzlich auf die transeuropäischen Netze beschränkt. Dennoch können sie mittelbar insofern Auswirkungen auf sonstige verkehrspolitische Maßnahmen entfalten, als die Akzentsetzungen im Bereich der transeuropäischen Netze auch beim Erlass sonstiger verkehrspolitischer Maßnahmen zu beachten sind, da nur so eine gewisse Kohärenz der gemeinschaftlichen Verkehrspolitik erreicht werden kann [85].

Der Titel über die transeuropäischen Netze untergliedert sich in drei Teile: Art. 154 EGV enthält Gegenstand und Ziele [86], Art. 155 EGV die Vorgehensweise und Art. 156 EGV das Verfahren hinsichtlich des Auf- und Ausbaus transeuropäischer Netze.

Nach Art. 154 Abs. 1 EGV soll mit dem Aufbau der transeuropäischen Netze ein Beitrag zur Verwirklichung des Binnenmarktes (Art. 14 EGV) und zur Stärkung des wirtschaftlichen und sozialen Zusammenhalts (Art. 158 EGV) geleistet werden. Ferner sollen den Bürgern der Union, den Wirtschaftsbeteiligten sowie den regionalen und lokalen Gebietskörperschaften die Vorteile zugute kommen, die sich aus der Schaffung eines Raumes ohne Binnengrenzen ergeben. Art. 154 Abs. 2 EGV knüpft an diese abstrakt formulierten Vorgaben für die gemeinschaftspolitischen Ziele im Bereich der transeuropäischen Netze in Absatz 1 an und konkretisiert deren Zielvorgaben.

Art. 154 Abs. 2 S. 1 EGV stellt eine Verpflichtung der Gemeinschaft auf, den Verbund und den Zugang zu den einzelnen europäischen Netzen „im Rahmen eines Systems offener und wettbewerbsorientierter Märkte“ zu fördern, die auch in Art. 157 Abs. 1 UAbs. 2 EGV im Bereich der Industriepolitik der Gemeinschaft zu finden ist. Die gemeinschaftliche Infrastrukturpolitik scheint damit zunächst an zwei Grundpfeilern des EG-Vertrages auszurichten zu sein, nämlich an dem Ziel der Schaffung eines Systems unverfälschtem Wettbewerbs gemäß Art. 3 Abs. 1 lit. g EGV sowie dem Bekenntnis zur offenen Marktwirtschaft mit freiem Wettbewerb nach Art. 4 EGV [87]. Angesichts der vielfältigen öffentlichen Interessen soll damit nach Auffassung der Literatur die private Initiative zum Bau, zur Finanzierung und zum Betrieb von transeuropäischen Netzen und Vor-

[85] Siehe *Epiney/Gruber*, Verkehrspolitik und Umweltschutz in der Europäischen Union, S. 61.
[86] Vgl. auch EuGH, Rs. C-22/96 (Parlament/Rat), Slg. 1998, S. I-3231 ff. [3250 Rdnr. 26].
[87] Vgl. auch *Ukrow* in: Calliess/Ruffert, Kommentar zum EU-/EGV, Art. 154 Rdnr. 15; ferner *Erberich* in: *Bleckmann*, Europarecht, § 34 Rdnr. 2731; *Cloos/Reinesch/Vignes/Weyland*, Le traité de Maastricht, S. 299.

haben nicht über Gebühr behindert, sondern im Gegenteil gefördert und zugleich hoheitliche Interventionen auf das zwingend Erforderliche begrenzt werden [88]. Der zweite Satz von Absatz 2 schränkt die Relevanz des Marktes als Bestimmungsgröße für die transeuropäischen Netze jedoch wieder ein, denn danach soll die Tätigkeit der Gemeinschaft in diesem Bereich insbesondere der Notwendigkeit Rechnung tragen, insulare, eingeschlossene und am Rande gelegene Gebiete mit den zentralen Gebieten der Gemeinschaft zu verbinden. Diese Regelung ist demnach eine Wiederholung des Hinweises in Art. 154 Abs. 1 EGV auf Art. 158 EGV, ohne dieses Ziel allerdings näher zu konkretisieren [89], womit der soziale und wirtschaftliche Zusammenhalt der Europäischen Gemeinschaft von Beginn an als gleichberechtigte Forderung neben den in Absatz 2 Satz 1 genannten marktwirtschaftlichen Grundsätzen anzuerkennen ist [90]. Soweit der Staat selbst die Infrastruktur betreibt, wie überwiegend im Bereich des Verkehrs, besteht damit die Möglichkeit das oben skizzierte Bekenntnis zu Wettbewerb und Marktwirtschaft durch gemeinwohlorientierte Entscheidungskriterien zu ergänzen, die die ausschließliche Ausrichtung der Verkehrsinfrastruktur unter anderen als bloßen Rentabilitätsgesichtspunkten betreffen [91]. Etwas anderes ergibt sich auch nicht aus Art. 155 Abs. 1 S. 2 EGV, wonach die Gemeinschaft bei ihren Maßnahmen im Bereich der transeuropäischen Netze „die potentielle wirtschaftliche Lebensfähigkeit der Vorhaben" berücksichtigen muss. Diese Formulierung deutet daraufhin, dass sich die gemeinwirtschaftliche Infrastrukturpolitik an marktwirtschaftlichen Grundsätzen ausrichten muss. Allerdings wird bei der Mehrzahl der Infrastrukturvorhaben eine betriebswirtschaftliche Rentabilität auch unter Heranziehung von (Straßen-)Benutzungsgebühren niemals erreicht [92], so dass die potentielle wirtschaftliche Lebensfähigkeit eines Vorhabens daher allgemein als volkswirtschaftliche Rentabilität aufgefasst wird, wobei der sozioökonomische Nutzen des Vorhabens gegenübergestellt wird [93], der in der Raum-

[88] Siehe auch *Frohnmeyer* in: Grabitz/Hilf, Das Recht der Europäischen Union, Altband 1, Art. 129b Rdnr. 13 ff.; *Ukrow* aaO. (Anm. 84), Art. 154 Rdnr. 15; *Erdmenger* in: von der Groeben/Thiesing/Ehlermann, Kommentar zum EU-/EG-Vertrag, Bd. 5, Art. 129b Rdnr. 16.

[89] *Dieter/Grüter* in: Lenz, Kommentar zum EG-Vertrag, Art. 154 Rdnr. 17.

[90] *Dieter/Grüter* aaO. (Anm. 86), Art. 154 Rdnr. 7.

[91] Vgl. auch *von Burchard* in: Schwarze, EU-Kommentar, Art. 154 Rdnr. 14; i.E. auch *Frohnmeyer* aaO. (Anm. 85), Art. 129b Rdnr. 14 f.. Der Auffassung von *Schweitzer/Hummer*, Europarecht, Rdnr. 1621 und *Rambow* in: Lenz, Kommentar zum EG-Vertrag, 1. Aufl., Art. 129b Rdnr. 7, dass die Ausrichtung auf den Wettbewerb Interventionismus insgesamt vorbeugen soll, übersieht, dass entsprechende Intervention gerade auch zur Wahrung von Wettbewerbsverhältnissen geboten sein können.

[92] Das gilt insbesondere für den Verkehr, da die Rentabilitätsbedingungen für die Verkehrsinfrastruktur vor allem auf grenzüberschreitenden Verbindungen wesentlich ungünstiger als für Infrastrukturinvestitionen im Telekommunikation- und Energiesektor sind, vgl. hierzu *Frohnmeyer* aaO. (Anm. 85), Art. 129c Rdnr. 17.

[93] Vgl. nur *Dieter/Grüter* aaO. (Anm. 86), Art. 155 Rdnr. 24; *Ukrow* aaO. (Anm. 84), Art. 155 Rdnr. 14; *Erdmenger* aaO. (Anm. 85), Art. 129c Rdnr. 38; siehe auch Art. 6 der VO 2236/95/EG des Rates über die Grundregeln von Gemeinschaftszuschüssen für transeuro-

erschließung und in der gesteigerten Möglichkeit zur Befriedung des Mobilitätsbedarfs liegt. Darüber hinaus umschreibt Art. 155 EGV lediglich die Vorgehensweise „zur Erreichung der Ziele des Art. 154", also die zur Verwirklichung dieser Ziele einzusetzenden *Mittel*. Die in Art. 155 Abs. 1 a.E. EGV erwähnte Berücksichtigung der wirtschaftlichen Lebensfähigkeit der Vorhaben betrifft daher nur die Art und Weise dieser Zielerreichung, so dass dieser Gesichtspunkt zwar bei der Wahl der Mittel zu berücksichtigen ist, er aber nicht die regionalpolitischen Zielsetzungen als solche in Frage stellen kann [94].
Zusammenfassend kann festgehalten werden, dass Art. 154 EGV zwar anders als Art. 70 EGV nicht nur allgemein auf die Ziele des EG-Vertrages verweist, sondern relativ konkret in Art. 154 EGV den Binnenmarkt (Art. 14 EGV) und den wirtschaftlichen und sozialen Zusammenhalt (Art. 158 EGV) als verkehrspolitische Infrastrukturziele bezeichnet. Jedoch ist auch aus diesen Zielbestimmungen nicht eindeutig ersichtlich, wann im Einzelnen die liberalen Marktvorstellungen zur Verwirklichung des Binnenmarktes und im welchem Fall die regulativen Vorstellungen hinsichtlich der Stärkung des wirtschaftlichen und sozialen Zusammenhalt der Gemeinschaft überwiegen sollen, so dass die Vorschriften über die transeuropäischen Netze - wenn auch in abgeschwächter Form - das widersprüchliche Bild der Art. 70 ff. EGV ergänzen [95].

III. Zwischenergebnis

Die Vertragspartner des EG-Vertrages sind im Verkehrssektor, abgesehen von Teilfragen, allen materiellen Entscheidungen ausgewichen und haben anders als den übrigen Titeln des dritten Teils [96] kein eigenes Zielkonzept zur Erreichung der in Art. 2 EGV niedergelegten allgemeinen Ziele aufgestellt [97].
Sollte der Verkehrssektor einen abschließenden Sonderbereich darstellen, in dem die allgemeinen Vertragsgrundsätze nicht beachtet werden müssen, wird der Gemeinschaft dadurch ein nahezu unbegrenztes Ermessen im Hinblick auf

---

päische Netze, ABl. 1995 Nr. L 228/1, wo es heißt, dass ein Zuschuss nur gegeben werden darf, wenn das Vorhaben potentiell wirtschaftlich (sozio-ökonomisch) lebensfähig ist, seine finanzielle Rentabilität für den Zeitpunkt der Fertigstellung jedoch als unzureichend prognostiziert wird.

[94] *Epiney/Gruber* aaO. (Anm. 82), S. 63.

[95] Im Ergebnis wohl auch *Epiney/Gruber* aaO. (Anm. 82), S. 61 ff., 76; vgl. allgemein zur unklaren und widersprüchlichen Ausgestaltung der Art. 154 ff. EGV, *Rambow* aaO. (Anm. 88), Vorbem. Art. 129b-129d Rdnr. 3; ferner auch *Ronellenfitsch* in: Blümel/Kühlwetter/Schweinsberg, Aktuelle Probleme des Eisenbahnrechts IV, S. 111 ff. [119 f.].

[96] *Weinstock* in: Bieber/Bleckmann/Capotorti, Das Europa der zweiten Generation, Gedächtnisschrift für Christoph Sasse, Bd. 1, S. 511 ff. [513] stellt dazu fest, dass in Titel V eine dem Art. 37 EGV der gemeinsamen Agrarpolitik entsprechende Implementierungsvorschrift fehlt.

[97] So auch *Brandt* in: TranspR 1986, S. 89 ff. [93]; *ders.* in: Röttinger/Weyringer, Handbuch der europäischen Integration, S. 917 ff. [918]; *Basedow* in: Immenga/Mestmäcker, EG-Wettbewerbsrecht, Bd. 2, Abschnitt XV., A. Rdnr. 2.

die inhaltliche Ausgestaltung der gemeinsamen Verkehrspolitik eröffnet, was dem Gemeinschaftsgesetzgeber wiederum ermöglichen würde, die Verkehrspolitik auch weiterhin den partikulär ausgerichteten Ordnungsvorstellungen der einzelnen Mitgliedstaaten zu überlassen.
Käme man hingegen zu dem Ergebnis, dass die allgemeinen Vertragsgrundsätze das Ermessen des Gemeinschaftsgesetzgeber beschränken, so wäre eine weitgehende dirigistisch orientierte Verkehrspolitik kaum durchsetzbar. Die Gemeinschaft wäre dann verpflichtet, sämtliche Möglichkeiten im Bereich des Verkehrs in Anspruch zu nehmen, die ihr der Vertrag im Bereich der übrigen Wirtschaftszweige zur Förderung der Vertragsziele bietet [98]. Eine Anwendbarkeit der allgemeinen Bestimmungen und ihrer damit verbundenen Ziele - insbesondere die eines funktionsfähigen Wettbewerbs gemäß Art. 3 Abs. 1 lit. g EGV - auf den Verkehr würde letztendlich die Zuständigkeit der Mitgliedstaaten über ihre Verkehrsordnungen in wesentlich größeren Maße einschränken als dies der Fall wäre, wenn der Verkehrstitel eine Anwendbarkeit der allgemeinen Bestimmungen des Vertrages grundsätzlich ausschließen würde [99].

C. Die Berücksichtigung der allgemeinen Vertragsgrundsätze

Festzuhalten ist zunächst, dass der Titel über den Verkehr im Gegensatz zu Titel II über die Landwirtschaft keine Kollisionsnorm enthält, welche das Verhältnis zu den übrigen Vertragsgrundlagen regelt. So finden nach Art. 32 Abs. 2 EGV die Vorschriften für die Errichtung des Gemeinsamen Marktes solange auf die landwirtschaftlichen Erzeugnisse Anwendung, soweit in den Art. 33 bis 38 EGV nicht etwas anderes bestimmt ist. Eine vergleichbare Vorschrift ist in Titel V gerade nicht zu finden.
Neben dieser fehlenden Vertragsvorgabe hat auch der Gemeinschaftsgesetzgeber in den ersten Jahren nach Inkrafttreten des EG-Vertrages zu einer gewissen Rechtsunklarheit beigetragen [100]. So erlies er zwar am 6. Februar 1962 [101] eine Durchführungsverordnung zu den Wettbewerbsvorschriften der Art. 81 f. EGV, um eine Beachtung der in den genannten Bestimmungen angeführten Kartellverbote zu gewährleisten und die Aufgaben von Kommission und Gerichtshof in diesem Bereich voneinander abzugrenzen. Mit einer weiteren Verordnung vom 26. November 1962 [102] hatte der Rat jedoch den Verkehr rückwirkend aus dem

[98] Vgl. die Beispiele bei *Erdmenger*, Die Anwendung des EWG-Vertrages auf Seeschiffahrt und Luftfahrt, S. 5; ferner *Wägenbaur* in: ZHR 130 (1968), S. 217 ff. [220].
[99] Siehe dazu bereits *Müller-Herrmann*, Die Grundlagen der gemeinsamen Verkehrspolitik in der Europäischen Gemeinschaft, S. 19.
[100] Vgl. dazu auch *Lenz* in: Baur/Müller-Graff/Zuleeg, Europarecht, Energiewirtschaft, Wirtschaftsrecht, Festschrift für Bodo Börner, S. 179 ff. [180].
[101] Verordnung Nr. 17: Erste Durchführungsverordnung zu den Art. 85 und 86 des Vertrages, Abl. 1962, S. 204.
[102] Verordnung Nr. 141 über die Nichtanwendung der Verordnung Nr. 17 des Rates auf den Verkehr, ABl. 1962, S. 2751.

Anwendungsbereich der ersten Durchführungsverordnung wieder ausgenommen und dies insbesondere hinsichtlich der Seeschiff- und der Luftfahrt damit begründet, dass nicht abzusehen sei, ob und wann der Rat geeignete Vorschriften für die Geltung einer Wettbewerbsregelung für diese Gebiete erlassen werde.

I. Theorie von der „Sonderstellung des Verkehrs"

Vor diesem Hintergrund weigert sich eine restriktive Auffassung, die vor allem in Frankreich vertreten wird, die materiellen Normen des EG-Vertrages, insbesondere über den Wettbewerb, auf den Verkehr anzuwenden [103]. Neben den einleitenden Artikeln und organisatorischen Bestimmungen sehe der EG-Vertrag eine eigenständige Regelung für einzelne Sachgebiete vor, welche den übrigen Vertragsvorschriften gleichrangig sei. Derartige Regelungen seien gerade auch die Vorschriften über die gemeinsame Verkehrspolitik. Das zeige sich insbesondere darin, dass im Vertrag einzig Art. 51 Abs. 1 EGV (hinsichtlich der Dienstleistungsfreiheit) einen Verweis auf die Vorschriften der gemeinsamen Verkehrspolitik vorsehe, um damit die Anwendung der übrigen Regelungen auf den Verkehr auszuschließen. Das Verhältnis zwischen den verkehrspolitischen Zielen und den anderen Politikbereichen lasse sich nicht allein danach bestimmen, ob und inwieweit diese Ziele Gegenstand der Gemeinschaftspolitik geworden seien. Die Besonderheiten des Verkehrs, die nach Art. 71 EGV bei der Rechtsetzung verkehrspolitischer Regelungen zu berücksichtigen seien und zu denen auch die Ziele innerstaatlicher Verkehrspolitik gehörten [104], stünden einer uneingeschränkten Anwendung der übrigen Vertragsvorschriften entgegen [105]. Infolgedessen erstrecke sich der Gemeinsame Markt nicht auf die gemeinsame Verkehrspolitik [106], so dass insbesondere das System des unverfälschten Wettbewerbs gem. Art. 3 Abs. 1 lit. g EGV im Bereich der Verkehrspolitik keine Anwendung finde.

---

[103] *Moussu* in : ADMA 1 (1974), S. 149 ff. [155 f.]; *Runge* in: EW 1961, S. 94 ff.; *Guillaume* in: RFDA 30 (1976), S. 534 ff. [535 f.]; *Boegner*, Le Marché commun de six à neuf, S. 79; *Everling* in: Wohlfarth/Everling/Glaesner/Sprung, Die Europäische Wirtschaftsgemeinschaft, Art. 74 Anm. IV, vgl. auch Stellungnahme Frankreichs in der Rs. 167/73 (Kommission/Französische Republik), Slg. 1974, S. 359 ff. [364 ff.] sowie die Stellungnahme Frankreichs und den Klagevortrag der Fluggesellschaften Air Franca und KLM in den verb. Rsen 209 bis 213/84 (Asjes), Slg. 1986, S. 1425 ff. [1432 f.].

[104] Vgl. *Koch* in: Grabitz/Hilf, Das Recht der Europäischen Union, Altband 1, vor Art. 85 Rdnr. 24 zur Aufrechterhaltung unrentabler, im öffentlichen Interesse allerdings notwendiger Verkehrsverbindungen.

[105] *Everling* aaO. (Anm. 103), Art. 74 Anm. IV und vor Art. 85 Anm. VI.

[106] *Everling* aaO. (Anm. 103), Art. 74 Anm. IV.

II. Rechtsprechung des EuGH

Diese These hat der Gerichtshof allerdings in ständiger Rechtsprechung [107] zurückgewiesen und festgestellt, dass die allgemeinen Vertragsbestimmungen des EG-Vertrages auf den Verkehrssektor anzuwenden sind, und dass die Seeschifffahrt und der Luftverkehr aus den gleichen Gründen wie die Landverkehrsträger den allgemeinen Vorschriften des EG-Vertrages einschließlich der Wettbewerbsbestimmungen unterliegen. Der EuGH hat dazu festgehalten, dass die Vorschriften des Verkehrstitels die Grundsatzbestimmungen zur Verwirklichung der in Art. 2 EGV und Art. 3 EGV beschriebenen Vertragsziele nicht verdrängten, sondern den Zweck hätten, diese auszuführen und zu ergänzen [108]. Soweit diese Vertragsziele durch die allgemeinen Regeln erreicht werden könnten, seien diese auch anzuwenden.
In seinen beiden Grundentscheidungen, den Rs. 167/73 [109] und Rsen 209-213/84 [110] begründete der Gerichtshof zunächst die Anwendung der allgemeinen Vorschriften des EG-Vertrages für die in Art. 80 Abs. 1 EGV aufgeführten Binnenverkehrsträger. Da der Verkehr vor allem das Erbringen einer besonderen Art von Dienstleistungen zum Gegenstand habe, verweise Art. 51 Abs. 1 EGV im Hinblick auf die Verwirklichung der Dienstleistungsfreiheit auf den Verkehrstitel. Vergleichbare Ausnahmevorschriften für andere Bereiche des EG-Vertrages seien nicht vorhanden; folglich werde insoweit die Anwendbarkeit der allgemeinen Regeln bestätigt [111]. Hinsichtlich der Geltung der allgemeinen Wettbewerbsbestimmungen auf den Verkehrssektor stellte der Gerichthof fest,

---

[107] EuGH, Rs. 167/73 (Kommission/Frankreich), Slg. 1974, S. 359 ff.; bestätigt durch EuGH, verb. Rsen 209-213/84 (Asjes), Slg. 1986, S. 1425 ff.; EuGH, Rs. 66/86 (Ahmed Saeed), Slg. 1989, S. 803 ff. und EuGH, Rs. C-334/94 (Kommission/Frankreich), Slg. 1996, S. I-1307 ff.; i.E. auch EuGH, Rs. 13/83 (Parlament/Rat), Slg. 1985, S. 1513 ff.

[108] EuGH, Rs. 167/73 (Kommission/Frankreich), Slg. 1974, S. 359 ff. [370 Rdnr. 24 bis 26]. Im sog. Untätigkeitsurteil führte der Gerichtshof dann aus, dass der Ermessensspielraum des Rates in Sachen der Verkehrspolitik „durch die Erfordernisse der Errichtung des Gemeinsamen Marktes (...) begrenzt“ ist, EuGH, Rs. 13/83 (Parlament/Rat), S. 1513 ff. [1596 Rdnr. 49].

[109] EuGH, Rs. 167/73 (Kommission/Frankreich), Slg. 1974, S. 359 ff. : Dem Gerichtshof stellte im sog. Seeleute-Urteil im Wege eines Vertragsverletzungsverfahren die Frage, ob Frankreich aufgrund nationaler Vorschriften, wonach auf französischen Seeschiffen bestimmte Tätigkeiten im Schiffsbetrieb nur französischen Staatsangehörigen im Verhältnis drei zu eins vorbehalten sind, gegen Art. 39 EGV und Art. 4 der VO (EWG) 1612/68 des Rates vom 15.10.1968 über die Freizügigkeit der Arbeitnehmer, Abl. EG Nr. L 257/1 verstößt

[110] EuGH, verb. Rsen 209-213/84 (Asjes), Slg. 1986, S. 1425 ff. : In diesen verb. Rechtsachen stellte sich dem EuGH die Frage, inwieweit es den Verpflichtungen der Mitgliedstaaten aus Art. 10, 3 Abs. 1 lit. g und 81 Abs. 1 EGV widerspricht, nationale Vorschriften anzuwenden, die für Flugtarife ein Genehmigungsverfahren vorschreiben und die Nichteinhaltung der genehmigten Tarife sanktionieren, wenn diese Tarife auf Art. 81 EGV zuwiderlaufenden Absprachen beruhen.

[111] EuGH aaO. (Anm. 109), S. 370 Rdnr. 27 f.; bestätigt durch EuGH aaO. (Anm. 110), S. 1465 Rdnr. 37.

dass nach Art. 73 EGV Beihilfen mit dem EG-Vertrag vereinbar seien, „die den Erfordernissen der Koordinierung des Verkehrs oder der Abgeltung bestimmter, mit dem Begriff des öffentlichen Dienstes zusammenhängender Leistungen entsprechen“. Diese Bestimmung setze daher offensichtlich voraus, dass die Wettbewerbsbestimmungen des EG-Vertrages, zu denen die Bestimmungen über die staatliche Beihilfen gehörten, unabhängig von der Einführung einer gemeinsamen Verkehrspolitik auf den Verkehrssektor anwendbar seien [112]. Ferner sei im EG-Vertrag ausdrücklich vorgesehen, wann die Bestimmungen über den Wettbewerb ausgenommen sein sollen. So finden bei der Produktion landwirtschaftlicher Erzeugnisse und dem Handel mit diesem gemäß Art. 36 EGV die allgemeinen Wettbewerbsbestimmungen nur insoweit Anwendung, „als der Rat dies unter Berücksichtigung der Ziele des Artikel 37 im Rahmen des Artikels 37 Absätze 2 und 3 und gemäß dem dort vorgesehenen Verfahren bestimmt“. Eine solche Bestimmung nach dem Vorbild des Art. 36 EGV sei im Verkehrstitel gerade nicht vorhanden [113].

Für die Seeschiff- und Luftfahrt erklärte der EuGH schließlich, dass diese Verkehrsträger, solange der Rat nichts anderes bestimmt, zwar nach Art. 80 Abs. 2 S. 1 EGV den Vorschriften des Verkehrstitels entzogen seien; jedoch unterlägen sie aus den gleichen Gründen wie die Binnenverkehrsträger den allgemeinen Vorschriften des EG-Vertrages, einschließlich derer des Wettbewerbs [114].

III. Stellungnahme

Gegen die Auffassung des EuGH lässt sich im Hinblick auf die Seeschiff- und Luftfahrt einwenden, dass wegen Art. 80 Abs.1 EGV die Vorschriften des Titel V nur für die Beförderung im Eisenbahn-, Straßen- und Binnenschifffahrtsverkehr gelten. Die Art. 70 EGV, Art. 71 EGV und Art. 73 EGV, auf deren Wortlaut und Regelungszweck der EuGH die Anwendung der allgemeinen Vertragsvorschriften stützt, werden gerade für den Seeschiff- und Luftverkehr ausgeschlossen. Die im Verkehrstitel getroffenen Sonderbestimmungen und damit auch die aus ihnen gezogenen Schlussfolgerungen gelten daher nicht automatisch auch für den See- und Luftverkehr [115].

Die Anwendbarkeit der allgemeinen Vertragsbestimmungen auf diese Verkehrsträger lässt sich daher nur mit der Universalität des Vertrages und dem Umkehrschluss aus Art. 36 EGV begründen. Durch Art. 80 Abs. 2 EGV werden

---

[112] EuGH aaO. (Anm. 110) , S. 1465 Rdnr. 39; siehe ferner die Schlussanträge des Generalanwalt *Reischl* zur Rs. 167/73 (Kommission/Französische Republik), Slg. 1974, S. 359 ff. [378].

[113] EuGH aaO. (Anm. 110), S. 1465 f. Rdnr. 40 f.; siehe ferner bereits die Schlussanträge des Generalanwalt *Reischl* aaO. (Anm. 109), S. 378.

[114] EuGH aaO. (Anm. 109), S. 370 f. Rdnr. 29-33; aaO. (Anm. 110), S. 1466 Rdnr. 43-45.

[115] *Dolfen*, Der Verkehr im europäischen Wettbewerbsrecht, S. 20 f; *Basedow/Dolfen* in: Dauses, Handbuch zum EU-Wirtschaftsrecht, Bd. 2, Abschnitt L Rdnr. 50 f.

die Seeschiff- und Luftfahrt zwar nicht den besonderen Bestimmungen des Verkehrs, jedoch dem sachlichen Geltungsbereich des Verkehrstitels unterstellt [116]. Der Grundsatz der *Universalität* des EG-Vertrages gebietet somit die Integration der Seeschiff- und Luftfahrt in gleichem Maße wie die der Binnenverkehrsträger [117]. Deshalb wäre die Anwendbarkeit der allgemeinen Vertragsbestimmungen einschließlich der Wettbewerbsregelungen auf den See- und Luftverkehr nur insoweit zu verneinen, als das vertragliche Wettbewerbsrecht der Art. 81 EGV und Art. 82 EGV entsprechend dem Vorbild des Art. 36 EGV ausdrücklich ausgeschlossen wäre. Eine derartige Wirkung kommt dem Art. 80 Abs. 2 EGV aber gerade nicht zu. Der Sinn dieser „Ausnahmeregelung innerhalb der Ausnahmeregelung“ [118] beschränkt sich vielmehr darauf, die Seeschiff- und Luftfahrt den besonderen Bestimmungen des Titels V über den Verkehr im zweiten Teil des EG-Vertrages zu entziehen.
Gegen die oben dargestellte Theorie von der „Sonderstellung des Verkehrs“, die sich gegen eine grundsätzliche Anwendung der allgemeinen Vertragsgrundsätze und damit gegen eine marktwirtschaftliche Ausrichtung der Gemeinsamen Verkehrspolitik wendet, spricht seit dem Inkrafttreten der Einheitlich Europäischen Akte (EEA) [119] auch ausdrücklich Art. 14 Abs. 1 EGV, wonach die Gemeinschaft alle erforderlichen Maßnahmen trifft, um insbesondere im Rahmen des Art. 80 EGV den Binnenmarkt schrittweise zu verwirklichen. Aufgrund dieser - sprachlich nicht ganz glücklichen [120] - Verweisung werden sowohl die Verkehrsmärkte der Binnenverkehrsträger (Art. 80 Abs. 1 EGV i.V. mit Art. 70 bis 79 EGV) als auch die der Seeschiff- und Luftfahrt (Art. 80 Abs. 2 EGV) ausdrücklich in den Binnenmarktprozess mit einbezogen [121]. Die restriktive Auffassung, die das Konzept des Gemeinsamen Marktes und die damit verbunden Wettbewerbsregeln auf den Verkehrssektor vollständig ausschließen will, ist demzufolge nicht mehr haltbar.

---

[116] *Frohnmeyer* in: Grabitz/Hilf, Das Recht der Europäischen Union, Bd. 1, Art. 80 Rdnr. 1.

[117] *Blonk* in: CMLR 6 (1968/69), S. 451 ff. [452]; *Ipsen*, Europäisches Gemeinschaftsrecht, S. 867 f; *Dolfen* aaO. (Anm. 115), S. 21; *Mestmäcker*, Europäisches Wettbewerbsrecht, S. 682.

[118] Schlussanträge des Generalanwalts Reischl in: Rs. 167/73 (Kommission/Frankreich), Slg. 1974, S. 359 ff. [378 f.].

[119] Einheitlich Europäische Akte vom 28.2.1986, Abl. 1986 Nr. L 169/1.

[120] Die pauschale Verweisung auf Art. 80 Abs. 1 EGV in Art. 14 Abs. 1 EGV wird für unglücklich gehalten, da Art. 80 Abs. 1 EGV nur die Beschränkung des Verkehrstitels auf die Binnenverkehrsträger enthält; wohingegen Art. 80 Abs. 2 eine materielle Rechtsgrundlage des Rates für Maßnahmen im Bereich der See- und Luftfahrt zum Inhalt hat. Dennoch wird wegen der Formulierung in Art. 14 EGV „unbeschadet der sonstigen Bestimmungen dieses Vertrages“ überwiegend geschlossen, dass der gesamte Verkehrssektor unter die Bestimmungen zur Vollendung des Binnenmarktes fällt, so *Frohnmeyer* in: Grabitz/Hilf, Das Recht der Europäischen Union, Bd. 1, Art. 80 Rdnr. 2; dagegen allerdings *Basedow*, Wettbewerb auf den Verkehrsmärkten, S. 182 f., welcher der Verweisung in Art. 14 Abs. 1 EGV nur für den See- und Luftverkehrssektor eine eigenständige Bedeutung zumisst.

[121] *Oppermann*, Europarecht, Rdnr. 1363.

IV. Zwischenergebnis

Als Zwischenergebnis bleibt demzufolge festzuhalten, dass der Verkehrstitel neben den übrigen Politikbereichen kein „Sonderregime“ bildet, das die Anwendung der allgemeinen Vorschriften und deren Ziele im Verkehrssektor untersagt. Eine Ausnahme bilden lediglich diejenigen Regelungen, welche von der Anwendung auf den Verkehrssektor ausdrücklich ausgeschlossen sind [122]. Die gemeinsame Verkehrspolitik ist demzufolge - inklusive der Luft- und Seeschifffahrtspolitik [123] - grundsätzlich an die allgemeinen Vertragsgrundsätze rückgekoppelt. Dementsprechend hat der Gerichtshof in seiner Folgerechtsprechung neben der Freizügigkeit und den Wettbewerbsregeln u.a. auch das Diskriminierungsverbot des Art. 12 EGV [124], den Grundsatz der Dienstleistungsfreiheit [125] und die Sozialvorschriften des EG-Vertrages [126] im Rahmen der gemeinsamen Verkehrspolitik für anwendbar erklärt.

D. Die Berücksichtigung verkehrspolitischer Besonderheiten

Betrachtet man dieses Zwischenergebnis, so scheint das Ziel der gemeinsamen Verkehrspolitik allein in der Umsetzung der allgemeinen Vorschriften und deren Ziele zu liegen, ohne dass dabei auf etwaige spezifischen Sonderbelange des Verkehrs Rücksicht zu nehmen wäre [127]. Gegen eine völlige Nichtberücksichtigung verkehrsspezifischer Eigenheiten spricht zunächst die in Art. 71 Abs. 1 Hs. 1 EGV statuierte Berücksichtigungspflicht verkehrspolitischer Besonderheiten.

---

[122] Dazu EuGH, Rs. 167/73 (Kommission/Frankreich), Slg. 1974, S. 359 ff. [370 Rdnr. 17-23]: „Da den Grundsatzbestimmungen Geltung für den Gesamtbereich der Wirtschaft beizumessen ist, können sie nur dann außer Anwendung bleiben, wenn der Vertrag dies ausdrücklich bestimmt“.

[123] *Erdmenger* in: von der Groeben/Thiesing/Ehlermann, Kommentar zum EU-/EG-Vertrag, Bd. 1, Vorb. Art. 74-84 Rdnr. 12, *ders.* in: Weidenfeld/Wessels, Jahrbuch der Europäischen Integration 1991/92, S. 195 ff. [195 f.] hält daher die Differenzierung der beiden Generalklauseln der Art. 70 EGV und Art. 80 Abs. 2 EGV aus heutiger Sicht willkürlich und wenig sinnvoll.
Die Kommission der EG hatte dementsprechend erwogen, Art. 80 EGV zu derogieren und die Art. 70 ff. EGV für alle Verkehrsträger zum Zuge kommen zu lassen, vgl. dazu *Weber*, Die Zivilluftfahrt im Europäischen Gemeinschaftsrecht, S. 138 f.

[124] So neuerdings EuGH, Rs. C.-29/95 (Pastoors), Slg. 1997, S. I-300 ff. [306 ff. Rdnr. 14 ff.].

[125] EuGH, Rs. 13/83 (Parlament/Rat), Slg. 1985, S. 1513 ff. [Rdnr. 62]; EuGH, Rs. C-17/90 (Pinaud Wieger), Slg. 1991, S. I-5253 ff. [5282 Rdnr. 7].

[126] So z.B. EuGH, Rs. 149/77 (Defrenne), Slg. 1978, S. 1365 ff. [1377 ff. Rdnr. 12 ff.], wo der EuGH Art. 141 EGV auch für die Beschäftigung in einer Fluggesellschaft anwandte.

[127] In diese Richtung tendieren anscheinend *Jung* in: Calliess/Ruffert, Kommentar zum EU-/EGV, Art. 70 Rdnr. 13 und *Stadler* in: Schwarze, EU-Kommentar, Art. 71 Rdnr. 2, die den Besonderheiten des Verkehrs keine große Bedeutung beimessen.

Darüber hinaus spricht für eine Berücksichtigung verkehrsspezifischer Besonderheiten Folgendes:
Sieht der EuGH in der Rs. 167/73 [128] die in Art. 3 Abs. 1 EGV genannten Tätigkeiten als Vertragsziele der gemeinsamen Verkehrspolitik an, ergibt sich daraus, dass als „Vertragsziele" beispielsweise nicht nur die Verwirklichung der Grundfreiheiten (Art. 3 Abs. 1 lit. c EGV) und die Einführung eines funktionsfähigen Wettbewerbs (Art. 3 Abs. 1 lit. g EGV), sondern gerade eben auch die Einführung „einer gemeinsamen Politik auf dem Gebiete des Verkehrs" (Art. 3 Abs. 1 lit. f EGV) in Betracht kommt [129]. Diese Tätigkeiten sind untereinander und mit den anderen in Art. 3 Abs. 1 EGV genannten Tätigkeiten grundsätzlich gleichrangig [130]. Daraus kann die Schlussfolgerung gezogen werden, dass die gemeinsame europäische Verkehrspolitik sich nicht allein in der bloßen Umsetzung der vertraglichen Grundfreiheiten und der Wettbewerbsregeln erschöpft, sondern darüber hinaus auch verkehrsspezifische Gesichtspunkte zu berücksichtigen hat [131]. Diese Auslegung wird auch durch die Entstehungsgeschichte des Verkehrstitels gestützt [132]. Die Vertragsparteien des E(W)G-Vertrages haben für den Verkehrssektor einen eigenen Titel im Vertragsgefüge geschaffen, um diesen Bereich gerade nicht ohne jede Ausnahme den allgemeinen Vorschriften zu unterstellen.
An diese Feststellung anschließend soll in diesem Abschnitt untersucht werden, inwieweit einzelne verkehrsspezifische Eigenheiten die verkehrspolitische Zielsetzung zu beeinflussen vermögen.
Um dieser Untersuchung eine fundierte Grundlage zu geben, sollen in einem ersten Schritt die einzelnen verkehrspolitischen Besonderheiten verifiziert werden, bevor dann deren Verhältnis zu den allgemeinen Vertragsgrundsätzen untersucht werden soll.

I. Die einzelnen verkehrspolitischen Besonderheiten

Die verkehrsspezifischen Sonderbelange werden in Form der sog. „Besonderheiten des Verkehrs" in Art. 71 Abs. 1 Hs. 1 EGV [133] ausdrücklich erwähnt. Was

---

[128] EuGH Rs. 167/73 (Kommission/Französische Republik), Slg. 1974, S. 359 ff. [370 Rdnr. 24].
[129] *Lukes* in: Baur/Müller-Graff/Zuleeg, Europarecht, Energierecht, Wirtschaftsrecht, Festschrift für Bodo Börner, S. 195 ff. [201].
[130] *Basedow/Dolfen* in: Dauses, Handbuch des EU-Wirtschaftsrecht, Bd. 2, Abschnitt L Rdnr. 31; vgl. dazu auch *Epiney/Gruber*, Verkehrsrecht in der EU, S. 57 f., 66.
[131] Vgl. auch *Herber* in: TranspR 1992, S. 241 ff. [244].
[132] Vgl. dazu die Ausführungen in Teil 1, Abschnitt B., I. 1.
[133] Es handelt sich um ein verfahrensrechtliches Element, das nach Art. 80 Abs. 2 S. 2 EGV auch auf Seeschiff- und Luftfahrt Anwendung findet. Die doppelte Erwähnung des „Verfahrens" in Art. 80 Abs. 2 EGV dürfte auf ein Redaktionsversehen zurückzuführen sein. Der Wortlaut kann wohl nur darin sinnvoll ausgelegt werden, dass sich die in Art. 80 Abs. 2 S. 1 EGV erwähnte Entscheidungsfreiheit des Rates über das „Verfahren" allenfalls auf Rege

allerdings unter dem Begriff der „Besonderheiten des Verkehrs“ [134] im Einzelnen zu verstehen ist, wird in Art. 71 Abs. 1 Hs. 1 EGV nicht definiert und ist im Schrifttum [135] weitestgehend ungeklärt. Unumstritten ist jedoch, dass nur solche Eigenschaften des Verkehrssektors als Besonderheiten desselben zu berücksichtigen sind, die auf anderen Sektoren nicht oder nicht in derselben Zusammensetzung vorkommen [136].
Schließlich muss berücksichtigt werden, dass eine Aufzählung verkehrspolitischer Besonderheiten nicht als abschließend im dem Sinne verstanden werden darf, dass die Gemeinschaft dauernd auf diesen Katalog festgelegt wäre [137]. Denn die „Besonderheiten des Verkehrs“ müssen als unbestimmter Rechtsbegriff jederzeit im Zuge der Anwendung des Art. 71 Abs. 1 Hs. 1 EGV neuen Erkenntnissen zugänglich sein [138].

1. Die wirtschaftlichen Merkmale als verkehrsspezifische Besonderheiten

a) Die Lehre von den ökonomischen Besonderheiten des Verkehrs

Von Seiten der Lehre wurden [139] und werden - vor allem in Frankreich - noch bis heute [140] ökonomische Maßstäbe herangezogen, um die spezifischen Merk-

---

lungen bezieht, welche durch das Verfahren nach Art. 71 Abs. 1 und 2 EGV und die einschlägigen Vertragsvorschriften über das Zusammenwirken der Organe nicht geregelt sind, vgl. dazu *Frohnmeyer* in: Grabitz/Hilf, Das Recht der Europäischen Union, Bd. 1, Art. 80 Rdnr. 13.

[134] *Epiney/Gruber*, Verkehrsrecht der EU, S. 103, sprechen hier von einem „obskuren Be-griff“.

[135] Zu der Diskussion der Besonderheiten des Verkehrs, ihrer wissenschaftlichen Widerlegung und der verkehrspolitischen Folgerungen, vgl. u.a. *Aberle* in: Basedow, Europäische Verkehrspolitik, S. 29 ff. [33 ff.], *Basedow*, Wettbewerb auf den Verkehrsmärkten, S. 41 ff; *von Kunowski*, Ordnung des Wettbewerbs und Wirtschaftslenkung in der verkehrspolitischen Gesetzgebung, S. 26 ff.; *van Suntum*, Verkehrspolitik, S. 61 ff.

[136] *Frohnmeyer* in: Grabitz/Hilf, Das Recht der Europäischen Union, Bd. 1, Art. 71 Rdnr. 23.

[137] So *Stabenow* in: von der Groeben/von Boeckh/Thiesing, Kommentar zum EWG-Vertrag, Bd. 1, 2. Aufl., Art. 75 Anm. III, 3.

[138] *Stabenow/Herzog* in: *Campbell/Cotter*, The law of the European Community, Bd. 2, 75.04., 2-778.

[139] Siehe insbesondere *Mestmäcker*, Europäisches Wettbewerbsrecht, S. 682; *Voigt*, Verkehr, Bd. 1, Hälfte 1, S. 18 f.; *Müller-Hermann*, Die Grundlagen der gemeinsamen Verkehrspolitik in der Europäischen Wirtschaftsgemeinschaft, S. 74 ff.; *Stabenow* in: von der Groeben/von Boeckh/Thiesing, Kommentar zum EWG-Vertrag, Bd. 1, 2. Aufl., Art. 75 Anm. III, 1, 2. Diese Lehre hatte sich im Frühstadium der Europäischen Gemeinschaft auch das Europäische Parlament zu eigen gemacht, vgl. Europäisches Parlament, Terminologische Liste verkehrswirtschaftlicher Begriffe mit besonderer Berücksichtigung der Kostenfragen, Anlage zum Dokument Nr. 106 vom 11.12.1961, Veröffentlichungsdienst der Europäischen Gemeinschaften 2748/1/61/2, S. 27 f.

male des Verkehrs als betriebs- und volkswirtschaftliche Besonderheiten gegenüber anderen Wirtschaftssektoren zu erfassen. Diese Lehre von den ökonomischen Besonderheiten des Verkehrs versucht - unter Berücksichtigung des Wesensgehalts der vertraglichen Grundsatzbestimmungen - Bedingungen anzugeben, wann staatliche Regulierungen und wettbewerbliche Ausnahmebereiche sinnvoll und notwendig sind. Die ordnungspolitischen Ausnahmeregelungen in einer grundsätzlich marktwirtschaftlich orientierten Wirtschaftordnung begründet die Lehre von den ökonomischen Besonderheiten mit dem Marktversagen im Bereich des Verkehrs bei fehlender staatlicher Intervention [141].
Schwerpunkt der Erörterung sind dieser Theorie zufolge wirtschaftliche Eigenschaften des Verkehrs, welche auf anderen Wirtschaftszweigen nicht oder nicht in der gleichen Zusammensetzung vorkommen und ein Marktversagen begründen, das letztendlich ein Eingreifen des Staates in den Wettbewerb erfordert. Der Vorwurf, dass vergleichbare Eigenschaften auch in anderen Wirtschaftsbereichen auftreten [142], wird von den Verfechtern dieser These mit dem Hinweis auf die besondere Kumulierung dieser Merkmale im Verkehr widerlegt [143].
Im Einzelnen werden vor allem folgende Formen des Marktversagens unterschieden: ruinöse Konkurrenz, natürliches Monopol und externe Effekte [144].

aa) Ruinöse Konkurrenz

In der wirtschaftswissenschaftlichen Literatur wird der Begriff der „ruinösen Konkurrenz“ unscharf und mehrdeutig verwendet [145]. Allgemein versteht man unter ruinöser Konkurrenz eine besonders intensive Wettbewerbsform (zumeist durch Preisunterbietungen), die gesamtwirtschaftliche Fehlentwicklungen verursacht [146].
Die Gefahr der Entstehung von ruinösen Wettbewerbskämpfen im Verkehrssektor wird vor allem auf bestimmte verkehrsspezifische Besonderheiten zurückgeführt. Es wird behauptet, dass jede dieser Besonderheiten für sich und

---

[140] Vgl. etwa *Broussolle* in: Encyclopédie Dalloz, Répertoire communautaire, Bd. 3, Transports, Anm. 10-13; *Mathijsen*, A guide to European Law, S. 358; *Moussis*, Accès à L'Union Européenne, S. 376; *Aussant/Fornasier* in: Commentaire Megret, Le droit de la CEE, Bd. 3, Teil 3, Rdnr. 4; *Stadler* in : Schwarze, EU-Kommentar, Art. 71 Rdnr. 2; *Schweitzer/Hummer*, Europarecht, Rdnr. 1390; *Müller/Vogelsang*, Staatliche Regulierung, S. 36.
[141] Siehe dazu *Aberle*, Transportwirtschaft: einzelwirtschaftliche und gesamtwirtschaftliche Grundlagen, S. 92.
[142] *Hamm*, Preise als verkehrspolitisches Ordnungsinstrument, S. 119 f.
[143] *Müller-Herrmann* aaO. (Anm. 139), S. 71, 77; *Napp-Zinn* in: Festschrift zum 40jährigen Jubiläum des Instituts für Verkehrswissenschaft, S. 16 ff. [29].
[144] Vgl. dazu *Berkelova*, Die Vollendung des europäischen Binnenverkehrsmarktes und der Reformbedarf der deutschen Verkehrspolitik dargestellt am Beispiel des Straßengüterverkehrs, S. 110 ff.
[145] Siehe nur *Willeke* in: ORDO 28 (1977), S. 155 ff. [157 ff.] m.w.N.
[146] Vgl. *van Suntum*, Verkehrspolitik, S. 61.

ihre Anhäufung im besonderen zum Markt- bzw. Wettbewerbsversagen führen. Im Einzelnen werden folgende Besonderheiten des Verkehrs genannt:

- Wegen der hohen Fixkosten, verbunden mit einer langen Lebensdauer der Betriebsanlage und wegen niedrigen variablen Kosten, würden sich auf den Märkten dieser Branche sog. „versunkene Kosten" bilden, die wiederum eine Anpassung des Angebots bei Veränderung der Nachfrage verhindern und gleichzeitig die Entstehung chronischer Überhänge begünstigen würden [147].
- Im Gegensatz zur Warenproduktion sei dem Verkehr eine Produktion auf Vorrat unmöglich, so dass ein Ausgleich von Überkapazitäten, vergleichbar der Warenlagerhaltung, nicht möglich sei (sog. Unelastizität auf Seiten des Angebots) [148].
- Im Verhältnis von Angebot und Nachfrage im Verkehrssektor sei schließlich auch eine bemerkenswerte Unelastizität auf Seiten der Nachfrage festzustellen [149]. So bedinge ein Absinken der Preise im Verkehr nicht notwendig eine Zunahme der Nachfrage.
- Ein weiteres Problem sei in der „Unpaarigkeit der Verkehrsströme" (Leerfahrten nach der Entladung am Zielort) zu sehen, die dazu führe, dass zahlreiche Transportgefäße lediglich zum Zweck der Wiederbeladung unterwegs sind [150].

bb) Natürliches Monopol

Ein natürliches Monopol ist dadurch definiert, dass die im Markt nachgefragte Menge effizienter von nur einem Anbieter produziert werden kann. Letzteres bedeutet, dass gleichartige oder ungleichartige Güter von nur einem Hersteller kostengünstiger produziert werden als durch partielle Herstellung bei einer größeren Zahl von Anbietern [151].
Im Verkehrssektor seien, so die Vertreter der Lehre von den ökonomischen Besonderheiten [152], die natürlichen Monopole insbesondere im Eisenbahn- und Luftverkehr anzutreffen.
Im Eisenbahnbereich wird dieses Monopol mit den hohen Fixkosten für die Verkehrsdienstleistungen begründet, die auf die erforderlichen Infrastrukturan-

---

[147] Vgl. dazu auch *Seidenfus*, Verkehrsmärkte, S. 104.

[148] *Broussolle* in: Encyclopédie Dalloz, Répertoire communautaire, Bd. 3, Transports, Rdnr. 13; *Moussis*, Accès à L'Union Européenne, S. 376

[149] *Aussant/Fornasier* in: Commentaire Megret, Le droit de la CEE, Bd. 3, Teil 3, Anm. 4; *Moussis* aaO. (Anm. 148), S. 376; *Müller-Hermann*, Die Grundlagen der gemeinsamen Verkehrspolitik in der Europäischen Wirtschaftsgemeinschaft, S. 76.

[150] *Aussant/Fornasier* aaO. (Anm. 149), Anm. 4; *Müller-Hermann*, aaO. (Anm. 149), S. 76 f.

[151] Vgl. dazu *Aberle* in: Basedow, Europäische Verkehrspolitik, S. 29 ff. [35]; *Gröner/Knorr* in: EWS 1990, S. 16 ff. [16 f.]; ausführlich zu den wirtschaftstheoretischen Grundlagen, *Kruse*, Ökonomie der Monopolregulierung, S. 19 ff.

[152] Vgl. für den Eisenbahnverkehr *Müller* in: Horn/Knieps/Müller, Deregulierungsmaßnahmen, S. 171 ff. [171] und *Knieps* in: Horn/Knieps/Müller, Deregulierungsmaßnahmen, S. 39 ff. [50].

lagen (Schienenstrecken, Bahnhöfe etc.) zurückzuführen sind [153]. Die Fixkosten seien so hoch, dass es kostengünstiger sei, die Nachfrage nach Eisenbahntransporten über ein einziges Netz anstatt über parallele Netze zu bedienen. Hier sei es Aufgabe des Wirtschaftsrechts, ineffizienten Wettbewerb und Verschwendung volkswirtschaftlicher Ressourcen durch Angebotsbeschränkungen, insbesondere mit Hilfe eines Konzessionssystems, zu verhindern.

cc) Externe Effekte

Als drittes Argument zur Verteidigung der Regulierung der Verkehrsmärkte wird die Existenz von externen Effekten [154] vorgebracht, wobei der Verkehrssektor als typisches Beispiel für das Vorhandensein dieser Effekte angesehen wird [155].
Von einzelnen Verkehrsträgern, wie etwa den Straßengüterkraftverkehr, gingen mangels eigener Wegekostentragung negative externe Effekte aus [156]. Umgekehrt hätten vermehrte Leistungen anderer Verkehrsträger - etwa der Eisenbahn und die Binnenschifffahrt - positive externe Effekte auf die Gesamtwirtschaft. Diese Effekte würden im mikroökonomischen Kalkül der Vertragsparteien eines Transportvertrages grundsätzlich keine Berücksichtigung finden, so dass die Kosten-Nutzen-Rechnung für einen Transportvertrag aus der gesamtgesellschaftlichen Perspektive anders ausfällt als aus der Sicht der am Vertrag Beteiligten, was zugleich zu untragbaren Verzerrungen im Wettbewerb führe [157].

b) Kritische Stellungnahme

Die Lehre von den wirtschaftlichen Besonderheiten ist zunehmender Kritik sowohl von Seiten der Rechtswissenschaft [158] als auch von Seiten der Wirtschaftswissenschaft [159] ausgesetzt.

---

[153] Vgl. Deregulierungskommission: Marktöffnung und Wettbewerb, S. 45.
[154] Externe Effekte entstehen dann, wenn Auswirkungen ökonomischer Aktivitäten (Produktion, Konsum), von denen Nach- bzw. Vorteile für Dritte ausgehen, nicht in die Preisbildung berücksichtigt werden. Negative externe Effekte (externe Kosten) belasten andere Wirtschaftssubjekte, ohne in die Kostenrechnung der Verursacher einzugehen. An positiven externen Effekte (externer Nutzen) partizipieren Dritte dagegen kostenlos.
[155] Vgl. zum Ganzen *van Suntum*, Verkehrspolitik, S. 74 f.
[156] Siehe zu den einzelnen negativen Effekte, wie Schadstoffemissionen, Lärmemissionen und Flächenbeanspruchungen, *Aberle*, Transportwirtschaft: einzelwirtschaftliche und gesamtwirtschaftliche Grundlagen, S. 93.
[157] *Aussant/Fornasier* in: Commentaire Megret, Le droit de la CEE, Bd. 3, Teil 3, Anm. 4.
[158] *Basedow*, Wettbewerb auf den Verkehrsmärkten, S. 48 ff.; *Frohnmeyer* in: Grabitz/Hilf, Das Recht der Europäischen Union, Bd. 1, Art. 71 Rdnr. 23; *Erdmenger* in: von der Groeben/Thiesing/Ehlermann, Kommentar zum EU-/EG-Vertrag, Bd. 1, Art. 75 Rdnr. 24.
[159] Vgl. nur *Ewers/von Stackelberg* in: Handbuch der Europäischen Wirtschaftpolitik, S. 1160 ff.; *Willeke* in: ZVerkWiss 58 (1987), S. 71 ff. [75 ff.]; *Laaser* in: Salzwedel et al., Deregulierungspotentiale in der Bundesrepublik, S. 192 ff. [208 ff.].

Sie verliert ihre Überzeugungskraft in dem Maße, wie sich die Erkenntnis durchsetzt, dass diese angeblichen Besonderheiten gar nicht bestehen bzw. sich nicht auf die Verkehrsmärkte beschränken, sondern in anderen Wirtschaftsbereichen gleichermaßen anzutreffen sind [160] und nur als Beispiele für Abweichungen vom theoretischen Modell eines vollständigen Wettbewerbs stehen [161].
Die Nichtlagerfähigkeit der Leistungen und die geringe Preiselastizität der Nachfrage wie auch des Angebots sind ökonomische Merkmale, die in vergleichbarer Weise jeder Dienstleistungsproduktion anhaften [162]. Mit ähnlichem Gewicht der Fakten könnten andere Wirtschaftsbranchen des Dienstleistungssektors wie die Tourismusindustrie, Freizeitanlagenbetreiber und das Hotel- und Gaststättengewerbe für sich eine Regulierung reklamieren.
Die „Unpaarigkeit der Verkehrsströme" spricht nicht gegen den Wettbewerb im Verkehrswesen und damit nicht für eine Besonderheit des Verkehrs, da es für derartige Transporte darauf ankommt, dass derjenige zum Zuge kommt, der die Kosten inklusive derjenigen für Leerfahrten minimiert. Wenn der Wettbewerb dadurch dann zu einer besseren Kapazitätsauslastung zwingt, können Leerfahrten sogar verhindert werden [163].
Bei den natürlichen Monopolen handelt es sich in der Sache nach um Unteilbarkeiten der Produktion, wie sie auf vielen anderen Teilmärkten zu finden sind [164]. So kann die Produktion gewisser Güter und Dienstleistungen nicht kontinuierlich von Null, sondern immer nur in Sprüngen aufwärts gesteigert werden. Wie das Mindestvolumen eines Flugtransportes durch die Größe des eingesetzten Flugzeuges bestimmt wird, so ist z.B. für die Mindestproduktion von Fließbandprodukten die Minimalkapazität eines Fertigungsbandes maßgeblich. Wenn die Nachfrage hinter diesen Mindestwerten zurückbleibt, ist ein Wettbewerb nicht mehr möglich. Besteht dann tatsächlich ein ökonomisch begründetes natürliches Monopol, dann setzt es sich im Markt durch und bedarf auch keines staatlichen Schutzes [165].
Hinsichtlich der externen Effekte ist zu bedenken, dass diese eine Begleiterscheinung vieler Industrieproduktionen sind, ohne dass deshalb die Leistungsfähigkeit des Wettbewerbs als Ordnungsprinzip auf den betreffenden Gütermärkten bezweifelt wird [166]. Darüber hinaus ist nicht die Ausgestaltung des Marktes durch ein restriktives Regulierungsinstrumentarium, sondern der Einsatz geeigneter Maßnahmen zur Internalisierung dieser externen Effekte und somit die Verbesserung der Funktionsfähigkeit des Marktes der vorzugswürdige Ansatz [167]. In einer Marktwirtschaft werden Abweichungen der privaten und sozialen

---

[160] *Basedow* aaO. (Anm. 157), S. 48.
[161] *Hamm*, Preise als verkehrspolitisches Ordnungsinstrument, S. 210 ff.
[162] *Willeke* aaO. (Anm. 158), S. 81.
[163] *Laaser* aaO. (Anm. 158), S. 209.
[164] *Basedow* aaO. (Anm. 157), S. 48.
[165] *Willeke* aaO. (Anm. 158), S. 79.
[166] *Ewers/von Stackelberg* aaO. (Anm. 158), S. 1165.
[167] *Willeke* aaO. (Anm. 158), S. 82.

Kosten nach dem Verursacherprinzip behoben und zum Ausgleich gebracht. Der dadurch entstehende faire Wettbewerb zwischen den Verkehrsträgern führt zur Nutzung der knappen Ressourcen, ohne den Umweg über eine Regulierung.
Diese Ausführungen zeigen, dass die ökonomische Merkmale des Verkehrs wenig dazu taugen als verkehrsspezifische Besonderheiten hervorgehoben zu werden [168]. Für den Bereich des Verkehrs können die EG-Vorschriften über den Wettbewerb somit nur schwerlich mit dem Hinweis auf ein gravierendes Marktversagen modifiziert werden [169].

2. Die gemeinwirtschaftlichen Ziele als verkehrsspezifische Besonderheiten

a) Die Lehre von den gemeinwirtschaftlichen Zielen des Verkehrs

Die Besonderheiten des Verkehrs liegen einer anderen These zufolge in der Berücksichtigung gemeinwirtschaftlicher Ziele [170] (in Deutschland auch als Belange der Daseinsvorsorge bezeichnet [171]).
Im 19. Jahrhundert bestanden die gemeinwohlorientierten Aufgaben überwiegend in staatspolitischen Überlegungen und in Gesichtspunkten der Landesverteidigung. So sollte das deutsche Eisenbahnnetz neben der rein wirtschaftlichen Entwicklung auch der politischen und militärischen Integration der im Zollverein bzw. später im Deutschen Reich zusammengeschlossenen Kleinstaaten dienen [172].
Heute ist es dagegen besonders das Sozialstaatsprinzip, welches zur Begründung gemeinwirtschaftlicher Verpflichtungen herangezogen wird. In Übereinstim-

[168] So auch *Erdmenger* aaO. (Anm. 157), Art. 75 Rdnr. 24; ebenso *Frohnmeyer* aaO. (Anm. 157), Art. 71 Rdnr. 23.
[169] *Willeke* aaO. (Anm. 158), S. 82.
[170] Vgl. *Mückenhausen* in: Lenz, Kommentar zum EG-Vertrag, Art. 71 Rdnr. 4; *Greaves*, Transport law of the European Community, S. 3: „... transport is an industry with public service obligations, ..."; *Geiger*, Kommentar zum EUV und EGV, Art. 72 Rdnr. 10; *Koch* in: Grabitz/Hilf, Das Recht der Europäischen Union, Altband 1, vor Art. 85 Rdnr. 24; *Moussis*, Accès à L'Union Européenne, S. 376; *Broussolle* in: Encyclopédie Dalloz, Répertoire communautaire, Bd. 3, Transports, Rdnr. 14; i.E. auch *Everling* in: Wolfarth/Everling/Glaesner/Sprung, Die Europäische Wirtschaftsgemeinschaft, Art. 75 Anm. II, wonach gemeinwirtschaftliche Belange zu berücksichtigen sind, wenn durch eine geplante Maßnahme „die Erfüllung der volkswirtschaftlichen Funktion des Verkehrs gefährdet wird".
[171] Vgl. zum Begriff der „Daseinvorsorge" im Gemeinschaftsrecht, *Ronellenfitsch* in: VerwArch. 2001, S. 293 ff.
[172] Vgl. *van Suntum*, Verkehrspolitik, S. 83. Die gemeinwirtschaftliche Verkehrsbindung der Bahn ist auch einer der maßgebenden Gründe für ihre Verstaatlichung gewesen. Vom Motiv her war sie dem fiskalischen Interesse des Staates nachgelagert, zugleich aber erforderlich, um eine erfolgreiche Koalition für die Verstaatlichung zustande zubringen, vgl. dazu *Laaser*, Rentseeking im deutschen Verkehrswesen, S. 10.

mung mit der Theorie der Gemeinwirtschaftlichkeit des Verkehrs [173] definiert Art. 50 des Schweizer Eisenbahngesetzes vom 20. Dezember 1957 [174] die gemeinwirtschaftliche Leistungen als „Grundpflichten, welche den Eisenbahnen den Charakter öffentlicher Verkehrsdienste verleihen (Betriebs-, Fahrplan-, Beförderungs- und Tarifpflicht), sowie aus solchen tarifarischen und betrieblichen Maßnahmen, die in besonderer Weise volkswirtschaftlichen, sozialen und kulturellen Bedürfnissen Rechnung tragen, insofern es sich um Leistungen handelt, die eine Bahnunternehmung bei kaufmännischer Geschäftsführung ohne entsprechenden Ausgleich nicht übernehmen könnte".
Ähnlich fordert Art. 87 e Abs. 4 S. 1 GG den Bund auf, dem „Wohl der Allgemeinheit, insbesondere den Verkehrsbedürfnissen, beim Ausbau und Erhalt des Schienennetzes der Eisenbahnen des Bundes sowie bei deren Verkehrsangeboten auf diesem Schienennetz" Rechnung zu tragen.
Die gemeinwirtschaftlichen Leistungen setzen sich demzufolge aus zweierlei Gesichtspunkten zusammen [175]:
Zum einem geht es um das regional- bzw. raumordnungspolitische Ziel einheitlicher Lebensverhältnisse [176]. Hierzu sollen insbesondere das Eisenbahn- und Straßennetz beitragen, indem auch solche Strecken bedient bzw. aufrechterhalten werden, die den üblichen Auslastungsanforderungen an sich nicht genügen, was vor allem auf ländliche und periphere Regionen zutrifft.
Zum anderen soll der Verkehrssektor nach dieser Definition auch der personenbezogenen Sozialpolitik dienen, insbesondere durch Sozialtarife für besondere Personengruppen wie Schüler, Rentner usw., aber auch durch ein flächendeckendes Angebot an öffentlichen Verkehrsmitteln, um generell auch für einkommensschwache Schichten dem „Grundbedürfnis" der Mobilität gerecht zu werden.
Eine marktwirtschaftliche Steuerung im Eisenbahnverkehr führt nach dieser Theorie regelmäßig nicht zu einer befriedigenden Erfüllung der gemeinwirtschaftlichen Aufgaben, so dass an deren Stelle staatliche Leistungsauflagen die Tätigkeit der Bahn regulieren sollen [177]. Parallel dazu sollen ergänzende Markteingriffe das Wettbewerbsverhalten konkurrierender Verkehrsträger (vor allem

---

[173] Vgl. nur *Meyer*, Verkehrswirtschaft und Verkehrspolitik, S. 199; ähnlich für die gemeinwirtschaftlichen Tarife, *Predöhl*, Verkehrspolitik, S. 238.

[174] Sammlung der Eidgenössischen Gesetze: Amtliche Sammlung der Bundesgesetze und Verordnungen, Bd. 1958, S. 335.

[175] Vgl. zu den gemeinwirtschaftlichen Verpflichtungen der öffentlichen Eisenbahnen nach der Bundesstrukturreform *Schulz*, Das Eisenbahnwesen des Bundes und die Stellung der deutschen Bahnen auf dem Europäischen Binnenmarkt, S. 177 ff; zum verkehrspolitischen Auftrag der Deutschen Bahn siehe ausführlich auch *Dengler* in: ZögU 1992, S. 358 ff. [359 ff.].

[176] Vgl. dazu auch Art. 72 und Art. 106 Abs. 3 S. 4 Nr. 2 GG, die ebenfalls das regional- bzw. raumordnungs- politische Ziel einheitlicher Lebensverhältnisse postulieren.

[177] Vgl. *Mückenhausen* aaO. (Anm. 169), Art. 71 Rdnr. 4; *Greaves* aaO. (Anm. 169), S. 3; *Predöhl* aaO. (Anm. 173), S. 234 ff.; *Kloten* in: ORDO 13 (1962), S. 199 ff. [205 ff.].

der LKW-Verkehr) den gemeinwirtschaftlichen Belastungen der Eisenbahn anpassen [178].

b) Kritische Stellungnahme

Was die mögliche Berücksichtigung gemeinwohldienender Ziele im Rahmen der gemeinsamen europäischen Verkehrspolitik betrifft, zeigen die unterschiedlichen verkehrspolitischen Auffassungen bei den Vertragsverhandlungen zum EWG-Vertrag [179], dass sich die Forderung einer gemeinwirtschaftlichen Verkehrspolitik nicht zwingend aus der Funktion des Verkehrswesens ergibt. Die ordnungspolitische Entscheidung über die Gestaltung der Verkehrspolitik ist im EG-Vertrag ausdrücklich offengeblieben und kann somit nicht in eine unbestimmte Formel wie die des Art. 71 Abs. 1 Hs. 1 EGV hineininterpretiert werden [180], so dass gemeinwirtschaftliche Merkmale nicht allgemein als „Besonderheiten des Verkehrs" bewertet werden können [181].
Bezeichnet man den öffentlichen Auftrag zur sozialen Daseinsvorsorge mit seinen regional-, sozial- und raumordnungspolitischen Zwängen dennoch als Besonderheit des Verkehrs, so erscheint es allerdings mehr als fraglich, ob eine Regulierung des Güterkraftverkehrs zum Schutz der Bahn geeignet ist, die Erfüllung dieses Auftrags zu fördern - das insbesondere angesichts der Tatsache, dass die Bahn permanent Marktanteile eingebüßt [182] und sich in der Vergangenheit gerade in den Randgebieten die Versorgung verschlechtert hat [183]. Hierzu ist überzeugend dargelegt worden, dass Deregulierung und Wettbewerb die Innovationsfreudigkeit und Strukturanpassung der Bahn fördern und somit eine bessere Versorgung auch der Fläche gewährleisten wird [184].
Des Weiteren wird der Wettbewerbsdruck im Straßengüterverkehr die Transportunternehmer in die peripheren Gebiete drängen [185] und die wettbewerbsbe-

---

[178] Vgl. zum Verhältnis Eisenbahn – Straßengüterverkehr, *Basedow* in: Europäische Verkehrspolitik, S. 1 ff. [10]; *ders.*, Wettbewerb auf den Verkehrsmärkten, S. 62; siehe auch die Ausübungsformen des Personengelegenheitsverkehrs nach deutschem Recht: §§ 48, 49 PBefG (Rückkehrpflicht) und § 22 LuftVG, wonach Charterflüge verboten werden können, soweit durch sie öffentliche Verkehrsinteressen beeinträchtigt werden können , bestätigt durch VG Köln, ZLW 31 (1982), S. 176 ff. [184, 187], OVG Münster, ZLW 33 (1984), S. 165 ff. [170] und BVerwG, ZLW 34 (1985), S. 92 ff. [93].

[179] Siehe dazu die Ausführungen in Teil 1, Abschnitt B., I. 1.

[180] Vgl. auch *Everling* in: Wohlfarth/Everling/Glaesner/Sprung, Die Europäische Wirtschaftsgemeinschaft, Art. 75 Anm. 2.

[181] Siehe auch *Frohnmeyer* in: Grabitz/Hilf, Das Recht der Europäischen Union, Bd. 1, Art. 71 Rdnr. 23.

[182] Vgl. dazu Kommission der EG, Die europäische Verkehrspolitik bis 2010: Weichenstellungen für die Zukunft, Weißbuch vom 12.9.2001, KOM (2001) 370endg., S. 28 f.

[183] *Hamm*, Deregulierung im Verkehr als politische Aufgabe, S. 56 f.

[184] *Hamm* aaO. (Anm. 183), S. 56 ff., 66 f.

[185] *Laaser* in: Salzwedel et al., Deregulierungspotentiale in der Bundesrepublik, S. 192 ff. [234 ff., 238].

dingte Senkung der Transportkosten auch der Fläche zugute kommen [186]. Um dennoch vereinzelt auftretende Versorgungsengpässe zu verhindern, wird das Mittel der öffentlichen Ausschreibung vorgeschlagen, das gesamtwirtschaftlich kostengünstiger ist als die staatliche Regulierung der gesamten Verkehrsmärkte [187].

Im Ergebnis ist festzuhalten, dass die Verkehrsmärkte zwar einige Besonderheiten hinsichtlich der gemeinwirtschaftlichen Merkmale aufweisen und insoweit als „sensibler" Bereich gelten mögen, die dahinterstehenden Allgemeininteressen aber nicht in der Lage sind, generell die staatlicherseits auferlegte Marktregulierung der Verkehrsmärkte zu rechtfertigen [188].

3. Die tatsächlichen Besonderheiten des Verkehrs

Nach dem oben Gesagten ist festzuhalten, dass die staatlicherseits auferlegten gemeinwirtschaftlichen Zielvorgaben und die wirtschaftlichen Merkmale des Verkehrs nur bedingt dazu geeignet sind, als verkehrsspezifische Besonderheiten des Verkehrs berücksichtigt zu werden.
Wohl aber können die beiden nachfolgend beschriebenen Eigenschaften als sog. tatsächliche Besonderheiten des Verkehrs [189] festgehalten werden: die Transnationalität des Verkehrs und die hoheitliche Infrastrukturverantwortung.

a) Transnationalität des Verkehrs

Im Jahr 1999 kam der Güterkraftverkehr in der Europäischen Union auf ein Gesamtvolumen von 1, 258 Billionen Tonnenkilometern [190], wovon etwa 21 % auf den grenzüberschreitenden Verkehr entfielen [191]. Der gesamte grenzüberschreitende Güterkraftverkehr kam im diesem Jahr auf annährend 265 Mrd. Tonnenkilometer [192].
Der transnationale Güterkraftverkehr ist darüber hinaus durch ein stetiges Wachstum gekennzeichnet. So nahm beispielsweise in Spanien der grenzüber-

---

[186] *Hirsche* in: Bundesverband der Deutschen Industrie, Liberalisierung der Verkehrsmärkte, S. 79 ff. [85].
[187] *Hamm* aaO. (Anm. 183), S. 2, 59.
[188] Im Ergebnis auch *Jannott*, Die Reichweite der Dienstleistungsfreiheit im Güterkraftverkehr der EG, S. 101.
[189] Vgl. dazu ähnlich *Frohnmeyer* in: Grabitz/Hilf, Das Recht der Europäischen Union, Bd. 1, Art. 71 Rdnr. 24; *Oppermann*, Europarecht, Rdnr. 1427; *Thum*, Der kombinierte Verkehr im Recht der EU, S. 124; *Epiney/Gruber*, Verkehrspolitik und Umweltschutz in der Europäischen Union, S. 58.
[190] Die Maßeinheit Tonnenkilometer stellt als Leistungsmaßstab für Güterverkehrsmittel das Produkt aus beförderter Last in t und den Beförderungsweg in km dar.
[191] Europäische Gemeinschaften, eurostat, Statistik kurz gefasst, Verkehr, Entwicklung des Güterkraftverkehrs 1990-1999, Thema 7 – 2/2002, S. 1.
[192] Europäische Gemeinschaften aaO. (Anm. 191), S. 2.

schreitende Güterkraftverkehr zwischen 1990 und 1999 um 186 % zu, was einen durchschnittlichen jährlichen Zuwachs von 12, 4 % entspricht [193].
Noch bedeutender als für den Güterkraftverkehr ist der internationale Warenaustausch im Bereich der Seeschifffahrt. In Deutschland, Frankreich und den Niederlanden hat der grenzüberschreitende Seegüterverkehr gar einen Anteil von 96 %, 93 % bzw. fast 100 % [194].
Die Internationalität des Verkehrssektors ist zudem nicht nur für den Güteraustausch, sondern auch für den Personenverkehr zu beobachten. So wurden 1999 im grenzüberschreitenden Luftverkehr aus den und in die Mitgliedstaaten insgesamt 774, 8 Mio. Fluggäste befördert und damit 7, 5 % mehr als 1998. Fast 50 % des gesamten Fluggastverkehrs entfielen davon auf den Intra-EU-Verkehr, 16 % auf den Verkehr mit europäischen Drittländern, knapp 14 % auf den Verkehr mit Nordamerika und die verbleibenden 20 % auf den Verkehr mit der übrigen Welt [195].
Die internationale Verflechtung des Verkehrs [196] führt dazu, dass sich „ein und derselbe technische Vorgang teils im nationalen und teils im internationalen Raum vollzieht“ [197], also als Ganzes gleichzeitig rechtlich und sachlich verschiedenen Voraussetzungen unterliegt [198]. Dabei ist zu berücksichtigen, dass sich die Mobilität nicht nur auf den nationalen und innergemeinschaftlichen Transport beschränkt, sondern auch den Verkehr mit Drittstaaten umfasst. Im besonderen Maße sind hiervon wegen ihrer verstärkten internationalen Ausrichtung die Seeschiff- und Luftfahrt betroffen [199]. Auf Marktbedingungen wird hier nicht nur europa-, sondern weltweit reagiert. Die Bedingungen für diese Verkehrsträger sind zudem weltweit betrachtet höchst unterschiedlich. Folgende Stichworte mögen dies am Beispiel der Seeschifffahrt belegen: Subventionierung, Abkommen über Ladungsteilung, niedrige Löhne und Sozialleistungen, Unterschiede in der Schiffsbesatzung und der Qualifizierung des Schiffspersonals und schließlich unterschiedliche Standards in der Schiffssicherheit.
Bei der Rechtsetzung im Rahmen der gemeinsamen Verkehrspolitik sollte daher die raum- und grenzüberschreitende Mobilität der Produktionsmittel als Beson-

---

[193] Europäische Gemeinschaften aaO. (Anm. 191), S. 3. Vor dem Hintergrund der geplanten Ost-Erweiterung der EU und einer weiter wachsenden Wirtschaft soll der grenzüberschreitende Güterkraftverkehr innerhalb der Gemeinschaft bis zum Jahr 2010 sogar um weitere 50 % zunehmen, vgl. Kommission der EG, Weißbuch zur europäischen Verkehrspolitik vom 12.9.2001. Die europäische Verkehrspolitik bis 2010: Weichenstellungen für die Zukunft, KOM (2001), 370endg., S. 24.
[194] Europäische Gemeinschaften, eurostat, Statistik kurz gefasst, Verkehr, Güter- und Personenverkehr 1997-1999, Thema 7 – 1/2001, S. 3 f.
[195] Europäische Gemeinschaften, eurostat, Statistik kurz gefasst, Verkehr, Grenzüberschreitender Luftverkehr, Personenbeförderung 1998-1999, Thema 7 – 6/2001, S. 1.
[196] So *Schweitzer/Hummer*, Europarecht, Rdnr. 1390.
[197] *Most*, Soziale Marktwirtschaft und Verkehr, S. 32.
[198] *Most* aaO. (Anm. 197), S. 32.
[199] Vgl. zur Internationalität des Luftverkehrs *Jung* in: ZLW 47 (1998), S. 499 ff. [518].

derheit des Verkehrs berücksichtigt werden [200], die vor allem eine Regelung in großen geographischen Einheiten erforderlich macht [201].

b) Hoheitliche Infrastrukturverantwortung

Diese grenzüberschreitende Mobilität der Verkehrsträger kann in der Praxis aber nur dann gewährleistet werden, wenn eine entsprechende Verkehrsinfrastruktur zur Verfügung gestellt wird. Letztere unterfällt jedoch ganz überwiegend in den Verantwortungsbereich der einzelnen Mitgliedstaaten, was im Folgenden am Beispiel der Bundesrepublik Deutschland zu zeigen sein wird:
In Deutschland stehen die Verkehrswege grundsätzlich im Eigentum von Bund, Ländern und Gebietskörperschaften; sie werden von diesen gebaut, unterhalten und betrieben, aus Steuermitteln finanziert und der Allgemeinheit „als Leistung der Daseinsvorsorge" zur Verfügung gestellt [202]. So erfolgt der Bau und die Unterhaltung des öffentlichen Straßennetzes nach deutscher Tradition in staatlich-öffentlicher Regie [203] und wird überwiegend als Staatsaufgabe eingestuft [204]. Entsprechend der Einteilung der Straßen nach ihrer Bedeutung in den überörtlichen, regionalen oder lokalen Verkehr liegen die öffentliche Sachherrschaft, die Finanzierungsverantwortung sowie die Verpflichtung, für den Bau und die Unterhaltung der Straßen in einem verkehrssicheren Zustand zu sorgen, beim Bund [205], den Ländern und den Gebietskörperschaften [206]. Ausnahmen von dieser umfassenden staatlichen Verantwortung für das Straßennetz sind erst in jüngster Zeit vorgesehen worden: Nach dem Gesetz über den Bau und die Finanzierung von Bundesfernstraßen durch Private [207] können die bisher staatlich wahrgenommen Aufgaben Privaten in einigen begrenzten Ausnahmefällen [208] „zur Ausführung" übertragen werden, wobei der Private dann die Rechte und Pflichten

---

[200] Vgl. auch *Kirchhof* in: DRiZ 1995, S. 253 ff. [259]; *Frohnmeyer* aaO. (Anm. 190), Art. 71 Rdnr. 24; *Oppermann*, Europarecht, Rdnr. 1427; *Thum*, Der kombinierte Verkehr im Recht der EU, S. 124; *Epiney/Gruber*, Verkehrspolitik und Umweltschutz in der Europäischen Union, S. 58; *Trüe*, Das System der Rechtsetzungskompetenzen der Europäischen Gemeinschaft und der Europäischen Union, S. 141.

[201] Ähnlich auch *Basedow/Dolfen* in: Dauses, Handbuch des EU-Wirtschaftsrechts, Bd. 2, Abschnitt L Rdnr. 30.

[202] *Steiner* in: Schmidt, Öffentliches Wirtschaftsrecht, Besonderer Teil 2, S. 133 f.

[203] *Steiner* in: Steiner, Besonderes Verwaltungsrecht, S. 671 ff. Rdnr. 3.

[204] *Wendrich* in: BauR 1985, S. 152 ff. [154 ff.] mit weiteren Nachweisen; *Salzwedel* in: Jeserich, Deutsche Verwaltungsgeschichte, Bd. 5, S. 460.

[205] Siehe Art. 90 Abs. 1 GG.

[206] Siehe hierzu die Übersicht bei *Rinke* in: *Kodal/Krämer*, Straßenrecht, S. 332 ff.

[207] FStrPrivFinG vom 30.8.1994, BGBl. 1994 I, S. 2243; hierzu *Steiner* in: NJW 1994, S. 1350 f.

[208] Der Anwendungsbereich des FStrPrivFinG ist gemäß § 3 Abs. 1 des FStrPrivFinG auf Erschwernisstrecken beschränkt; im Wesentlichen also auf Brücken, Tunnel und Gebirgspässe im Zuge von Bundesautobahnen und Bundesstraßen, vgl. dazu auch *Uechtritz* in: DVBl. 2002, S. 739 ff. [741].

des Trägers der Straßenbaulast hat [209]. Ein *umfassendes* rechtliches Regime, das den Straßenbau Privater für den öffentlichen Verkehr im Interesse eines dem öffentlichen Straßenbau vergleichbaren Standards an Ausstattung und Sicherheit für die Benutzer und im Interesse der allgemeinen Zugänglichkeit für alle Benutzer zu regeln hätte, ist jedoch weder vorhanden noch in Umrissen erkennbar [210].

Das Recht der Wasserwege weist ähnliche Grundstrukturen wie das der Straßeninfrastruktur auf. Der Bund ist Eigentümer der Bundeswasserstraßen [211] und nimmt nach dem Bundeswasserstraßengesetz [212] die mit dem Bau, dem Betrieb und der Unterhaltung zusammenhängenden Aufgaben als hoheitliche wahr.
Seit der Bahnreform steht das Schienennetz für den Eisenbahnverkehr von überörtlicher Bedeutung nicht mehr im Eigentum des Bundes, sondern im Vermögen der Deutschen Bahn AG (Bereich Fahrweg) [213], an dem der Bund aber eine Mehrheitsbeteiligung behalten muss [214]. Soweit die Deutsche Bahn AG sich aus dem Schienenpersonennahverkehr zurückzieht und an ihre Stelle nach der Regionalisierung Gebietskörperschaften oder Zusammenschlüsse von Gebietskörperschaften als Aufgabenträger treten, sind diesen die notwendigen Liegenschaften zu übertragen [215]. Nach der Grundstruktur der Bahnreform könnte sich die Trägerschaft danach in einer dem Straßennetz durchaus vergleichbaren Weise aufgliedern. So bestehen die rechtlichen Voraussetzungen dafür, dass als Träger des Schienennetzes neben der für das Bundesschienenwegenetz verantwortlichen Deutschen Bahn AG (Bereich Fahrweg) regionale oder lokale öffentliche Eisenbahninfrastrukturunternehmen entstehen, die jeweils Eigentümer der Schienenwege von untergeordneter Bedeutung und verantwortlich für den Bau und die Unterhaltung sowie Führung der Betriebs- und Sicherheitssysteme sind [216].
Der Bau und der Betrieb von Flugplätzen liegt in Deutschland regelmäßig in der Hand von privatrechtlich organisierten Unternehmen, an denen der Bund, die Länder und Gebietskörperschaften beteiligt sind [217]. Es handelt sich demnach um gemischt-öffentliche Unternehmen, deren Tätigkeit als Wahrnehmung von Verwaltungsaufgaben in Privatrechtsform angesehen wird [218].

---

[209] § 1 Abs. 2 und 3 FStrPrivFinG.

[210] *Hermes*, Staatliche Infrastrukturverantwortung: rechtliche Grundstrukturen netzgebundener Transport- und Übertragungssysteme zwischen Daseinsfürsorge und Wettbewerbsregulierung am Beispiel der leitungsgebundenen Energieversorgung in Europa, S. 191.

[211] Art. 89 Abs. 1 GG.

[212] §§ 7 ff. WaStrG.

[213] Art. 1 §§ 20 ff. ENeuOG.

[214] Art. 87e Abs. 3 S. 3 GG.

[215] Art. 1 § 26 ENeuOG.

[216] Siehe § 2 AEG, wonach auch öffentliche Einrichtungen als „Eisenbahnunternehmen" bezeichnet werden.

[217] Siehe dazu *Steiner* aaO. (Anm. 202), S. 219.

[218] *Steiner* in: Isensee/Kirchhof, Handbuch des Staatsrechts der Bundesrepublik Deutschland, Bd. 3, § 81 Rdnr. 28 f.

Am Beispiel der Bundesrepublik Deutschland ist damit deutlich geworden, dass die Verkehrsinfrastruktur noch ganz überwiegend im Verantwortungsbereich des Staates liegt [219].
Als weitere verkehrsspezifische Besonderheit ist im Rahmen der verkehrspolitischen Gemeinschaftsrechtsetzung daher die Abhängigkeit der Verkehrsträger von einem zuvor durch die öffentliche Hand erstellten oder zumindest von ihr zugelassenen Verkehrsweg zu berücksichtigen [220].

II. Die Berücksichtigung der verkehrsspezifischen Eigenheiten im Rahmen der allgemeinen Vertragsgrundsätze

Nachdem nun die einzelnen Besonderheiten des Verkehrs deutlich geworden sind, soll nunmehr geprüft werden, inwieweit diese Eigenheiten die allgemeinen Vertragsgrundsätze im Rahmen der verkehrspolitischen Zielsetzung zu beeinflussen vermögen.
Der Gerichtshof hat im „Seeleute-Urteil" (Rs. 167/73) hinsichtlich dieser Fragestellung die Aussage getroffen, dass „die Vorschriften über die gemeinsame Verkehrspolitik" dazu dienen, den „Grundsatzbestimmungen (...) Wirksamkeit zu verleihen und sie durch gemeinsame Aktionen auszufüllen" [221]. Ferner hat der EuGH bestimmt, dass die Ziele der Verkehrspolitik (Art. 2 und 3 EGV), „*sofern* [222] " das irgend möglich ist, „mit Hilfe der besagten allgemeinen Vorschriften" zu erreichen sind [223].
Es lässt sich aus diesen Formulierungen zweierlei schließen. Einerseits wird die Möglichkeit der Nichtanwendung bzw. eingeschränkten Anwendung der allgemeinen Vorschriften für den Fall angedeutet, dass deren Anwendung den Vertragszielen nicht förderlich wäre [224]. Damit hat der EuGH eine flexible Handhabung und vertragszielgerechte Auslegung der allgemeinen Vorschriften im Hinblick auf den besonderen Regelungsgegenstand des Verkehrs bejaht. Im Hinblick auf den Verkehrssektor müssen die Organe der Gemeinschaft daher die optimale Lösung durch eine Verknüpfung („gemeinsame Aktionen") der Vor-

---

[219] So muss etwa die parzellenscharfe Festlegung des Verlaufs von Straßen, die regelmäßig mit Enteignungen einhergeht, dem nationalen Planungsrecht überlassen bleiben, siehe dazu *Epiney*, Verkehrsrecht in der EU, S. 344.
[220] Vgl. auch *Müller-Hermann*, Die Grundlagen der gemeinsamen Verkehrspolitik in der Europäischen Gemeinschaft, S. 72; siehe auch *Kirchhof* in: DRiZ 1995, S. 253 ff. [259]; *Frohnmeyer* in: Grabitz/Hilf, Das Recht der Europäischen Union, Bd. 1, Art. 71 Rdnr. 24; *Oppermann*, Europarecht, Rdnr. 1427; *Thum*, Der kombinierte Verkehr im Recht der EU, S. 124; *Epiney/Gruber*, Verkehrspolitik und Umweltschutz in der Europäischen Union, S. 58.
[221] EuGH, Rs. 167/73 (Kommission/Frankreich), Slg. 1974, S. 359 ff. [370 Rdnr. 25].
[222] Hervorhebung durch den Verfasser.
[223] EuGH aaO. (Anm.221), S. 370 Rdnr. 26.
[224] *Weber*, Die Zivilluftfahrt im Europäischen Gemeinschaftsrecht, S. 133.

schriften über den Verkehr mit den allgemeinen Bestimmungen im Wege wechselseitiger Ergänzung suchen [225].
Andererseits lässt sich aus den Ausführungen des Gerichtshofs aber auch folgern, dass bei einer Berücksichtigung der Sonderbelange des Verkehrs stets der Wesensgehalt der Grundsatzbestimmungen zu beachten ist (den „Grundsatzbestimmungen ... Wirksamkeit zu verleihen") [226]. Diese Bestimmungen stellen EG-Verfassungsnormen [227] dar, die als grundlegende Prinzipien nicht berührt werden dürfen. Sie können daher nur für Sonderbelange entsprechend deren Eigenart im Wege der Verhältnismäßigkeitsprüfung [228] aus evident sachgerechten Gründen mittels der Art. 70 bis 80 EGV modifiziert werden [229].
Für die Rechtsetzung im Rahmen der gemeinsamen Verkehrspolitik bedeutet eine „Wechselbeziehung" [230] zwischen den allgemeinen Vorschriften und den verkehrspolitischen Sonderbelangen, dass soweit die Befugnisse der Gemeinschaftsorgane im Rahmen der allgemeinen Vorschriften ausreichen, um bei der Durchführung dieser Vorschriften den jeweiligen Sonderbelangen der Verkehrsträger gerecht zu werden, diese auch anzuwenden sind [231]. Insofern die allgemeinen Vorschriften zur Wahrung der verkehrsspezifischen Besonderheiten nicht ausreichen oder soweit verkehrspolitische Belange zu regeln sind, für welche die allgemeinen Vorschriften gar keine Befugnisse vorsehen, ist - unter Berücksichtigung des Wesensgehalts der Grundsatzbestimmungen - auf die Vorschriften des Verkehrstitels [232] zurückzugreifen [233].

---

[225] *Erdmenger* in: von der Groeben/Thiesing/Ehlermann, Kommentar zum EU-/EG-Vertrag, Bd. 1, Vorb. Art. 74 - 84 Rdnr. 17.

[226] Vgl. dazu *Erdmenger* aaO. (Anm. 225), Art. 84 Rdnr. 23; *Frohnmeyer* in: Grabitz/Hilf, Das Recht der Europäischen Union, Bd. 1, Art. 80 Rdnr. 16; *Dagtoglou* in: EL Rev. 6 (1981), S. 335 ff. [349] und bzgl. der Grenzen der Ermächtigung nach Art. 71 Abs. 1 lit. d EGV bereits *Wägenbauer* in: ZHR 130 (1968), S. 217 ff. [237 f.].

[227] Vgl. EuGH, Rs. 294/83 (Les Verts/Parlament), Slg. 1986, S. 1339 ff. [1365 Rdnr. 23].

[228] Allgemein zur Verhältnismäßigkeitsprüfung im Europarecht, *Schwarze*, Europäisches Verwaltungsrecht, Bd. 2, S. 661 ff.

[229] Vgl. auch *Eisermann*, Grundlagen des Gemeinsamen Europäischen Luftverkehrsmarktes, S. 50; ferner bereits *Weber*, Die Zivilluftfahrt im Europäischen Gemeinschaftsrecht, S. 133; i.E. auch *Müller-Hermann*, Die Grundlagen der gemeinsamen Verkehrspolitik in der Europäischen Wirtschaftsgemeinschaft, S. 78; vgl. ebenfalls die Denkschrift der Kommission der EG vom 6.7.1979, Contributions of the European Comminities to the Development of Air Transport Service, COM (79) 311final, S. 5 ff.

[230] *Erdmenger* aaO. (Anm. 225), Art. 84 Rdnr. 21.

[231] *Erdmenger* aaO. (Anm. 225), Art. 84 Rdnr. 23.

[232] Als verkehrspolitische Befugnisnormen kommen hier insbesondere Art. 71 Abs. 1 EGV für den Binnenverkehr und Art. 80 Abs. 2 EGV für den Luft- und Schiffsverkehr in Betracht.

[233] *Erdmenger* aaO. (Anm. 225), S. 67 f. u. 145, spricht hier von einem sog. „Konkurrenzverhältnis der Addition"; i.E. auch *Ipsen*, Europäisches Gemeinschaftsrecht, S. 868; *Eisermann* aaO (Anm. 229), S. 48 ff.; *Geys*, Die Anwendung der Art. 85, 86 EWG-Vertrag innerhalb des Art. 88 EWG-Vertrag auf die Tarife und Konditionen im internationalen Linienluftverkehr, S. 26.

III. Fazit

Das Ermessen der Gemeinschaftsorgane ist im Hinblick auf die Ausgestaltung einer gemeinschaftlichen Verkehrspolitik durch die allgemeinen Vertragsgrundsätze beschränkt [234]. Der Gemeinschaft ist es also untersagt, eine gemeinschaftliche Verkehrspolitik einzuführen, die nicht den vier Grundfreiheiten oder einem funktionsfähigen Wettbewerb entspricht. Die Verkehrspolitik ist folglich kein Sonderbereich, der von den allgemeinen Vertragsgrundsätzen „abgeschottet" ist, was jedoch nicht bedeutet, dass nicht auch verkehrspolitischen Sonderbelangen Rechnung getragen werden kann. Im Rahmen der verkehrspolitischen Rechtsetzung liegen die verkehrsspezifischen Besonderheiten weniger in den ökonomischen Merkmalen oder in der Verfolgung gemeinwirtschaftlicher Ziele, als vielmehr in der internationalen Ausrichtung des Verkehrs und dessen Abhängigkeit von der staatlicherseits zur Verfügung gestellten Infrastruktur.
Die gemeinsame Verkehrspolitik kann im Hinblick auf den funktionsfähigen Wettbewerb (Art. 3 Abs. 1 lit. g EGV) [235] daher nur schwerlich wegen etwaiger ökonomischer oder gemeinwirtschaftlicher Besonderheiten des Verkehrs „aufgeweicht" werden.
Eine Besonderheit des Verkehrs besteht vielmehr in dessen internationaler bzw. grenzüberschreitender Ausrichtung, was im Ergebnis weniger zu hoheitlichen Eingriffen in den Wettbewerb führt als zu einer weiteren Liberalisierung des Verkehrs auf gemeinschaftlicher Ebene. Denn mitgliedstaatliche Eingriffe im Form von Fahrzeugkontingenten oder Grenzkontrollen sind mit nicht unerheblichen Transportkostenerhöhungen verbunden, da wegen der langen Grenzaufenthalte kostspielige Wartezeiten erforderlich oder aber wegen der Fahrzeugkontengierungen die Güter an der Grenze umgeladen werden bzw. die Personen umsteigen müssen. Diese kostensteigernden Maßnahmen im grenzüberschreitenden Verkehr haben die gleiche Wirkung wie Zölle; sie behindern den internationalen Handel oder die Freizügigkeit im Reiseverkehr und reduzieren damit die mit den Verkehrsbeziehungen prinzipiell möglich gewordenen Wohlfahrtssteigerungen. Eine zunehmende wirtschaftliche Verflechtung des grenzüberschreitenden Verkehrs innerhalb der Europäischen Union ist daher ohne eine Vergemeinschaftung der Verkehrspolitik kaum mehr denkbar [236].
Die Transnationalität des Verkehrs spricht darüber hinaus auch ganz allgemein für ein Tätigwerden auf gemeinschaftlicher Ebene, da die Mitgliedstaaten wegen des grenzüberschreitenden Charakters des Verkehrs mangels ausreichender Problemlösungskompetenz vielfach nicht in der Lage sein werden, den Verkehr mit den Mitteln des Rechts zu ordnen, was folgende Stichworte beispielhaft be-

---

[234] Im sog. Untätigkeitsurteil führt der Gerichtshof dazu aus, dass der Ermessensspielraum des Rates in Sachen der Verkehrspolitik „durch die Erfordernisse der Errichtung des Gemeinsamen Marktes (...) begrenzt" ist, EuGH, Rs. 13/83 (Parlament/Rat), Slg. 1985, S. 1513 ff. [1596 Rdnr. 49].

[235] Vgl. dazu die Ausführungen in Teil 1, Abschnitt C., I.

[236] So *Köberlein*, Kompendium der Verkehrspolitik, S. 258.

legen mögen: Luftraumüberwachung, Kontrolle der Verkehrsumweltvorschriften, Interoperabilität der einzelnen Verkehrsträger und Überwachung der Ruhezeiten im Kraftfahrzeugfernverkehr.
Da die einzelnen Mitgliedstaaten prinzipiell die (finanzielle) Hauptverantwortung für den Bau, den Betrieb und die Instandhaltung der Verkehrsinfrastruktur tragen, ist die Gemeinschaft gezwungen, im Bereich der Verkehrinfrastruktur nicht allumfassend rechtsetzend tätig zu werden. Die Europäische Gemeinschaft hat diese verkehrspolitische Besonderheit insofern zu berücksichtigen, als dass sie die Verantwortung der Mitgliedstaaten für die Verkehrsinfrastruktur nicht gänzlich ablöst.
Diesen verkehrsspezifischen Eigenheiten müssen die Gemeinschaftsorgane im Rahmen der verkehrspolitischen Gemeinschaftsrechtssetzung insoweit Rechnung zu tragen, als dass die verkehrspolitischen Besonderheiten die Wirksamkeit der allgemeinen Vertragsgrundsätze nicht unangemessen beschränken.

E. Die Errichtung eines Verkehrsbinnenmarkt

Von den einzelnen Zielen, denen im Rahmen der gemeinsamen Verkehrspolitik eine bedeutende Rolle zuerkannt wird, verdient ein Ziel besonders hervorgehoben zu werden. Seit dem Inkrafttreten der Einheitlich Europäischen Akte (EEA) am 1. Juli 1987 ergibt sich durch den Verweis des Art. 14 Abs. 1 EGV auf Art. 80 EGV, dass der Binnenmarkt u.a. mit Hilfe der gemeinsamen Verkehrspolitik zu verwirklichen ist [237]. Um den Binnenmarkt gerade auch mit Hilfe der Verkehrspolitik fristgerecht verwirklichen zu können [238], wurde zusätzlich durch Art. 16 Ziff. 5 EEA in Art. 80 Abs. 2 EGV für den Seeschiff- und den Luftverkehr das Einstimmigkeitsprinzip durch die qualifizierte Mehrheitsentscheidung ersetzt. Weiterhin wurden gemäß Art. 16 Ziff. 6 EEA die Verfahrensvorschriften des Art. 71 Abs. 1 und 3 EGV auch für legislative Maßnahmen im Bereich der Seeschiff- und Luftfahrt für anwendbar erklärt.
Darüber hinaus ist zu bemerken, dass nach Art. 154 Abs. 1 EGV dem Auf- und Ausbau des transeuropäischen Netzes im Bereich der Verkehrsinfrastruktur u.a. die Aufgabe zukommt, zur Verwirklichung des Binnenmarktziels in Art. 14 EGV beizutragen.

I. Der Begriff des Binnenmarktes

Binnenmarkt bedeutet nach der Definition des Art. 14 Abs. 2 EGV einen Raum ohne Binnengrenzen, in dem der freie Verkehr von Waren, Personen, Dienstleistungen und Kapital gemäß den Bestimmungen dieses Vertrages gewährleistet

---

[237] *Kahl* in: Calliess/Ruffert, Kommentar zum EUV/EGV, Art. 14 Rdnr. 13.
[238] Vgl. dazu den Wortlaut des ex-Art. 8a EWGV nach dem Inkrafttreten der EEA am 01.07.1987, wonach der Binnenmarkt spätestens bis zum 31.12.1992 zu verwirklichen war.

wird. Ähnlich definiert Art. 3 Abs. 1 lit. c EGV den Begriff des Binnenmarkt, demzufolge der Binnenmarkt durch die Beseitigung der Hindernisse für den freien Waren-, Personen-, Dienstleistungs- und Kapitalverkehr gekennzeichnet ist. Im Titandioxid-Urteil hat der EuGH ferner unverfälschte Wettbewerbsbedingungen als konstitutive Merkmale des Binnenmarktes angesehen [239].
Trotz dieses klaren Wortlauts in Art. 14 Abs. 2 EGV und Art. 3 Abs. 1 lit. c EGV und dem Urteil des EuGH in der Rechtssache Titandioxid ist der Begriff des Binnenmarktes in seinen rechtlichen Gehalt nicht unumstritten. Unklar ist, inwieweit sich der in den Art. 14 EGV erwähnte „Binnenmarkt" mit dem traditionell vom Vertrag verwendeten Begriff „Gemeinsamer Markt" deckt bzw. davon abweicht [240].
In der Rechtssache *Gaston Schul* umschreibt der EuGH den Gemeinsamen Markt wie folgt: „Der Begriff Gemeinsamer Markt ... stellt ab auf die Beseitigung aller Hemmnisse im innergemeinschaftlichen Handel mit dem Ziel der Verschmelzung der nationalen Märkte zu einem Markt, dessen Bedingungen demjenigen eines wirklichen Binnenmarktes möglichst nahe kommen" [241]. Ausgehend von dieser Begriffsbestimmung des EuGH drängt es sich daher auf, dass die Begriffe Gemeinsamer Markt und Binnenmarkt in einem synonymen Sinn zu verstehen sind [242]. Ferner gibt die systematische Stellung des ex-Art. 8a EWG-Vertrag weitere Hinweise auf die inhaltliche Ausgestaltung des Binnenmarktes [243]; aus der Einfügung dieser Vorschrift unmittelbar im Anschluss an ex-Art. 8 EWG-Vertrag, der in seinem Absatz 1 für die Errichtung des Gemeinsamen Marktes eine Übergangszeit bis zum 1. Januar 1970 vorsah [244], lässt sich schließen, dass diejenigen Bereiche, in denen dies nicht gelungen ist, nunmehr bis spätestens 31. Dezember 1992 in den Binnenmarkt integriert werden sollen. Das spricht dafür, dass mit Hilfe eines unverbrauchten „Etikettes" wesentliche Elemente der Errichtung des Gemeinsamen Marktes i.S. des Art. 2 EGV präzisiert und deren Verwirklichung im Hinblick auf das Jahr 1992 dynamisiert werden sollen.

---

239 Vgl. EuGH, Rs. C-300/89 (Kommission/Rat), Slg. 1991, S. I-2867 ff. [2899 Rdnr. 14 f.], „Nach den Artikeln 2 und 3 EWG-Vertrag setzt dieser so angestrebte (Binnen-)Markt unverfälschte Wettbewerbsbedingungen voraus. Zur Verwirklichung der in ex-Artikel 8a genannten Grundfreiheiten müssen wegen der zwischen den Mitgliedstaaten bestehenden Unterschiede Harmonisierungsmaßnahmen in den Bereichen getroffen werden, in denen die Gefahr besteht, dass Unterschiede verfälschte Wettbewerbsbedingungen schaffen oder aufrechterhalten."
240 Vgl. zum Meinungsstand, *Hatje* in: Schwarze, EU-Kommentar, Art. 14 Rdnr. 3 ff.
241 EuGH, Rs. 15/81 (Gaston Schul), Slg. 1982, S. 1409 ff. [1431 Rdnr. 33]; ferner EuGH, Rs. C-41/93, (Frankreich/Kommission), Slg. 1994, S. I-1829 ff. [1847 Rdnr. 19].
242 *Kahl* in: Calliess/Ruffert, Kommentar zum EU-/EGV, Art. 14 Rdnr. 7.
243 Vgl. ex-Art. 8a Abs. 1 EWGV in der Fassung der Bek. v. 31.7.1987, BGBl. 1987 II, S. 451: „ Die Gemeinschaft trifft die erforderlichen Maßnahmen, um bis zu 31. Dezember 1992 ... den Binnenmarkt schrittweise zu verwirklichen."
244 Vgl. ex-Art. 8 Abs. 1 EWGV in der Fassung der Bek. v. 27.12.1957, BGBl. 1958 II, S.1: „Der Gemeinsame Markt wird während einer Übergangszeit von zwölf Jahren schrittweise verwirklicht."

Von den Befürwortern eines engen Binnenmarktbegriffs wird allerdings eingewandt, dass in der Definition des Binnenmarktes nach Art. 14 Abs. 2 EGV wesentliche Elemente des Gemeinsamen Marktes unerwähnt bleiben, wie beispielsweise die Wettbewerbsgleichheit, das Niederlassungsrecht und die Freiheit des Zahlungsverkehrs [245]. Hingegen würde der Gemeinsame Markt i.S. des ex-Art. 8 Abs. 7 EWGV [246] sämtliche Maßnahmen zur Verwirklichung der Grundfreiheiten und der gemeinsamen Politiken erfassen.
Welcher Auffassung man auch folgen mag, ist für die gemeinschaftliche Zielbestimmung im Bereich des Verkehrs letztendlich unerheblich, denn Art. 2 EGV und Art. 3 EGV, deren gemeinsamer Inhalt die Ziele der gemeinsamen Verkehrspolitik beschreibt [247], umfassen den gemeinsamen Markt und den Binnenmarkt gleichermaßen. Die beiden Begriffe Gemeinsamer Markt und Binnenmarkt stellen daher sich gegenseitig ergänzende Zielbestimmungen, qualitativ gleich bedeutender Umschreibungen desselben durch den EG-Vertrag angestrebten Zwecks dar [248].
Der Binnenmarkt und der Gemeinsame Markt umfassen demnach im Kern die vier Grundfreiheiten, ein System des unverfälschten Wettbewerbs und eine gemeinsame Handelspolitik; sie beruhen mit anderen Worten auf den Grundsätzen der Freiheit nach innen und der Einheit nach außen [249]. Im Ergebnis ist infolgedessen ein von internen Behinderungen freier vereinigter Wirtschaftsraum zu schaffen [250].
Inwiefern sich der so definierte Binnenmarkt / Gemeinsamer Markt [251] auf die Gestaltung der gemeinsamen Verkehrspolitik auswirkt, soll Gegenstand des folgenden Abschnitts sein.

---

[245] *Pescatore* in: EuR 1986, S. 153 ff. [157]; *Forwood/Clough* in: EL Rev. 11 (1986), S. 383 ff. [385].

[246] Vgl. ex-Art. 8 Abs. 7 EWGV in der Fassung der Bek. v. 27.12.1957, BGBl. 1958 II S. 1: „Vorbehaltlich der in diesem Vertrag vorgesehenen Ausnahmen oder Abweichungen ist das Ende der Übergangszeit gleichzeitig der Endtermin für das Inkrafttreten aller vorgesehenen Vorschriften sowie für die Durchführung aller Maßnahmen, die zur Errichtung des Gemeinsamen Marktes führen."

[247] Siehe dazu die Ausführungen in Teil 1, Abschnitt B., I. 2. und Abschnitt C., I.

[248] Siehe auch *Grabitz* in: Grabitz/Hilf, Das Recht der Europäischen Union, Altband 1, Art. 8a Rdnr. 3; *de Ruyt*, L'Acte Unique Européen, S. 150.

[249] Vgl. zu den Außendimension des Binnenmarktes, *Pieper* in: von der Groeben/Thiesing/Ehlermann, Kommentar zum EU-/EG-Vertrag, Bd. 1, Art. 8a Rdnr. 66.

[250] Vgl. bereits EuGH, Rs. 9/73 (Schlüter), Slg. 1973, S. 1135 ff. [1160 Rdnr. 39]; EuGH, Rs. 10/73 (REWE), Slg. 1973, S. 1175 ff. [1193 f. Rdnr. 26].

[251] Wenn im Verlaufe der weiteren Darstellungen vom Binnenmarkt die Rede ist, ist damit auch immer zugleich der Gemeinsame Markt gemeint.

II. Wechselwirkung zwischen Binnenmarkt und Verkehr

Zur Veranschaulichung der Bedeutung des Verkehrssystem für den Binnenmarkt sei zunächst auf die Kreislauftheorie und das Kreislaufmodell der Verkehrswirtschaft verwiesen. Bereits aus dem ersten und einfachsten Kreislaufmodell, dem vom Franzosen *Quesnay* entworfenen Tableau Economique [252], kann die Bedeutung des Verkehrssystems für einen gemeinsamen Markt abgeleitet werden. Nach diesem Modell existieren die zwischen den Wirtschaftssektoren verlaufenden Wirtschaftsströme nur, wenn ein entsprechendes Verkehrssystem vorhanden ist, das die notwendigen Transportvorgänge ermöglicht. Ohne ein Verkehrssystem von ausreichender Qualität käme zwischen den Wirtschaftssektoren keine wirtschaftliche Beziehung zustande. Im Extremfall müssten alle Wirtschaftsaktivitäten an einem Ort ablaufen. Je weiter die Marktteilnehmer räumlich voneinander getrennt sind, desto leistungsfähiger muss das Verkehrssystem sein, um die Funktionsfähigkeit des Marktes zu gewährleisten.

Daher gilt: Ist ein leistungsfähiges Transportsystem schon Grundvoraussetzung für das Funktionieren einer jeden nationalen, auf den regelmäßigen Austausch von Gütern, Personen und Nachrichten zwischen den Einzelwirtschaften angewiesen Volkswirtschaft [253], so stellt ein gemeinsamer Binnenmarkt weitaus höhere Anforderungen an die Qualität des Verkehrssystems als ein nationaler Markt, da entsprechend größere Distanzen zu überwinden sind, um die einzelnen Marktteilnehmer zu erreichen [254]. Somit ist ein funktionierendes Verkehrssystem für die Verwirklichung des Binnenmarktes ein unverzichtbarer Bestandteil [255]. Der Transport ist, wie es *Horst Seefeld*, der frühere Vizepräsident des Europäischen Parlaments, plastisch formuliert hat, „der physische Vollzug des Handels und des Marktes und damit des gemeinsamen Marktes“ [256].

Konkret bedeutet diese Erkenntnis, dass ohne grenzüberschreitende Güter- und Personenbeförderung sich weder ein freier Warenverkehr noch eine effiziente Verteilung der Produktionsfaktoren realisieren lassen. So haben Abschottungen der Verkehrsströme die gleiche Wirkung wie Zölle oder mengenmäßige Einfuhrbeschränkungen, d.h. sie behindern den Wirtschaftsverkehr zwischen den

---

[252] *Quesnay* in : Oeuvres économique et philosophiques, S. 305 ff.

[253] *Helfrich*, in: Forschungs- und Sitzungsberichte der Akademie für Raumforschung und Landesplanung, Bd. 24, S. 21 ff. [22]; *Button* in: Button, Europäische Verkehrspolitik, S. 27 ff. [27], misst dem Verkehr eine „Schmierfunktion im Räderwerk der Wirtschaft“ zu, die dafür sorgt, dass „ansonsten geographisch voneinander getrennte Produktionsfaktoren zusammenkommen, und daß der schließlich erzielte Output auf gleichermaßen voneinander getrennte Märkte verteilt wird.“

[254] Vgl. auch *von Kunowski*, Ordnung des Wettbewerbs und Wirtschaftslenkung in der verkehrspolitischen Gesetzgebung, S. 367.

[255] Vgl. dazu eingehend *Andresen*, Europäische Wirtschaftsgemeinschaft und Verkehrsintegration, S. 16 ff.; *Kösters/Lammers*, Verkehrspolitische Implikationen des gemeinsamen EG-Binnenmarktes in: WiD 1987, S. 192 ff.

[256] *Seefeld* in: Die neue Gesellschaft 1984, S. 319 ff. [320 f.].

Mitgliedstaaten und somit die Errichtung des Binnenmarktes [257]. Freie Transportmöglichkeiten im Rahmen einer gemeinsamen Verkehrspolitik sind daher wesentliche Voraussetzung und unverzichtbares Mittel, um die Elemente des Binnenmarktes real entstehen zu lassen [258].

Zugleich ist der Verkehr aber auch ein bedeutender Wirtschaftssektor und demzufolge selbst ein wesentlicher Bestandteil des Binnenmarktes, dessen gesamtwirtschaftliche Bedeutung in den kommenden Jahren noch weiter wachsen wird [259]. Nach Angaben der Kommission erwirtschaftet der Verkehrssektor bereits jetzt über 10 % des Bruttosozialprodukts der Gemeinschaft, was einem Volumen von rund 1000 Mrd. Euro entspricht [260]. In der Verkehrswirtschaft der Europäischen Gemeinschaft sind zudem mehr als 10 Millionen Arbeitnehmer tätig [261]; von den öffentlichen Investitionen entfallen ca. 40 % auf den Verkehr, sein Anteil an den privaten Investitionen beträgt schätzungsweise 11 %.

Angesichts dessen besitzt der Verkehr hinsichtlich des Binnenmarktes eine Doppelnatur: Er ist Instrument und Gegenstand desselben [262]. Die Herstellung des Binnenmarktes wird daher zu Recht sowohl von der ganz herrschenden Literatur [263] als auch von der Kommission der EG [264] als ein zentrales Ziel der gemeinsamen Verkehrspolitik hervorgehoben.

---

[257] *Seefeld* aaO. (Anm. 256), S. 320 f.

[258] *Frohnmeyer* in: Grabitz/Hilf, Das Recht der Europäischen Union, Bd. 1, vor Art. 70 Rdnr. 2; *Basedow/Dolfen* in: Dauses, Handbuch zum EU-Wirtschaftsrecht, Bd. 2, Abschnitt L Rdnr. 2; *Jung* in: TranspR 1998, S. 133 ff. [135]; *Schrötter* in: Seidl-Hohenveldern, Aktuelle Rechtsfragen - Miscellanea II, S. 69 ff. [72]; vgl. bereits im Hinblick auf den Gemeinsamen Marktes, *Schmitt* in: KSE 18 (1972), S. 1 ff. [4].

[259] Die gesamtwirtschaftliche Bedeutung des Verkehrs wird in den kommenden Jahren aus folgenden Gründen voraussichtlich noch weiter zunehmen: Der Aufbau logistischer Gesamtkonzepte und die Eingliederung von Transportdiensten in Produktionsketten, z.B. zwischen Flugzeugherstellern und ihren Zulieferunternehmen, hat den Verkehrsunternehmen neue Märkte erschlossen, vgl. dazu *Basedow*, Wettbewerb auf den Verkehrsmärkten, S. 2. Darüber hinaus kann es zu Produktionsverlagerungen innerhalb der Gemeinschaft kommen, wenn sich die Wettbewerbsfähigkeit und die Eignung eines Mitgliedstaates oder einer Region für gewisse Industriebranchen verringern sollte. Die Versorgung dieser Märkte wird dann stärker als bislang von Transportleistungen abhängen, vgl. hierzu *Dolfen*, Der Verkehr im europäischen Wettbewerbsrecht, S. 8. Ferner lässt das überdurchschnittliche Wachstum des elektronischen Handels und der Tourismusbranche einen weiteren Anstieg der Verkehrsdienstleistungen erwarten, vgl. zu ersteren FAZ vom 05.12.2001 Nr. 283, S. 19. Schließlich wird der Verkehr auch im Hinblick auf die geplante Osterweiterung der Gemeinschaft erheblich zunehmen, vgl. dazu die Kommission der EG, Weißbuch zur europäischen Verkehrspolitik vom 19.12.2001, Die europäische Verkehrspolitik bis 2010: Weichenstellungen für die Zukunft, KOM (2001) 370endg., S. 9 f.

[260] Vgl. dazu die Kommission der EG aaO. (Anm. 259), S. 6.

[261] Vgl. dazu die Kommission der EG aaO. (Anm. 259), S. 6.

[262] *Basedow/Dolfen* aaO. (Anm. 258), Abschnitt L Rdnr. 2; *Jung* aaO. (Anm. 258), S. 135; *Weyand* in: Oppermann/Moersch, Profi-Handbuch Wirtschaftsraum Europa, S. 214.

[263] Siehe u.a. *Jung* aaO. (Anm. 258), S. 134; *Hatje* in: Schwarze, EU-Kommentar, Art. 3 Rdnr. 11; *Frohnmeyer* aaO. (Anm. 258), Art. 70 Rdnr. 10; *Mongin* in: Léger, Commentaire article par articles des traités UE et CE, Art. 70 Rdnr. 1; *Daillier* in: Constantines-

III. Der Beitrag der gemeinsamen Verkehrspolitik zur Vollendung des Binnenmarktes

Aufgrund dieser „Schlüsselfunktion" des Verkehrs für den zu verwirklichenden Binnenmarkt muss sich der Beitrag der gemeinsamen Verkehrspolitik im Abbau von Integrationshindernissen und in der Schaffung eines Systems von Verkehrswegen und -diensten niederschlagen, das die Erstellung und den Ausbau des Binnenmarktes ermöglicht [265]. Dieser Auftrag lässt sich aber nur erfüllen, wenn die gemeinsame Verkehrspolitik - unter Berücksichtigung der besonderen sektorspezifischen Verhältnisse [266] - auf einen integrierten Verkehrsmarkt hinwirkt. Unter einem integrierten Verkehrsmarkt ist ein Markt mit den Merkmalen eines Binnenmarktes zu verstehen, in welchem im Rahmen der Dienstleistungsfreiheit keine Behinderungen an den inneren Grenzen bestehen und in dem sich die Verkehrsunternehmen nach Maßgabe ihrer eigenwirtschaftlichen Planungen niederlassen und innerhalb eines bestehenden Ordnungsrahmens unter gleichartigen Wettbewerbsbedingungen betätigen können [267]. Das Weißbuch der Kommission zur Vollendung des Binnenmarktes sieht hierzu die Aufhebung der Grenzkontrollen innerhalb der Gemeinschaft [268] und die Abschaffung der Kontingente im internationalen Verkehr vor [269]. Des Weiteren betont das Weißbuch die Einbettung der Marktordnung in die gemeinsame Verkehrspolitik, die neben anderen Bestandteilen vor allem die Harmonisierung der Wettbewerbsbedingungen umfassen soll [270].

---

co/Jacqué/Kovar/Simon, Traité instituant la CEE, Art. 74 Nr. 2; *Stabenow/Herzog* in: *Campbell/Cotter*, The Law of the European Community, Bd. 2, 74.05., 2-768.

[264] Kommission der EG, Die künftige Entwicklung der gemeinsamen Verkehrspolitik, Globalkonzept einer Gemeinschaftsstrategie für eine auf Dauer tragbare Mobilität, Weißbuch, Mitteilung der Kommission vom 2.12.1992, KOM (92) 494endg., S. 22 Rdnr. 40; vgl. dazu *dies.*, Die Gemeinsame Verkehrspolitik, Aktionsprogramm 1995 - 2000, Mitteilung der Kommission an den Rat, das Europäische Parlament, den Wirtschafts- und Sozialausschuss und den Ausschuss der Regionen vom 12.7.1995, KOM (95) 302endg., S. 7-10.

[265] Vgl. auch *Basedow/Dolfen* in: Dauses, Handbuch zum EU-Wirtschaftsrecht, Abschnitt L Rdnr. 59.

[266] Vgl. dazu die Ausführungen in Teil 1, Abschnitt C., II. und III.

[267] *Frohnmeyer* in: Grabitz/Hilf, Das Recht der Europäischen Union, Bd. 1, Art. 70 Rdnr. 10; *Basedow/Dolfen* aaO. (Anm. 265), Abschnitt L Rdnr. 62.

[268] Kommission der EG, Weißbuch der Kommission an den Rat „Vollendung des Binnenmarktes" vom 14. 6.1985., KOM (85) 310endg., S. 6 Nr. 11, S. 9 ff. Nr. 24 - 55, Beseitigung der materiellen Schranken.

[269] Europäische Kommission aaO. (Anm. 268), S. 13 Nr. 44.

[270] Europäische Kommission aaO. (Anm. 268), S. 29 Nr. 109 sowie den Zeitplan im Anhang zum Weißbuch, S. 33 f.

IV. Der Verkehrsbinnenmarkt und die außerökonomischen Ziele des EG-Vertrages

Der Binnenmarkt ist allerdings weder als Selbstzweck noch als Vertragsziel anzusehen, dem gegenüber den anderen Zielen des EG-Vertrages stets Vorrang gebührt [271]. Dies ergibt sich u.a. aus der Vorschrift des Art. 95 Abs. 3 S. 1 EGV, der zufolge die Kommission bei ihren Vorschlägen für Maßnahmen, die der Verwirklichung oder dem Funktionieren des Binnenmarktes dienen, von einem hohen Schutzniveau für den Umwelt-, Gesundheits- und Verbraucherschutz ausgeht. Darüber hinaus unterstützt und ergänzt die Gemeinschaft die Mitgliedstaaten nach Art. 136 f. EGV in sozialen Angelegenheiten und betreibt gemäß Art. 158 ff. EGV eine Kohäsionspolitik, deren Ziel es ist, den wirtschaftlichen und sozialen Zusammenhalt der Gemeinschaft zu fördern.

Die Pflicht zur Berücksichtigung anderer als nur der Binnenmarktsgrundsätze findet schließlich in den Art. 6 EGV, Art. 95 Abs. 3 - 10 EGV, Art. 136 ff. EGV, Art. 152 Abs. 1 und Abs. 4 lit. a EGV weitere primärrechtliche Beispiele.

Der EG-Vertrag verfolgt demzufolge kein von den anderen Gemeinschaftszielen isoliertes Binnenmarktverständnis [272], was vor allem für die Berücksichtigung von Umwelt-, Gesundheits- und Verbraucherschutzbelangen gilt. Der Amsterdamer Vertrag hat diese Rechtslage noch einmal ausdrücklich bekräftigt, indem er den Grundsatz der nachhaltigen Entwicklung an mehreren Stellen eingeführt und mit den ökonomischen Zielsetzungen vernetzt hat (8. Erwägungsgrund der Präambel des EU-Vertrages, Art. 2 Abs. 1 Spstr. 1 EUV, Art. 2 EGV).

Die Errichtung des Binnenmarktes ist somit nicht das alles verdrängende Ziel der europäischen Verkehrspolitik, was für den Verkehrssektor anhand des Art. 154 Abs. 1 EGV besonders deutlich wird, wonach der Aus- und Aufbau transeuropäischer Netze im Bereich der Verkehrsinfrastruktur mittels der Verweisung auf Art. 158 EGV neben der Verwirklichung des Binnenmarktes auch der Stärkung des wirtschaftlichen und sozialen Zusammenhalts in der Gemeinschaft dient.

Für die gemeinsame Verkehrspolitik bedeutet das, dass insbesondere ökologische, soziale und verkehrssicherheitsrelevante Belange im gleichem Ausmaß neben dem Binnenmarktziel zu berücksichtigen sind [273]. Das Ziel des Binnen-

---

271 *Kahl* in: Calliess/Ruffert, Kommentar zum EU-/EGV, Art. 14 Rdnr. 23, *Hatje* in: Schwarze, EU-Kommentar, Art. 14 Rdnr. 11.

272 *Kahl* aaO. (Anm. 271), Art. 14 Rdnr. 23; *Bardenhewer/Pipkorn* in: von der Groeben/Thiesing/Ehlermann, Kommentar zum EU-/EG-Vertrag, Bd. 1, Art. 7a Rdnr. 61; anders jedoch *Basedow* in: Due/Lutter/Schwarze, Festschrift für Everling, Bd. 1, S. 49 ff: [68] und *Pösel* in: Economy 9/1990, S. F2 ff. [F8], wonach der Marktintegration Vorrang vor den übrigen Vertragszielen eingeräumt werden muss.

273 Vgl. dazu auch den EuGH, Rs. C-17/90 (Pinaud Wieger), Slg. 1991, S. 5253 ff. [5283 Rdnr. 11], wonach die Verwirklichung des freien Dienstleistungsverkehrs „geordnet nur im Rahmen einer gemeinsamen Verkehrspolitik erfolgen" kann, „bei der die wirtschaftlichen, sozialen und ökologischen Probleme berücksichtigt und gleiche Wettbewerbsbedingungen gewährleistet werden"; siehe dazu ferner *Mückenhausen* in: Frohnmeyer/Mückenhausen,

marktes hat sich im Sinne praktischer Konkordanz [274] in die sonstigen Vertragsgrundsätze einzufügen. Binnenmarktmaßnahmen im Bereich der Liberalisierung des Straßen- und Luftverkehrs, die nicht hinreichend ökologisch „flankiert" sind, wären demnach gemeinschaftswidrig. Umgekehrt müssten sich die Umweltschutzmaßnahmen in das Ziel der Binnenmarktverwirklichung einfügen und dürften dieses nicht unverhältnismäßig behindern (vgl. dazu Art. 95 Abs. 6 U-Abs. 1 a.E. EGV).

F. Zusammenfassende Bewertung

Als Ergebnis des ersten Teils bleibt festzuhalten, dass sich aus den verkehrsspezifischen Vorschriften kein zusammenhängendes Zielkonzept für die Einführung einer gemeinsamen Verkehrspolitik entnehmen lässt. Die Ziele der gemeinsamen Verkehrspolitik ergeben sich vielmehr aus den allgemeinen Grundsätzen des EG-Vertrages. Diese Grundsatzbestimmungen, zu denen neben dem Diskriminierungsverbot und den Umweltvorschriften auch die Regelungen über die vier Grundfreiheiten und die Funktionsfähigkeit des Wettbewerbs zu zählen sind, begrenzen das Ermessen der Gemeinschaftsorgane im Hinblick auf die inhaltliche Ausgestaltung der gemeinsamen Verkehrspolitik.
Von diesen allgemeinen Vertragsgrundsätzen ist für die Einführung einer gemeinsamen Verkehrspolitik das Binnenmarktziel von besonders herausragender Bedeutung. Das ergibt sich nicht nur aus den Verweis des Art. 14 Abs. 1 EGV auf Art. 80 EGV, sondern auch aus der Wechselbeziehung zwischen Verkehr und Binnenmarkt, welche sich in einer Weise bedingen, in welcher der Binnenmarkt nicht ohne den Verkehr und der Verkehr nicht ohne den Binnenmarkt existieren kann. Die gemeinsame Verkehrspolitik muss - im Interesse der Binnenmarktverwirklichung - daher grundsätzlich Verkehrsbewegungen ermöglichen und ggf. ihre Erleichterung anstreben. Dies erfordert zusätzlich die Entwicklung geeigneter Verkehrsinfrastrukturen, was im Vertrag auch in den Bestimmungen über die transeuropäischen Netze (Art. 154 bis 156 EGV) zum Ausdruck kommt.
Zu berücksichtigen ist allerdings, dass das Binnenmarktziel nicht die übrigen Vertragsgrundsätze verdrängt. Neben der Errichtung des Binnenmarktes ist im Rahmen der gemeinsamen Verkehrspolitik ebenso im besonderen Maße auf Aspekte des Umweltschutzes, der Verkehrssicherheit und der Verkehrsinfrastruktur Rücksicht zu nehmen.

Kommentar zum EG-Verkehrsrecht, Grundzüge der gemeinsamen Verkehrspolitik, Rdnr. 2; *Frohnmeyer* in: Grabitz/Hilf, Das Recht der Europäischen Union, Bd. 1, vor Art. 70 Rdnr. 2; *Carotenuto* in: Constantinesco/Kovar/Simon, Traité sur l'Union Européenne, Commentaire article par article, Art. 75 Nr. 13, 14; sowie neuerdings die instruktive Untersuchung von *Humphreys* in: ENVL Rev. 3 (2001), S. 170 ff.

[274] *Kahl* aaO. (Anm. 271), Art. 14 Rdnr. 23.

Schließlich bleibt die gemeinsame Verkehrspolitik nicht auf die bloße Verwirklichung der allgemeinen Vertragsgrundsätze beschränkt. So sind bei deren Umsetzung auch die sog. Besonderheiten des Verkehrs zu berücksichtigen. Letztere finden im Rahmen der gemeinschaftlichen Rechtsetzung insoweit Berücksichtigung, wie die Grundsatzbestimmungen des EG-Vertrages ihrem Wesen nach unangetastet bleiben. Die verkehrsspezifischen Besonderheiten wiederum manifestieren sich insbesondere in der Mobilität der Verkehrsträger und in der Angewiesenheit der Verkehrsträger auf einen vom Hoheitsträger zur Verfügung gestellten oder zumindest von ihm zugelassenen Verkehrsweg. Hingegen kommt, abgesehen von den im EG-Vertrag vorgesehenen Ausnahmen (z.B. Art. 73 EGV), der Berücksichtigung etwaiger ökonomischer Merkmale und gemeinwirtschaftlicher Ziele im Wege ordnungspolitischer Einflussnahme von Seiten der Mitgliedstaaten nur mehr eine untergeordnete Rolle bei der Gestaltung einer gemeinsamen Verkehrspolitik zu.

Für die Anwendung des Subsidiaritätsprinzips (Art. 5 Abs. 2 EGV) auf die gemeinschaftliche Rechtsetzung im Bereich des Verkehrs könnte dieses Zwischenergebnis zweierlei bedeuten:

Zum einem könnte eine im Kern über die mitgliedstaatlichen Grenzen hinaus binnenmarktorientierte gemeinsame Verkehrspolitik die Problemlösungskompetenz der Mitgliedstaaten in der Weise überfordern, dass letztere im Gegensatz zur Gemeinschaft nicht in der Lage sind, den Verkehr mit den Mitteln des Rechts zu ordnen. Die Folge davon könnte sein, dass dem Subsidiaritätsprinzip als gemeinschaftliche Kompetenzausübungsschranke im Rahmen der verkehrspolitischen Rechtsetzung nur eine untergeordnete Rolle zu Teil wird.

Andererseits ist dem Subsidiaritätsprinzip des Art. 5 Abs. 2 EGV angesichts dieses oben beschriebenen umfangreichen verkehrspolitischen Zielkataloges und der damit verbundenen Gefahr extensiver Gemeinschaftsrechtsetzung dem Grunde nach wiederum ein weites Aktionsfeld eröffnet.

Die Frage, inwieweit das Subsidiaritätsprinzip im Rahmen gemeinschaftlicher „Verkehrsrechtsetzung“ tatsächlich von Bedeutung ist, kann letztendlich aber nur dann hinreichend beantwortet werden, wenn zum einen das Anwendungsfeld und zum anderen die konkrete Wirkungsweise de Subsidiaritätsprinzips im Bereich der verkehrspolitischen Rechtsetzung untersucht worden sind.

2. Teil:

Die gemeinschaftsrechtliche Kompetenzverteilung im Bereich des Verkehrs: Das Anwendungsfeld des Subsidiaritätsprinzips

A. Einführung

Für die Anwendbarkeit des Subsidiaritätsprinzips ist es nach Art. 5 Abs. 2 EGV Voraussetzung, dass die anvisierte Maßnahme der Gemeinschaft in einem „Bereich“ stattfindet, der „nicht in ihre ausschließliche Zuständigkeit“ fällt. Die Bestimmung sieht also das Nebeneinanderbestehen einer Gemeinschaftskompetenz und einer mitgliedstaatlichen Kompetenz in ein und demselben Bereich vor. Nur dann kann überhaupt eine Wahl zwischen Gemeinschaftszuständigkeit und dem Tätigwerden der Mitgliedstaaten getroffen werden [275]. Fehlt es damit bereits an einer Zuständigkeit zur Verwirklichung der angestrebten Ziele, so kann sich die Frage schon im Ansatz nicht mehr stellen, ob auch die Voraussetzungen der Zuständigkeitsausübung vorliegen [276].

Um den Anwendungsbereich des Subsidiaritätsprinzips im Bereich des Verkehrs zu bestimmen, ist es daher zunächst notwendig, die gemeinschaftlichen Befugnisgrundlagen im Bereich des Verkehrssektors zu ermitteln. In einem zweiten Schritt ist sodann zu prüfen, ob diese Kompetenzgrundlagen die Gemeinschaft auch zur ausschließlichen Rechtsetzung berechtigen.

Am Ende dieser Untersuchung soll es danach möglich sein, das Anwendungsfeld des Subsidiaritätsprinzips im Bereich der verkehrspolitischen Rechtsetzung im Wesentlichen zu skizzieren.

B. Die gemeinschaftliche Zuständigkeitsverteilung

Bevor die gemeinschaftliche Zuständigkeitsverteilung im Bereich des Verkehrs im Einzelnen dargestellt wird, sollen zunächst die Grundlagen der gemeinschaftlichen Kompetenzstrukturen kurz erörtert werden, um den dann folgenden kompetenzrechtlichen Beurteilungen im Bereich des Verkehrs eine hinreichende Grundlage zu geben.

---

[275] *Lambers* in: EuR 1993, S. 229 ff. [234]; *von Borries* in: EuR 1994, S. 263 ff. [264], spricht hier von einer „Vorfrage“ jeder Subsidiaritätsprüfung.

[276] *Zuleeg* in: von der Groeben/Thiesing/Ehlermann, Kommentar zum Eu-/EG-Vertrag, Band 1, Art. 3b Rdnr. 18.

I. Das Prinzip der begrenzten Ermächtigung

Die Gemeinschaft ist bei aller „Staatsnähe" kein souveräner Staat mit virtuell unbegrenzter Rechtsetzungsgewalt [277]. Sie besitzt keine „Kompetenz-Kompetenz" [278], da ihre Mitgliedstaaten mit der Gründung der Gemeinschaft ihre Souveränitätsrechte nur im Rahmen ihrer Zustimmung übertragen haben [279]. Insofern bestimmt Art. 5 Abs. 1 EGV, dass die Gemeinschaft nur innerhalb der Grenzen der ihr im EG-Vertrag zugewiesenen Befugnisse und Ziele tätig werden darf [280]. Weitere normative Grundlagen dieses sog. Prinzips der begrenzten Ermächtigung [281] (le principe d'attribution des compétences [282]) sind in den Art. 3 Abs. 1 EGV, Art. 7 Abs. 1 S. 1 EGV, Art. 202 EGV, Art. 211 UAbs. 2 EGV, Art. 249 Abs.1 EGV sowie Art. 2 Abs. 2 EUV zu finden [283].

Das Prinzip der begrenzten Ermächtigung definiert somit die Kompetenzgrenzen der Gemeinschaft und dient damit dem Schutz der mitgliedstaatlichen Zuständigkeiten und Befugnisse [284]. Dementsprechend kann jeder Mitgliedstaat im Wege der Nichtigkeitsklage nach Art. 230 EGV die Unzuständigkeit der Gemeinschaft und ihrer Organe rügen und kompetenzordnungswidrig erlassene Rechtsakte für nichtig erklären lassen [285].

Die Beschränkung der Gemeinschaft auf zugewiesene Befugnisse bedeutet aber nicht, dass diese in jedem Fall „ausdrücklich" im Vertrag formuliert sein müssen. Die Gemeinschaft kann auch „implizite" Befugnisse („implied powers")

---

277 *Oppermann*, Europarecht, Rdnr. 513; *Constantinesco* in: Constantinesco/Kovar/Simon, Traité sur l'Union Européene, Art. 3 B Rdnr. 2.

278 Vgl. BVerfGE 89, S. 155 ff. [194], schon vorher BVerfGE 75, S. 223 ff. [242]; *Everling* in: CML Rev. 29 (1992), S. 1053 ff. [1069].

279 EuGH, Rs. 26/62 (van Gend & Loos), Slg. 1963, S. 1 ff. [25]; Rs. 6/64 (Costa/ENEL), Slg. 1964, S. 1251 ff. [1269].

280 Anschaulich hat dies der Europäische Rat in Edinburgh formuliert, indem er Art. 5 Abs. 1 EGV als „strikte Grenze" für das Tätigwerden der Gemeinschaft bezeichnet hat, vgl. Nr. I 1 des „Gesamtkonzepts für die Anwendung des Subsidiaritätsprinzips und des Artikels 3 b des Vertrages über die Europäische Union durch den Rat", abgedruckt im Bulletin der Bundesregierung, Nr. 140 v. 28.12.1992, S. 1277 ff. [1280].

281 So *Ipsen*, Europäisches Gemeinschaftsrecht, S. 425 ff.; *Kenntner* in: NJW 1998, S. 2871 ff. [2871]. Ein Teil der Lehre spricht auch vom Prinzip der begrenzten Einzelermächtigung. Zum Meinungsstand in dieser Auseinandersetzung, in der wegen der m.E. fehlenden praktischen Bedeutung nicht Stellung bezogen werden soll, siehe *Schwartz* in: von der Groeben/Thiesing/Ehlermann, Kommentar zum EU-/EG-Vertrag, Bd. 5, Art. 235 Rdnr. 12.

282 Siehe *Constantinesco* aaO. (Anm. 277), Art. 3 B Rdnr. 2; *Pingel-Lenuzza* in: Léger, Commentaire article par article des traités UE et CE, Art. 5 Rdnr. 2.

283 Die in der Regel relevante Formulierung lautet: „nach Maßgabe des Vertrages".

284 Das Bundesverfassungsgericht hat in seinem „Maastricht"-Urteil die zentrale Bedeutung dieser Kompetenzbegrenzung für die Mitgliedschaft der Bundesrepublik Deutschland in der Gemeinschaft nachdrücklich unterstrichen, BVerfGE 89, S. 155 ff. (192 f., 195, 209).

285 Vgl. *Durand* in: Commentaire Megret, Le droit de la CEE, Préambule. Principes. Libre circulation des marchandises, Bd. 1, Teil 2, S. 429 Rdnr. 130.

ausüben [286]. Eine solche Kompetenz besteht für Maßnahmen, zu deren Durchführung der EG-Vertrag zwar nicht ausdrücklich ermächtigt, ohne die aber eine ausdrücklich zugewiesene Befugnis vernünftiger Weise nicht ausgefüllt werden kann [287]. Auf diese Weise kann eine Befugnis auf Nachbargebiete erweitert werden (Kompetenz kraft Sachzusammenhang) oder Hilfsregeln im weitesten Sinne erfassen (Annexkompetenz) [288].

1. Die Methode der Kompetenzverteilung

Im EG-Vertrag lassen sich sachlich-gegenständlich und final beschriebene Wahrnehmungsmöglichkeiten unterscheiden [289]. Zu ersterer Gruppe gehören z.B. Art. 37 EGV (Landwirtschaftspolitik), Art. 133 EGV (Außenhandel), Art. 137 EGV (Zusammenarbeit in sozialen Fragen) sowie Art. 151 EGV (Kulturpolitik), aber auch die Art. 71 Abs. 1 EGV und Art. 80 Abs. 2 EGV (Verkehr). Sie sind dadurch gekennzeichnet, dass der Normtext einen Ausschnitt der vom EG-Vertrag erfassten Wirklichkeit durch vertikale Schnitte ausgrenzt und zum Gegenstand einer umfassenden Regelungsbefugnis macht [290]. Zudem werden sie teilweise durch Zielvorgaben eingeschränkt, an denen sich der Gemeinschaftsgesetzgeber auszurichten hat, wenn er einen Rechtsakt erlassen will [291]. So darf der Gemeinschaftsgesetzgeber im Bereich des Verkehrs nicht schlechthin tätig werden, sondern muss sich an den Zielen des Art. 70 EGV orientieren.

Daneben enthält der EG-Vertrag Kompetenzbestimmungen, deren Gehalt final bestimmt ist. Zu nennen sind hier u.a. Art. 95 EGV (Rechtsangleichung), Art. 308 EGV (Verwirklichung der im Vertrag festgelegten Ziele), aber auch Art. 40 EGV (Freizügigkeit der Arbeitnehmer), Art. 44 EGV (Niederlassungsfreiheit) und Art. 52 EGV (Niederlassungsfreiheit).

Final beschriebene Kompetenznormen durchwirken den gesamten Anwendungsbereich des EG-Vertrages unter einer bestimmten Zielsetzung [292]. So be-

---

[286] Dazu *von Bogdandy/Nettesheim* in: Grabitz/Hilf, Kommentar zur Europäischen Union, Altband 1, Art. 3 b Rdnr. 9.

[287] Schon frühzeitig hielt der EuGH, Rs. 8/55 (Fédération Charbonnière/Hohe Behörde), Slg. 1954-1955, S. 297 ff. [312], „die Anwendung einer sowohl im Völkerrecht als auch im innerstaatlichen Recht allgemein anerkannten Auslegungsregel für zulässig, wonach die Vorschriften eines völkerrechtlichen Vertrages oder eines Gesetzes zugleich diejenigen Vorschriften beinhalten, bei deren Fehlen sie sinnlos wären oder nicht in vernünftiger Weise zur Anwendung gelangen könnten".

[288] Zur Kompetenz kraft Sachzusammenhang etwa EuGH, Rs. 165/87 (Kommission/Rat), Slg. 1988, S. 5545 ff. [5560 Rdnr. 8], zur Annexkompetenz etwa EuGH, Gutachten 1/78, Slg. 1979, S. 2871 ff. [2917 Rdnr. 56].

[289] *Eilmansberger* in: WBl. 1994, S. 1 ff. [10].

[290] *Nettesheim* in: EuR 1993, S. 243 ff. [248].

[291] *Hatje*, Die gemeinschaftsrechtliche Steuerung der Wirtschaftsverwaltung, S. 97.

[292] *Schwartz* in: AfP 1993, S. 409 ff. [410].

anspruchen beispielsweise die Zielsetzung der Dienstleistungs- und der Niederlassungsfreiheit ihre Geltung auch hinsichtlich des Verkehrsgewerbes [293]. Aufgrund der finalen Formulierung tangiert die Rechtsetzungszuständigkeit des Gemeinschaftsgesetzgebers beispielsweise auch dann die Ziele der Art. 95 EGV i.V. mit Art. 14 Abs. 2 EGV, wenn er in bestimmten Politikbereichen mit sachlich-gegenständlicher Kompetenzstruktur, wie z.B. der Verkehrspolitik, tätig wird [294].

2. Die Ziele des EG-Vertrages als Gemeinschaftsbefugnisse ?

Aufgrund dieser Zuweisungstechnik stellt sich nunmehr die Frage, ob die Befugnisse zur Rechtsetzung sich nicht bereits aus den Zielbestimmungen des EG-Vertrages ergeben.
Gemäß Art. 5 Abs. 1 EGV wird die Gemeinschaft innerhalb der Grenzen der ihr zugewiesenen Befugnisse und gesetzten Ziele tätig. Folglich benennt der Vertrag zur Regelung der Tätigkeit der Gemeinschaft zwei unterschiedliche Normkategorien: Zum einen die Bestimmungen, die eine Regelungsbefugnis verleihen, und zum anderen solche, die die Aktionen inhaltlich ausrichten. Diese Differenzierung in Art. 5 Abs. 1 EGV wäre überflüssig, wenn sich sowohl aus den Befugnisgrundlagen als auch aus den Zielbestimmungen Rechtsetzungskompetenzen ableiten ließen [295]. Es kann daher nicht einfach von einer Zielbestimmung auf eine dem Ziel angemessene Kompetenz geschlossen werden [296]. Dementsprechend kann dem EuGH nicht zugestimmt werden, wenn er formuliert: „Weist eine Bestimmung des EWG-Vertrages (...) der Kommission eine bestimmte Aufgabe zu, so ist davon auszugehen, dass sie ihr dadurch notwendigerweise auch die zur Erfüllung dieser Aufgabe unerlässlichen Befugnisse verleiht; andernfalls würde der Bestimmung jede praktische Wirksamkeit genommen“ [297].

---

[293] Siehe dazu die Ausführungen in Teil 1, Abschnitt C, I.

[294] *Nettesheim* aaO. (Anm. 290), S. 248.

[295] *von Bogdandy/Nettesheim* in: Grabitz/Hilf, Das Recht der Europäischen Union, Altband. I, Art. 3b Rdnr. 4.

[296] Ebenso *von Bogdandy/Nettesheim* aaO. (Anm. 295), Art. 3 b Rdnr. 6; *Ipsen*, Europäisches Gemeinschaftsrecht, S. 559; *Dörr* in: EuZW 1996, S. 39 ff. [40]; als verfassungsrechtliche Anforderung statuiert in BVerfGE 89, S. 155 ff. [192, 209]; a.A. *Lienbacher* in: Schwarze, EU-Kommentar, Art. 5 Rdnr. 9; *Languth* in: Lenz, Kommentar zum EG-Vertrag, Art. 5 Rdnr. 7; *Schoch* in: JZ 1995, S. 109 ff. [115].

[297] EuGH, verb. Rsen 281, 283 bis 285 und 287/85 (Deutschland u.a./Kommission), Slg. 1987, S. 3203 ff. [3253 Rdnr. 28]. Allerdings lässt sich diese Äußerung im Kontext der betreffenden Entscheidung auch restriktiv deuten. Der Gerichtshof hat sie zur Auslegung der Kompetenznorm des ex-Art. 118 Abs. 2 EWGV herangezogen und dabei die Aufgabenbeschreibung in ex-Art. 118 Abs. 1 EWG genutzt. Genau genommen hat der Gerichtshof damit nur die Befugnisnorm des ex-Art. 118 Abs. 2 EWGV anhand der Zielnorm des ex-Art. 118 Abs. 1 EWGV - in allerdings sehr extensiver Weise – ausgelegt.

Diese Erkenntnis wird ferner dadurch bekräftigt, dass Art. 308 EGV dem Rat nur dann erlaubt, aus den Zielen des Vertrages Befugnisse abzuleiten, wenn entsprechende Kompetenzen im EG-Vertrag fehlen. Dieser Vorschrift käme keine Funktion zu, wenn es der Gemeinschaft gestattet wäre, von den Aufgaben auf entsprechende Regelungsbefugnisse zu schließen. Die eng gezogenen Voraussetzungen und das Erfordernis der Einstimmigkeit in Art. 308 EGV weisen darauf hin, dass hier nur ausnahmsweise von der Aufgabe auf die Befugnis geschlossen werden darf [298].
Die Vertragsziele der gemeinsamen Verkehrspolitik allein können daher nicht genügen, um Befugnisse im Bereich des Verkehrs zu begründen oder zu erweitern. Schon bei der Prüfung des Entwurfs der anvisierten Maßnahme muss insofern durch jedes am Gesetzgebungsverfahren beteiligte Gemeinschaftsorgan begutachtet werden, welches Ziel mit der Maßnahme erreicht werden soll, ob sich die Maßnahme im Hinblick auf eines der Ziele des Vertrages begründen lässt und ob die für die Annahme erforderliche Rechtsgrundlage hinreichend ist [299].
Im Rahmen des Art. 5 Abs. 1 EGV ist mithin die „Kann-Frage" zu stellen: Kann die EG tätig werden, weil für die in Betracht gezogene Maßnahme eine Kompetenz besteht [300].

3. Die Auswahl der richtigen Kompetenzgrundlage

Die Regelung in Art. 5 Abs. 1 EGV sagt nichts darüber, wie die Grenzen der zugewiesenen Befugnisse und gesetzten Ziele ermittelt werden können.
Nach der ständigen Rechtsprechung des EuGH kommt es bei der Wahl der passenden Kompetenzgrundlage für einen Rechtsakt auf objektive und gerichtlich nachprüfbare Umstände an, insbesondere auf Ziel und Inhalt der Handlung [301], nicht aber darauf, welches nach der Überzeugung eines Organs das angestrebte Ziel ist [302].

---

[298] *Hatje* aaO. (Anm. 291), S. 98 f.; ebenso *Jarass* in: AöR 121 (1996), S. 173 ff. [176 Fn. 16].
[299] *Calliess*, Subsidiaritäts- und Solidaritätsprinzip in der Europäischen Union, S. 70; vgl. auch Europäischer Rat von Edinburgh, 11-12. Dezember 1992, Schlussfolgerungen des Vorsitzes, abgeruckt in: Merten, Die Subsidiarität Europas, S. 136 ff.
[300] So *Calliess* aaO. (Anm. 299), S. 70.
[301] Vgl. zuletzt EuGH, Rs. C-233/94 (Deutschland/Parlament/Rat), Slg. 1997, S. I-2405 ff. [2449 Rdnr. 12]; EuGH, Rs. C-187/93 (Parlament/Rat) Slg. 1994, S. I-2857 ff. [2880 Rdnr. 17]; siehe auch EuGH, Rs. C-84/94 (Vereinigtes Königreich/Rat), Slg. 1996, S. I-5755 ff. [5802 Rdnr. 25]; EuGH, Rs. C-360/93 (Parlament/Rat), Slg. 1996, S. I-1195 ff. [1217 Rdnr. 23]; EuGH, Rs. C-271/94 (Parlament/Rat), Slg. 1996, S. I-1689 ff. [1711 Rdnr. 23].
[302] EuGH, Rs. 45/86 (Kommission/Rat), Slg. 1987, S. 1493 ff. [1520 Rdnr. 11].

Überschneiden sich zwei Kompetenzvorschriften, die in einem Spezialitäts- oder Subsidiaritätsverhältnis stehen, so ist die jeweils speziellere bzw. nähere Vorschrift zu wählen [303].
Enthält ein Rechtsakt dagegen inhaltlich trennbare Regelungen, so bedarf es einer gesonderten inhaltlichen Zuordnung. Jede Rechtsfolgeanordnung muss getrennt untersucht und zugeordnet werden, was dazu führen kann, dass mehrere Rechtsgrundlagen in den Begründungserwägungen zu nennen sind [304]. Dabei sind die Erfordernisse sämtlicher Normen zu erfüllen [305].
Eine ähnliche, aber nicht die gleiche Situation tritt ein, wenn sich für den Sachgegenstand eines Rechtsakts zwei oder gar noch mehr gleichstufige Rechtsgrundlagen anbieten. Stimmen die Verfahrensregeln der Rechtsgrundlagen überein, bleibt die Entscheidung für die eine oder andere folgenlos [306]. Bei allen übrigen Überschneidungen ist die richtige Kompetenzgrundlage genau zu ermitteln. Verfolgt ein Rechtsakt zwei Ziele im gleichen Maß und erstreckt sich auch der Inhalt auf zwei gleichwertige Vorhaben, so ist ein zusätzliches Kriterium unerlässlich. In erster Linie ist auf die Beteiligung des Europäischen Parlaments am Entscheidungsprozeß abzustellen, um den Verfassungsgrundsatz der Demokratie Rechnung zu tragen. Das Parlament darf durch die Auswahl der Rechtsgrundlage keine Mitwirkungsrechte verlieren, die es nach einer Ermächtigung hat, die das Sachgebiet umfasst [307]. Sind allerdings in einem Rechtsakt verschiedene Ziele und Inhalte nicht gleichwertig ausgeprägt, gibt der sog. „Schwerpunkt der Maßnahme“ den Ausschlag [308].
Bei Kompetenzkonflikten zwischen den Mitgliedstaaten und der Gemeinschaft (vertikaler Kompetenzkonflikt) finden diese Kriterien allerdings keine Berücksichtigung [309]. Entscheidend ist hier allein, ob die Voraussetzungen der in Betracht kommenden gemeinschaftlichen Befugnisgrundlagen vorliegen [310].

---

303 Der EuGH hat Art. 94, Art. 133, Art. 308 EGV beispielsweise nur subsidiäre Anwendbarkeit bestätigt, EuGH, Rs. 45/86 (Kommission/Rat), Slg. 1987, S. 1517 ff. [1520 Rdnr. 12].

304 Vgl. z.B. Richtlinie 90/531 betreffend die Auftragsvergabe im Bereich der Wasser-, Energie- und Verkehrsversorgung sowie im Telekommunikationssektor vom 17.10.1990, Abl. 1990 Nr. L 297/1, die auf Art. 57 Abs. 1, 66, 100 a und 113 EWGV gestützt ist.

305 EuGH, Rs. 165/87 (Kommission/Rat), Slg. 1988, S. 5545 ff. [5561 Rdnr. 11].

306 *Zuleeg* in: von der Groeben/Thiesing/Ehlermann, Kommentar zum EU-/EG-Vertrag, Bd. 1, Art. 3b Rdnr. 15.

307 EuGH, Rs. C-300/89 (Kommission/Rat), Slg. 1991, S. 2895 ff. [2898-2901 Rdnr. 10-24]

308 Vgl. die Schlussanträge des Generalanwalt *Fennelly*, Rs. C-376/98 (Deutschland/Parlament und Rat), Slg. 2000, S. I-8419 ff. [8452 Ziff. 68]; siehe auch *Breier* in: EuR 1995, S. 46 ff. [51], *Krämer* in: von der Groeben/Thiesing/Ehlermann, Kommentar zum EU-/EG-Vertrag, Bd. 3, Art. 130s Rdnr. 7.

309 Im sog. Tabakurteil hat sich der Gerichtshof nicht zur Relevanz des Schwerpunktes im Falle vertikaler Kompetenzstreitigkeiten geäußert, vgl. EuGH, Rs. C-376/98 (Deutschland/Parlament und Rat), Slg. 2000, S. I-8419 ff. [8522 ff. Rdnr. 76 ff.] Nach Ansicht des Generalanwalts *Fennelly* ist dieses Kriterium nur relevant, wenn der Streit darum geht, ob eine Maßnahme auf der Grundlage der einen oder anderen zweier möglicher Rechtsgrundlagen zu erlassen sein, vgl. Schlussanträge des Generalanwalts Fennelly, aaO. (Anm. 308),

II. Der Begriff der ausschließlichen Zuständigkeit

Der Anwendungsbereich des Subsidiaritätsprinzips ist gemäß Art. 5 Abs. 2 EGV auf die Bereiche beschränkt, die nicht in die ausschließliche Zuständigkeit der Gemeinschaft fallen. Die Definition der ausschließlichen Zuständigkeit wird damit zum „Schlüsselbegriff“ [311] für den Anwendungsbereich des Subsidiaritätsprinzips. Daher ist in jedem Anwendungsfall zu prüfen, welcher Art die in Frage kommende Zuständigkeit ist, d.h. ob es sich um eine ausschließliche oder nicht-ausschließliche Zuständigkeit handelt. Dabei handelt es sich um eine reine Rechtsfrage, die vom Europäischen Gerichtshof in vollem Umfang überprüft werden kann [312].

1. Die sog. anfängliche ausschließliche Zuständigkeit

Der EG-Vertrag enthält im Gegensatz zum deutschen Grundgesetz [313] weder eine Definition noch einen Katalog der ausschließlichen Zuständigkeiten [314]; er kennt auch keine Befugnisse, die den Begriff „ausschließliche Zuständigkeit“ enthalten [315]. Auch der Vertrag von Amsterdam bringt insoweit keine Klärung, da das sog. Protokoll über die Anwendung der Grundsätze der Subsidiarität und der Verhältnismäßigkeit den Schlüsselbegriff der ausschließlichen Zuständigkeit nicht weiter präzisiert [316]. Die Bereiche der ausschließlichen Zuständigkeit müssen deswegen aus Wortlaut, Inhalt und Zweck der einzelnen Vorschriften sowie aus dem System des EG-Vertrages in der Auslegung des Gerichtshofs ermittelt werden [317].
Die Rechtsprechung des EuGH hat sich zu dieser Frage bislang jedoch noch nicht konkret geäußert, da der Begriff der ausschließlichen Zuständigkeit in

S. I-8452 Rdnr. 68. Kritisch dazu *Calliess* in: JURA 2001, S. 311 ff. [315]; *Stein* in: EWS 2001, S. 12 ff. [15].

310 So der EuGH, aaO. (Anm. 309), S. I-8525 ff. Rdnr. 90 ff., bzgl. der Voraussetzungen der Art. 95 EGV, Art. 47 Abs. 2 EGV und Art. 55 EGV.

311 *Calliess* in: EuZW 1995, S. 693 ff. [693].

312 *Calliess*, Subsidiaritäts- und Solidaritätsprinzip in der Europäischen Union, S. 77.

313 Vgl. Art. 71 GG bezüglich des Begriffs „Ausschließliche Gesetzgebung“ und Art. 73 GG bezüglich der „Gegenstände der ausschließlichen Gesetzgebung“.

314 Vgl. auch *Pieper* in: DVBl. 1993, S. 705 ff. [708]; *Lambers* in: EuR 1993, S. 229 ff. [235]; so auch die Kommission der EG, Das Subsidiaritätsprinzip, Mitteilung an den Rat und an das Europäische Parlament vom 30.10.1992, Dok. SEK (92) 1990endg., Anhang, Ziff. I 2, abgedruckt in: Merten, Die Subsidiarität Europas, Berlin 1993, Anhang 2, S. 112 ff. [118].

315 *Kremer* in: DÖV 1993, S. 405 ff. [407].

316 Kritisch dazu *Ukrow*, in: ZEuS 1998, S. 141 ff. [157].

317 So ausdrücklich *Müller-Graff* in: ZHR 159 (1995), S. 34 ff. [59]; *Schwartz* in: AfP 1993, S. 409 ff. [413].

Art. 5 Abs. 2 EGV erstmals erwähnt wurde [318]. Daher müssen allein Rückschlüsse aus solchen Urteilen des Gerichtshof gezogen werden, die ohne einen Zusammenhang mit dem Subsidiaritätsprinzip auf eine „ausschließliche Zuständigkeit" Bezug nehmen [319]. Danach liegt - unter Rückgriff auf Wortlaut und Wortsinn des Vertrages - eine ausschließliche Zuständigkeit vor, wenn die Gemeinschaft allein zuständig sein soll und die Mitgliedstaaten nicht zum Handeln befugt sind [320] (außer in Notfällen als „Sachverwalter des gemeinsamen Interesses" [321]).

In der deutschen Literatur wird diese Rechtsprechung in Anlehnung an entsprechende Kategorien des nationalen Verfassungsrechts in ein vertikales Kompetenzsystem unterteilt, das ausschließliche, konkurrierende und parallele Zuständigkeiten unterscheidet [322].

Auch wenn der Gerichtshof ein derartiges System ausdrücklich nicht zugrunde gelegt hat, unterscheidet er zumindest faktisch zwischen ausschließlicher und konkurrierender Zuständigkeit. Das wird besonders deutlich im bereits zitierten „Donckerwolke-Urteil", wonach die Zuständigkeit für die Handelspolitik „insgesamt" auf die Gemeinschaft übertragen worden ist [323]. Aus dem Umkehrschluss lässt sich zumindest entnehmen, dass es auch Kompetenzen geben kann, in denen sowohl die Gemeinschaft als auch die Mitgliedstaaten handlungsbefugt sind [324]. Diese Befugnisse lassen sich wiederum in konkurrierende und parallele Zuständigkeiten unterscheiden [325].

---

[318] Diese Tatsache wird von einem Teil der Literatur als nicht unproblematisch angesehen; vgl. nur *Calliess* in: EuZW 1995, S. 693 ff. [694]; *Leanaerts/van Ypersele* in: CDE 1994, S. 3 ff. [27]; *Schima*, Das Subsidiaritätsprinzip im Europäischen Gemeinschaftsrecht, S. 95.

[319] Vgl. dazu *Calliess* in: Calliess/Ruffert, Kommentar zum EUV/EGV, Art. 5 Rdnr. 19. Auch im sog. Tabakurteil, EuGH, Rs. C-376/98 (Deutschland/Parlament u. Rat), Slg. 2000 S. I-8419 ff. ‚hat sich der Gerichtshof nicht zur Frage der ausschließlichen Zuständigkeit im EG-Vertrag äußern müssen, da er mangels einschlägiger Rechtsgrundlage bereits die Befugnis der Gemeinschaft zur Rechtsetzung verneint hat.

[320] Vgl. dazu insbesondere die Ausführungen im sog. „Donckerwolke-Urteil", EuGH, Rs. 41/76 (Donckerwolke), Slg. 1976, S. 1921 ff. [1937 Rdnr. 31/37].: „Da durch Art. 113 I die Zuständigkeit für die Handelspolitik insgesamt auf die Gemeinschaft übertragen worden ist, sind nationale handelspolitische Maßnahmen seit dem Ende der Übergangszeit nur mit einer besonderen Ermächtigung durch die Kommission zulässig."

[321] Wohl um der Gefahr eines Regelungsvakuums, das bei konsequenter Durchführung des Grundsatzes exklusiver Zuständigkeiten auftreten könnte, vorzubeugen, gestattet der EuGH den Mitgliedstaaten bei Vorliegen bestimmter Voraussetzungen, als Sachwalter des gemeinsamen Interesses nationale Regelungen zu treffen, vgl. dazu und zu Bedingungen, EuGH aaO. (Anm. 320), S. 1921 ff.; EuGH Rs. 804/79 (Kommission/Vereinigtes Königreich), Slg. 1981, S. 1045 ff. [1074-1076 Rdnr. 26-33].

[322] Vgl. nur *Lienbacher* in: Schwarze, EU-Kommentar, Art. 5 Rdnr. 11, 13; *von Bogdandy/ Nettesheim* in: Grabitz/Hilf, Das Recht der Europäischen Union, Altband. 1, Art. 3b Rdnr. 11 ff.; *Schweitzer/Hummer*, Europarecht, Rdnr. 342 ff.

[323] Siehe dazu Anm. 320.

[324] *Calliess* aaO. (Anm. 318), S. 694.

[325] *Streinz*, Europarecht, Rdnr. 128, spricht von einem bloßen Erkenntnisbehelf, der keiner vertraglichen („verfassungsrechtlichen") Vorgabe entspricht.

Bei einer konkurrierenden Zuständigkeit sind zunächst sowohl die Mitgliedstaaten als auch die Gemeinschaft zuständig. Übt jedoch die Gemeinschaft ihre Zuständigkeit aus, wird dadurch zugleich ein Verbot mitgliedstaatlicher Rechtsetzung ausgesprochen [326].
Im Falle der parallelen Zuständigkeiten können sowohl die Gemeinschaften als auch die Mitgliedstaaten rechtsetzend tätig werden, ohne dass letztere durch die vorangegangene Gemeinschaftsrechtsetzung weitgehend determiniert sind [327].
Angesichts des Umstands, dass der EG-Vertrag bei keiner Kompetenz ausdrücklich festlegt, ob es sich um eine ausschließliche Zuständigkeit handelt, ist es abgesehen von den durch den EuGH ausdrücklich genannten Kompetenzen in Lehre und Praxis weitgehend ungeklärt, wann im Einzelnen eine ausschließliche bzw. nicht-ausschließliche Zuständigkeit der Gemeinschaft zu bejahen ist.
So gehört auch der Verkehr nicht zu den Politiken, deren Einordnung mittlerweile geklärt wäre [328]. Mit Gewissheit kann nur gesagt werden, dass nicht die gesamte Verkehrspolitik in die ausschließliche Zuständigkeit der Europäischen Gemeinschaft fällt. So verfolgen die Mitgliedstaaten nach Art. 70 EGV die Ziele des Vertrages im Rahmen einer gemeinsamen Verkehrspolitik. Diese Bestimmung verpflichtet also zunächst die Mitgliedstaaten zum Tätigwerden, wobei die gemeinsame Verkehrspolitik den Rahmen bildet. Der Verkehrssektor fällt damit keinesfalls in vollem Umfang in die ausschließliche Zuständigkeit der Gemeinschaft; es handelt sich - im Gegenteil - sogar primär um eine Aufgabe der Mitgliedstaaten [329]. Die Europäische Gemeinschaft ist insofern nur für die Entwicklung der spezifisch gemeinschaftlichen Verkehrspolitik berufen - des politischen Rahmens für nationale Aktivitäten [330].

---

[326] *Schweitzer/Hummer* aaO. (Anm. 322), Rdnr. 344.

[327] Parallele Kompetenzen betreffen Materien, die Gemeinschaftsrecht und nationales Recht nicht nach den selben Gesichtspunkten bewerten, so dass die Gemeinschaft wie auch jeder Mitgliedstaat jeweils parallel ihre Rechtsregeln erlassen können, vgl. dazu *von Bogdandy/ Nettesheim* aaO (Anm. 322), Art. 3b Rdnr. 14; *Calliess* in: Calliess/Ruffert, Kommentar zum EU-/EGV, Art. 5 Rdnr. 33.

[328] Vgl. *Jung* in: TranspR 1999, S. 129 ff. [130]; *van Borries* in: EuR 1994, S. 263 ff. [275] behauptet, dass insbesondere die Zuordnung derjenigen Bereiche Schwierigkeiten bereiten, die im EG-Vertrag zwar nicht definitiv geregelt sind, aber nach der Konzeption des Vertrages auf der Basis bestimmter allgemeiner Grundsätze in die Verantwortung der Gemeinschaft übergehen sollen. Dazu gehöre neben der Agrarmarktpolitik auch die Verkehrspolitik.

[329] *Frohnmeyer* in: Grabitz/Hilf, Kommentar zur Europäischen Union, Bd. 1, Art. 70 Rdnr. 8; vgl. auch *Wasmeier*, Umweltabgaben und Europarecht, S. 58; a.A. *Everling* in: Weidenfeld, Reform der Europäischen Union, S. 166 ff. [174] mit dem Argument, dass es sich bei der Verkehrspolitik um eine gemeinsame Politik handelt.

[330] *Jung* aaO. (Anm. 328), S. 134.

2. Die sog. nachträgliche ausschließliche Zuständigkeit

Ergänzend zum bisherigen Befund könnte man - wie vom einem Teil des Schrifttums gefordert [331] - auch dann von einer ausschließlichen Zuständigkeit i.S. des Art. 5 Abs. 2 EGV sprechen, wenn die Gemeinschaft sekundäre Vorschriften erlassen hat, die eine Frage vollständig und abschließend regeln, da insoweit den Mitgliedstaaten ein Tätigwerden auf Grund des Vorrangs des Gemeinschaftsrechts verwehrt ist (sog. nachträgliche ausschließliche Zuständigkeit [332]).

Dieser Annahme folgend, kommt ein Teil der Literatur unter Heranziehung der verkehrspolitischen Sekundärrechtsetzung zu der Schlussfolgerung, dass die Bedingungen des Marktzugangs und die staatliche Einflussnahme auf die Preisbildung im Bereich des Verkehrs mit Ausnahme des Eisenbahnverkehrs mittlerweile stets in der ausschließlichen Zuständigkeit der Gemeinschaft liegen [333]. Gegen diese Rechtsauffassung, die Inanspruchnahme von Zuständigkeiten durch die Gemeinschaft habe die Ausschließlichkeit der Zuständigkeit in entsprechenden Umfang zur Folge, lassen sich jedoch gewichtige Gründe anführen.

Zunächst ist festzuhalten, dass diese Meinung unter dem Begriff der ausschließlichen Zuständigkeit zwei verschiedene Rechtsbegriffe zusammenfasst: die ausschließliche Kompetenz, wie sie etwa im deutschen und amerikanischen Verfassungsrecht verstanden wird [334], und die Sperrwirkung einer Gemeinschaftsregelung im Bereich der konkurrierenden Kompetenz.

Im Anwendungsbereich eines konkreten Rechtsaktes begründet der Vorrang des Gemeinschaftsrechts eine Sperrwirkung zu Lasten der mitgliedstaatlichen Normierungskompetenz [335]. Vorliegend geht es aber nicht um das Problem von Vorrang und Sperrwirkung des Gemeinschaftsrechts im Hinblick auf mitgliedstaatliche Maßnahmen, sondern allein um die Frage der Anwendung des Subsidiaritätsprinzips mit Blick auf eine Änderung bestehenden Gemeinschaftsrechts. Die Ausschließlichkeit der Gemeinschaftskompetenz i.S. des Art. 5 Abs. 2 EGV bedeutet, dass die Mitgliedstaaten gehindert sind, den von der Gemeinschaftskompetenz erfassten Bereich selbst zu regeln. Die Besonderheit gegenüber der bloßen Einschränkung der mitgliedstaatlichen Rechtsetzungstätigkeit durch die

---

[331] So ausdrücklich *Toth* in: CML Rev. 29 (1992), S. 1079 ff. [1080 f., 1096]; *Bieber* in: Bieber/Ress, Die Dynamik des Europäischen Gemeinschaftsrechts, S. 283 ff. [295, 296 f.]; *Geiger* in: Heinze/Schmitt, Festschrift für Wolfgang Gitter, S. 267 ff. [275, 278]; *Möschel* in: NJW 1993, S. 3025 ff. [3026].

[332] Vgl. zu diesem Begriff, *Bieber* aaO. (Anm. 331), S. 295 u. 295 f.

[333] Vgl. insbesondere die Untersuchung von *Jung* in: TranspR 1999, S. 129 ff.; zu einem ähnlichen Ergebnis gelangt auch *Mückenhausen* in: Lenz, Kommentar zum EG-Vertrag, Art. 70 Rdnr. 1.

[334] *Bothe*, Die Kompetenzstruktur des modernen Bundesstaates in rechtsvergleichender Sicht, S. 137 ff.

[335] Grundlegend dazu das sog. Simmenthal II-Urteil des EuGH, Rs. 106/77, Slg. 1978, S. 629 ff. [Rdnr. 17/18]. Zum Ausmaß der Sperrwirkung vgl. auch *Furrer*, Die Sperrwirkung des sekundären Gemeinschaftsrechts auf die nationalen Rechtsordnungen, S. 57 ff.

Bindung an das Gemeinschaftsrecht besteht darin, dass sich das in ihr enthaltene Verbot nicht auf sachlich mit ihr unvereinbare materielle Regelungen bezieht, die durch eine „an sich" erlaubte Rechtsetzung des Mitgliedstaates geschaffen werden sollen, sondern bereits den Erlass des Rechtsaktes als solchen erfasst. Es ist den Mitgliedstaaten danach untersagt, Rechtsakte in diesem Bereich aus eigenem Recht zu erlassen, und zwar ohne Rücksicht darauf, ob die beabsichtigte Regelung mit dem gemeinschaftlichen Sekundärrecht unvereinbar wäre.

Weiterhin ist zu berücksichtigen, dass eine Beschränkung des Anwendungsbereichs von Art. 5 Abs. 2 EGV auf vollkommen neue Rechtakte zur Folge hätte, dass weite Bereiche, die bereits vor Inkrafttreten des Art. 5 EGV durch Gemeinschaftsrecht geregelt waren, insoweit in Bereich der ausschließlichen Kompetenz der EG fallen würden, als alle Anpassungen, Verschärfungen, Erweiterungen oder Verlängerungen jener bereits bestehenden Rechtsakte nicht anhand des Subsidiaritätsprinzips zu prüfen wären. Damit wäre ein Großteil des Gemeinschaftsrechts dem Anwendungsfeld des Art. 5 Abs. 2 EGV entzogen, was dem Sinn und Zweck des Subsidiaritätsprinzips als Ordnungsprinzip für die gemeinschaftliche Kompetenzausübung nicht entsprechen dürfte [336].

Des Weiteren rufen nicht nur diese Konsequenzen, sondern auch die Konstruktion einer nachträglichen Ausschließlichkeit an sich Zweifel hervor. Denn letztere hat zur Folge, dass die Natur einer Gemeinschaftskompetenz davon abhängt, ob die Gemeinschaft von ihr Gebrauch gemacht hat. Folglich ändert sie ihren Charakter mit der Inanspruchnahme durch die Gemeinschaft und wäre nicht durch die primärrechtliche Formulierung der Zuständigkeit festgelegt. Es erscheint jedoch äußerst fraglich, ob die Mitgliedstaaten eine so weitreichende Entscheidung wie über den Umfang der ihnen verbleibenden Rechtsetzungszuständigkeit dem gemeinschaftlichen Rechtsetzungsverfahren überlassen wollten, wo jederzeit die Gefahr einer Überstimmung besteht [337]. Dazu kommt, dass die im EG-Vertrag angelegten Unterschiede zwischen einer konkurrierenden und einer ausschließlichen Zuständigkeit nicht mehr aus dem Vertrag ableitbar wären, sobald die Kompetenzen einmal durch die Gemeinschaftsorgane ausgeübt wurden.

Im Ergebnis lässt sich damit nur dann von einer ausschließlichen Befugnis i.S. des Art. 5 Abs. 2 EGV sprechen, wenn ein Kompetenzbereich der Gemeinschaft „vollständig und endgültig" übertragen worden ist [338]. In den Fällen der sog. nachträglichen ausschließlichen Zuständigkeit tritt hingegen nur eine punktuelle Sperrwirkung ein, die ein Handeln der Mitgliedstaaten ausschließt [339]: Wird die betreffende Regelung aufgehoben, weil sie nicht mehr gerechtfertigt ist, oder entfällt sie wegen begrenzter Geltungsdauer, so entfällt auch die Sperrwirkung,

---

[336] *Calliess*, Subsidiaritäts- und Solidaritätsprinzip in der Europäischen Union, S. 96 f.

[337] *Neubauer*, Implizite Vertragsabschlusszuständigkeiten der Europäischen Gemeinschaft und Subsidiaritätsprinzip, S. 124.

[338] *von Borries* in: EuR 1994, S. 263 ff. [274].

[339] Vgl. auch *Zuleeg* in: von der Groeben/Thiesing/Ehlermann, Kommentar zum EU-/EG-Vertrag, Bd. 1, Art. 3b Rdnr. 5.

d.h. die Zuständigkeit ist nicht endgültig, sondern nur vorübergehend auf die Gemeinschaft übertragen worden.
Mithin wandelt sich eine konkurrierende Zuständigkeit nicht im Wege gemeinschaftlicher Sekundärrechtsetzung in eine ausschließliche Zuständigkeit i.S. des Art. 5 Abs. 2 EGV [340]. Das Subsidiaritätsprinzip ist somit auch auf bereits getroffene Maßnahmen, die einer Inhaltsänderung unterzogen werden sollen, in vollem Umfang anwendbar [341].
Für die Anwendung des Subsidiaritätsprinzips auf die Verkehrspolitik bedeutet diese Erkenntnis, dass die zum Teil sehr umfangreiche Rechtsetzungstätigkeit auf dem Gebiet des Verkehrs [342] nicht zum Ausschluss des Subsidiaritätsprinzips führt. Anstatt das verkehrspolitisch relevante Sekundärrecht daraufhin zu untersuchen, ob es eine Frage abschließend und vollständig regelt, bedarf es vielmehr einer eingehenden Analyse der einschlägigen primärrechtlichen Zuständigkeitsbestimmungen.

C. Der Begriff der Maßnahme

Der Begriff der Maßnahme in Art. 5 Abs. 2 EGV bestimmt, welche Tätigkeiten der Gemeinschaft dem Anwendungsbereich des Subsidiaritätsprinzip unterfallen. Zu den Maßnahmen i.S. des Art. 5 Abs. 2 EGV zählen zunächst alle legislativen Tätigkeiten der Gemeinschaft, die verbindliche Rechtswirkungen entfalten. Denn wegen ihrer Verbindlichkeit greifen sie als Akte der Kompetenzausübung in das Kompetenzgefüge zwischen Gemeinschaft und Mitgliedstaaten ein, indem sie in ihrem Regelungsbereich Vorrang und Sperrwirkung des EG-Rechts gegenüber nationalem Recht auslösen [343]. Zu diesen verbindlichen Rechtsakten zählen insbesondere die Verordnung und die Richtlinie i.S. des Art. 249 EGV. Zum Teil wird auch die Auffassung vertreten, dass das Subsidiaritätsprinzip auf jedes gemeinschaftliche Handeln Anwendung findet; der Begriff der Maßnahme
in Art. 5 Abs. 2 EGV soll neben Gesetzgebungskompetenzen auch den Verwaltungsvollzug erfassen [344].

---

340 So auch *Lecheler*, Das Subsidiaritätsprinzip – Strukturprinzip einer europäischen Union, S. 104 f.; *Lenaerts/van Ypersele* in: CDE 1994, S. 4 ff. [28]; *von Borries* aaO. (Anm. 338), S. 274.

341 So auch *Calliess* aaO. (Anm. 333), S. 96 f.; *von Borries* aaO. (Anm. 338), S. 274; *Jarass* in: EuGRZ 1994, S. 209 ff. [210].

342 Vgl. zur Rechtsetzungstätigkeit der Gemeinschaft im Bereich des Verkehrs insbesondere *Epiney/Gruber*, Verkehrsrecht in der EU, S. 207 ff.

343 *Calliess*, Subsidiaritäts- und Solidaritätsprinzip in der Europäischen Union, S. 101.

344 Vgl. *Gilsdorf* in: Randelzhofer/Scholz/Wilke, Gedächtnisschrift für Eberhard Grabitz, S. 77 ff. [99]; *Konow* in: DÖV 1993, S. 405 ff. [410]; *Langguth* in: Lenz, Kommentar zum EG-Vertrag, Art. 5 Rdnr. 16; *Schmidhuber/Hitzler* in: NVwZ 1992, S. 720 ff. [721]; ferner der Bundesrat der Bundesrepublik Deutschland, Bundesrat zum Subsidiaritätsprinzip in: Bundesrats-Drucksachen 182 und 259/93, Zusammenfassung in: EuZW 1993, S. 434; Bundesre-

Der Wortlaut des Art. 5 Abs. 2 EGV, der von einem Tätigwerden der Gemeinschaft spricht, schließt zunächst eine Ausdehnung der Geltung des Subsidiaritätsprinzips auf den verwaltungsmäßigen Vollzug von Rechtsnormen nicht aus. Gegen eine Ausdehnung auf den Durchführungsbereich spricht auch nicht, dass es sich bei Art. 5 Abs. 2 EGV um eine Kompetenz*ausübungs*regel handelt, da letztere zumindest theoretisch auch die Ausübung der Verwaltungskompetenzen umfassen könnte.

Demgegenüber ist jedoch zu berücksichtigen, dass das Subsidiaritätsprinzip wenigstens ursprünglich von einer eher punktuell *materien*orientierten Sicht ausgeht [345], so dass aus der Funktion des Subsidiaritätsprinzips als Kompetenzausübungsregel unmittelbar nichts für die Fragen des Vollzugs und der Durchführungskontrolle von EG-Rechtsakten abzuleiten ist.

Darüber hinaus ist nicht ersichtlich, wie eine Prüfung der Vorgaben des Art. 5 Abs. 2 EGV im direkten Verwaltungsvollzug konkret ausgestaltet sein soll [346]. So ist beispielsweise unklar, welche Wirkungsweise dem Subsidiaritätsprinzip im Hinblick auf eine gemeinschaftliche Vollzugsentscheidung noch zukommen soll, wenn bereits die dem eigentlichen Vollzug zugrundeliegende sekundärrechtliche (Vollzugs-)Befugnis dem Subsidiaritätsprinzip entspricht [347].

Für eine solche Sichtweise spricht auch das dem Amsterdamer Vertrag beigefügte Protokoll über die Anwendung der Grundsätze der Subsidiarität und der Verhältnismäßigkeit. Nach Nr. 4 dieses Protokolls ist jeder „Vorschlag für gemeinschaftliche *Rechtsvorschriften*" [348] im Hinblick auf das Subsidiaritätsprinzip zu begründen. Ferner soll die Europäische Kommission nach Nr. 9 Spstr. 1 und 2 des Subsidiaritätsprotokolls „vor der Unterbreitung von Vorschlägen für *Rechtsvorschriften*" [349] die Sachdienlichkeit unter dem Aspekt des Subsidiaritätsprinzips begründen. Das sog. Subsidiaritätsprotokoll geht somit offensichtlich davon aus, dass ausschließlich legislative Maßnahmen unter den Anwendungsbereich des Subsidiaritätsprinzip fallen. Die zum Teil erhobene Forderung nach einer Klarstellung der Geltung des Subsidiaritätsprinzips für den direkten Vollzug, einschließlich der Kontrollen und Sanktionen [350], hat sich also auch nach dem Inkrafttreten des Vertrags von Amsterdam nicht durchsetzen können.

Als Zwischenergebnis bleibt damit festzuhalten, dass nur solche Maßnahmen unter das Subsidiaritätsprinzip in Art. 5 Abs. 2 EGV fallen, die legislativer Na-

---

gierung der Bundesrepublik Deutschland, Memorandum der Regierung der Bundesrepublik Deutschland zum Subsidiaritätsprinzip, Bonn 16.9.1992, teilweise veröffentlicht in: Merten, Die Subsidiarität Europas, Berlin 1993, S. 130 ff.

[345] *Epiney* in: AJP/PJA 1993, S. 950 ff. [953 f, 956]

[346] Siehe auch *Calliess* aaO. (Anm. 343), S. 103 Fn. 206.

[347] Ebenfalls Bundesminister der Finanzen, Subsidiaritätsbericht 2000: Bericht über die Anwendung des Subsidiaritätsprinzips vom 9.10.2001 in: http://www.bundesfinanzministerium/Aktuell-,534.7739/-,577.htm, S. 2.

[348] Hervorhebung durch den Verfasser.

[349] Hervorhebung durch den Verfasser.

[350] Vgl. u.a. den Beschluss der Bayrischen Staatsregierung vom 9.2. 1993, siehe dazu *Goppel* in: EuZW 1993, S. 367 ff.

tur sind [351], weshalb beispielsweise die von der Kommission ausgeübte Beihilfenkontrolle (auch im Bereich des Verkehrs), die ihrem Charakter nach eine exekutive Kontrollkompetenz darstellt, nicht an Art. 5 Abs. 2 EGV zu überprüfen ist. Das bedeutet jedoch nicht, dass die sekundärrechtlichen Vollzugskompetenzen selbst von der Subsidiaritätsprüfung ausgeschlossen sind [352]. Letztere sind, wie alle anderen legislativen Maßnahmen auch, am Maßstab der in Art. 5 Abs. 2 EGV aufgeführten Subsidiaritätskriterien zu messen. Somit ist es beispielsweise nicht von vornherein ausgeschlossen, dass gemeinschaftlichen Kontrollvorschriften zur Überwachung der Fahrerzeiten im Bereich des gewerblichen Fernverkehrs dem Anwendungsbereich des Subsidiaritätsprinzips unterfallen [353].

D. Die gemeinschaftliche Zuständigkeitsverteilung im Bereich des Verkehrs

In diesem Abschnitt sollen die zentralen verkehrspolitischen Bereiche auf ihre gemeinschaftlichen Kompetenzgrundlagen hin geprüft werden. Die Untersuchung soll sich daher auf folgende für den Aufbau einer gemeinsamen Verkehrspolitik besonders bedeutsame Bereiche beschränken: den Verkehrsbinnenmarkt, die Verkehrsumweltpolitik, die Verkehrssicherheit, die Verkehrsinfrastruktur und die verkehrspolitischen Außenbeziehungen [354].
Nach Bestimmung der einzelnen verkehrspolitischen Rechtsgrundlagen soll im nächsten Schritt dann jeweils festgestellt werden, inwieweit die einzelnen Kompetenzen nicht-ausschließlicher Natur sind, um so den Anwendungsbereich des Art. 5 Abs. 2 EGV im Verkehrssektor möglichst exakt festlegen zu können.

I. Die Binnenkompetenzen

1. Errichtung des Verkehrsbinnenmarktes

Der (Verkehrs-)Binnenmarkt setzt sich, wie bereits festgestellt [355], aus den vier Grundfreiheiten, einem System unverfälschten Wettbewerbs und einer gemein-

---

[351] So ausdrücklich *Calliess* aaO. (Anm. 343), S. 103; *Bribosia* in: RMCUE 1992, S. 165 ff. [180 f.]; ähnlich *Hailbronner* in: Hailbronner, Europa der Zukunft: zentrale und dezentrale Lösungsansätze, S. 49 ff. [61], der die Vollzugs und Durchführungskontrolle nicht am Maßstab des Art. 5 Abs. 2 EGV messen will; vgl. auch *Schneider* in: Cremer/Giegerich/Richter/Zimmermann, Tradition und Weltoffenheit des Rechts, Festschrift für Helmut Steinberger, S. 1401 ff. [1411].

[352] Vgl. auch *Hatje*, Die gemeinschaftliche Steuerung der Wirtschaftsveraltung, S. 105 ff.; ferner *Klepper*, Vollzugskompetenzen der Europäischen Gemeinschaft aus abgeleitetem Recht, S. 90 ff.

[353] Siehe auch *Schmitt* in: EuZW 1993, S. 305 ff. [307 f.].

[354] Vgl. zur Bestimmung der zentralen Bereiche des Verkehrs auch *Mückenhausen* in: Frohnmeyer/Mückenhausen, Kommentar zum EG-Verkehrsrecht, Grundzüge der gemeinsamen Verkehrspolitik, Rdnr. 2.

[355] Vgl. dazu die Bemerkungen in Teil 1, Abschnitt D, I.

samen Außenhandelspolitik zusammen, wobei die gemeinsame Außenhandelspolitik als ein Bestandteil der gemeinschaftlichen Außenzuständigkeiten Gegenstand des Abschnitts II. sein soll [356].

a) Rechtsgrundlagen zur Errichtung des Verkehrsbinnenmarktes

aa) Liberalisierung der Verkehrsdienstleistungen

Von den vier Grundfreiheiten verdient im Bereich des Verkehrs die Dienstleistungsfreiheit besondere Aufmerksamkeit. Als ein wesentliches Element des Binnenmarktes [357] wird letztere im EG-Vertrag ausdrücklich in Zusammenhang mit der Verkehrspolitik gebracht: So gelten nach Art. 51 Abs. 1 EGV „für den freien Dienstleistungsverkehr auf dem Gebiet des Verkehrs (...) die Bestimmungen des Titels über den Verkehr." Der Europäische Gerichtshof hat es deshalb in seinem Untätigkeitsurteil abgelehnt, mit fruchtlosen Ablauf des ex-Art. 75 Abs. 2 EWGV [358] vorgesehenen Übergangszeit die Dienstleistungsfreiheit im Verkehrssektor – anders als in den übrigen Wirtschaftsbereichen als automatisch eingetreten anzusehen [359]. Anders als die Niederlassungsfreiheit oder die Freiheit des Warenverkehrs, für die eine solche Ausnahmevorschrift gerade nicht besteht und die daher nach der Rechtsprechung des EuGH unmittelbar anwendbar sind [360], bedarf die Dienstleistungsfreiheit im Bereich des Verkehrs zu ihrer Verwirklichung der Setzung von entsprechenden Sekundärrechts.
Mit dem Verweis des Art 51 Abs. 1 EGV auf die Bestimmungen des Titels über den Verkehr ist somit einerseits festgelegt, dass der Grundsatz der Dienstleistungsfreiheit (Art. 49 EGV) auch für Verkehrsdienstleistungen gilt, andererseits aber mit den besonderen Mitteln einer gemeinsamen Verkehrspolitik zu verwirklichen ist [361].
Umfang und Grenzen der Dienstleistungsfreiheit sind damit auch bei ihrer Umsetzung im Wirtschaftsbereich „Verkehr" den Art. 49 EGV, Art. 50 EGV und Art. 55 EGV zu entnehmen [362].

---

356 Siehe dazu die Ausführungen in Teil 2, Abschnitt C.
357 Siehe hierzu die Ausführungen in Teil 1, Abschnitt D, II.
358 In der Fassung der Bek. v. 27.12.1957, BGBl. 1958 II, S. 1.
359 EuGH, Rs. 13/83 (Parlament/Rat), Slg. 1985, S. 1513 ff. [1599 Rdnr. 63]; EuGH, Rs. 4/88 (Lambregts Transportbedrijf), Slg. 1989, S. 2584 ff. [2607 Rdnr. 14 f.].
360 Vgl. für die Niederlassungsfreiheit, EuGH, Rs. 2/74 (Reyners), Slg. 1974, S. 631 ff. [652 f. Rdnr. 24, 28-33] und für den freien Warenverkehr EuGH, Rs. 74/76 (Lanelli & Volpi), Slg. 1977, S. 557 ff. [576 Rdnr. 13].
361 EuGH, Rsen 209-213/84 (Ministére public), Slg. 1986, S. 1425 ff. [1465 f. Rdnr. 37]; EuGH, Rs. C-49/89 (Corsica Ferries), Slg. 1989, S. 4441 ff. [4456 Rdnr. 10 f.]; vgl. dazu auch die Ausführungen in Teil 1, Abschnitt C, I., II.
362 EuGH, Rs. 13/83 (Parlament/Rat), Slg. 1985, S. 1513 ff. [1599 Rdnr. 64], siehe ferner *Jung* in: TranspR 1998, S. 133 ff. [141].

(1) Liberalisierung im Binnenverkehrsbereich

Als Kompetenzgrundlagen zur Umsetzung der Dienstleistungsfreiheit für den Bereich der in Art. 80 Abs. 1 EGV genannten Binnenverkehrsträger kommt Art. 71 Abs. 1 lit. a und b EGV in Betracht.

Gemäß Art. 71 Abs. 1 lit. a EGV soll die Gemeinschaft unter Berücksichtigung der Besonderheiten des Verkehrs gemeinsame Regeln für den grenzüberschreitenden Verkehr aufstellen. Die gemeinsamen Regeln nach Art. 71 Abs. 1 lit. a EGV müssen in erster Linie dazu dienen, die Diskriminierungen aus Gründen der Staatsangehörigkeit oder des Betriebssitzes (Art. 49 EGV und Art. 50 EGV) zu beseitigen [363]. Die Vorschrift des Art. 71 Abs. 1 lit. a EGV umfasst dabei nach einhelliger Auffassung [364] alle Formen des Transitverkehrs [365], einschließlich des Drittstaatenverkehrs [366]. Der Anwendungsbereich dieser Befugnisgrundlage erstreckt sich daher im Wesentlichen auf die Umgestaltung der nationalen Ordnungsvorschriften für den Zugang zum Verkehrsmarkt sowie auf die Änderung der Beförderungsentgelte [367].

Die zweite spezifische Ermächtigungsgrundlage für die Umsetzung der Dienstleistungsfreiheit im Bereich des Eisenbahn-, Straßen- und Binnenschiffsverkehrs findet sich in Art. 71 Abs. 1 lit. b EGV [368]. Diese Vorschrift sieht vor, dass für die Zulassung nichtansässiger Verkehrsunternehmer die Bedingungen festzule-

---

[363] EuGH, Rs. 13/83 (Parlament/Rat), Slg. 1985, S. 1513 ff. [1599 Rdnr. 64]; vgl. auch *Stadler* in: Schwarze, EU-Kommentar, Art. 71 Rdnr. 7.

[364] Vgl. nur *Stadler* aaO. (Anm. 368), Art. 71 Rdnr. 7; *Frohnmeyer* in: Grabitz/Hilf, Das Recht der Europäischen Union, Bd. 1, Art. 71 Rdnr. 26; *Jung* in: TranspR 1998, S. 133 ff. [141]; Cartou/Clergerie/Gruber/Rambaud, L'Union européenne, Rdnr. 476.

[365] Transit ist Verkehr, der nur zu einem Teil des Gesamtvorgangs auf dem Hoheitsgebiet eines Staates stattfindet sowie außerhalb des Hoheitsgebiets dieses Staates begonnen hat und enden soll, vgl. *Stabenow* in: von der Groeben/von Boeckh/Thiesing, Kommentar zum EWG-Vertrag, Bd. 1, 2. Auflage, Art. 75 Anm. VI. 1).

[366] Das auch der Verkehr mit Drittstaaten von Art. 71 Abs. 1 lit. a EGV erfasst wird, kann aus der Formulierung „aus oder nach dem Hoheitsgebiet ..." geschlossen werden, denn wenn die Vertragsschließenden den Verkehr mit Drittländern ausschließen wollten, so hätten sie die Konjunktion „und" gewählt.

[367] *Erdmenger* in: von der Groeben/Thiesing/Ehlermann, Kommentar zum EU-/EG-Vertrag, Bd. 1, Art. 75 Rdnr. 29; *Jung* aaO. (Anm. 364), S. 141; vgl. dazu die aufgrund von Art. 71 Abs. 1 lit.a EGV erlassenen Regelungen für den freien Zugang zum Transitverkehr: für den Straßenverkehr: VO 881/92/EWG des Rates über den Zugang zum Güterkraftverkehrsmarkt in der Gemeinschaft für Beförderungen aus oder nach einem Mitgliedstaat oder durch einen oder mehreren Mitgliedstaaten vom 26.3.1992, ABl. 1992 Nr. L 95/1; VO 684/92/EWG des Rates zur Einführung gemeinsamer Regeln für den grenzüberschreitenden Personenverkehr mit Kraftomnibussen vom 16.3.1992, ABl. 1992 Nr. L 74/1, zuletzt geändert durch VO 11/98/EG vom 11.12.1997, ABl. 1998 Nr. L 4/1 und für die Binnenschifffahrt: VO 1356/96/EG des Rates über gemeinsame Regeln zur Verwirklichung der Dienstleistungsfreiheit im Binnenschiffsgüter- und -personenverkehrs zwischen Mitgliedstaaten vom 8.7.1996, ABl. 1996 Nr. L 175/7.

[367] *Frohnmeyer* aaO. (Anm. 364), Art. 71 Rdnr. 26.

[368] *Erdmenger* aaO. (Anm. 367), Art. 75 Rdnr. 39.

gen sind. Die Tatsache, dass von *Bedingungen* die Rede ist, deutet daraufhin, dass die Vertragspartner keine unbeschränkte Zulassung nicht ansässiger Verkehrsunternehmen, sondern nur gleichartige Regeln für deren Zulassung in allen Mitgliedstaaten ins Auge fassten [369]. Diese Regeln müssen aber nach dem sog. Untätigkeitsurteil des EuGH zumindest sicherstellen, dass alle auf die Staatsangehörigkeit oder den Sitz abstellenden Diskriminierungen für gebietsfremde Unternehmer aus der Gemeinschaft vermieden oder beseitigt werden [370], wie das teilweise für die Binnenverkehrsträger schon geschehen ist [371].
Als dritte Kompetenzvorschrift zur Verwirklichung der Dienstleistungsfreiheit im Bereich der Eisenbahn-, Straßen- und Binnenschifffahrt kommt schließlich Art. 71 Abs. 1 lit. d EGV in Betracht, der es der Gemeinschaft - unter Berücksichtigung der verkehrspolitischen Besonderheiten - ermöglicht, den Dienstleistungsverkehr in seiner Gesamtheit zu liberalisieren [372]. Soweit es also im Sinne des Art. 71 Abs. 1 lit. d EGV „zweckdienlich" ist, kann die Gemeinschaft die Dienstleistungsfreiheit auch für die Verkehrsunternehmen innerhalb eines Mitgliedstaates freigeben, in dem sie ansässig sind.

(2) Liberalisierung im Bereich der Seeschiff- und Luftfahrt

Art. 71 Abs. 1 lit. a EGV findet gemäß Art. 80 Abs. 1 EGV im Bereich der Seeschiff- und der Luftfahrt keine Anwendung. Nach Art. 80 Abs. 2 EGV kann der Rat jedoch mit qualifizierter Mehrheit und unter Anwendung der in Art. 71 EGV genannten Verfahrensvorschriften „geeignete Vorschriften für die Seeschiffahrt und Luftfahrt" erlassen. Wie im ersten Teil der Arbeit festgestellt, finden die allgemeinen Vertragsgrundsätze im Bereich des See- und Luftverkehrs ebenso wie im Binnenverkehr Anwendung [373]. Die Verfolgung dieser Ziele mit ge-

---

[369] *Mückenhausen* in: Lenz, Kommentar zum EG-Vertrag, Art. 71 Rdnr. 10; *Frohnmeyer* aaO. (Anm. 364), Art. 71 Rdnr. 30.
[370] EuGH aaO. (Anm. 363), S. 1599 Rdnr. 64.
[371] Vgl. für den Straßenverkehr: VO 3118/93/EWG des Rates zur Festlegung der Bedingungen für die Zulassung von Verkehrsunternehmen zum Güterkraftverkehr innerhalb eines Mitgliedstaates, in dem sie nicht ansässig sind, vom 25.10.1993, ABl. 1993 Nr. L 279/1; VO 12/98/EG des Rates über die Bedingungen für die Zulassung von Verkehrsunternehmen zum Personenverkehr mit Kraftomnibussen innerhalb eines Mitgliedstaates, in dem sie nicht ansässig sind, vom 11.12.1997, ABl. 1998 Nr. L 4/10; für den Binnenschifffahrtsverkehr: VO 3921/91/EWG des Rates über die Bedingungen für die Zulassung von Verkehrsunternehmen zum Binnenschiffsgüter- und Personenverkehr innerhalb eines Mitgliedstaates, in dem sie nicht ansässig sind, vom 16.12.1991, ABl. 1991 Nr. L 373/1.
[372] Die Einzelaufgaben der Art. 71 Abs. 1 lit. a und d EGV lassen sich bei der Anwendung des EG-Vertrages aus Gründen der Zweckmäßigkeit häufig nicht voneinander trennen, da bestimmte Maßnahmen sowohl innerstaatliche (lit.d) als auch internationale Aspekte (lit.a) beinhalten. In diesem Fall ist es zulässig, Vorschriften zu erlassen, deren sachliche Geltungsbereich sich auf beide in den Buchstaben a und d genannten Materien bezieht, vgl. dazu *Erdmenger* aaO. (Anm. 367), Art. 75 Rdnr. 49; *Frohnmeyer* aaO. (Anm. 364), Art. 71 Rdnr. 28.
[373] Siehe dazu die Bemerkungen in Teil 1, Abschnitt C, I.

meinwirtschaftlichen Mitteln auf dem Gebiet des Verkehrs ist in den Art. 70 bis 79 EGV, insbesondere in Art. 71 EGV so generell vorgezeichnet, dass die wesentlichen Grundelemente dieser Bestimmungen auch auf den besonderen Verkehrsträger Luft- und Seeschifffahrt anwendbar erscheinen [374]. Art. 80 Abs. 2 EGV enthält daher im Kern für den Seeschiff- und Luftverkehr alle Aufgaben und Befugnisse für die Gemeinschaft, die für die drei Binnenverkehrsarten in den Art. 70 bis 79 EGV zu finden sind [375]. Insofern kann und muss für die Interpretation von Art. 80 Abs. 2 EGV auf diese für den Binnenverkehr geltenden Bestimmungen Bezug genommen werden [376]. Das schließt aber nicht aus, dass Seeschiff- und Luftfahrt gegenüber den Binnenverkehrsarten Besonderheiten aufweisen, die ein andersartiges Vorgehen erfordern, als es für letztere gerechtfertigt ist [377].
Demzufolge bildet Art. 80 Abs. 2 EGV die richtige Ermächtigungsgrundlage zur Verwirklichung der Dienstleistungsfreiheit im Bereich der Seeschiff- und Luftfahrt [378].

bb) Umsetzung der Niederlassungsfreiheit im Verkehrssektor

Unter der Niederlassungsfreiheit des Art. 43 EGV versteht man das Recht, mit einer gewerblichen oder freiberuflichen Tätigkeit in einem anderen Mitgliedstaat unter den gleichen Bedingungen wie Inländer eine dauerhafte Niederlassung zu

---

[374] *Erdmenger*, Die Anwendung des EWG-Vertrages auf Seeschifffahrt und Luftfahrt, S. 126, der von der Befugnis des Rates spricht, auf der Grundlage des Art. 80 Abs. 2 EGV „ähnliche Sondervorschriften zu erlassen, wie sie für die drei Binnenverkehrsarten insbesondere in Art. 70 und 71 EWGV schon bestehen"; differenzierend *Stabenow* in: ZLW 18 (1976), S. 199 ff. [212], der einige Vorschriften des Verkehrstitels (Art. 73, 75, 76 EGV) für nicht heranziehbar hält, andere wiederum für zwingend anwendbar (Art. 70-72 EGV). Im Grundsatz hält jedoch auch er eine „gewisse Orientierung für die Art und den Inhalt der Sondervorschriften für die Luftfahrt" durch den Inhalt der Art. 70-79 EGV für gegeben.

[375] *Frohnmeyer* in: Grabitz/Hilf, Das Recht der Europäischen Union, Bd. 1, Art. 80 Rdnr. 15.

[376] So auch *Erdmenger* in: von der Groeben/Thiesing/Ehlermann, Kommentar zum EU-/EG-Vertrag, Bd. 1, Art. 84 Rdnr. 6; *Weber*, Die Zivilluftfahrt im Europäischen Gemeinschaftsrecht, S. 137.

[377] Ähnlich *Weber* aaO. (Anm. 376), S. 138.

[378] Siehe dazu die auf Grund von Art. 80 Abs. 2 EGV erlassen Verordnungen zum freien Zugang zum Transitverkehr und zur Kabotage, die von der Zielsetzung her in etwa der vergleichbaren Regelungen im Binnenverkehrs entsprechen; vgl. für den Seeverkehr: VO 4055/86/EWG des Rates zur Anwendung des Grundsatzes des freien Dienstleistungsverkehrs auf die Seeschiffahrt zwischen Mitgliedstaaten sowie zwischen Mitgliedstaaten und Drittländern vom 22.12.1986, ABl. 1986 Nr. L 378/1, geändert durch VO 3573/90/EWG vom 4.12.90, ABl. 1990 Nr. L 353/16); VO 3577/92/EWG des Rates zur Anerkennung des Grundsatzes des freien Dienstleistungsverkehrs auf den Seeverkehr in den Mitgliedstaaten (Seekabotage) vom 7.12.92, ABl. 1992 Nr. L 364/7; für den Luftverkehr: VO 2408/92/EWG des Rates über den Zugang von Luftverkehrsunternehmen der Gemeinschaft zu Strecken des innergemeinschaftlichen Flugverkehrs vom 23.7. 1992, ABl. 1992 Nr. L 240/8.

begründen und in der Wirtschaft dieses Landes integriert zu werden [379]. Anders als die Dienstleistungsfreiheit wird die Niederlassungsfreiheit nach Art. 51 Abs. 1 EGV nicht für den Bereich des Verkehrs ausgeklammert, so dass die Niederlassungsfreiheit im Verkehrssektor unmittelbar anwendbar ist [380]. Grundsätzlich sind die Ziele der Niederlassungsfreiheit und der Verkehrspolitik identisch und ergänzen sich [381]. Die Art. 71 Abs. 1 lit. a EGV (für den grenzüberschreitenden Verkehr) und Art. 71 Abs. 1 lit. d EGV (für den ausschließlichen nationalen Verkehr) sowie Art. 80 Abs. 2 EGV bieten jedoch die Möglichkeit wegen der Besonderheiten des Verkehrs - unter Berücksichtigung des Verhältnismäßigkeitsprinzips - von der Niederlassungsfreiheit in Art. 43 EGV abzuweichen [382].

cc) Liberalisierung des freien Warenverkehrs im Verkehrssektor

Ebenso wie die Niederlassungsfreiheit ist die Warenverkehrsfreiheit im Verkehrsgewerbe uneingeschränkt anwendbar. Als Mittel zur Erreichung des freien Warenverkehrs sieht der EG-Vertrag in den Art. 23 bis 31 EGV die Errichtung einer Zollunion und die Abschaffung aller mengenmäßigen Beschränkungen vor. Gegenstand des freien Warenverkehrs ist die Abschaffung aller Hindernisse für den grenzüberschreitenden Warenverkehr, um damit zu einer Erreichung des Binnenmarktes beizutragen [383]. Das gleiche Ziel verfolgt im Wesentlichen auch die Verkehrspolitik [384]. Die Freiheit des Warenverkehrs und die Verkehrspolitik ergänzen sich daher grundsätzlich, weshalb die Literatur Konflikte zwischen beiden Politikbereichen derzeit für ausgeschlossen hält [385]. Jedoch ist es ebenso wie im Bereich der Niederlassungsfreiheit denkbar, dass mittels der Art. 71 Abs. 1 lit. a bzw. d EGV und Art. 80 Abs. 2 EGV im Hinblick auf etwaige verkehrsspezifischer Belange - unter Berücksichtigung des Verhältnismäßigkeitsprinzips - von der Freiheit des Warenverkehrs abgewichen werden kann. Ein derartiges Szenario ist wegen des engen Zusammenhanges von Verkehr und Warenfreiheit allerdings in der Praxis kaum denkbar, was nicht zuletzt durch die zahlreichen

---

[379] Vgl. im Hinblick auf die Seeschifffahrt, EuGH, Rs. C-221/89 (Factortame), Slg. 1991, S. I-3905 ff. [3965-3969 Rdnr. 18-39]; *Randelzhofer* in: Grabitz/Hilf, Das Recht der Europäischen Union, Altband 1, Art. 52 Rdnr. 3, 8, 10.

[380] Zur unmittelbaren Anwendung des Art. 43 EGV, vgl. EuGH, Rs. 2/74 (Reyners), Slg. 1974, S. 631 ff. [652 f. Rdnr. 24, 28-33]

[381] Siehe dazu die Ausführungen in Teil 1, Abschnitt C; ebenfalls *Jung* in: TranspR 1998, S. 131 ff. [137].

[382] So EuGH, Rs. 167/73 (Kommission/Frankreich), Slg. 1974, S. 359 ff. [370 Rdnr. 24/26].

[383] EuGH, Rs. 10/73 (Rewe-Zentral), Slg. 1973, S. 1175 ff. [1193 Rdnr. 26]; *Voß* in: Grabitz/Hilf, Das Recht der Europäischen Union, Altband 1, Art. 9 Rdnr. 5.

[384] Siehe hierzu die Ausführungen in Teil 1, Abschnitt C.

[385] *Basedow/Dolfen* in: Dauses, Handbuch zum EU-Wirtschaftsrecht, Bd. 2, Abschnitt L Rdnr. 35, 39; *Jung* in: TranspR 1998, S. 133 ff. [136].

Verordnungen und Richtlinien, die zugleich der Herstellung der Zollunion und der Gestaltung der Verkehrspolitik dienen, illustriert wird [386].

dd) Beseitigung von Wettbewerbsbeschränkungen im Verkehrssektor

Parallel zur Deregulierung der besonderen Marktordnungen der einzelnen Verkehrsträger wächst auch die Bedeutung der Rechtsvorschriften, die sich gegen Wettbewerbsbeschränkungen im Verkehr richten. So werden mit der Aufhebung von Zugangsbeschränkungen sowie von Preis- und Konditionsregulierungen die Wettbewerbsregelungen verhindern müssen, dass die Verkehrsunternehmen andere Beschränkungen an die Stelle der früheren Regulierungen setzen [387]. Zur Unterstützung der Zielsetzung eines europäischen Binnenmarktes sieht Art. 3 Abs. 1 lit. g EGV daher ein System vor, welches den Wettbewerb vor Verfälschungen schützt. Die Errichtung eines Systems unverfälschten Wettbewerbes zählt der EuGH daher ausdrücklich zu den Zielen einer gemeinsamen Verkehrspolitik [388]. Damit gemeint sind das grundsätzliche Verbot wettbewerbsbeschränkender Vereinbarungen nach Art. 81 EGV, Art. 83 ff. EGV, das Verbot des Missbrauchs marktbeherrschender Stellungen nach Art. 82 EGV und das grundsätzliche Beihilfeverbot nach Art. 87 EGV [389].

(1) Kartellverbot und Verbot des Missbrauchs marktbeherrschender Stellungen

In Art. 83 Abs. 1 EGV hat der EG-Vertrag die Möglichkeit vorgesehen, zweckdienliche Verordnungen oder Richtlinien zur Verwirklichung der in Art. 81 EGV und Art. 82 EGV niedergelegten Verbote zu erlassen.
Wegen der verkehrsspezifischen Besonderheiten ist es im Bereich des Verkehrs allerdings nicht mit der bloßen Umsetzung des in Art. 81 EGV und Art. 82 EGV statuierten Verbots wettbewerbsbeschränkender Vereinbarungen getan. Die Verkehrswirtschaft ist traditionell in starkem Maße international ausgerichtet [390], was teilweise Dienstleistungen erfordert, die nur außerhalb eines Systems freien Wettbewerbs aufrecht erhalten werden können. Die h.M. hält daher Zielkonflikte zwischen der Verkehrs- und der Wettbewerbspolitik für nicht ausgeschlossen [391].
Wie in Teil 1 der Arbeit festgestellt, besteht jedoch im Rahmen der verkehrspolitischen Rechtsetzung die Möglichkeit, diese verkehrsspezifischen Besonderheiten - unter Anwendung des Verhältnismäßigkeitsprinzips - hinreichend zu

---

[386] Vgl. dazu die umfangreichen Zusammenstellung bei *Jung* aaO. (Anm. 385), S. 136; *Basedow/Dolfen* aaO. (Anm. 385), Abschnitt L Rdnr. 39.
[387] Vgl. dazu *Mestmäcker*, Europäisches Wettbewerbsrecht, S. 48.
[388] EuGH, Rs. 209-213/84 (Asjes), Slg. 1986, S. 1425 ff. [1465 Rdnr. 35].
[389] *Zuleeg* in: von der Groeben/Thiesing/Ehlermann, Kommentar zum EU-/EG-Vertrag, Bd. 1, Art. 3 Rdnr. 7; *Hatje* in: Schwarze, EU-Kommentar, Art. 3 Rdnr. 13.
[390] Siehe dazu die Ausführungen in Teil 1, Abschnitt D, I. 3. a.
[391] Vgl. nur *Mestmäcker*, Europäisches Wettbewerbsrecht, S. 35; *Dolfen*, Der Verkehr im europäischen Wettbewerbsrecht, S. 12 f.; *Jung* in: TranspR 1998, S. 131 ff. [137].

berücksichtigen [392] : Soweit die allgemeinen Vorschriften - hier die Art. 81 ff. EGV - keine ausreichende Befugnisgrundlage zur Berücksichtigung verkehrspolitischer Sonderbelange aufweisen, sind dazu die verkehrsspezifischen Vorschriften ergänzend heranzuziehen. Wie sich dieses Prinzip der Addition [393] im Bereich verkehrswettbewerbsspezifischer Rechtsetzung auf die Auswahl der Kompetenzgrundlagen auswirkt, soll an der Verordnung zur Anwendung der Wettbewerbsregeln der Art. 81 f. EGV auf die Linienschifffahrt [394] kurz illustriert werden.

Die Verordnung 4056/86/EWG sieht neben einigen Ausnahmen vom Kartellverbot [395] auch Regelungen für den Fall internationaler Rechtskollisionen vor [396], die der Europäischen Kommission die Befugnis einräumen, Drittstaaten zu konsultieren oder mit diesen nach den Direktiven des Rates zu verhandeln. Diese Regelung beruht auf der Erfahrung, dass jede die internationale Seeschifffahrt betreffende Rechtsetzung, ganz besonders aber eine solche auf dem Gebiet des Kartellrechts, notwendigerweise die Interessen von Drittstaaten tangiert, was zur Folge hat, dass die Zulässigkeit von Absprachen zwischen Reedern insoweit nicht ausschließlich nach den Regeln des Art. 81 Abs. 3 EGV beurteilt werden kann, da Absatz 3 ein Kriterium der Stabilisierung der Außenbeziehungen der Gemeinschaft im Bereich der Seeschifffahrt nicht enthält [397]. Die Verordnung ist daher auch auf die verkehrspolitische Sondervorschrift des Art. 80 Abs. 2 EGV gestützt, weil neben kartellrechtlichen Regelungen auch Elemente der gemeinsamen Handels- und Schifffahrtspolitik gegenüber Drittstaaten enthalten sind [398]. Weisen Durchführungsregelungen im Bereich der Kartell- und Missbrauchsaufsicht verkehrsspezifische Besonderheiten auf, für die Art. 83 EGV i.V. mit Art. 81 EGV und Art. 82 EGV keine Befugnisse enthalten, sind diese Regelungen daher sowohl auf Art. 83 EGV *und* Art. 71 Abs. 1 lit. a EGV (für den Binnenverkehr) bzw. Art. 80 Abs. 2 EGV (für den Seeschiffs- und Luftverkehr) zu stützen [399].

---

[392] Siehe dazu die Bemerkungen in Teil 1, Abschnitt C, II.

[393] Siehe ebenfalls dazu die Bemerkungen in Teil 1, Abschnitt C, II.

[394] VO 4056/86/EWG des Rates über die Anwendung der Art. 85 und 86 des Vertrages auf den Seeverkehr vom 22.12.1986, ABl. 1986 Nr. L 378/4.

[395] Vgl. z.B. Art. 2, 3 und 6 der VO 4056/86/EWG.

[396] Vgl. Art. 7 Abs. 2 lit. c und Art. 9 der VO 4056/86/EWG. Wird durch das Verhalten eines Drittstaates jeder faktische oder potentielle Wettbewerb ausgeschaltet, so kann die Gruppenfreistellung für die betreffende Reederkonferenz mit Hilfe dieser Vorschriften zurückgezogen werden.

[397] *Erdmenger* in: von der Groeben/Thiesing/Ehlermann, Kommentar zum EU-/EG-Vertrag, Bd. 1, Art. 84 Rdnr. 28.

[398] *Schröter* in: von der Groeben/Thiesing/Ehlermann, Kommentar zum EU-/EG-Vertrag, Bd. 2/I, Art. 87 - Zweiter Teil Rdnr. 28; *Erdmenger* aaO. (Anm. 397), Art. 84 Rdnr. 26.

[399] Vgl. die VO 1017/68/EWG des Rates über die Anwendung von Wettbewerbsregeln auf dem Gebiet des Eisenbahn-, Straßen- und Binnenschiffsverkehr vom 19.7.1968, ABl. 1968 Nr. L 175/1, die auf Art. 83 EGV und Art. 71 EGV gestützt worden ist; vgl. auch VO 3975/87/EWG über die Einzelheiten der Anwendung der Wettbewerbsregeln auf Luftfahrt-

(2) Verbot staatlicher Beihilfen

Gemäß Art. 89 EGV kann der Rat alle „zweckdienlichen Durchführungsverordnungen“ zu Art. 87 EGV und Art. 88 EGV erlassen. Es besteht insbesondere die Möglichkeit die Bedingungen für die Anwendung des Art. 88 Abs. 3 EGV zu bestimmen sowie diejenigen Arten von Beihilfen festzulegen, die von diesen Verfahren ausgenommen sind.

Für den Erlass verkehrsspezifischer Durchführungsregelungen im Bereich der Beihilfeaufsicht, die im besonderen Maße verkehrsspezifischen Sonderbelangen Rechnung tragen, gilt das Gleiche wie für die Durchführungsvorschriften im Bereich der Kartell- und Missbrauchsaufsicht. Derartige Vorschriften ruhen dann auf Art. 89 EGV *und* Art. 71 Abs. 1 lit. a EGV bzw. Art. 80 Abs. 2 EGV [400].

ee) Rechtsharmonisierung zur Errichtung eines Verkehrsbinnenmarktes

Im Hinblick auf einen reibungslos funktionierenden Binnenmarkt ist zu berücksichtigen, dass sich das Wechselspiel von Angebot und Nachfrage auf wettbewerbsorientierten Verkehrsmärkten nur entfalten kann, wenn alle auf Hoheitsakten und Infrastrukturmaßnahmen beruhenden Wettbewerbsbedingungen zwischen Verkehrsträgern und -unternehmen im Wesentlichen angeglichen bzw. spürbar angenähert werden [401]. Allerdings sind unterschiedliche Rahmenbedingungen nur insoweit von Relevanz, als sie künstliche Wettbewerbsverzerrungen darstellen. Natürliche Unterschiede in den Ausgangsbedingungen für den Wettbewerb sind marktwirtschaftlichen Leistungsprozessen immanent und dürfen nicht aus einem falschverstandenen Harmonisierungsbedürfnis vereinheitlicht werden. Die Harmonisierungsaufgabe besteht somit nur bei den künstlichen, in der Regel durch staatliche Aktivitäten geschaffenen Wettbewerbsverzerrungen [402].

---

unternehmen vom 14.12.1987, ABl. 1987 Nr. L 374/1, die auf Art. 83 EGV und Art. 80 EGV beruht.

[400] So z.B. die VO 1191/69/EWG des Rates über das Vorgehen der Mitgliedstaaten bei mit dem Begriff des öffentlichen Dienstes verbundenen Verpflichtungen auf dem Gebiete des Eisenbahn-, Straßen- und Binnenschifffahrtsverkehrs vom 26.6.1969, ABl. 1969 Nr. L 156/1, ferner die VO 1192/69/EWG des Rates über die Normalisierung der Konten der Eisenbahnunternehmen vom 26.6.1969, ABl. 1969 Nr. L 156/8, schließlich die VO 1107/70/EWG des Rates über Beihilfen im Eisenbahn-, Straßen- und Binnenschiffsverkehr vom 4.6.1970, ABl. 1992 Nr. L 364/11 die alle jeweils auf Art. 83 EGV und Art. 71 EGV beruhen.

[401] *Jung* in: Calliess/Ruffert, Kommentar zum EU-/EGV, Art. 70 Rdnr. 15; *Frohnmeyer* in: Grabitz/Hilf, Das Recht der Europäischen Union, Art. 70 Rdnr. 13; *Stabenow* in: Eur TranspR 1969, 241 ff. [242]; *Stabenow/Herzog* in: *Cambell/Cotter*, The law of the European Community, Bd. 2, 74.05, 2-768; vgl. auch den Grundsatzbeschluss des Rates vom 14. November 1985, wo sich die Verkehrsminister für die Beseitigung der Wettbewerbsverzerrungen aussprechen, Rat, Pressekommunique 10358/85 (Presse 172), S. 9.

[402] *Erdmenger* in: ZVerkWiss 59 (1988), S. 188 ff. [189]; *Aberle* in: Basedow, Europäische Verkehrspolitik, S. 29 ff. [44].

Vor diesem Hintergrund hat die Gemeinschaft schon früh die Notwendigkeit erkannt, den durch die unterschiedlichen nationalen (Verkehrs-)Rechtsordnungen hervorgerufenen Wettbewerbsverzerrungen durch gemeinschaftsrechtliche Regelungen zu begegnen [403], wenngleich eine entsprechend umfangreiche Harmonisierungstätigkeit der Gemeinschaft im Bereich des Verkehrs aufgrund der zu verzeichnenden politischen Schwierigkeiten [404] lange Zeit ausblieb und auch heute noch als mehr oder weniger punktuell bezeichnet werden muss [405]. Vor diesem Hintergrund kommt verkehrspolitischen Maßnahmen der Gemeinschaft, die im Transportsektor eine Angleichung der nationalen Rechtsvorschriften bezwecken, zunehmende Bedeutung zu.

(1) Technische Harmonisierung

Im Verkehrssektor müssen angesichts der hochgradigen Technisierung der modernen Verkehrsmittel die technischen Normen einander angeglichen werden, denn unterschiedliche Produktstandards in den Mitgliedstaaten stellen regelmäßig nicht-tarifäre Handelshemmnisse dar, die mit Blick auf die im Rahmen der Art. 28 ff. EGV platzgreifende Berücksichtigung zwingender Gemeinwohlinteressen nicht in jedem Fall als gemeinschaftswidrig erscheinen [406]. Im Einzelnen gehören zu diesem Harmonisierungsbereich Normen für den Bau und den Betrieb von Nutzfahrzeugen sowie die wirtschaftlich besonders wichtigen Vorschriften über Maße, Gewichte und Achslasten, aber auch Kontroll- und Sanktionsvorschriften [407].
Regelungen, welche die technische Harmonisierung im Verkehrsbereich betreffen und ihren Hauptzweck in der Beseitigung von Handelshemmnissen aufweisen, sind in der Regel auf die allgemeine Binnenmarktharmonisierungsvorschrift des Art. 95 EGV zu stützen [408].

---

[403] Siehe beispielsweise die Entscheidung 65/271/EWG des Rates vom 13.5.1965 über die Harmonisierung bestimmter Vorschriften, die den Wettbewerb von Eisen-, Straßen- und Binnenschiffsverkehr beeinflussen, ABl. 1965 88/1500.

[404] Vgl. dazu die Ausführungen in Teil 1, Abschnitt B, I. 1.

[405] Vgl. zum Stand der gemeinschaftlichen Harmonisierungsmaßnahmen, *Epiney/Gruber*, Verkehrsrecht in der EU, S. 263 ff.

[406] *Epiney/Gruber*, Verkehrsrecht in der EU, S. 286.

[407] Dazu auch *Erdmenger* in: ZVerkWiss 59 (1988), S. 188 ff. [189 f.].

[408] Vgl. z.B. die noch auf Art. 94 EGV gestützte RL 70/156/EWG des Rates vom 6.2.1970 zur Angleichung der Rechtsvorschriften der Mitgliedstaaten über die Betriebserlaubnis für Kraftfahrzeuge und Kraftfahrzeuganhänger , ABl. 1970 Nr. L 42/1, zuletzt geändert durch RL 2000/40/EG, ABl. 2000 Nr. L 203/9, deren wesentlicher Zweck es nach dem ersten Erwägungsgrund der RL 70/156/EWG ist, den innergemeinschaftlichen Handel dadurch zu erleichtern, dass die bisher in den verschiedenen Mitgliedstaaten zu durchlaufenden Zulassungsverfahren durch ein europaweit einheitliches Verfahrenersetzt werden; siehe ferner die auf Art. 95 EGV beruhende RL 96/96/EG des Rates vom 20.12.1996 zur Angleichung der Rechtsvorschriften der Mitgliedstaaten über die technische Überwachung der Kraftfahrzeuge und Kraftfahrzeuganhänger, ABl. 1997 Nr. L 46/1, zuletzt geändert durch RL 2991/11/EG, ABl. 2001 Nr. L 48/20; siehe auch den auf Art. 95 EGV gestützten Vorschlag der Kommissi-

Die Befugnisgrundlagen im Verkehrstitel finden im Bereich der Binnenmarktrechtsangleichung allgemein nur selten Anwendung, denn es ist nicht ersichtlich, inwieweit - vor allem im Hinblick auf die Internationalität des Verkehrssektors [409] - verkehrspolitische Besonderheiten auftreten können, die nicht im Rahmen der allgemeinen Befugnisgrundlagen zur Verwirklichung des Gemeinsamen Marktes bzw. des Binnenmarktes (Art. 93 bis 95 EGV) berücksichtigt werden könnten. Erfordern verkehrspolitische Besonderheiten dennoch ein Weniger an Harmonisierung, so findet - soweit notwendig - entweder keine oder nur eine Rechtsangleichung mit lediglich eingeschränkter Wirkungstiefe statt. Etwas anderes gilt nur für den theoretisch schwer vorstellbaren und in der Rechtsetzungspraxis bislang selten aufgetretenen Fall, dass die sog. Besonderheiten des Verkehrs im Hinblick auf die Errichtung des Binnenmarktes einen Verzicht auf die in Art. 94 EGV und Art. 95 EGV enthaltenden Voraussetzungen erzwingen. In diesem Fall bleibt nur der Rückgriff auf Art. 71 Abs. 1 lit. a bzw. d EGV.

(2) Sozialharmonisierung

Den zweiten Komplex bei der Verwirklichung gleicher Startchancen bilden sozialpolitische Maßnahmen, die im Verkehrssektor die spezifischen Vorschriften über Arbeitsbedingungen, Zusammensetzung des Fahrpersonals, Lenk- und Ruhezeiten sowie Kontrollaufzeichnungen einander angleichen [410]. Unterschiedliche Regelungen bei den Sozialvorschriften, beispielsweise längere Lenkzeiten oder geringere Ruhezeiten als bei den europäischen Konkurrenten, führen ebenso zu Wettbewerbsverzerrungen wie die von Mitgliedstaat zu Mitgliedstaat unterschiedliche Kontrollintensität bei der Überwachung dieser Vorschriften [411]. Sozialpolitische Harmonisierungsvorschriften, die schwerpunktmäßig der Beseitigung von Wettbewerbsbeschränkungen dienen, sind - einschließlich der dazugehörigen Kontrollvorschriften -, soweit es sich um ***Richtlinien*** handelt, wegen Art. 95 Abs. 2 EGV regelmäßig auf die allgemeine Harmonisierungskompetenz des Art. 94 EGV zu stützen. Handelt es sich hingegen um ***Verordnungen*** oder ***Entscheidungen***, so sind die Art. 71 Abs. 1 lit. a bzw. d EGV (für

---

on vom 7.1.2002 für eine Richtlinie des Europäischen Parlaments und des Rates zur Angleichung der Rechtsvorschriften der Mitgliedstaaten für die Typengenehmigung von Rückspiegeln, von zusätzlichen Systemen für indirekte Sicht und von mit solchen Einrichtungen ausgestatteten Fahrzeugen sowie zur Anpassung der RL 70/156/EWG, KOM (2001) 811endg.

[409] Siehe hierzu die Bemerkungen in Teil 1, Abschnitt C, I. 3. a).

[410] Vgl. Art. 10 bis 13 der Harmonisierungsentscheidung 62/271/EWG des Rates vom 13.5.1965 über die Harmonisierung bestimmter Vorschriften, die den Wettbewerb von Eisenbahn-, Straßen- und Binnenschiffsverkehr beeinflussen, ABl. 1965 88/1500. Zur Harmonisierung der Sozialvorschriften vgl. ferner *Schmitt* in: EuZW 1993, S. 305 ff. [307]; *Erdmenger* in: ZVerkWiss 59 (1988), S. 188 ff. [193 f.] .

[411] Siehe dazu ausführlich *Zobel* in: güterverkehr 1990/8, S. 12 ff. [15 f.].

den Binnenverkehr) oder Art. 80 Abs. 2 EGV (für den Luft- und Seeverkehr) [412] ergänzend heranzuziehen [413], da der Wortlaut des Art. 94 EGV keine Befugnis zum Erlass von Verordnungen oder Entscheidungen enthält.

(3) Fiskalharmonisierung

Mitgliedstaatliche Abgaben auf den Verkehr vermögen in der Tendenz spürbare Auswirkungen auf das Funktionieren des Verkehrsbinnenmarktes zu entfalten, indem sie den innergemeinschaftlichen Wirtschaftsverkehr dadurch beeinträchtigen, dass sie die Wettbewerbsbedingungen der miteinander in Konkurrenz stehenden Unternehmen verzerren [414]. Die Harmonisierung der Verkehrsabgaben wird daher zu den zentralen Bereichen der gemeinsamen Verkehrspolitik gezählt [415]. Wettbewerbsverzerrungen im Bereich der Verkehrsabgaben werden insbesondere durch die unterschiedliche Höhe der Mineralölsteuer, der Fahrzeugsteuer und der Gebühren zur Nutzung der Verkehrsinfrastruktur in den einzelnen Mitgliedstaaten hervorgerufen. Im Folgenden sollen für diese drei Abgabenarten die einschlägigen Harmonisierungsbefugnisse im Gemeinschaftsrecht ermittelt werden.

Die Binnenmarktkompetenz des Art. 95 EGV ist wegen Absatz 2 des Art. 95 EGV auf steuerliche Bestimmungen nicht anwendbar, so dass als Ermächtigungsgrundlagen die Art. 93 EGV, Art. 94 EGV und Art. 71 Abs. 1 lit. a bzw. d EGV in Betracht kommen [416].

Art. 93 EGV ist die einzige Rechtsgrundlage, die speziell auf die Harmonisierung steuerlicher Vorschriften abzielt. Sie erlaubt die Angleichung „der Rechtsvorschriften über die Umsatzsteuern, die Verbrauchabgaben und sonstige indirekte Steuern". Dabei sind die Steuern i.S. des Art. 93 EGV zunächst von den (Benutzungs-)Gebühren abzugrenzen, die als streng gegenleistungsbezogene

---

[412] Vgl. nur die auf Art. 71 EGV gestützte VO 3820/85/EWG des Rates vom 20.12.1985 über die Harmonisierung bestimmter Sozialvorschriften im Straßenverkehr, ABl. 1985 Nr. L 370/1, sowie die auf Art. 71 EGV gestützte VO 3821/85/EWG des Rates vom 20.12.1985 über das Kontrollgerät im Straßenverkehr, ABl. 1985 Nr. L 370/8, zuletzt geändert durch VO 2135/98/EG, ABl. 1998 Nr. L 274/1.

[413] Vgl. dazu EuGH, Rs. 167/73 (Kommission/Rat), Slg. 1974, S. 359 ff. [370 Rdnr. 24/26], wonach die Vorschriften über die gemeinsame Verkehrspolitik dazu dienen, den in Art. 2 EGV und Art. 3 EGV genannten Zielen „Wirksamkeit zu verleihen und sie durch gemeinsame Aktionen auszufüllen". Die in Art. 2 EGV und Art. 3 EGV erwähnten Ziele umfassen auch die Harmonisierung der Sozialvorschriften im Bereich des Verkehrs, vgl. dazu ausdrücklich EuGH, Rs. 97/78 (Schumalla), Slg. 1978, S. 2311 ff. [2317 Rdnr. 3].

[414] Vgl. allgemein dazu *Zobel* in: güterverkehr 1990/8, S. 12 ff. [12-14].

[415] Zur Harmonisierung der Verkehrsabgaben auf Gemeinschaftsebene siehe auch *Frohnmeyer* in: Grabitz/Hilf, Das Recht der Europäischen Union, Bd. 1, Art. 70 Rdnr. 13; *Aberle* in: Basedow, Europäische Verkehrspolitik, S. 29 ff. [45]; *Schmitt* in: KSE 18 (1992), S. 1 ff. [13]; *Kunowski*, Ordnung des Wettbewerbs und Wirtschaftslenkung in der verkehrspolitischen Gesetzgebung, S. 372.

[416] Vgl. dazu auch die instruktiven Ausführungen bei *Hof*, Straßenverkehrsabgaben und Europarecht, S. 75 ff.;

Abgaben definiert werden [417]. Der Sammelbegriff der indirekten Steuern umfasst nach neuerem Verständnis die Abgaben auf die Verwendung des Einkommens und Vermögens [418]. Die sog. direkten Steuern, die als Abgaben auf Einkommen und Vermögen zu qualifizieren sind, werden hingegen von den der allgemeine Harmonisierungskompetenz des Art. 94 EGV erfasst [419].
Bei den sog. Verkehrsabgaben handelt es sich regelmäßig nicht um Gebühren, sondern um Steuern, denn die Steueraufkommen im Bereich des Verkehrs sind in den Mitgliedstaaten nur zum Teil zweckgebunden, und auch dieser Anteil wird wiederum nur zu einem Bruchteil den Investitionen im Verkehrsinfrastrukturbereich zugeführt [420]. Zur Frage der Abgrenzung von direkten oder indirekten Steuern ist festzuhalten, dass es sich bei der sog. Mineralölsteuer und der sog. Verkehrswegenutzungsgebühr um indirekte Steuern i.S. des Art. 93 EGV handelt [421]. Die Fahrzeugsteuer schließlich hat das Halten eines Fahrzeuges zum Gegenstand. Auch dies betrifft nicht das Einkommen oder Vermögen, sondern den Gegenstand, der mit den Mitteln des Einkommens oder Vermögens angeschafft wurde. Mithin ist auch diese Verkehrsabgabe als indirekte Steuer i.S. des Art. 93 EGV zu qualifizieren [422].
Die hier besprochenen verkehrsspezifischen Abgaben sind demzufolge sämtlich als indirekte Steuern zu qualifizieren. Daraus ergibt sich, dass zum Zwecke der Angleichung der Verkehrsabgaben ein Rückgriff auf die allgemeine Harmonisierungskompetenz des Art. 94 EGV nicht notwendig ist. Die Harmonisierung der Verkehrsabgaben fällt demnach zum jetzigen Zeitpunkt grundsätzlich unter die Anwendung des Art. 93 EGV [423].

b) Natur der Rechtsgrundlagen

Der in Art. 8a EWGV [424] erteilte Auftrag an die Gemeinschaft, den Binnenmarkt bis zum 31. Dezember 1992 schrittweise zu verwirklichen, spricht zunächst für

---

417 *Wasmeier*, Umweltabgaben und Europarecht, S. 39.

418 Siehe dazu die ausführliche Darstellung bei *Wasmeier* aaO. (Anm. 417), S. 39 ff. m.w.N.

419 *Schweitzer/Hummer*, Europarecht, Rdnr. 1427, 1447.

420 Vgl. dazu ausführlich *Hof* aaO. (Anm. 416), S.93.

421 Vgl. für die Mineralölsteuer und die Nutzungsgebühren im Straßenverkehr, *Hof* aaO. (Anm. 416), S. 94.

422 Für die Kfz-Steuern siehe auch *Oppermann*, Europarecht, Rdnr. 1182.

423 Unentschieden jedoch die Rechtsetzungspraxis, vgl. einerseits die auf Art. 93 EGV *und* Art. 71 EGV beruhende RL 99/62/EG des Europäischen Parlamentes und des Rates vom 17.6.1999 über die Erhebung von Gebühren für die Benutzung bestimmter Verkehrswege durch schwere Nutzfahrzeuge, ABl. 1999 Nr. L 187/42; andererseits die jeweils auf Art. 93 EGV gestützten RL 92/81/EWG des Rates vom 19.10.1992 zur Harmonisierung der Struktur der Verbrauchssteuern auf Mineralöle, ABl. 1992 Nr. L 316/12, zuletzt geändert durch RL 94/74/EG, ABl. 1994 Nr. L 365/46 und RL 92/106/EWG des Rates vom 19.10.1992 zur Annährung der Verbrauchssteuersätze für Mineralöle, ABl. 1992 Nr. L 316/9, geändert durch RL 94/74, ABl. 1994 Nr. L 365/46.

424 In der Fassung der Bek. vom 31.7.1987, BGBl. 1987 II, S. 451.

ein ausschließliches Handeln im Bereich der Binnenmarktverwirklichung [425]. Darüber hinaus könnte die Verwirklichung des Binnenmarktes möglicherweise nur durch ein Handeln auf Gemeinschaftsebene erreicht werden, da die von den Mitgliedstaaten in eigener Zuständigkeit getroffenen Regelungen sich möglicherweise als Hindernisse bei der Inanspruchnahme der vier Grundfreiheiten erweisen könnten.
Es stellt sich damit die Frage, ob sich die Vollendung des Binnenmarktes und die Verwirklichung des Subsidiaritätsprinzips miteinander in Einklang bringen lassen oder sich gegenseitig ausschließen. Bejaht man den ausschließlichen Charakter sämtlicher Binnenmarktkompetenzen, so wäre die Gemeinschaft für einen der zentralen Rechtsetzungsbereiche gemeinschaftlicher Verkehrspolitik letztendlich allein verantwortlich. Die Folge wäre, dass der Inhalt des Art. 5 Abs. 2 EGV für diesen zentralen Bereich gemeinschaftlicher Verkehrsrechtsetzung bedeutungslos bliebe.

aa) Binnenmarktkompetenzen: von vornherein exklusiv ?

(1) Rechtsprechung des EuGH

Ohne sich direkt mit dieser Problematik zu beschäftigen, hält der Gerichtshof in seinem Urteil betreffend die Richtlinie über Einlagesicherungssysteme (Rs. C-233/94) das Subsidiaritätsprinzip zumindest auf Art. 47 Abs. 2 EGV bzw. Art. 95 EGV gestützte Maßnahmen offensichtlich für anwendbar [426]. So erstreckt der EuGH in diesem Fall die Begründungspflicht nach Art. 253 EGV ausdrücklich auch auf die Voraussetzungen des Art. 5 Abs. 2 EGV [427], was für eine Anwendbarkeit des Subsidiaritätsprinzips auf die Binnenmarktkompetenzen spricht, denn in den Fällen, in denen die Gemeinschaft auf Grund einer ausschließlichen Zuständigkeit handelt, ist eine Begründung hinsichtlich dieses Prinzips nicht nur nicht erforderlich, sondern sie wäre auch sinnlos [428].
In seinem Urteil zur Klage der Niederlande auf Nichtigerklärung der Biopatentrichtlinie beschränkte sich der EuGH im Hinblick auf das Subsidiaritätsprinzip nicht nur auf die Begründungspflicht, sondern er untersuchte konkret, ob die Subsidiaritätskriterien des Art. 5 Abs. 2 EGV als solche von den rechtsetzenden

---

[425] Ebenso *Schmidhuber/Hitzler* in: EuZW 1993, S. 8 ff. [9].
[426] Zum gleichen Einschätzung gelangen auch *Roth* in: CML Rev. 35 (1998), S. 459 ff. [467 f.]; *Calliess*, Subsidiaritäts- und Solidaritätsprinzip in der Europäischen Union, S. 83 f.; *Schima* in: ÖJZ 1997, S. 761 ff. [769].
[427] Vgl. dazu EuGH, Rs. C-233/94 (Deutschland/Parlament u. Rat), Slg. 1997, S. I-2405 ff. [2453 Rdnr. 28] : „Aus diesen Erwägungen geht hervor, dass das Parlament und der Rat jedenfalls die Gründe für ihre Ansicht erläutert haben, dass ihr Handeln mit dem Subsidiaritätsprinzip im Einklang stehe, so dass sie der in Artikel 190 des Vertrages verankerten Begründungspflicht genügt haben. Eine ausdrückliche Erwähnung dieses Prinzips ist insoweit nicht zu verlangen."
[428] *Schima* aaO. (Anm. 426), S. 769.

Gemeinschaftsorganen gewahrt wurden [429]. Der Gerichtshof prüfte in diesem Verfahren ausdrücklich die Vereinbarkeit der aufgrund des Art. 95 EGV erlassenen Richtlinie mit den Subsidiaritätskriterien des Art. 5 Abs. 2 EGV [430]. Dadurch hat der EuGH implizit bestätigt, dass die Binnenmarktkompetenzen nicht zu den ausschließlichen Gemeinschaftskompetenzen zu zählen sind [431].
Bestätigt hat der EuGH diese Rechtsprechung zuletzt in der Rs. C-491/01 [432], wo er in einem Vorabentscheidungsverfahren u.a. die Vereinbarkeit der RL 2001/37/EG mit dem Subsidiaritätsprinzip prüfte. Der Gerichtshof stellte dazu ausdrücklich fest, dass Art. 95 EGV der Europäischen Gemeinschaft keine ausschließliche Zuständigkeit verleiht; Art. 95 EGV schaffe nur die Zuständigkeit für die *Verbesserung* [433] der Bedingungen für die Errichtung und das Funktionieren des Binnenmarktes [434].

(2) Die Auffassung des Generalanwalts Fennelly im sog. „Tabak-Urteil"

Gegenstand der in diesem Verfahren erhobenen Nichtigkeitsklage Deutschlands gegen Rat und Parlament war die Frage, ob die Tabakwerbeverbot-Richtlinie 98/43/EG [435] auf Art. 55 EGV i.V. mit Art. 47 Abs. 2 EGV und Art. 95 EGV zu stützen war. Deutschland hatte hier u.a. als Nichtigkeitsgrund geltend gemacht, dass die umstrittene Richtlinie gegen das Subsidiaritätsprinzip verstoße [436].
Der EuGH selbst hat sich zu dieser Frage nicht geäußert [437], da er bereits die in Bertacht kommende Kompetenzgrundlage für unanwendbar hielt [438].
Anders als der Gerichtshof stellte der Generalanwalt in seinen Schlussanträgen ausführliche Überlegungen zur Anwendung des Subsidiaritätsprinzips an [439].

---

[429] EuGH, Rs. C-377/98 (Niederlande/Parlament u. Rat), Slg. 2001, S. I-7079 ff.; siehe dazu *Callies* in: Calliess/Ruffert, Kommentar zum EU-/EG-Vertrag, Art. 5 Rdnr. 20; *Colneric* in: EuZW 2002, S. 709 ff. [713].
[430] EuGH aaO. (Anm. 429), Rdnr. 30 ff.
[431] Unklar allerdings Generalanwalt *Jacobs*, der einerseits die Auffassung vertritt, dass die Harmonisierungskompetenz des Art. 95 EGV ausschließlicher Natur sei und andererseits die Voraussetzungen des Subsidiaritätsprinzips zumindest kurz anprüft, vgl. die Schlussanträge des Generalanwalts *Jacobs* zu Rs. C-377/98, aaO. (Anm. 429), Rdnr. 81 ff.
[432] EuGH, Rs. C-491/01, Slg. 2002, S. I-11453 ff.
[433] Hervorhebung durch den Verfasser.
[434] EuGH aaO. (Anm. 432), Rdnr. 179.
[435] ABl. EG 1998 Nr. L 213/9.
[436] Vgl. die Klageschrift vom 19.10.1998 in der Rs. C-376/98 (Deutschland/Rat u. Parlament), Abl. 1998 Nr. C 378/12.
[437] So ebenfalls gesehen von *Stein* in: EWS 2001, S. 12 ff. [16]; *Calliess* in: Jura 2001, S. 311 ff. [316 f.]; *Stiess/Hellert* in: ZUM 2000, S. 1038 ff. [1044]; *Götz* in: JZ 2001, S. 34 ff. [36]; a.A. *Brenner/Huber* in: DVBl. 2001, S. 1013 ff. [1014], die ohne nähere Begründung und offenbar unter Verwechslung mit dem Prinzip der begrenzten Ermächtigung, die Auffassung vertreten, dass der EuGH nunmehr entschieden habe, dass die EG keine allgemeine und ausschließliche Zuständigkeit für die Regelung des Binnenmarktes besitzen würde.
[438] EuGH, Rs. C-376/98 (Deutschland/Rat u. Parlament), Slg. 2000, S. I-8419 ff. [8525 ff. Rdnr. 90 ff.].

Dabei kommt Generalanwalt *Fennelly* am Ende seiner Ausführungen zum Subsidiaritätsprinzip zu dem Ergebnis, dass die Harmonisierungskompetenz der Gemeinschaft nach Art. 95 EGV und Art. 55 EGV i.V. mit Art. 47 Abs. 2 EGV „ihrem Wesen nach ausschließlich ist und das Subsidiaritätsprinzip keine Anwendung findet" [440]. Der Generalanwalt begründet dies damit, dass die Mitgliedstaaten ihre Rechts- und Verwaltungsvorschriften nicht gegenseitig in Gebieten harmonisieren können, die in den Anwendungsbereich des EG-Vertrages fielen. Einseitiges Vorgehen sei hier ausgeschlossen; ein mögliches kollektives Vorgehen der Mitgliedstaaten - beispielsweise durch völkerrechtlichen Vertrag - sei insbesondere wegen Art. 10 EGV ausgeschlossen. Dabei beruft sich der Generalanwalt auf das Urteil in der Rs. C-84/94 („Arbeitszeit") [441], wo der Gerichtshof ausgeführt habe [442], dass sobald eine Harmonisierung der Bedingungen nach Art. 137 EGV erforderlich sei, dies unvermeidlich ein gemeinschaftliches Vorgehen voraussetze.
Offenkundig könne, so *Fennelly*, nur die Gemeinschaft Maßnahmen ergreifen, die den Zwecken des Binnenmarktes dienen. Die Mitgliedstaaten könnten zwar versuchen, einige Wirkungen unterschiedlichen Rechts zu beseitigen, in dem sie etwa Bestimmungen über die gegenseitige Anerkennung erlassen, aber sie wären selbst nicht in der Lage, eine Einigkeit auf dem fraglichen Gebiet herstellen. Dass die Mitgliedstaaten in einem gegenständlichen Bereich zuständig sind, der von den Binnenmarktmaßnahmen berührt werden kann, habe nicht zur Folge, dass die Binnenmarktzuständigkeiten der Gemeinschaft konkurrierend wären [443]. Aus diesen Aussagen lässt sich der Schluss ziehen, dass Generalanwalt *Fennelly* nicht nur Art. 95 EGV und Art. 55 EGV i.V. mit Art. 47 Abs. 2 EGV, sondern sämtliche Ermächtigungsgrundlagen des Vertrages zu den ausschließlichen Zuständigkeiten der Gemeinschaft zählt, die die Verwirklichung des Binnenmarktes zum Ziel haben [444].

(3) Die Auffassung der Kommission

Für eine ausschließliche Zuständigkeit kommt es nach Auffassung der Europäischen Kommission [445] zunächst darauf an, dass der EG-Vertrag eine besonders zwingend formulierte, klare Verpflichtung für die Gemeinschaft enthält, tätig zu werden, um ein bestimmtes Ergebnis zu erreichen („funktionelles Element").

---

[439] Schlussanträge des Generalanwalts *Fennelly* in der Rs. C-376/98 (Deutschland/Rat u. Parlament), Slg. 2000 S. I- 8419 ff. [8479 ff. Rdnr. 131 ff.].
[440] Schlussanträge des Generalanwalts *Fennelly* aaO. (Anm. 439), S. I-8483 Rdnr. 142.
[441] Schlussanträge des Generalanwalts *Fennelly* aaO. (Anm. 439), S. I-8481 f. Rdnr. 136, 138 f.
[442] EuGH, Rs. C-84/94 (Vereinigtes Königreich/Rat), Slg. 1996, S. I-5755 ff. [5808 Rdnr. 47].
[443] Schlussanträge des Generalanwalts *Fennelly* aaO. (Anm. 439), S. I-8483 Rdnr. 140.
[444] Vgl. auch *Stiess/Hellert* aaO. (Anm. 437), S. 1044; *Götz* aaO. (Anm. 437), S. 36.
[445] Kommission der EG, Das Subsidiaritätsprinzip, Mitteilung an den Rat und das Europäische Parlament vom 27. 10. 1992, Dok. SEK (92) 1990endg., Anhang, Ziff. II 1, 2 und 3, abgedruckt in: Merten, Die Subsidiarität Europas, Berlin 1993, Anhang 2, S. 112 ff. [119 ff.]

Ferner dürften die Mitgliedstaaten nicht das Recht haben, in diesem Bereich einseitig tätig zu werden („materielles Element").
Da im gegenwärtigen Stadium des gemeinschaftlichen Aufbauwerks aus diesen beiden Kriterien allein noch keine ausschließliche Zuständigkeit abgeleitet werden könne, bemüht die Kommission ein historisches Argument, mit dem sie auf die ursprüngliche Verpflichtung der Gemeinschaft zur Realisierung des Gemeinsamen Marktes als ausschließliche Kompetenz zurückgreift.
Die Gemeinschaft sei daher für die Errichtung des Binnenmarktes mittels Beseitigung der Hindernisse für den freien Verkehr von Waren, Personen, Dienstleistungen und Kapital ausschließlich zuständig [446], woraus die Kommission, ohne auf den Wortlaut und Wortsinn der einzelnen hierfür in Betracht kommenden Kompetenzgrundlagen näher einzugehen, schließlich folgert, dass das Subsidiaritätsprinzip für die Verwirklichung der Grundfreiheiten nicht gelte. Für diesen Bereich müssten die Erforderlichkeit und die Zweckmäßigkeit des Tätigwerden der Gemeinschaft hinsichtlich der Handlungsebene letztendlich nicht nachgewiesen werden.
Von der Verwirklichung der vier Grundfreiheiten unterscheidet die Kommission jedoch das harmonische Funktionieren des Binnenmarktes. Für diese sog. flankierenden Maßnahmen im Bereich der Binnenmarktharmonisierung ergebe sich gegenwärtig noch keine ausschließliche Zuständigkeit der Gemeinschaft [447].
Anders als für die übrigen Wirtschaftssektoren soll sich die ausschließlichen Zuständigkeit nach Auffassung der Kommission im Bereich des Verkehrs jedoch offensichtlich auch auf das harmonische Funktionieren des Binnenmarktes erstrecken [448]. So zählt die Kommission „namentlich die Vollendung und das Funktionieren des Binnenmarktes für Verkehrsdienstleistungen" zu den Bereichen, die der ausschließlichen Zuständigkeit der Gemeinschaft vorbehalten sind [449], womit die Gemeinschaft im Bereich des Verkehrs auch für die Beseitigung von Wettbewerbsverzerrungen ausschließlich zuständig wäre [450].
Für die Rechtsetzung im Bereich der gemeinsamen Verkehrspolitik zieht die Kommission aus diesen Feststellungen die Schlussfolgerung, dass „wesentliche Elemente der Verkehrspolitik" unter die ausschließlichen Zuständigkeit der Ge-

---

[446] Kommission der EG aaO. (Anm. 445); ebenso *dies.*, Bericht an den Europäischen Rat über die Anpassung der geltenden Rechtsvorschriften an das Subsidiaritätsprinzip vom 24.11.1993, Dok. KOM (93) 545endg., S. 2 f. unten; erneut *dies.*, Bericht an den Europäischen Rat über die Anwendung des Subsidiaritätsprinzips im Jahre 1994 vom 25. 11. 1994, Dok. KOM (94) 533endg., S. 4.
[447] Kommission der EG aaO. (Anm. 445), Anhang, Ziff. II 2 b; vgl. zuletzt auch die Stellungnahme in der Rs. C- 491/01, in der die Kommission unter Berufung auf das Urteil des EuGH in der Rs. C-377/98 die zentrale Binnenmarktkompetenz als nicht-ausschließliche Zuständigkeit einstuft, Slg. 2002, S. I-11453, Rdnr. 176.
[448] Vgl. dazu *Schwartz* in: AfP 1993, S. 409 ff. [413].
[449] Kommission der EG; Mitteilung über die künftige Entwicklung der gemeinsamen Verkehrspolitik vom 02.12.1992, Globalkonzept einer Gemeinschaftsstrategie für eine auf Dauer tragbare Mobilität, Dok. KOM (92) 494endg., S. 23 Rdnr. 43.
[450] Vgl. dazu nochmals *Schwartz* aaO. (Anm. 448), S. 413.

meinschaft fallen und damit dem Subsidiaritätsprinzip entzogen werden [451]. Zu diesen „wesentlichen Elementen" zählt die Kommission auch die sog. „Verkehrsbeziehungen mit Drittländern" [452].

(4) Das Meinungsbild in der Literatur

In der Literatur zeichnet sich kein einheitliches Bild hinsichtlich der Frage ab, ob die Rechtsetzung zur Verwirklichung des Binnenmarktes einen der Gemeinschaft vorbehaltenen Bereich bildet.
Von einem Teil der Literatur werden die Bereiche der ausschließlichen Zuständigkeit um den Begriff des Binnenmarktes nach Art. 14 EGV gruppiert [453]. Es sei nicht erkennbar, dass die Definitionszuständigkeit für Maß und Grad der in der Gemeinschaft rechtspolitisch verbindlich angestrebten Marktintegration im Rahmen des Binnenmarktziels den Mitgliedstaaten zugewiesen sein könne. Sie könne vielmehr kraft Natur der Sache des „Gemeinsamen" Marktes sinnvoll nur bei den zur Rechtspolitik zuständigen Organen der Gemeinschaft selbst liegen [454].
Daraus wird teilweise gefolgert, dass eine unterschiedliche Behandlung der grundfreiheitlichen und der wettbewerblichen Elemente des Binnenmarktes, wie sie die Kommission vornimmt, insoweit künstlich sei [455]. Denn bejahte man gleichwohl für die Wettbewerbsverfälschungen im Gegensatz zur Verwirklichung der Grundfreiheiten allein eine konkurrierende Zuständigkeit der Gemeinschaft, wären die rechtsbedingten Verfälschungen des Wettbewerbs primär durch die Mitgliedstaaten zu beseitigen, und zwar im Wege „spontaner Parallelgesetzgebung". Für den Bereich des Verkehrs wird - ohne wiederum auf den

---

[451] Kommission der EG aaO. (Anm. 445), Anhang, Ziff. II 2 a, Spstr. 6.

[452] Kommission der EG, Mitteilung über die künftige Entwicklung der gemeinsamen Verkehrspolitik vom 2. 12. 1992, Globalkonzept einer Gemeinschaftsstrategie für eine auf Dauer tragbare Mobilität, Dok. KOM (92) 494endg., S. 23 Rdnr. 43, näher zum Außenaspekt S. 98 f. Rdnr. 305 ff.

[453] Eine ausschließliche Zuständigkeit der Gemeinschaft für den Binnenmarkt bejahen u.a. *Schwartz* in: AfP 1993, S. 409 ff. [413 ff.]; *ders.* in: Due/Lutter/Schwarze, Festschrift für Ulrich Everling, Bd. 2, S. 1331 ff. [1349 ff.]; *Müller-Graff* in: ZHR 159 (1995), S. 34 ff. [66 ff.]; *Pipkorn* in: EuZW 1992, S. 697 ff. [699]; *Pescatore* in: Due/Lutter/Schwarze, Festschrift für Everling, Bd. 2, S. 1071 ff. [1084]; *Gilsdorf* in: Randelshofer/Scholz/Wilke, Gedächtnisschrift für Eberhard Grabitz, S. 77 ff. [85 f.]; *Emiliou* in: Fédération Internationale pour le Droit Européenne, XVI. Kongress, S. 113 ff. [157]; *Languth* in: Lenz, Kommentar zum EG-Vertrag, Art. 5 Rdnr. 19; *Durand* in: Commentaire Megret, Le droit de la CEE, Bd. 1, Préambule. Principes. Libre circulation des marchandises, Teil 2, S. 431 f. Rdnr. 134; *Micklitz/Reich* in: EuZW 1992, S. 593 ff. [594]; *Eilmansberger* in: WBl. 1994, S. 1 ff. [9].

[454] Vgl. dazu im einzelnen *Müller-Graff* aaO. (Anm. 453), S. 69; auch *Eilmansberger* aaO. (Anm. 439), S. 9.

[455] Dazu *Schwartz* aaO. (Anm. 453), S. 414 f. mit ausführlicher Analyse; ferner *Müller-Graff* aaO. (Anm. 453), S. 69 f.; ferner *Toth* in: CML Rev. 29 (1992), S. 1079 ff. [1094 f.], der überdies noch alle mit Querschnittsklauseln versehenen Gemeinschaftspolitiken dem exklusiven Bereich zuordnet.

Wortlaut und Wortsinn der einzelnen in Betracht kommenden Ermächtigungsgrundlagen einzugehen - daraus die Schlussfolgerung gezogen, dass die ausschließliche Zuständigkeit insoweit gegeben sei, als sie der Verwirklichung der wesentlichen Ziele zur Errichtung des Binnenmarktes i.S. des Art. 14 EGV dienten [456]. Das gelte nicht nur für alle Maßnahmen zur Herstellung der Dienstleistungsfreiheit, sondern aus der „Natur der Sache" auch für alle gemeinsamen Regeln, die die Dienstleistungsfreiheit stützten. Dazu gehörten u.a. die Regeln über den Zugang zum Beruf bzw. die Unternehmenszulassung, für gemeinsame Preisvorschriften und für Mindest- bzw. Höchststandards im Rahmen der Harmonisierung der Wettbewerbsbedingungen [457]. *Schwartz* folgert daraus, dass neben den Art. 47 Abs. 2 EGV, Art. 93 EGV und Art. 95 EGV auch der Art. 80 EGV ausschließlicher Natur sein müsse [458].
Demgegenüber wird die Auffassung vertreten, dass „sämtliche Harmonisierungsbereiche" [459] zu den konkurrierenden Gemeinschaftszuständigkeiten zu zählen sind. Diese Meinung wird damit begründet, dass zwar die grundlegenden Anforderungen zum Schutz des Allgemeinwohls durch Gemeinschaftsrecht festgelegt werden sollten, während im Übrigen jedoch die einzelstaatlichen Regelungen und Normen gegenseitig anerkannt werden könnten, soweit sie dieselben Zielsetzungen verfolgen und inhaltlich vergleichbar seien. Damit werde deutlich, dass auch die Rechtsangleichung im Bereich des Binnenmarktes nicht notwendigerweise gleichzusetzen ist mit einer Totalharmonisierung auf Gemeinschaftsebene. Dadurch seien die erforderlichen Spielräume für die Anwendung des Subsidiaritätsprinzips auch bei der Verwirklichung des Binnenmarktes eröffnet [460]. Schließlich sei zu berücksichtigen, dass grundsätzlich die Möglichkeit bestehe, dass die Mitgliedstaaten - jeder für sich - Regelungen treffen könnten, die sich nur unwesentlich unterscheiden, so dass sich im Anschluss die Frage stellt, ob überhaupt noch eine Gemeinschaftsmaßnahme erforderlich ist, die die Ziele besser erreichen könne [461].

(5) Stellungnahme

Zunächst ist zu bemerken, dass die Berufung des Generalanwalts *Fennelly* auf die Rs. C-84/94 als Begründung für eine ausschließliche Natur der Binnenmarktkompetenzen nicht trägt. Denn in dieser Rechtssache brachte der EuGH

---

[456] Vgl. *Erdmenger* in: von der Groeben/Thiesing/Ehlermann, Kommentar zum EU-/EG-Vertrag, Bd. 1, Art. 75 Rdnr. 52.
[457] Darüber hinausgehend, *Durand* aaO. (Anm. 453), S. 432 Rdnr. 134, der die gesamte Rechtsetzung im Rahmen der gemeinsamen Verkehrspolitik wegen ihrer Binnenmarktrelevanz zur ausschließlichen Zuständigkeit der Gemeinschaft rechnet.
[458] *Schwartz* aaO. (Anm. 453), S. 1331 ff. [1338 Fn. 20].
[459] *Ress* in: DÖV 1992, S. 944 ff. [948]; *van Borries* in: EuR 1994, S. 274 ff. [275]; mit Bezug auf den „Binnenmarkt" ebenso *Schmidhuber/Hitzler* in: EuZW 1992, S. 8 ff.; *Jarass* in: EuGRZ 1994, S. 209 ff. [211].
[460] *Schmidhuber/Hitzler* aaO. (Anm. 459), S. 9 f.
[461] Vgl. dazu *van Borries* aaO. (Anm. 459), S. 275.

das zitierte Argument im Zusammenhang mit einer unstreitig konkurrierenden Zuständigkeit (Art. 137 EGV) [462] und somit im Rahmen einer solchermaßen eröffneten Prüfung der Vorgaben des Art. 5 Abs. 2 EGV [463].
Die Auffassung des Generalanwalts sowie auch der Kommission und von Teilen der Literatur, sämtliche Kompetenzen, die die Vollendung des Binnenmarktes zum Ziel haben, der ausschließlichen Zuständigkeit der Gemeinschaft zu unterwerfen, überzeugt auch aus anderen Gründen nicht: So birgt diese These vor allem die Gefahr der Ungenauigkeit und der Beliebigkeit der Bestimmung von ausschließlichen Kompetenzen in sich. Würde man nämlich die Kompetenzen für den Binnenmarkt der ausschließlichen Gesetzgebung zuordnen, wäre der Bereich der ausschließlichen Kompetenz erheblich weiter als etwa die ausschließliche Kompetenz des Bundes in Deutschland [464]. Die Gemeinschaft besäße nämlich ausschließliche Rechtsetzungskompetenzen in fast allen Sachmaterien, denn ein Großteil der Regelungsmaterien lässt sich entweder unter die Marktfreiheiten oder unter die Verzerrung des Wettbewerbs subsumieren [465], sofern nur die betreffenden Regelungen irgendwelche Folgewirkungen für den Gemeinsamen Markt besitzen [466]. Die Folge davon wäre, dass die Anforderungen des Art. 5 Abs. 2 EGV im Wesentlichen leerliefen. Dagegen lässt sich aber anführen, dass gerade die Ausübung der Binnenmarktkompetenzen den entscheidenden politischen Anstoß zur ausdrücklichen Verankerung des Subsidiaritätsprinzips im EG-Vertrag gegeben haben dürfte [467]. Daraus folgt, dass die ausschließliche Gemeinschaftsgesetzgebung eine aus dem Gegenstand heraus begründete Ausnahme bleiben muss [468].
Insofern ist die von der Kommission aufgrund des Binnenmarktziels vorgenommene Bestimmung einer ausschließlichen Zuständigkeit mittels „wesentlicher Elemente der Verkehrspolitik" abzulehnen, da wegen dieses unklaren Kriteriums der Anwendungsbereich des Subsidiaritätsprinzips in diesem Bereich weitgehend eingeschränkt wäre [469].
Gegen eine ausschließliche Binnenmarktzuständigkeit der Gemeinschaft spricht ferner, dass den Mitgliedstaaten in diesem Fall die Errichtung wie auch der ei-

---

462 Generalanwalt *Fennelly* aaO. (Anm. 452), S. I-8483 Rdnr. 139 selbst stellt dazu fest: „In der Rechtsache Arbeitszeit war der Gerichtshof mit einem Gebiet konkurrierender Zuständigkeit befaßt und hatte daher den Ausdruck ausschließliche Zuständigkeit nicht auszulegen".
463 So *Calliess* in: Jura 2001, S. 311 ff. [317].
464 So *Jarass* in: EuGRZ 1994, S. 209 ff. [210] im Falle einer ausschließlichen Zuständigkeit der Gemeinschaft im Rahmen der Rechtsangleichungskompetenz des Art. 95 EGV.
465 *Hailbronner* in: Hailbronner, Europa der Zukunft – Zentrale und dezentrale Lösungsansätze, S. 49 ff. [58].
466 So *von Borries* in: EuR 1994, S. 263 ff. [275]; *Calliess* aaO. (Anm. 462), S. 83 .
467 Vgl. dazu *Steindorff*, Grenzen der EG-Kompetenzen, S. 61; ebenso *Roth* aaO. (Anm. 460), S. 468; *Götz* in: JZ 2001, S. 34 ff. [36].
468 Vgl. auch *Lecheler*, Das Subsidiaritätsprinzip, S. 104, 106.
469 Nach *von Bogdandy/Nettesheim*, Grabitz/Hilf, Das Recht der Europäischen Union, Altband 1, Art. 3b Rdnr. 29 ist der Begriff der Wesentlichkeit derart problematisch, dass er bei der Konkretisierung von Rechtsbegriffen möglichst zu vermeiden ist.

genständige Abbau jeglicher Grenzhindernisse grundsätzlich untersagt wäre. Zwar ist es richtig, dass nur die Gemeinschaft harmonisieren kann, weil die Mitgliedstaaten mit Blick auf die territoriale Begrenztheit ihrer Regelungshoheit keine Harmonisierungskompetenz haben, die auch die Rechtsordnungen anderer Mitgliedstaaten erfassen könnte. Diese Sichtweise widerspricht jedoch den ausdrücklichen Regelungen der Art. 30 EGV, Art. 39 Abs. 3 EGV und Art. 46 EGV, wonach den Mitgliedstaaten im jeweils geregelten Bereich die Zuständigkeit zum Erlass von Schranken verblieben ist und die Gemeinschaft insoweit auf Rechtsangleichung verwiesen wird [470]. Demzufolge muss bei der Bestimmung der ausschließlichen Zuständigkeiten auf die Regelungsmaterien und nicht auf das Regelungsergebnis abgestellt werden [471]. Andernfalls gäbe es auch keine von Staat zu Staat unterschiedlichen Regelungen und damit auch keinen Harmonisierungsbedarf [472]. Wenn darüber hinaus der Begriff der ausschließlichen Zuständigkeit sogar über die Beseitigung von Grenzhindernissen auf die Wettbewerbsgleichheit im Binnenmarkt ausgedehnt wird, lägen angesichts des weiten Binnenmarktbegriffs sämtliche mitgliedstaatliche Regelungen, die sich auf Wettbewerbsverhältnisse auswirken, im Bereich der ausschließlichen Befugnis der Gemeinschaft und bedürften einer Ermächtigung [473].

Schlussendlich entspricht es dem Wesen der Rechtsangleichung, keine abschließende und vollständige Uniformität anzustreben, sondern allenfalls die rechtlich bedeutensten Hindernisse durch eine Annährung der nationalen Rechtsordnungen abzubauen [474]. So enthält Art. 95 EGV, die in der Praxis wichtigste Rechtsgrundlage für die Verwirklichung des Binnenmarktes, in Absatz 4 eine Ausnahmeregelung, die zum Schutz der dort genannten Rechtsgüter eine Durchbrechung des „perfekten" Binnenmarktes zulässt [475].

Infolgedessen kann nicht jede EG-Binnenmarktkompetenz als ausschließliche Zuständigkeit der Gemeinschaft ausgewiesen werden. Deshalb kann man es in der Tat nur begrüßen, dass der EuGH die Aussagen des Generalanwalts *Fennelly* zum Subsidiaritätsprinzip nicht bestätigt hat [476].

---

[470] *von Bogdandy/Nettesheim* aaO. (Anm. 469), Art. 3b Rdnr. 29; *Schima* in: ÖJZ 1997, S. 761 ff. [763]; ferner *Lenaerts/van Ypersele* in: CDE 1994, S. 3 ff. unter Berufung auf das Cassis de Dijon-Urteil, EuGH, Rs. 120/78 (Rewe-Zentrale-AG), Slg. 1979, S. 649 ff. [662 Rdnr. 8], wo der Gerichthof ausgeführt hat, dass in „Ermangelung einer gemeinschaftlichen Regelung der Herstellung und Vermarktung von Weingeist ... ist es Sache der Mitgliedstaaten, alle die Herstellung und Vermarktung von Weingeist und alkoholischen Getränken betreffenden Vorschriften zu erlassen."

[471] *Calliess* aaO. (Anm. 462), S. 317.

[472] *Stein* in: EWS 2001, S. 12 ff. [16].

[473] *von Bogdandy/Nettesheim* aaO. (Anm. 469), Art. 3b Rdnr. 29.

[474] Vgl. auch EuGH, Rs. C-376/98 (Deutschland/Rat u. Parlament), Slg. I-8419 ff. [Rdnr. 83 - 89]

[475] Dazu *Schmidhuber/Hitzler* in: EuZW 1993, S. 8 ff. [9]; so auch *Kahl* in: Calliess/Ruffert, Kommentar zum EU-/EGV, Art. 95 Rdnr. 7.

[476] Siehe dazu die Ausführungen in Teil 2, Abschnitt D, I. 1. b) aa) (1).

Allerdings vermag auch die Ansicht nicht zu überzeugen, die pauschal alle Kompetenzen dem Subsidiaritätsprinzip unterstellt, sofern sie der Verwirklichung des Binnenmarktziels dienen. Sinn und Zweck des Subsidiaritätsprinzips besteht gerade darin, die Gemeinschaftskompetenzen nach möglichst objektiven Kriterien zu bestimmen. Dem widerspricht der Ansatz dieser Auffassung insofern, als er die Frage nach dem Anwendungsbereich des Art. 5 Abs. 2 EGV über eine weite und flexible Definition der konkurrierenden Zuständigkeiten an die Gemeinschaftsorgane verweist. Die Frage der Ausschließlichkeit einer Gemeinschaftskompetenz ist allein anhand vom Wortlaut sowie Sinn und Zweck der jeweiligen Kompetenzvorschrift zu ermitteln [477]. Es muss aus der Kompetenzvorschrift selbst hervorgehen, dass entsprechende Kompetenzen der Mitgliedstaaten ausgeschlossen sein sollen. Das Binnenmarktziel allein ist daher nicht in der Lage, sämtliche Binnenmarktkompetenzen entweder als konkurrierende oder als ausschließliche Gemeinschaftszuständigkeiten zu klassifizieren.

bb) Die einzelnen Rechtsgrundlagen zur Verwirklichung des Verkehrsbinnenmarktes: Exklusiv oder konkurrierend ?

Eine ausschließliche Gemeinschaftskompetenz, die die Anwendung des Subsidiaritätsprinzips ausschließt, liegt nach dem oben Gesagten also nur dann vor, wenn aus der Ermächtigungsgrundlage selbst eindeutig hervorgeht, dass die Mitgliedstaaten unabhängig vom konkreten Tätigwerden der Gemeinschaft nicht handlungsbefugt sind [478].
Demzufolge sind die einzelnen EG-Kompetenzen für den Verkehrsbinnenmarkt jeweils getrennt dahingehend zu untersuchen, ob entsprechende mitgliedstaatliche Kompetenzen ausgeschlossen sein sollen.

(1) Natur der Rechtsgrundlagen zur Verwirklichung der Verkehrsdienstleistungsfreiheit

(a) Art. 71 Abs. 1 lit. a u. b EGV

Für eine ausschließliche Zuständigkeit der Gemeinschaft im Rechtsetzungsbereich der Art. 71 Abs. 1 lit. a und b EGV spricht zunächst, dass die in ex-Art. 75 Abs. 2 EWGV [479] angesprochene Übergangsfrist seit mehr als drei Jahrzehnten abgelaufen ist [480]. Danach sollten die Vorschriften für den grenzüberschreiten-

---

[477] Der EuGH hat die ausschließliche Zuständigkeit ebenfalls unter Rückgriff auf Wortlaut und Wortsinn ermittelt, vgl. dazu die Ausführungen in Teil 2, Abschnitt B, II. 1.
[478] So u.a. *Stein* in: EWS 2001, S. 12 ff. [16]; *Bribosia* in: RMCUE 1992, S. 165 ff. [174]; *Calliess*, Subsidiaritäts- und Solidaritätsprinzip in der Europäischen Union, S. 86.
[479] In der Fassung der Bek. vom 27.12.1957, BGBl. 1958 II, S. 1.
[480] So ausdrücklich *Pechstein*, Die Mitgliedstaaten der EG als „Sachwalter des gemeinsamen Interesses“: Gesetzgebungsnotstand im Gemeinschaftsrecht, S. 81; siehe ferner *Schweitzer* in: Kremer, Die Landesparlamente im Spannungsfeld zwischen europäischer Integration und

den Verkehr zwischen den Mitgliedstaaten und für die Zulassung nicht ansässiger Unternehmer zur Kabotage im Laufe der zwölfjährigen Übgangszeit bis zum 31. Dezember 1969 erlassen werden. Für eine ausschließliche Kompetenz spricht nach einer Auffassung in der Literatur darüber hinaus, dass Art. 71 Abs. 1 lit. a und b EGV für einen eng umgrenzten Bereich [481] eine gemeinschaftliche Regelungskompetenz vorsehen. Daraus müsse die Schlussfolgerung gezogen werden, dass die Gemeinschaft für diesen konkret beschriebenen Bereich allein zuständig ist [482].

Dagegen kann jedoch Folgendes eingewandt werden: Nach Art. 72 EGV darf ein Mitgliedstaat bis zum Erlass gemeinschaftlicher Regelungen i.S. von Art. 71 EGV „ ... die verschiedenen, bei Inkrafttreten des Vertrages auf diesem Gebiet geltenden Vorschriften in ihrem unmittelbaren oder mittelbaren Auswirkungen auf die Verkehrsunternehmer anderer Mitgliedstaaten im Vergleich zu den inländischen Verkehrsunternehmen nicht ungünstiger gestalten...“. Neue Vorschriften sind nach Art. 72 EGV also nur dann verboten, wenn sie die Lage der Verkehrsunternehmen aus anderen Mitgliedstaaten im Vergleich zu den inländischen Verkehrsunternehmen unmittelbar oder mittelbar ungünstiger gestalten [483]. Daraus ergibt sich, dass Art. 72 EGV zwar als „Stillhalteklausel“ bezeichnet werden kann [484]; es steht jedoch fest, dass er den Mitgliedstaaten in dem Bereich des Art. 71 Abs. 1 EGV nicht den Erlass von Rechtsvorschriften *überhaupt* verbietet [485].

Die Vertragsparteien sind also davon ausgegangen, dass die Mitgliedstaaten bis zum Erlass der sekundärrechtlichen Ratsakte nach Art. 71 Abs. 1 EGV noch zur Rechtssetzung in diesen Bereichen befugt sind [486]. Art. 72 EGV bezieht sich nach einhelliger Auffassung [487] zudem ausdrücklich auf Art. 71 Abs. 1 EGV in seiner Gesamtheit; denn wären mit den in Art. 72 EGV genannten Vorschriften

---

europäischen Regionalismus, S. 20 ff. [29 ff.]; *Calliess*, Subsidiaritäts- und Solidaritätsprinzip in der Europäischen Union, S. 86 f.

481 Vgl. dazu die Ausführungen in Teil 2, Abschnitt C, I. 1. a) aa) (1).

482 So ausdrücklich *Frohnmeyer* in: Grabitz/Hilf, Das Recht der Europäischen Union, Bd. 1, Art. 70 Rdnr. 8; vgl. ferner *Calliess* aaO. (Anm. 480), S. 86 f.

483 EuGH, Rs. C-195/90 (Kommission/Deutschland), Slg. 1992, S. I-3141 ff. [3182 Rdnr. 20].

484 *Frohnmeyer* aaO. (Anm. 482), Art. 72 Rdnr. 2.

485 Vgl. dazu die Schlussanträge des Generalanwalt *Jacobs*, Rs. C-195/90 (Kommission/Deutschland), Slg. 1992, S. I-3141 ff. [3160 Ziff. 14]; siehe auch *Selmer/Brodersen/Nicolaysen*, Straßennutzungsgebühren für den Schwerverkehr: verfassungs- und europarechtliche Probleme, S. 147 f., nach deren Auffassung Art. 72 EGV den Mitgliedstaaten nach dem gegenwärtigen Stand der Integration noch nicht die Zuständigkeiten eigener verkehrspolitischer Regelungen zu entziehen vermag: Art. 72 EGV enthalte bloß zusätzliche Rahmenbedingungen, die bei der Einführung oder Änderung verkehrspolitischer Regelungen respektiert werden müssten.

486 *Wasmeier*, Umweltabgaben und Europarecht, S. 58; vgl. ferner *Weber*, Die Zivilluftfahrt im Europäischen Gemeinschaftsrecht, S. 249.

487 *Erdmenger* in: von der Groeben/Thiesing/Ehlermann, Kommentar zum EU-/EG-Vertrag, Bd. 1, Art. 76 Rdnr. 2; *Stadler* in: Schwarze, EU-Kommentar, Art. 72 Rdnr. 1; *Ebenroth/Fischer/Sorek*, in: BB 1989, S. 1566 ff. [1566].

lediglich solche gemeint, die beispielsweise nur unter Art. 71 Abs. 1 lit. d EGV fallen, so müsste dies im Wortlaut der Bestimmungen zum Ausdruck kommen [488].

Die Art. 71 Abs. 1 lit. a und b EGV sind demnach als konkurrierende Gemeinschaftskompetenzen anzusehen [489], so dass das Subsidiaritätsprinzip bei der gemeinschaftlichen Rechtsetzung zur Verwirklichung der Dienstleistungsfreiheit im Bereich des Binnenverkehrs berücksichtigt werden muss.

(b) Art. 71 Abs. 1 lit. d EGV

Für die Vorschrift des Art. 71 Abs. 1 lit. d EGV gilt im Hinblick auf den Aussagegehalt des Art. 72 EGV das Gleiche wie für Art. 71 Abs. 1 lit. a und b EGV, denn Art. 72 EGV gilt für den gesamten Absatz 1 des Art. 71 EGV, so dass der Vertrag grundsätzlich auch in diesem Rechtsetzungsbereich ein mitgliedstaatliches Vorgehen vorsieht. Schließlich enthält Art. 71 Abs. 1 lit. d EGV keinerlei Hinweise daraufhin, dass ein mitgliedstaatliches Tätigwerden in diesem Bereich unabhängig vom Normerlass der Gemeinschaft unzulässig sein soll, denn weder enthält diese Kompetenzbestimmung eine zeitbezogene, noch eine inhaltliche Konkretisierung gemeinschaftlichen Tätigwerdens, die auf eine ausschließliche Zuständigkeit der Gemeinschaftsorgane hindeutet. Im Hinblick auf Art. 71 Abs. 1 lit. d EGV wird daher einhellig davon ausgegangen, dass diese Kompetenznorm eine konkurrierende Zuweisung darstellt [490].

(c) Art. 80 Abs. 2 EGV

Auch Art. 80 Abs. 2 EGV enthält keinerlei Hinweise auf eine ausschließliche Zuständigkeit der Gemeinschaft.
So galt die in ex-Art. 75 Abs. 2 EWGV [491] gesetzte zwölfjährige Umsetzungsfrist nur für Art. 71 Abs. 1 lit. a und lit. b EGV und nicht auch für Art. 80 Abs. 2 EGV. Weiterhin ist der Anwendungsbereich („geeignete Vorschriften") anders

---

[488] *Wasmeier* aaO. (Anm. 486), S. 58 f.

[489] Zum gleichen Ergebnis gelangen *Schima*, Das Subsidiaritätsprinzip im Europäischen Gemeinschaftsrecht, S. 95; *Selmer/Brodersen/Nicolaysen* aaO. (Anm. 485), S. 132 f.; *Ebenroth/Fischer/Sorek* aaO. (Anm. 487), S. 1573; *Wasmeier* aaO. (Anm. 486), S. 59; *von Borries*, Europarecht von A-Z, S. 576; wohl auch *Geiger*, Kommentar zum EU-/EGV, Art. 70 Rdnr. 9, nach dem die Mitgliedstaaten auf dem Gebiet der Verkehrspolitik ihre Regelungsbefugnis nur in dem Maße verlieren, wie die Gemeinschaft von ihr Gebrauch macht.

[490] Für eine konkurrierende Zuständigkeit des Art. 71 Abs. 1 lit. d EGV auch *Hirsch* in: DAR 2000, S. 500 ff. [501]; *Stadler* in: Schwarze, EU-Kommentar, Art. 71 Rdnr. 17; *Mückenhausen* in: Lenz, Kommentar zum EG-Vertrag, Art. 71 Rdnr. 12; *Wasmeier*, Umweltabgaben und Europarecht, S. 59; *Pechstein*, Die Mitgliedstaaten der EG als „Sachwalter des gemeinsamen Interesses", S. 82 f.

[491] In der Fassung der Bek. vom 27.12.1957, BGBl. 1958 II, S. 1.

als in Art. 71 Abs. 1 lit. a und b EGV denkbar weit formuliert [492], so dass sich insgesamt keine Anhaltspunkte daraufhin ergeben, dass die Mitgliedstaaten in dem von Art. 80 Abs. 2 EGV erfassten Regelungsbereich nicht zur eigenen Rechtsetzung befugt sein sollen.
Art. 80 Abs. 2 EGV ist mithin als konkurrierende Gemeinschaftszuständigkeit einzuordnen, so dass das Subsidiaritätsprinzip im Hinblick auf die Umsetzung der Dienstleistungsfreiheit im Seeschiff- und Luftverkehr ebenso wie im Eisenbahn-, Straßen- und Binnenschiffsverkehr zur Anwendung gelangt [493].

(2) Die Natur der Rechtsgrundlagen zur Beseitigung von Wettbewerbsbeschränkungen im Verkehrssektor

(a) Umsetzung des Kartellverbots und der Missbrauchsaufsicht - Art. 83 EGV (i.V.m. Art. 71 Abs. 1 lit. d EGV bzw. Art. 80 Abs. 2 EGV)

Nach Art. 83 Abs. 2 lit. e EGV bezwecken die Maßnahmen zur Verwirklichung der in Art. 81 EGV und Art. 82 EGV enthaltenden Wettbewerbsverbote insbesondere auch „das Verhältnis zwischen den innerstaatlichen Rechtsvorschriften einerseits und den in diesem Abschnitt enthaltenen oder aufgrund dieses Artikels getroffenen Bestimmungen andererseits festzulegen". Demnach wird offensichtlich weder von einer automatischen Verdrängung nationaler Vorschriften durch den Erlass gemeinschaftsrechtlicher Regelungen noch von einer notwendig durch diese Verhältnisbestimmung zu erreichenden Verdrängung ausgegangen. Vielmehr wird hier ein komplexes Verhältnis angestrebt, das als ein teilweise paralleles, teilweise sich ergänzendes beschrieben werden kann [494]. Gestützt wird diese Erkenntnis dadurch, dass der Vertrag in den Art. 84 f. EGV die Anwendung der Art. 81 EGV und Art. 82 EGV von Anfang an parallel den Mitgliedstaaten und den Gemeinschaftsorganen zugewiesen hat [495], ursprünglich sogar mit deutlichem Schwerpunkt bei den nationalen Behörden. Auf dem Gemeinsamen Markt - nicht etwa innerhalb ihrer nationalen Territorien - sollten nach Art. 84 EGV nationale Verwaltungsstellen primär die Wettbewerbsvorschriften der Europäischen Gemeinschaft durchsetzen; die Kommission sollte dagegen unterstützend und überwachend tätig werden (Art. 85 EGV).
Diese Befugnis zur Bestimmung der Zuständigkeitsverhältnisse bei der offensichtlichen Intention, die nationalen Vorschriften nicht völlig zu verdrängen, lässt sich nicht als eine konkurrierende Rechtsetzungsbefugnis darstellen. Vielmehr lassen sich die Art. 83 Abs. 2 lit. e EGV, Art. 84 EGV, Art. 85 EGV als

---

[492] Vgl. dazu die Bemerkungen in Teil 1, Abschnitt B, I. 2. a) und Abschnitt B, I. 1. a) aa) (2).
[493] Zum selben Ergebnis gelangen *Frohnmeyer* in: Grabitz/Hilf, Das Recht der Europäischen Union, Bd. 1, Art. 80 Rdnr. 21; *Weber*, Die Zivilluftfahrt im Europäischen Gemeinschaftsrecht, S. 249 f.
[494] So ausdrücklich *Pechstein* in: Die Mitgliedstaaten als „Sachwalter des gemeinsamen Interesses", S. 83.
[495] A.A. *Toth* in: CML Rev. 29 (1992), S. 1079 ff. [1081].

Hinweise auf eine Parallelität der Zuständigkeiten lesen [496], bei der Kollisionen im Einzelfall durch den Vorrang des Gemeinschaftsrechts gelöst werden [497]. Bestätigt wird diese Auffassung durch das sog. Walt Wilhelm-Urteil des Europäischen Gerichtshofs, das Folgendes festgestellt hat: „ Das Kartellrecht der Gemeinschaft und das staatliche Kartellrecht beurteilen die Kartelle nicht nach gleichen Gesichtspunkten (...). Grundsätzlich kann jedoch ein Kartell wegen dieser unterschiedlichen Gesichtspunkte Gegenstand zweier paralleler Verfahren sein, von denen das eine nach Art. 85 EGV vor den Gemeinschaftsbehörden, das andere vor den nationalen Behörden stattfindet“ [498]. Demzufolge ist Art. 83 EGV als parallele Gemeinschaftskompetenz [499] zu qualifizieren [500], auf die das Subsidiaritätsprinzip uneingeschränkt anzuwenden ist.
Die im Falle einer Berücksichtigung verkehrsspezifischer Besonderheiten ergänzend heranzuziehenden Art. 71 Abs. 1 lit. d EGV und Art. 80 Abs. 2 EGV [501] sind, wie bereits festgestellte, ebenfalls konkurrierender Natur [502], mit der Folge, dass Art. 5 Abs. 2 EGV hier ebenso Anwendung finden muss.

(b) Erlass von beihilferechtlichen Durchführungsverordnungen - Art. 89 EGV (i.V.m. Art. 71 Abs. 1 lit. d EGV bzw. Art. 80 Abs. 2 EGV)

Hinsichtlich der Beihilfenkontrolle gilt nach wie vor, dass mangels einer gemeinschaftlichen Regelung zwar die Ausgestaltung der Rückforderung unzulässiger Beihilfen (Rechtsgrundlage, Verfahren usw.) nach Art. 87 EGV dem nationalen Recht unterfällt, die gesamte Beihilfenkontrolle gemäß Art. 88 EGV jedoch der Europäischen Kommission unterliegt, die das Verfahren federführend durchführt und von dem betreffenden Mitgliedstaat letztlich auch verlangen kann, die gewährte Beihilfe von dem begünstigten Unternehmen zurückzufor-

---

[496] Für eine parallele Zuständigkeit *Calliess*, Subsidiaritäts- und Solidaritätsprinzip in der Europäischen Union, S. 221 f.; *von Bogdandy/Nettesheim* in: Grabitz/Hilf, Das Recht der Europäischen Union, Altband 1, Art. 3b Rdnr. 30; *Scholl*, Europäisches und nationales Wettbewerbsrecht, S. 51; für eine konkurrierende Zuständigkeit, die der parallelen freilich eng verwandt ist, *Jung*, Subsidiarität im Recht der Wettbewerbsbeschränkungen, S. 145 ff.; aufgrund eines überholten Verständnisses von der Kompetentübertragung auf die Gemeinschaft und einer verkürzten Sichtweise des Begriffs „Zuständigkeit“ für eine ausschließliche Zuständigkeit, *Toth* aaO. (Anm. 495), S. 1080 f., 1085.
[497] *Schröter* in: von der Groeben/Thiesing/Ehlermann, Kommentar zum EU-/EG-Vertrag, Bd. 2/I, Vorb. 85-89 Rdnr. 39 f.
[498] EuGH, Rs. 14/68 (Walt Wilhelm), Slg. 1969, S. 1 ff. [13].
[499] Vgl. zur Anwendbarkeit des Subsidiaritätsprinzips auf parallele Kompetenzen vgl. Teil 2, Abschnitt B, II. 1.
[500] Ebenfalls *Schweitzer* in: Kremer, Die Landesparlamente im Spannungsfeld zwischen europäischer Integration und europäischen Regionalismus, S. 20 ff. [36]; *Geiger*, Kommentar zum EU-/EGV, Art. 5 Rdnr. 29; *Calliess* in: Calliess/Ruffert, Kommentar zum EU-/EGV, Art. 5 Rdnr. 33.
[501] Siehe dazu die Bemerkungen in Teil 2, Abschnitt D, I. 1. a) dd) (1).
[502] Siehe dazu die Ausführungen in Teil 2, Abschnitt D, I. 1. b) bb) (1).

dern [503]. Weiterhin muss es wenig sinnvoll erscheinen, in einem Bereich, der der Koordinierung der mitgliedstaatlichen Beihilfepraxis zum Zweck der Abwehr wettbewerbsverfälschender Beihilfen dient [504], den kontrollierten Mitgliedstaaten selbst konkurrierende Überwachungsbefugnisse zuzuerkennen [505]. Dies wäre mit Sinn und Zweck der Art. 87 f. EGV nicht vereinbar. Demzufolge handelt es sich bei der Befugnis zum Erlass von beihilferechtlichen Durchführungsvorschriften in Art. 89 EGV um eine ausschließliche Gemeinschaftskompetenz [506], so dass das Subsidiaritätsprinzip auf die gemeinschaftliche Rechtsetzung im Rahmen des Art. 89 EGV (i.V.m. Art. 71 Abs. 1 lit. d EGV bzw. Art. 80 Abs. 2 EGV) nicht anzuwenden ist.

(3) Natur der Harmonisierungskompetenzen zur Errichtung eines Verkehrsbinnenmarktes

(a) Technische Harmonisierung - Art. 95 EGV

Für eine konkurrierende Gemeinschaftszuständigkeit des für die verkehrstechnische Harmonisierung primär einschlägigen Art. 95 EGV [507] spricht der weite, nur funktional begrenzte Anwendungsbereich sowie der Zuschnitt auf die Angleichung mitgliedstaatlicher Rechtsvorschriften. Das Konzept der Rechtsangleichung setzt gerade voraus, dass nationale Vorschriften existieren und - bis zu ihrer sekundärrechtlichen Harmonisierung - zur Disposition der Mitgliedstaaten stehen [508].
Aus dem Wortlaut des Art. 95 EGV geht damit deutlich hervor, dass die Gemeinschaft hier in Bereichen tätig wird, die im Übrigen der Zuständigkeit der Mitgliedstaaten unterliegen. Während also die Mitgliedstaaten Vorschriften in diesen Bereichen erlassen, kann die Gemeinschaft diese Vorschriften u.U. angleichen. Die Binnenmarktkompetenz des Art. 95 EGV ist damit konkurrierender Natur [509], so dass das Subsidiaritätsprinzip gemäß Art. 5 Abs. 2 EGV im Bereich der verkehrstechnischen Harmonisierung zu berücksichtigen ist.

---

[503] *Oppermann*, Europarecht, Rdnr. 1099; *Geiger*, Kommentar zum EU-/EGV, Art. 88 Rdnr. 8.
[504] Vgl. hierzu *Oppermann* aaO. (Anm. 503) Rdnr. 1098.
[505] Ebenso *Schmidhuber* in: DVBl. 1993, S. 417 ff. [418]; *Schima* in: ÖJZ 1997, S. 761 ff. [763]; *Calliess*, Das Subsidiaritäts- und Solidaritätsprinzip in der Europäischen Union, S. 88; *von Borries* in: EuR 1994, S. 263 ff. [273 f.]; a.A. *Schweitzer* in: Kremer, Die Landesparlamente im Spannungsfeld zwischen europäischer Integration und europäischen Regionalismus, S. 20 ff. [36].
[506] *von Borries* aaO. (Anm. 505), S. 274; *Schmidhuber* aaO. (Anm. 505), S. 418.
[507] Vgl. dazu die Ausführungen in Teil 2, Abschnitt D, I. 1. a) ee) (1).
[508] Siehe dazu auch die Ausführungen in Teil 2, Abschnitt D, I. 1. b) aa) (4).
[509] Siehe dazu ebenfalls *Hailbronner* in: Hailbronner, Europa der Zukunft – Zentrale und dezentrale Lösungsansätze, S. 49 ff. [58]; *Jarass* in: AöR 121 (1996), S. 173 ff. [191]; *Schmidhuber/Hitzler* in: EuZW 1993, S. 8 ff. [9]; *Stein* in: Merten, Die Subsidiarität Europas, S. 23 ff. [33 f.]; *Kahl* in: Calliess/Ruffert, Kommentar zum EU-/EGV, Art. 95 Rdnr. 7;

(b) Sozialharmonisierung - Art. 94 EGV; Art. 71 Abs. 1 lit. a u. d EGV; Art. 80 Abs. 2 EGV

Für die allgemeine Harmonisierungskompetenz des Art. 94 EGV zur Angleichung der Rechtsvorschriften gilt dasselbe wie für die Binnenmarktkompetenz des Art. 95 EGV, so dass auch hier von einer konkurrierenden Gemeinschaftskompetenz auszugehen ist [510]. Da die übrigen in Betracht kommenden Kompetenzen der Art. 71 Abs. 1 lit. a, d EGV und Art. 80 Abs. 2 EGV, wie zuvor festgestellt [511], ebenfalls konkurrierender Natur sind, ist das Subsidiaritätsprinzip nach Art. 5 Abs. 2 EGV auch im Bereich der sozialen Harmonisierung im Verkehrssektor anzuwenden.

(c) Fiskalharmonisierung - Art. 93 EGV

Die Steuergewalt zählt als einer der wichtigsten Bestandteile der Finanzhoheit zu den Kernbereichen mitgliedstaatlicher Souveränität [512]. Die Grundsatzbestimmungen und die einschlägigen steuerrechtlichen Vorschriften im EG-Vertrag beziehen steuerpolitische Maßnahmen nur insoweit in das Tätigkeitsfeld der Gemeinschaft ein, als diese Mittel für die Beseitigung von Hindernissen für die Grundfreiheiten und für die Aufrechterhaltung eines Systems des freien Wettbewerbs darstellen. Die steuerrechtlichen Bestimmungen des EG-Vertrages stellen demgemäß ein Minimum dar, das für die Erreichung dieser Vertragsziele unter Achtung der nationalen Finanz- und Abgabenhoheit notwendig erscheint. Ein Kennzeichen dieser Zurückhaltung ist das in der Steuerrechtsangleichungskompetenz des Art. 93 EGV vorgesehene Einstimmigkeitsprinzip.
Dass Art. 93 EGV nicht ausschließlicher Natur ist, ergibt sich unmittelbar aus der in dieser Vorschrift enthaltenen Befugnis zur „Harmonisierung der Rechtsvorschriften". Diese kann es nämlich nur geben, wenn die Mitgliedstaaten überhaupt die Kompetenz zum Erlass derartiger Rechtsvorschriften haben.
Darüber hinaus enthält Art. 90 EGV noch einen weiteren Hinweis auf die Zuständigkeitsverteilung zwischen der Gemeinschaft und den Mitgliedstaaten für den Bereich der Fiskalharmonisierung. Art. 90 EGV verbietet den Mitgliedstaaten auf Waren aus anderen Mitgliedstaaten höhere Abgaben zu erheben, als gleichartige inländische Waren zu tragen haben. Diese Vertragsbestimmung erweist sich in ihrer begrenzten Zielsetzung als eine Bestätigung der grundsätzli-

---

Suchett-Kaye/Chamberlain in: Campbell/Cooter, The Law of the European Community, Bd. 3vor Art. 95, 3-425.

[510] Vgl. auch *Wasmeier*, Umweltabgaben und Europarecht, S. 61.

[511] Siehe dazu die Bemerkungen in Teil 2, Abschnitt D, I. 1. b) bb) (1).

[512] *Ipsen*, Europäisches Gemeinschaftsrecht, S. 705; *Förster* in: Bleckmann, Europarecht, § 24 Rdnr. 1443; *Wasmeier*, Umweltabgaben und Europarecht, S. 61; *Oppermann*, Europarecht, Rdnr. 1153.

chen Abgabenhoheit der Mitgliedstaaten [513]: Sie dürfen „innerstaatliche Abgaben" weiterhin erheben, dürfen sogar Waren aus anderen Mitgliedstaaten damit belasten, dürfen sie folglich auch senken oder erhöhen, abschaffen oder neu einführen, nur unter der Bedingung, das Diskriminierungsverbot zu beachten.
Mithin ist von einer konkurrierenden Gemeinschaftszuständigkeit im Rahmen der Steuerrechtsangleichung des Art. 93 EGV auszugehen. Demzufolge beansprucht das Subsidiaritätsprinzip des Art. 5 Abs. 2 EGV im gesamten Bereich der indirekten Steuern Geltung [514], so dass beim Erlass gemeinschaftlicher Vorschriften zur Harmonisierung der Verkehrsabgaben das Subsidiaritätsprinzip berücksichtigen werden muss [515].

cc) Zwischenergebnis

Als Zwischenergebnis kann festgehalten werden, dass das Binnenmarktziel als solches nicht zu einer ausschließlichen gemeinschaftlichen Rechtsetzungsbefugnis im Bereich der Binnenmarktrechtsetzung führt. Vielmehr sind die (Verkehrs-)Binnenmarktkompetenzen jeweils einzeln auf ihre Ausschließlichkeit bzw. Nicht-Ausschließlichkeit hin zu überprüfen. Die oben erstellten Untersuchungen haben dabei gezeigt, dass die einzelnen Verkehrsbinnenmarktkompetenzen, bis auf die Kompetenz zum Erlass beihilferechtlicher Durchführungsverordnungen im Rahmen des Art. 89 EGV (i.V.m. Art. 71 Abs. 1 lit. d EGV bzw. Art. 80 Abs. 2 EGV), rundweg nicht-ausschließlicher Natur sind, so dass das Subsidiaritätsprinzip des Art. 5 Abs. 2 EGV im gesamten Rechtsetzungsbereich des Verkehrsbinnenmarktes anzuwenden ist.

2. Verkehr und Umweltschutz

Als konkrete Ziele der gemeinschaftlichen Umweltpolitik formuliert Art. 174 Abs. 1 EGV die Erhaltung und den Schutz der Umwelt sowie die Verbesserung ihrer Qualität, den Schutz der menschlichen Gesundheit und die Gewährleistung einer rationellen Verwendung der natürlichen Ressourcen. Darüber hinaus schreibt Art. 174 Abs. 2 S. 2 EGV zum Teil aus dem nationalen Umweltrecht bekannte umweltpolitische Handlungsgrundsätze wie das Vorsorge- und Vor-

---

[513] Vgl. *Beschel* in: von der Groeben/Thiesing/Ehlermann, Kommentar zum EU-/EG-Vertrag, Bd. 1, Art. 12 Rdnr. 23.

[514] Zutreffend auch *Oppermann*, Europarecht, Rdnr. 1156, 1175; *Waldhoff* in: Calliess/Ruffert, Kommentar zum EU-/EGV, Art. 93 Rdnr. 25; *Kuntze*, Die Kompetenzen der Europäischen Gemeinschaft auf dem Gebiet des Steuerrechts, S. 227; *Klein*, in: Lehner, Steuerrecht im Europäischen Binnenmarkt, S. 7 ff. [23 f.].

[515] I.E. auch *Hof*, Straßenverkehrsabgaben und Europarecht, S. 111 ff.; ferner die Kommission der EG, Faire Preise für die Infrastrukturbenutzung: Ein abgestuftes Konzept für einen Gemeinschaftsrahmen für Verkehrsinfrastrukturgebühren in der EU, Weißbuch vom 22.7.1998, KOM (1998), 466endg., S. 7.

beugeprinzip, das Prinzip vorrangiger Bekämpfung von Umweltbeeinträchtigungen an ihrem Ursprung und das Verursacherprinzip fest.
Grundlegend für die Verwirklichung dieser umweltpolitischen Ziele ist die sog. „Querschnittsklausel", die durch den Vertrag von Amsterdam aus ex-Art. 130 r Abs. 2 S. 3 EGV [516] herausgenommen wurde, und als eigenständige Regel in einem neuen Art. 6 EGV unter die Grundsätze des EG-Vertrages aufgenommen wurde. Ihr zufolge müssen die Erfordernisse des Umweltschutzes bei der Festlegung und Durchführung der Gemeinschaftspolitiken und -maßnahmen einbezogen werden. Materiellrechtlich läst sich der Klausel die Verpflichtung entnehmen, die Belange des Umweltschutzes bei jeder Gemeinschafspolitik zu beachten; die Umwelterfordernisse müssen erkennbar integrativer Bestandteil der in diesen Bereichen jeweils ergriffenen Maßnahmen sein [517].
Daraus folgt, dass umweltschützende Maßnahmen auch im Rahmen einer gemeinsamen Verkehrspolitik hinreichend Berücksichtigung finden müssen [518]. So betont der Gerichtshof ausdrücklich, dass die Verwirklichung des freien Dienstleistungsverkehrs im Rahmen des Güterverkehrs „geordnet" nur im Rahmen einer gemeinsamen Verkehrspolitik erfolgen könne, bei der u.a. die „ökologischen Probleme ... berücksichtigt werden" [519]. Der EuGH zeigt hier auf, dass eine isolierte Liberalisierung der Verkehrswirtschaft zumindest Bedenken begegnet und daher in ein geschlossenes verkehrspolitisches Gesamtkonzept eingebettet sein muss, welches ökologisch verträglich auszugestalten ist [520]. Das bedeutet, dass Binnenmarktmaßnahmen, etwa im Bereich der Liberalisierung des Straßen- und Luftverkehrs, die nicht hinreichend ökologisch „flankiert" sind, gemeinschaftswidrig sind [521]. Umgekehrt müssen sich die Umweltschutzmaßnahmen in das Ziel der Binnenmarktverwirklichung einfügen und dürfen dieses nicht unverhältnismäßig einschränken [522].

a) Rechtsgrundlagen

Die besondere umweltpolitische Ermächtigungsgrundlage für umweltschützende Maßnahmen ist Art. 175 EGV in Titel XIX des EG-Vertrages.
Aus der Querschnittsklausel des Art. 6 EGV, nach welcher die Erfordernisse des Umweltschutzes bei der Festlegung und Durchführung der übrigen in Art. 3

[516] In der Fassung der Bek. vom 31.7.1987, BGBl. 1987 II, S. 451.
[517] Ausführlich dazu *Jahns-Böhm/Breier* in EuZW 1992, S. 51 ff.
[518] Eingehend hierzu *Calliess* in: ZAU 1994, S. 322 ff.; ferner *Jahns-Böhm/Breier* in: EuZW 1991, S. 523 ff.; *Hailbronner* in: Rengeling, Umweltschutz und andere Politiken der EG, S. 149 ff.; *Epiney/Gruber*, Verkehrspolitik und Umweltschutz in der Europäischen Union, S. 65 ff.; siehe dazu auch allgemein die Kommission der EG, Grünbuch zu den Auswirkungen des Verkehrs auf die Umwelt. Eine Gemeinschaftsstrategie für eine „dauerhaft umweltgerechte Mobilität". Mitteilung der Kommission vom 6.4.1992, KOM (92) 46endg.
[519] EuGH, Rs. C-17/90 (Wieger), Slg. 1991, S. I-5253 ff. [5283 Rdnr. 14].
[520] *Calliess* in: IUR 1992, S. 219 ff. [224].
[521] *Kahl* in: Calliess/Ruffert, Kommentar zum EU-/EGV, Art. 14 Rdnr. 23.
[522] *Kahl* aaO. (Anm. 521), Art. 14 Rdnr. 23.

Abs. 1 EGV genannten Politikbereiche berücksichtigt werden müssen, folgt allerdings, dass Umweltschutzmaßnahmen auch auf andere als im Umwelttitel enthaltene Kompetenzvorschriften gestützt werden können [523].
Für die Verkehrsumweltpolitik sind daher insbesondere die verkehrspolitischen Ermächtigungsgrundlagen der Art. 71 Abs. 1 lit. a, d EGV und Art. 80 Abs. 2 EGV sowie die der Binnenmarktrechtsangleichung nach Art. 95 EGV [524] von Bedeutung [525].
In dieser Ermächtigungstrias ist die Abgrenzung der einzelnen Regelungsbereiche fließend. Produktnormen [526] (z.B. Grenzwerte für Schadstoffe und gasförmige Emissionen von Kraftfahrzeugen, Bleigehalt des Benzins) können künstliche Hindernisse für den freien Warenverkehr darstellen. Daher wird hier in aller Regel Art. 95 EGV heranzuziehen sein, bildet doch die Verwirklichung des freien Warenverkehrs ein zentrales Element des Binnenmarktes [527], so dass der Schwerpunkt dieser gemeinschaftlichen Maßnahmen eher in diesem Bereich anzusiedeln ist [528].
Normen, die sich auf die Art und Weise der Herstellung eines Produktes beziehen [529] (z.B. technische Anforderungen an die Produktionsmittel für die Beförderungsleistungen), sind je nach Schwerpunkt in der Regel auf Art. 95 EGV oder Art. 175 EGV zu stützen [530]. Das entscheidende Kriterium zur Ermittlung der Sachnähe der betreffenden Regelung dürfte in dem Bezug der Maßnahme zu dem Abbau ggf. vorhandenen Wettbewerbsbeeinträchtigungen sein. Je unmittelbarer eine Maßnahme zumindest auch zum Abbau von Wettbewerbsbehinderungen geeignet und bestimmt ist, desto eher dürfte Art. 95 EGV heranzuziehen sein [531].

---

[523] *Breier/Vygen* in: Lenz, Kommentar zum EG-Vertrag, Art. 175 Rdnr. 16.
[524] Ausweislich des Art. 95 Abs. 3 EGV können auch Umweltvorschriften aufgrund des Art. 95 EGV erlassen werden.
[525] Im Ergebnis ebenso *Basedow/Dolfen* in: Dauses, Handbuch des EU-Wirtschaftsrechts, Bd. 2, Abschnitt L Rdnr. 143 ff.; *Frohnmeyer* in: Grabitz/Hilf, Das Recht der Europäischen Union, Bd. 1, vor Art. 70 Rdnr. 18.
[526] Vgl. zum Begriff der Produktnormen etwa *Pernice* in: DV 1989, S. 1 ff. [9].
[527] *Epiney*, Umweltrecht in der Europäischen Union, S. 75 m.w.N.
[528] Vgl. dazu insbesondere die auf Art. 95 EGV gestützte RL 98/70/EG des Europäischen Parlaments und des Rates über die Qualität von Otto- und Dieselkraftstoffen und zur Änderung der RL 93/12 vom 13.10.1998, ABl. 1998 Nr. L 350/71, zuletzt geändert durch RL 2000/17/EG, ABl. 2000 Nr. L 350/58.
[529] Zum Begriff der sog. produktionsbezogenen Maßnahmen siehe *Himmelmann* in: Himmelmann/Pohl/Tünnesen-Harmes, Handbuch des Umweltrechts, A.9 Rdnr. 23.
[530] Siehe *Epiney* aaO. (Anm. 527), S. 76 f.; a.A. *Grabitz/Zacker* in: NVwZ 1989, S. 297 ff. [302]; nach *Basedow/Dolfen* in: Dauses, Handbuch des EU-Wirtschaftsrechts, Bd. 2, Abschnitt L Rdnr. 145 soll statt Art. 95 EGV und Art. 175 EGV die Befugnisgrundlage des Art. 94 EGV als speziellere Kompetenznorm zum Zuge kommen.
[531] Vgl. dazu die auf Art. 94 EGV bzw. Art. 95 EGV gestützten Vorschriften, die allerdings im Hinblick auf ihren Regelungsgegenstand sowohl als produktions- als auch als produktbezogene Umweltvorschriften bewertet werden können: RL 70/220/EWG des Rates über die Angleichung der Rechtsvorschriften der Mitgliedstaaten über Maßnahmen gegen die Verun-

Die Entwicklung des Umweltschutzes als Teilaspekt des Binnenmarktes und die Differenzierung nach der objektiven Sachnähe der fraglichen Regelung zu den Komplexen „Vollendung des Binnenmarktes" oder „Umwelt" beschränkt den Anwendungsbereich des Art. 175 EGV auf den Umweltschutz „im eigentlichen, engeren Sinne" [532]. Erfasst werden alle Maßnahmen des Umweltschutzes, die sich nicht direkt auf Wirtschaft und Handel der Mitgliedstaaten oder der Gemeinschaft als Ganzes auswirken [533]. Im Bereich der sog. Verkehrsumweltpolitik ist beispielsweise die von der Kommission geplante Richtlinie zur schrittweisen Einführung eines obligatorischen Mindestverbrauchsanteils von Biokraftstoffen in allen Mitgliedstaaten ausschließlich auf Art. 175 EGV zu stützen [534]. Die verkehrsspezifischen Ermächtigungsgrundlagen der Art. 71 Abs. 1 lit. a, d EGV und Art. 80 Abs. 2 EGV sind nur dann heranzuziehen, falls verkehrspolitische Sonderbelange zu berücksichtigen sind, die im Rahmen der übrigen Befugnisse keine Grundlage finden, was in der Rechtsetzungspraxis allerdings bislang nur selten zu beobachten war [535].

b) Natur der Rechtsgrundlagen

Art. 95 EGV sowie die verkehrsspezifischen Befugnisgrundlagen der Art. 71 Abs. 1 lit. a, d EGV und Art. 80 Abs. 2 EGV sind, wie bereits festgestellt, sämtlich konkurrierender Natur [536], so dass einzig die Rechtsnatur des Art. 175 EGV zu prüfen bleibt.

Für eine konkurrierende gemeinschaftliche Zuständigkeit im Rahmen des Art. 175 EGV spricht zunächst die Vorschrift des Art. 176 EGV, welche den

---

reinigung der Luft durch Abgase von Kraftfahrzeugmotoren vom 20.3.1970, ABl. 1970 Nr. L 76/2, zuletzt geändert durch RL 2001/1/EG, ABl. 2001 L 35/34; RL 72/306/EWG des Rates zur Angleichung von Rechtsvorschriften der Mitgliedstaaten über Maßnahmen gegen die Emission verunreinigter Stoffe aus Dieselmotoren zum Antrieb von Fahrzeugen vom 2.8.1972, ABl. 1972 Nr. L 190/1, zuletzt geändert durch RL 97/20/EG der Kommission, ABl. 1997 Nr. L 125/21; RL 77/537/EWG des Rates zur Angleichung der Rechtsvorschriften der Mitgliedstaaten über Maßnahmen gegen die Emission verunreinigter Stoffe aus Dieselmotoren zum Antrieb von land- und forstwirtschaftlichen Zugmaschinen auf Rädern vom 28.6.1977, ABl. 1977 Nr. L 220/38, zuletzt geändert durch RL 97/52/EG, ABl. 1997 L 277/1.

532 *Grabitz/Zacker* aaO. (Anm. 530), S. 302; *Krämer* in: Rengeling, Europäisches Umweltrecht und europäische Umweltpolitik, S. 137 ff. [158].

533 *Basedow/Dolfen* in: Dauses, Handbuch des EU-Wirtschaftsrechts, Bd. 2, Abschnitt L Rdnr. 145.

534 Kommission der EG, Weißbuch, Die europäische Verkehrspolitik bis 2010: Weichenstellungen für die Zukunft, Mitteilung der Kommission vom 12.9.2001, KOM (2001), 370endg.S. 103.

535 Vgl. die auf Art. 80 EGV gestützte RL 89/629/EWG des Rates vom 4.12.1989 zur Begrenzung der Schallemission von zivilen Unterschallflugzeugen, ABl. 1989 Nr. L 363/27, die in Art. 4 und 5 weitreichende Freistellungen von den in Art. 2 aufgestellten Schallgrenzwerten vorsieht.

536 Siehe für Art. 95 EGV: Teil 2, Abschnitt D, I. 1. b) bb) (3) (a); für Art. 70 Abs. 1 lit. d EGV und Art. 80 Abs. 2 EGV: Teil 2, Abschnitt D, I. 1. b) bb) (1).

Mitgliedstaaten die Möglichkeit gewährt, trotz bereits erlassener gemeinschaftlicher Umweltregelungen verstärkte Schutzmaßnahmen auf dem Gebiet der Umweltpolitik beizubehalten oder zu ergreifen. Art. 176 EGV wäre daher unverständlich, wenn die Gemeinschaft mit Art. 175 EGV eine ausschließliche Umweltkompetenz wahrnähme [537].
Auch ex-Art. 130r Abs. 4 S. 1 EWGV [538], der den Grundsatz der geeigneten Aktionsebene formulierte [539], konnte nur im Rahmen einer konkurrierenden Kompetenzvorschrift einen Sinn ergeben [540].
Mithin handelt es sich bei Art. 175 EGV um eine konkurrierende Befugnis der Europäischen Gemeinschaft [541], so dass Art. 5 Abs. 2 EGV mangels ausschließlicher Zuständigkeit im gesamten Bereich der umwelt-verkehrspolitischen Rechtsetzung berücksichtigt werden muss.

3. Verkehrssicherheit

Die Förderung der Verkehrssicherheit in allen ihren Ausprägungen ist eine der „vornehmsten Aufgaben jeder staatlichen und damit auch gemeinsamen Verkehrspolitik" [542] und zugleich ein bedeutender Aspekt der Hebung der Lebensqualität, die in Art. 2 EGV ausdrücklich zu den Aufgaben der Gemeinschaft gezählt wird [543]. Die Kommission will dem durch die Modernisierung der bestehenden und den Vorschlag neuer Harmonisierungsmaßnahmen seit einiger Zeit verstärkt Rechnung tragen [544]. Die Priorität der Gemeinschaft galt und gilt allerdings vornehmlich dem Straßenverkehr [545], so dass das Verkehrssicherheitsrecht

537 So auch *Grabitz/Nettesheim* in: Grabitz/Hilf, Das Recht der Europäischen Union, Altband 1, Art. 130t Rdnr. 2.
538 In der Fassung der Bek. vom 31.7.1987, BGBl. 1987 II, S. 451.
539 Vgl. dazu *Pernice* in: DV 1989, S.1 ff. [6, 30]; *Seidel* in: DVBl. 1989, S. 441 ff. [447].
540 Diese Vorschrift wurde durch den Vertrag von Maastricht allein deswegen aufgehoben, weil sie durch Art. 5 Abs. 2 EGV entbehrlich wurde, siehe dazu *Grabitz/Nettesheim* aaO. (Anm. 537), vor Art. 130r Rdnr. 16.
541 Vgl. nur statt vieler, *Epiney*, Das Umweltrecht der Europäischen Union, S. 88 f.; *Grabitz/ Nettesheim* aaO. (Anm. 537), Art. 130r Rdnr. 76 ff. und Art. 130t Rdnr 2.
542 *Erdmenger* in: von der Groeben/Thiesing/Ehlermann, Kommentar zum EU-/EG-Vertrag, Art. 75 Rdnr. 43.
543 Vgl. auch die Erklärung der Kommission der EG zur Rs. 97/78 (Schumalla), Slg. 1978, S. 2311 ff. [2313 f.].
544 Wegweisend das Weißbuch der Kommission der EG über die künftige Entwicklung der gemeinsamen Verkehrspolitik, Globalkonzept einer Gemeinschaftsstrategie für eine auf Dauer tragbare Mobilität, Mitteilung der Kommission vom 2.12.1992, KOM (92) 494endg., S. 69 ff., worin die Verkehrssicherheit als ein wesentlicher Aspekt der „Gemeinschaftsstrategie für eine auf Dauer tragbare Mobilität" angesehen wird.
545 Vgl. Kommission der EG, Mitteilung der Kommission vom 9.4.1997 betreffend die Förderung der Straßenverkehrssicherheit in der Gemeinschaft: Programm für 1997-2001, KOM (97), 131endg.; ferner die Entschließung des Rates vom 26.7.2000 zur Verbesserung der Straßenverkehrssicherheit, ABl. 2000 Nr. C 218/1; neuerdings das Weißbuch über die

der Gemeinschaft in den übrigen Verkehrsbereichen trotz einiger Ansatzpunkte insgesamt noch in den Anfängen steht.

a) Rechtsgrundlagen

Die Vorschriften zur Verbesserung der Verkehrssicherheit lassen sich dabei im Wesentlichen in zwei Regelungsgruppen untergliedern: zum einen in solche, die überwiegend in Zusammenhang mit den wirtschaftlichen Zielsetzungen des Vertrages stehen und zum anderen in diejenigen, die das Verhalten der Verkehrsteilnehmer als solche betreffen [546].
Erstere, worunter insbesondere solche Maßnahme fallen, welche Auswirkungen auf die Wettbewerbssituation der verschiedenen Unternehmen oder der freien Waren- oder Personenverkehrs entfalten, wie z.B. technische Fahrzeugvorschriften [547], werden bereits von der Befugnisgrundlage des Art. 95 EGV erfasst [548].
Ob der EG-Vertrag auch Maßnahmen zur Verbesserung der Verkehrssicherheit zulässt, die das Verhalten der Verkehrsteilnehmer als solches regeln und in keinen unmittelbaren Zusammenhang mit den wirtschaftlichen Zielsetzungen des Vertrages stehen, war zwischen der Gemeinschaft und ihren Mitgliedstaaten lange Zeit umstritten: So wurde insbesondere in Deutschland vor dem Hintergrund drohender Gemeinschaftsinitiativen zur Geschwindigkeitsbegrenzung für PKW Anfang der 90er Jahre die Meinung vertreten, dass die Gemeinschaft in erster Linie nur mittelbar im Zusammenhang mit der wirtschaftlichen Komponente der europäischen Integration für Verkehrssicherheitsaspekte zuständig sei [549].
Die Tatsache, dass der Binnenmarkt zweifellos ein wichtiges Vertragsziel darstellt, begründet jedoch keine Vermutung dafür, dass Regelungen, die diesem Ziel nicht (unmittelbar) dienen, nicht in der Kompetenz der Gemeinschaft stehen. Vielmehr darf und soll die Gemeinschaft auch autonome Politiken verfol-

---

europäische Verkehrspolitik bis 2010: Weichenstellungen für die Zukunft vom 12.9.2001, KOM (2001), 370endg., S. 75 ff.

[546] Ebenso *Epiney/Gruber*, Verkehrspolitik und Umweltschutz in der Europäischen Union, S. 32.

[547] So die RL des Rates Nr. 70/156/EWG zur Angleichung der Rechtsvorschriften der Mitgliedstaaten über die Betriebserlaubnis für Kraftfahrzeuge und Kraftfahrzeuganhänger vom 6.2.1970, ABl. 1970 Nr. L 42/1, zuletzt geändert durch RL 97/27/EWG, ABl. 1997 Nr. L 233/1.

[548] Vgl. ebenfalls *Frohnmeyer* in Grabitz/Hilf, Das Recht der Europäischen Union, Bd. 1, vor Art. 70 Rdnr. 17; *Kapteyn/VerLoren*, Introduction to the Law of the European Community, S. 1182; siehe auch die Ausführungen in Teil 2, Abschnitt D, I. 1. a) ee) (1).

[549] Vgl. dazu allgemein *Erdmenger* in: von der Groeben/Thiesing/Ehlermann, Kommentar zum EU-/EG-Vertrag, Bd. 1, Art. 75 EGV Rdnr. 42 f., insbesondere *Lütkes* in: EuZW 1991, S. 277 ff. [280 f.] hat die Auffassung vertreten, dass der Gemeinschaft nicht die Kompetenz zustehe, Maßnahmen zur Verbesserung der Verkehrssicherheit treffen, die in keinem unmittelbaren Zusammenhang mit den wirtschaftlichen Zielen des Vertrages stehen.

gen können [550], so dass auf Aussagegehalt, Sinn und Zweck sowie Zusammenhang der ggf. einschlägigen Handlungsermächtigungen abzustellen ist.
Seit Inkrafttreten des Maastrichter Vertrages am 1. November 1993 umfasst die gemeinsame Verkehrspolitik in Titel V in Art. 71 Abs. 1 lit. c EGV für die drei in Art. 80 Abs. 1 EGV erwähnten Verkehrsträger ausdrücklich auch Maßnahmen zur Verbesserung der Verkehrssicherheit. Mit der Einführung des Art. 71 Abs. 1 lit. c EGV, der gemäß seinem Wortlaut anders als die Kompetenzbestimmungen der Art. 94 EGV und Art. 95 EGV nicht auf die Verwirklichung des Binnenmarktes beschränkt ist, gilt es nunmehr als geklärt, dass die Zuständigkeit der Gemeinschaft sich auch auf Maßnahmen zur Regelung des Verhaltens der Verkehrsteilnehmer selbst erstreckt [551]. Damit ist die früher vertretene Auffassung [552] endgültig hinfällig geworden, nach welcher von der gemeinschaftlichen Kompetenzordnung nur Zielsetzungen im Wirtschaftsbereich erfasst werden sollten [553].
Insofern dürfte der Gemeinschaft nach Art. 71 Abs. 1 lit. c EGV u.a. auch die Zuständigkeit zur Regelung von Höchstgeschwindigkeiten auf Autobahnen [554] oder zur Harmonisierung der unterschiedlichen mitgliedstaatlichen Alkoholgrenzwerte im Straßenverkehr [555] zustehen.
Vor dem Hintergrund, dass die Verkehrssicherheit in allen ihren Ausprägungen von den in Art. 2 EGV genannten Zielen umfasst wird, bildet Art. 80 Abs. 2 EGV auch für die Seeschiff- und Luftfahrt [556] die einschlägige Ermächtigungs-

---

[550] *Bieber* in: Beutler/Bieber/Pipkorn/Streil, Die Europäische Union, S. 476; ferner *Epiney/Gruber* aaO. (Anm. 546), S. 32.

[551] So ausdrücklich *Erdmenger* aaO. (Anm. 549), Art. 75 EGV Rdnr. 42; ferner *Jung* in: Calliess/Ruffert, Kommentar zum EU-/EGV, Art. 71 Rdnr. 19. Allerdings ist der EuGH bereits 1978 von dieser Sicht ausgegangen, EuGH, Rs. 97/78 (Schumalla), Slg. 1978, S. 2311 ff. [2317 f. Rdnr. 4-6]. Der Gerichtshof fasste in diesem Urteil die Aspekte der Verkehrssicherheit unter die „sonstigen Vorschriften" des Art. 71 Abs. 1 lit. d EGV.

[552] Insbesondere Deutschland, Dänemark und Großbritannien hatten sich in der Vergangenheit dagegen gewehrt auf dem gesamten Gebiet der Verkehrssicherheit gemeinschaftliche Regelungen zu erlassen, vgl. dazu *Cloos/Reinesch/Vignes/Weyland*, Le traité de Maastricht, S. 301.

[553] Zum selben Ergebnis gelangt auch *Mückenhausen* in: Lenz, Kommentar zum EG-Vertrag, Art. 71 Rdnr. 12.

[554] Hierzu eingehend *Päffgen* in: Frohnmeyer/Mückenhausen, Kommentar zum EG-Verkehrsrecht, 92 Rdnr. 27 ff.; vgl. ferner den Vorschlag der Kommission für eine Richtlinie des Rates über harmonisierte Höchstgeschwindigkeiten für bestimmte Fahrzeugklassen vom 16.1.1989, KOM (88) 706endg., der aber nicht vom Rat angenommen wurde.

[555] Vgl. dazu den Vorschlag der Kommission für eine Richtlinie des Rates über den zulässigen Blutalkoholgehalt von Kraftfahren vom 31.1.1989, KOM (1988), 707endg., sowie den geänderten Vorschlag vom 17.1.1989, KOM (89), 640 endg.. Siehe neuerdings hierzu die auf Art. 71 Abs. 1 lit. c EGV gestützte Empfehlung der Kommission vom 17.1.2002 über die maximal zulässige Blutalkoholkonzentration (BAK) bei Kraftfahrern, ABl. 2001 Nr. C 48/2

[556] *Erdmenger* aaO. (Anm. 549), Vorb. Art. 74-84 Rdnr. 13; vgl. auch die Schlussanträge des Generalanwalts *Warner*, Rs. 97/78 (Schumalla), Slg. 1978, S. 2311 ff. [2324], der die Regelungsbefugnis der Gemeinschaft in Art. 80 Abs. 2 ausdrücklich auch auf die Verbesserung der Verkehrssicherheit im Bereich der See- und Luftfahrt ausdehnt.

grundlage für alle verkehrssicherheitsrelevanten Maßnahmen, die das Verhalten der Verkehrsteilnehmer als solche betreffen.

b) Natur der Rechtsgrundlagen

Die Regelung von Fragen der verhaltensorientierten Verkehrssicherheit ist seit jeher eine Aufgabe, die traditionell den Mitgliedstaaten obliegt [557]. Der Gemeinschaftsgesetzgeber hat dieser Ausgangslage dadurch Rechnung getragen, dass er der Gemeinschaft im Regelungsbereich des Art. 71 Abs. 1 lit. c EGV - nach ganz herrschender Meinung [558] - (nur) eine konkurrierende Zuständigkeit zugesprochen hat, denn die in Buchstabe c vorgesehene „Verbesserung" der Verkehrssicherheit kann immer nur ein *Beitrag* zu derselben sein [559].
Die zur Regelung von Fragen der verhaltensbezogenen Verkehrssicherheit im Schiffs- und Luftverkehr anwendbare Rechtsgrundlage des Art. 80 Abs. 2 EGV ist ebenfalls konkurrierender Natur [560].
Infolgedessen ist das Subsidiaritätsprinzip des Art. 5 Abs. 2 EGV letztendlich im gesamten Bereich der Verkehrssicherheit uneingeschränkt anwendbar.

4. Verkehrsinfrastruktur

Der Bereich der Verkehrsinfrastruktur stellt schließlich ein weiteres grundlegendes Aufgabengebiet europäischer Verkehrspolitik dar, setzen doch Aufbau und Vollendung der europäischen Integration ebenfalls die gemeinschaftsweite Bereitstellung leistungsfähiger Verkehrswege für die verschiedenen Verkehrsträger voraus [561]. Die Verkehrsinfrastruktur stellt damit eines der „hervorragenden verkehrspolitischen Mittel" [562] dar, mit dem das allgemeine verkehrspolitische Ziel einer auf Dauer tragbaren Mobilität zu erreichen ist.

---

[557] *Carotenuto* in: Constantinesco/Kovar/Simon, Traité sur l'Union Européenne, Art. 75 Rdnr. 18.
[558] *Stadler* in: Schwarze, EU-Kommentar, Art. 71 Rdnr. 14; *Epiney/Gruber*, Verkehrspolitik und Umweltschutz in der Europäischen Union, S. 33; *Frohnmeyer* in: Grabitz/Hilf, Das Recht der Europäischen Union, Bd. 1, Art. 71 Rdnr. 32; *Carotenuto* aaO. (Anm. 557), Art. 75 Rdnr. 18; *Törkel*, Die gemeinsame Verkehrspolitik der EU: Konzept für eine auf Dauer tragbare Mobilität, S. 41; undeutlich die Kommission der EG, Mitteilung über die künftige Entwicklung der gemeinsamen Verkehrspolitik vom 2. 12. 1992, Globalkonzept einer Gemeinschaftsstrategie für eine auf Dauer tragbare Mobilität, Dok. KOM (92) 494endg., S. 23 Rdnr. 44, die in „einigen Gebieten der Verkehrssicherheit" eine gemischte Zuständigkeit annimmt, ohne dabei zu erklären welche Gebiete damit im Einzelnen gemeint sind.
[559] *Epiney/Gruber* aaO. (Anm. 558), S. 46.
[560] Siehe dazu die Ausführungen in Teil 2, Abschnitt D, I. 1. b) bb) (1) (c).
[561] Vgl. zur Bedeutung der Verkehrsinfrastruktur im Rahmen der gemeinsamen Verkehrspolitik, *Erdmenger* in: von der Groeben/Thiesing/Ehlermann, Kommentar zum EU-/EG-Vertrag, Bd. 3, Art. 129a Rdnr. 4 ff; siehe auch *Scherler*, Strukturunterschiede der schweizerischen und der europäischen Verkehrsrechtsordnung, S. 140 ff.
[562] So ausdrücklich *Erdmenger* aaO. (Anm. 561), Vorb. zu den Art. 129b bis 129d Rdnr. 5.

Der als ein bedeutender Bestandteil der gemeinsamen Verkehrspolitik [563] anzusehende Auf- und Ausbau der Verkehrsinfrastruktur kann daher nur im Rahmen der Maßnahmen zur Verwirklichung der allgemeinen verkehrspolitischen Ziele sachgerecht erfolgen [564]. Die Schaffung eines transeuropäischen Verkehrsnetzes ist folgerichtig eine komplexe Gemeinschaftstätigkeit, die in die Anwendung des Gesamtsystems des EG-Vertrages eingegliedert ist [565].
Im Rahmen der transeuropäischen Verkehrsplanung können neben den Vorschriften über die transeuropäischen Verkehrsnetze in Titel XV daher folgende Kompetenzbestimmungen von Bedeutung sein: Art. 71 Abs. 1 lit. d EGV und Art. 80 Abs. 2 EGV sowie Art. 95 EGV [566].

a) Art. 156 EGV i.V. mit Art. 155 Abs. 1 EGV

aa) Anwendungsbereich

Art. 155 Abs. 1 EGV bestimmt die Maßnahmen, die die Gemeinschaft zur Erreichung der in Art. 154 EGV normierten Ziele erlassen kann [567].
Der entsprechende Maßnahmenkatalog ist, wie der Verzicht auf die Einleitung durch das Wort „insbesondere" verdeutlicht, abschließend [568] und unterscheidet damit folgende drei Maßnahmen im Bereich der Verkehrsinfrastruktur.

(1) Aufstellung von Leitlinien (Art. 155 Abs. 1 Spstr. 1 EGV)

Der erste Spiegelstrich in Art. 155 Abs. 1 EGV sieht die Aufstellung von Leitlinien vor. Der Begriff der Leitlinien wird im gesamten Vertrag zwar nicht definiert; er ergibt sich jedoch aus dem Charakter der Zielbestimmung als Beitrag zur Förderung des Netzauf- und Netzausbaus durch die Mitgliedstaaten. Leitlinien sind demnach als Orientierungsrahmen [569] zu verstehen, der aus Gemeinschaftssicht die Eckpunkte der Infrastruktur festlegt [570].

---

563 *Frohnmeyer* in: Grabitz/Hilf, Das Recht der Europäischen Union, Altband 1, vor Art. 129b-d Rdnr. 11.
564 *Erdmenger* aaO. (Anm. 561), Vorb. zu den Art. 129b bis 129d Rdnr. 5.
565 Siehe *Erdmenger* aaO. (Anm. 561), Vorb. zu den Art. 129b bis 129d Rdnr. 4.
566 Vgl. dazu *Gottschewski*, Zur rechtlichen Durchsetzung von europäischen Straßen, S. 79.
567 Der Anwendungsbereich des Art. 155 EGV erstreckt sich nach einhelliger Meinung anders als noch die Vorschriften des Verkehrstitels auf sämtliche Verkehrsträger., vgl. nur *Frohnmeyer* in: Grabitz/Hilf, Kommentar zur Europäischen Union, Altband 1, Art. 129b Rdnr. 3; *Epiney/Gruber*, Verkehrspolitik und Umweltschutz in der Europäischen Union, S. 35; siehe auch die detaillierte Aufzählung der einzelnen Verkehrsnetze und Verkehrsträger bei *Abeele/Capouet* in: Commentaire Megret, Le droit de la CE, Bd. 8, Teil 4, S. 140 f.
568 *Rambow* in: Lenz, Kommentar zum EG-Vertrag, 1. Aufl., Art. 129c Rdnr. 1; *Dieter/Grüter* in: Lenz, Kommentar zum EG-Vertrag, Art. 155 Rdnr. 1.
569 Vgl. auch die nach Art. 314 EGV in gleicher Weise verbindliche französische Sprachfassung: „ensemble d'orientations".
570 Dementsprechend werden in Art. 1 Abs. 2 der Entscheidung Nr. 1692/96/EG des Europäischen Parlaments und des Rates vom 22.7.1996 über die Leitlinien für den Aufbau eines

Der Mindestgehalt der Leitlinien besteht nach Art. 155 Abs. 1 Spstr. 1 EGV aus den Zielen, den Prioritäten und Grundzügen der im Bereich der transeuropäischen Netze in Betracht gezogenen Aktionen sowie den „Vorhaben von gemeinsamen Interesse". Die Leitlinien dürfen für die Entwicklung des jeweils in Betracht gezogenen Infrastrukturnetzes nur diejenigen Ziele enthalten, die aus dem Art. 154 EGV abgeleitet werden können. Der Inhalt der Leitlinien muss sich daher auf den Binnenmarkt, den wirtschaftlichen und sozialen Zusammenhalt, die Förderung des Verbundes und der Interoperabilität der einzelstaatlichen Netze und/oder den Zugang zu diesen Netzen beziehen [571].
Die im ersten Spiegelstrich erwähnten Prioritäten können sowohl sachlicher als auch zeitlicher Natur sein [572]. So finden sich in den gemeinschaftlichen Leitlinien für den Aufbau eines transeuropäischen Verkehrsnetzes neben sachlichen Prioritätssetzungen [573], die die Entwicklung eines Netzes bzw. den Zugang zu einem bestimmten Netz oder zu Teilen des Netzes als vordringlich darstellen, auch zeitliche Prioritätssetzungen [574], welche den zeitlichen Rahmen für die Etappenziele festlegen.
Die Grundzüge der in Betracht gezogenen Aktionen erfassen im Wesentlichen solche Maßnahmen, die für das Zustandekommen und den Ausbau der jeweiligen Netze erforderlich sind [575]. Im Bereich der Verkehrsnetze gehören dazu z.B. die Aufstellung und Fortschreibung von Leitplänen, die kathographisch den Auf- und Ausbaubedarf bestimmen. In Absatz 1, erster Spiegelstrich wird dies als „Ausweisen von Vorhaben von gemeinsamen Interesse" bezeichnet. Die derartig bezeichneten Vorhaben bilden somit die „Kernstücke" der Maßnahmen zur Ergänzung der einzelstaatlichen Netze, die zur Funktionsfähigkeit des Binnenmarktes und des wirtschaftlichen und sozialen Zusammenhalts erforderlich sind [576].

---

transeuropäischen Verkehrsnetzes, ABl. 1996 Nr. L 228/1, dieselben als „allgemeiner Bezugsrahmen gekennzeichnet

[571] Zu den Zielen der transeuropäischen Netze siehe auch die Bemerkungen in Teil 1, Abschnitt B, II.

[572] *Ukrow* in: Calliess/Ruffert, Kommentar zum EU-/EGV, Art. 155 Rdnr. 4; *Frohnmeyer* in: Grabitz/Hilf, Das Recht der Europäischen Union, Altband 1, Art. 129c Rdnr. 5.

[573] Siehe Art. 5 der Entscheidung 1692/96/EG des Europäischen Parlaments und des Rates vom 22.7.1996 über gemeinschaftliche Leitlinien für den Aufbau eines transeuropäischen Verkehrsnetzes, ABl. 1996 Nr. L 228/1.

[574] Vgl. Anhang III der Entscheidung Nr. 1692/96/EG des Europäischen Parlaments und des Rates vom 22.7.1996 über gemeinschaftliche Leitlinien für den Aufbau eines transeuropäischen Verkehrsnetzes.

[575] *Dieter/Grüter* in: Lenz, Kommentar zum EG-Vertrag, Art. 155 Rdnr. 6.

[576] So *Erdmenger* in: von der Groeben/Thiesing/Ehlermann, Kommentar zum EU-/EG-Vertrag, Bd. 3, Art. 129c Rdnr. 11; vgl. auch *Dieter/Grüter* aaO. (Anm. 575), Art. 155 Rdnr. 6. Interessante Beispiele für eine Auswahl gemeinsamer Vorhaben im Bereich des Verkehrs finden sich im sog. Zwischenbericht der Christopheren-Gruppe, in: Beilage 2/94 zum BullEU.

Die Leitlinien können grundsätzlich jede Form eines Rechtsaktes annehmen [577]. Eine Beschränkung auf Richtlinien oder Entscheidungen ist aus dem Wortlaut insoweit nicht ersichtlich [578]. Nach Art. 156 S. 1 EGV werden die Leitlinien nach Anhörung des Wirtschafts- und Sozialausschusses und des Ausschusses der Regionen als Rechtsakt der Gemeinschaft unter Berücksichtigung ihrer wirtschaftlichen Lebensfähigkeit [579] im Mitentscheidungsverfahren nach Art. 251 EGV verabschiedet. Das Prinzip der Mehrheitsentscheidung erfährt für diese Maßnahmen jedoch in Art. 156 S. 2 EGV eine Durchbrechung. Satz 2 bestimmt, dass die Aufstellung von Leitlinien und die Ausweisung von Vorhaben, die das Hoheitsgebiet eines Mitgliedstaates durchbrechen, der Billigung des betroffenen Mitgliedstaates bedürfen.

(2) Aktionen zur Gewährleistung der Interoperabilität (Art. 155 Abs. 1 Spstr. 2 EGV)

Nach Art. 155 Abs. 1 Spstr. 2 EGV soll die Gemeinschaft Aktionen durchführen, die für die Gewährleistung der Interoperabilität der Netze notwendig sind. Diese Vorschrift zielt darauf ab, die mitgliedstaatlichen Netze möglichst ohne Hindernisse grenzüberschreitend benutzbar zu machen.
Die Interoperabilität steht immer dann in Frage, wenn die Auslegung der betreffenden Netze unterschiedlich ist und ihre grenzüberschreitende Benutzung zumindest erschwert wird [580]. Aktionen zur Gewährleistung der Interoperabilität sind demzufolge auf die Kompatibilität der Netze und Einrichtungen zu ihrer Nutzung ausgelegt [581]. Unter Absatz 1, zweiter Spiegelstrich fallen daher alle Voraussetzungen für ein reibungsloses Ineinandergreifen der Netze und ihrer Teile.
Die Interoperabilität soll nach Art. 155 Abs. 1 Spstr. 2 EGV insbesondere durch die Harmonisierung der technischen Normen erreicht werden [582], wobei auf die Methoden aufgebaut werden kann, die die Gemeinschaft zur Herstellung des freien Warenverkehrs auf dem Gebiet der technischen Vorschriften und Normen entwickelt hat [583]. Unter den Begriff der Interoperabilität fallen neben der Harmonisierung technischer Vorschriften aber auch besondere Formen des Ineinanderwirkens einzelner Netze, so z.B. der Aufbau von Verkehrsketten zwischen verschiedenen Verkehrsträgern (Schiene/Straße) und der ungestörte Betrieb der

---

[577] *Ukrow* aaO. (Anm. 572), Art. 156 Rdnr. 5.
[578] So aber *Frohnmeyer* aaO. (Anm. 572), Art. 129d Rdnr. 2.
[579] Siehe dazu Art. 155 Abs. 1 a.E. EGV und die Ausführungen in Teil 1, Abschnitt B, II.
[580] Beispiele dafür sind die unterschiedlichen Spurbreiten der Eisenbahnen in Portugal, Spanien und Finnland im Verhältnis zu den anderen Mitgliedstaaten, siehe *Rambow* in: Lenz, Kommentar zum EG-Vertrag, 1. Aufl., Art. 129c Rdnr. 9.
[581] *von Burchard* in: Schwarze, Kommentar zur EU, Art. 155 Rdnr. 8.
[582] Vgl. dazu die RL 96/48/EG des Rates vom 23.7.1996 über die Interoperabilität des transeuropäischen Hochgeschwindigkeitsnetzes, ABl. 1996 Nr. L 236/6.
[583] *Erdmenger* in: von der Groeben/Thiesing/Ehlermann, Kommentar zum EU-/EGV, Art. 129c Rdnr. 21.

dafür erforderlichen Infrastruktur (z.B. Güterverkehrszentren für den kombinierten Verkehr)[584].
Aktionen zur Gewährleistung der Interoperabilität sind nach Art. 156 S. 1 EGV ebenso wie die Leitlinien und Vorhaben von gemeinsamen Interesse unter Berücksichtigung ihrer wirtschaftlichen Lebensfähigkeit im Mitentscheidungsverfahren zu verabschieden. In Art. 156 S. 2 EGV werden diese Maßnahmen jedoch nicht erwähnt, so dass eine Zustimmung der jeweils betroffenen Mitgliedstaaten nicht erforderlich ist.

(3) Gewährleistung finanzieller Unterstützung (Art. 155 Abs. 1 Spstr. 3 EGV)

Eine in Art. 155 Abs.1 Spstr. 3 EGV vorgesehne finanzielle Unterstützung von Vorhaben von gemeinsamen Interesse durch die Gemeinschaft setzt zunächst voraus, dass diese gemäß Art. 155 Abs. 1 Spstr. 1 EGV im Rahmen von Leitlinien ausgewiesen sind. Des Weiteren müssen diese Vorhaben „von den Mitgliedstaaten ganz oder teilweise unterstützt" werden. Dabei handelt es sich primär um finanzielle Beteiligungen; es sind aber auch andere Formen der Unterstützung denkbar, z.B. in Form einer Kapitalbeteiligung an dem das Vorhaben durchführenden Unternehmen oder die Unterstützung von Vorhaben, die wie in Frankreich als Vorhaben von „öffentlichen Interesse" deklariert werden[585].
Die Unterstützung der Mitgliedstaaten soll „insbesondere" durch Durchführbarkeitsstudien, Anleihebürgschaften und Zinszuschüsse erfolgen. Demnach sind auch andere Unterstützungsmaßnahmen möglich, wie etwa direkte Subventionen[586]. Das hat insbesondere Bedeutung für Vorhaben der Verkehrsinfrastruktur, die oft keine hohe finanzielle Rentabilität besitzen.
Nach Art. 155 Abs. 1 Spstr. 3 Hs. 2 EGV kann die Gemeinschaft auch über den nach Art. 161 EGV errichteten Kohäsionsfonds[587] zu spezifischen Verkehrsinfrastrukturvorhaben in den Mitgliedstaaten beitragen.
Maßnahmen zur Gewährleistung finanzieller Unterstützung werden nach Art. 156 S. 1 EGV ebenso wie Maßnahmen im Bereich der Interoperabilität nach Anhörung des Wirtschafts- und Sozialausschusses und des Ausschusses der Regionen unter Berücksichtigung ihrer wirtschaftlichen Lebensfähigkeit gemäß dem Mitentscheidungsverfahrens festgelegt, ohne dass die Zustimmung eines davon betroffenen Mitgliedstaates notwendig wäre.

[584] Dazu *Erdmenger* in: von der Groeben/Thiesing/Ehlermann, Kommentar zum EU-/EG-Vertrag, Bd. 3, Art. 129c Rdnr. 20.
[585] *Dieter/Grüter* in: Lenz, Kommentar zum EG-Vertrag, Art. 155 Rdnr. 18.
[586] *Erdmenger* in: von der Groeben/Thiesing/Ehlermann, Kommentar zum EU-/EG-Vertrag, Bd. 3, Art. 155 Rdnr. 24.
[587] Siehe VO 1164/94/EG zur Errichtung des Kohäsionsfonds vom 16.5.1994, ABl. 1994 Nr. L 130/1; geändert durch VO 1264/99/EG vom 21.6.1999, ABl. 1999 Nr. L 161/57.

bb) Natur der Rechtsgrundlage

Im Folgenden wird festzustellen sein, ob die Gemeinschaft durch die Einführung der Art. 154 ff. EGV in den EG-Vertrag eine ausschließliche Zuständigkeit im Bereich der transeuropäischen Netze erlangt hat. Eine ausschließliche Zuständigkeit der Gemeinschaft im Bereich der transeuropäischen Netze würde bedeuten, dass die Mitgliedstaaten sich jeder weiteren Planung und Förderung von transeuropäischen Achsen enthalten müssten.
Gegen eine solche Annahme sprechen jedoch mehrere Argumente: Gemäß Art. 154 Abs. 1 EGV *trägt* die Gemeinschaft zum Auf- und Ausbau der transeuropäischen Netze *bei*. Mit dieser Formulierung wird klargestellt, dass andere Akteure, wie die Mitgliedstaaten, aber auch private Unternehmen, in diesem Aufgabenfeld tätig sind [588]. Weiterhin zielt die Tätigkeit der Gemeinschaft nach Art. 154 Abs. 2 S. 1 EGV auf eine bloße *Förderung* des Verbunds und der Interoperabilität der einzelstaatlichen Netze sowie des Zugangs zu diesen Netzen ab. Schließlich dienen die in Art. 155 Abs. 1 Spstr. 3 EGV vorgesehenen Finanzierungsmöglichkeiten (nur) dazu, die von den Mitgliedstaaten unterstützten Vorhaben finanziell zu *unterstützen*.
Die Tätigkeit der Gemeinschaft im Bereich der transeuropäischen Netze ist demzufolge also nicht eigenständiger, sondern vielmehr komplementärer Natur [589]. Das zeigt sich auch in Art. 155 Abs. 2 S. 1 EGV, wonach die Mitgliedstaaten untereinander ihre einzelstaatlichen Politiken koordinieren, die sich erheblich auf die Verwirklichung der Ziele des Art. 154 EGV auswirken können. Diese Koordinierungspflicht, die nach Satz 2 besteht, soweit sich die einzelstaatlichen Pflichten erheblich auf die Verwirklichung dieser Ziele auswirken können, ist als Folge einer weiterhin bestehenden mitgliedstaatlichen Zuständigkeit anzusehen [590].
Ein weiterer Hinweis auf eine geteilte Zuständigkeit zwischen der Gemeinschaft und den Mitgliedstaaten im Bereich der transeuropäischen Netze findet sich schließlich im mitgliedstaatlichem Billigungserfordernis des Art. 156 S. 2 EGV, wonach Leitlinien und Vorhaben von gemeinsamen Interesse, die das Hoheitsgebiet eines Mitgliedstaates betreffen, dessen Billigung bedürfen. Denn wo Vorbehalte zugunsten der Mitgliedstaaten formuliert sind, kann es sich nur um eine konkurrierende Kompetenz der Gemeinschaft handeln [591].
Aufgrund dieser Aufgaben- und Zuständigkeitsverteilung besteht die Aufgabe der Gemeinschaft im Wesentlichen darin, für den Verbund und die tatsächliche Möglichkeit des Ineinanderwirkens (Interoperabilität) der einzelstaatlichen Netze in ergänzender Funktion Sorge zu tragen. Die Gemeinschaft tritt demnach als

---

[588] Vgl. *Dieter/Grüter* in: Lenz, Kommentar zum EG-Vertrag, Art. 154 Rdnr. 3; ähnlich auch *Bogs*, Die Planung transeuropäischer Verkehrsnetze, S. 43.
[589] *Ukrow* in: Calliess/Ruffert, Kommentar zum EU-/EGV, Art. 154 Rdnr. 2.
[590] Vgl. auch *von Burchard* in: Schwarze, EU-Kommentar, Art. 155 Rdnr. 13.
[591] Allgemein *Jarass* in: AöR 121 (1996), S. 173 ff. [190]; für Art. 155 EGV i.V. mit Art. 156 S. 2 EGV siehe *Bogs* aaO. (Anm. 588), S. 43.

vierte Handlungsebene für den Auf- und Ausbau der Netze auf, zusätzlich zu der nationalstaatlichen, der regionalen und der kommunalen Handlungsebene [592].
Als Ergebnis kann daher festgehalten werden, dass die Mitgliedstaaten, die häufig auch Eigentümer des Grund und Bodens sowie der Bauwerke selbst sind, auch nach Einführung der Art. 154 ff. EGV in den EG-Vertrag berechtigt sind, über die Planung, den Bau und den Betrieb der Verkehrsinfrastrukturen im Bereich der transeuropäischen Netze zu entscheiden [593]. Die Planung und der Bau von Verkehrsinfrastrukturanlagen unterliegt damit auch weiterhin vielfältigen einzelstaatlichen Planungs- und Genehmigungsverfahren, die die ordnungsgemäße Nutzung des Raumes und des Bodens sowie die bautechnische Sicherheit und andere öffentliche Belange gewährleisten sollen [594].
Demnach fällt die Kompetenzvorschrift des Art. 156 EGV i.V. mit Art. 155 Abs. 1 EGV nicht in die ausschließliche Zuständigkeit der Gemeinschaft [595]. Mithin ist das Subsidiaritätsprinzip des Art. 5 Abs. 2 EGV auf die Rechtsetzung im Rahmen der Art. 156 EGV i.V. mit Art. 155 Abs. 1 EGV uneingeschränkt anzuwenden.

b) Art. 95 EGV

Die Rechtsgrundlage des Art. 95 EGV könnte möglicherweise als Rechtsangleichungskompetenz neben Art. 156 EGV i.V. mit Art. 155 Abs. 1 Spstr. 2 EGV im Bereich der Harmonisierung technischer Normen zur Gewährleistung der Interoperabilität in Betracht kommen.
Dieser Annahme ist der Gerichtshof jedoch in der Rs. C-271/94 [596] ausdrücklich entgegengetreten. Die transeuropäischen Netze dienen, so der EuGH, nach dem Wortlaut des Art. 154 EGV, auf den Art. 155 EGV verweist, auch der Errichtung des Binnenmarktes. Was die Interoperabilität der Netze im Rahmen der

---

592 *Erdmenger* in: von der Groeben/Thiesing/Ehlermann, Kommentar zum EU-/EG-Vertrag, Bd. 3, Art. 129b Rdnr. 4; Ukrow aaO. (Anm. 589), Art. 154 Rdnr. 2.

593 Vgl. auch *Ukrow* aaO. (Anm. 589), Art. 154 Rdnr. 2; *von Burchard* aaO. (Anm. 590), Art. 154 Rdnr. 9; *Brandt* in: Röttinger/Weyringer, Handbuch der europäischen Integration, S. 932.

594 Vgl. hierzu die Aufzählung der einzelnen staatlichen Einwirkungsmöglichkeiten *Abeele/Capouet* in: Commentaire Megret, Le droit de la CE, Bd. 8, Teil 4, S. 139.

595 So auch *Erdmenger* aaO. (Anm. 592), Art. 129b Rdnr. 5 u. Art. 129c Rdnr. 40; *Jürgensen*, Gemeinschaftlicher und nationaler Grundrechtsschutz bei der Realisierung transeuropäischer Verkehrsnetze, S. 58; *Bogs* aaO. (Anm. 588), S. 43; *Abeele/Capouet* aaO. (Anm. 594), S. 139 und *Vinois* in: RMUE 1993, Heft 1, S. 93 ff. [101] sprechen von einer „compétence partagée"; vgl. auch die Kommission der EG, Mitteilung über die künftige Entwicklung der gemeinsamen Verkehrspolitik vom 2. 12. 1992, Globalkonzept einer Gemeinschaftsstrategie für eine auf Dauer tragbare Mobilität, Dok. KOM (92) 494endg., S. 23 Rdnr. 44 und *Frohnmeyer* in: Grabitz/Hilf, Das Recht der Europäischen Union, Altband 1, vor Art. 129b-d Rdnr. 4 sprechen von einer „gemischten Zuständigkeit".

596 EuGH, Rs. C-271/94 (Parlament/Rat), Slg. 1996, S. I-1689 ff.

Errichtung des Binnenmarktes angeht, enthalte Art. 155 Abs. 1 Spstr. 2 EGV gegenüber Art. 95 EGV daher eine speziellere Anwendung [597].
Nach diesen vom Gerichtshof entwickelten Grundsätzen ist in allen Fällen, in denen Art. 155 EGV eine hinreichende Grundlage zum Erlass von Harmonisierungsvorschriften darstellt, Art. 95 EGV unanwendbar [598].

c) Art. 71 Abs. 1 lit. d EGV; Art. 80 Abs. 2 EGV

Die Förderung des Auf- und Ausbaus der Verkehrsinfrastruktur ist nach dem oben Gesagten als ein bedeutender Bestandteil der gemeinsamen Verkehrspolitik anzusehen [599] und kann daher nur im Rahmen der Maßnahmen zur Verwirklichung der allgemeinen verkehrspolitischen Ziele sachgerecht erfolgen. Bis zum Inkrafttreten des Maastrichter Vertrages wurden die verkehrsinfrastrukturpolitischen Maßnahmen daher noch auf ex-Art. 75 Abs. 1 lit. c EWGV [600] (heute: Art. 71 Abs. 1 lit. d EGV) und ex-Art. 84 Abs. 2 EWGV [601] (heute: Art. 80 Abs. 2 EGV) gestützt [602]. Nach Inkrafttreten des EU-Vertrages stehen dafür nunmehr die Vorschriften über die transeuropäischen Netze zur Verfügung, so dass die Art. 71 Abs. 1 lit. d EGV und Art. 80 Abs. 2 EGV nur noch subsidiär Geltung beanspruchen können.
Für das Verhältnis des Art. 156 EGV i.V. mit Art. 155 Abs. 2 EGV zu Art. 71 Abs. 1 lit. d EGV und Art. 80 Abs. 2 EGV bedeutet das, dass sich diese Kompetenzgrundlagen im Bereich der Verkehrsinfrastruktur ergänzen; sie gelten demzufolge „komplementär bzw. additiv“ [603]. Die Ermächtigungsgrundlagen im Verkehrstitel können damit zu ergänzenden Maßnahmen herangezogen werden, die als solche nicht auf Art. 156 EGV gestützt werden können und zur Verwirklichung der gemeinsamen Verkehrspolitik bzgl. der Infrastrukturplanung erfor-

---

[597] EuGH aaO. (Anm. 596), S. 1716 Rdnr. 33.
[598] So auch *Dieter/Grüter* in: Lenz, Kommentar zum EG-Vertrag, Art. 155 Rdnr. 15; *von Burchard* in: Schwarze, EU-Kommentar, Art. 154 Rdnr. 20; a.A. *Rambow* in: Lenz, Kommentar zum EG-Vertrag, 1. Aufl., Art. 129c Rdnr. 12.
[599] Siehe dazu die Bemerkungen in Teil 1, Abschnitt B, I. 4., S.
[600] In der Fassung der Bek. vom 27.12.1957, BGBl. 1958 II, S.1.
[601] In der Fassung der Bek. vom 27.12.1957, BGBl. 1958 II, S.1.
[602] Vgl. nur die auf Art. 71 EGV gestützten Verkehrsinfrastrukturverordnungen: VO 4048/88/EWG des Rates vom 19.12.1988 über eine Finanzhilfe für Verkehrsinfrastrukturvorhaben, ABl. 1988 Nr. L 356/5; VO 1738/93/EWG des Rates vom 25.6.1993 zur Durchführung eines Aktionsprogramms auf dem Gebiet der Verkehrsinfrastruktur im Hinblick auf die Vollendung des integrierten Verkehrsmarktes, ABl. 1993 L 161/4; zuletzt die auf Art. 71 EGV und Art. 80 Abs. 2 EGV bzw. Art. 71 EGV gestützten Entscheidungen betreffend der Verkehrsinfrastruktur: Entscheidung 93/628/EWG des Rates vom 29.10.1993 zur Schaffung eines transeuropäischen Netzes für kombinierten Verkehr, ABl. 1993 Nr. L 305/1; Entscheidung 93/629/EWG des Rates vom 29.10.1993 zur Schaffung eines transeuropäischen Verkehrsnetzes, ABl. 1993 Nr. L 305/11); Entscheidung 93/630/EWG vom 29.10.1993 über die Entwicklung eines transeuropäischen Binnenwasserstraßennetzes, ABl. 1993 Nr. L 305/39).
[603] So *Erdmenger* in: von der Groeben/Thiesing/Ehlermann, Kommentar zum EU-/EGV, Bd. 3, Art. 129b Rdnr. 7.

derlich sind [604]. Demnach ist es möglich, im Rahmen der Art. 71 Abs. 1 lit. d EGV und Art. 80 Abs. 2 EGV Vorschriften zu erlassen, die nicht die Verwirklichung eines *transeuropäischen* Verkehrsnetzes zum Gegenstand haben. Denkbar ist beispielsweise die Beseitigung von Systemgrenzen innerhalb einzelner Verkehrsträger oder die Förderung des kombinierten Verkehrs im *innerstaatlichen* Verkehr der Mitgliedstaaten, soweit der zwischenstaatliche Verkehr unmittelbar hiervon nicht betroffen ist [605].
Die Art. 75 Abs. 1 lit. d EGV und Art. 80 Abs. 2 EGV sind konkurrierende Gemeinschaftszuständigkeiten [606], so dass das Subsidiaritätsprinzip nach Art. 5 Abs. 2 EGV auch hier Anwendung finden muss.

5. Fazit

Der EG-Vertrag stellt dem Gemeinschaftsgesetzgeber in kompetentieller Hinsicht ein umfangreiches Instrumentarium zur Verwirklichung einer gemeinsamen (Binnen-)Verkehrspolitik zur Verfügung. Die vertraglichen Kompetenzvorschriften ermöglichen sowohl die Umsetzung der allgemeinen Vertragsgrundsätze als auch die hinreichende Berücksichtigung verkehrspolitischer Sonderbelange. Den Mitgliedstaaten verbleibt aufgrund dieser umfangreichen Gemeinschaftskompetenzen kaum ein Sektor, der zur ausschließlichen Rechtsetzung im Bereich des Verkehrs berechtigt. Etwas anderes gestaltet sich die Situation nur im Bereich der Verkehrsinfrastruktur, wo die Europäische Gemeinschaft prinzipiell auf eine Rahmengesetzgebung beschränkt ist.
Diesem breitgefächertem gemeinschaftlichen Kompetenzinstrumentarium steht allerdings eine ebenso umfassende Berücksichtigung des Subsidiaritätsprinzips gegenüber, was insbesondere auch für die Verkehrsbinnenmarktkompetenzen gilt.
Nachdem die verkehrspolitischen *Binnen*kompetenzen und deren „Zuständigkeitsnatur“ ermittelt worden sind, soll im folgenden Abschnitt II. gezeigt werden, wie sich der Umfang der verkehrspolitischen *Außen*kompetenzen gestaltet.

---

604 *Erdmenger* aaO. (Anm. 603), Art. 129b Rdnr. 7, ebenfalls *Jürgensen*, Gemeinschaftlicher und nationaler Grundrechtsschutz bei der Realisierung transeuropäischer Verkehrsnetze, S. 71 ff; *von Burchard* in: Schwarze, EU-Kommentar, Art. 154 Rdnr. 18.

605 Vgl. dazu *Frohnmeyer* in: Grabitz/Hilf, Das Recht der Europäischen Union, Altband 2, Art. 129c Rdnr. 10, der die Beseitigung von Systemgrenzen innerhalb der verschieden Verkehrsträger im innerstaatlichen Verkehr nicht von Art. 155 EGV erfasst wissen will.

606 Für Art. 71 Abs. 1 lit. d EGV vgl. die Ausführungen in Teil 2, Abschnitt D, I. 1. b) bb) (1) (b); für Art. 80 Abs. 2 EGV siehe die Bemerkungen in Teil 2, Abschnitt D, I. 1. b) bb) (1) (c).

II. Die Außenkompetenzen

Das Verkehrswesen hat mit seiner Funktion zur Förderung des Handelsaustausches und der Kommunikation traditionell einen ausgeprägt grenzüberschreitenden Bezug. Der „Verkehr“ war daher bereits früh Aufgabenbereich internationaler Organisationen und ist auch heute noch in vielen Bereichen durch internationale Konventionen bestimmt: vgl. z.B. für die Rheinschifffahrt die bereits 1868 beschlossene Mannheimer Rheinschiffahrtsakte [607], für die Donau die Konvention von 1921 [608] und 1948 [609], für den Luftverkehr das Abkommen über die Internationale Zivilluftfahrt von 1944 [610], für die Seeschifffahrt die Satzung der Internationalen Seeschiffahrtsorganisation [611] und schließlich für den Straßenverkehr die im Rahmen der Wirtschaftkommission der Vereinten Nationen für Europa [612] abgeschlossenen Abkommen [613].

Die Gemeinschaft stellt in diesen traditionellen zwischenstaatlichen Beziehungen eine neue Handlungsebene dar: Der transnationale Verkehr in der Union ist zum Binnenverkehr der Gemeinschaft geworden; der Verkehr von und nach Drittstaaten zum „Außenverkehr“ der Gemeinschaft. Je umfassender daher die Gegenstände des Binnenverkehrs im Zuge der Entwicklung der gemeinsamen Verkehrspolitik gestaltet werden, um so notwendiger wird auch die Regelung der Verkehrsaußenbeziehungen der Gemeinschaft [614]. Die Außenbeziehungen der Gemeinschaft auf dem Gebiet der Verkehrspolitik betreffen dabei u.a. Fragen der Marktordnung wie den Marktzugang und die Vergabe von Verkehrsrechten, die Preisbildung und Beförderungsbedingungen, die extraterritoriale Anwendung des europäischen Wettbewerbsrechts, den Ausbau der transeuropäischen Infrastruktur, ferner die Harmonisierung der Vorschriften über die Verkehrssicherheit und des Umweltschutzes sowie den Transit durch dritte Staaten.

---

[607] Revidierte Rheinschiffahrtsakte vom 17.10.1868, Gesetz-Sammlung für die Königlichen Preußischen Staaten 1869, S. 798 ff., in geänderter Fassung neu bekanntgemacht in BGBl. 1969 II, S. 597 ff.

[608] Donau-Akte vom 23.7.1921, RGBl. 1922 I, S. 284.

[609] Konvention über die Regelung der Schiffahrt auf der Donau, United Nations Treaty Series (UNTS) Bd. 33, S. 181, ÖGBl. 1960, S. 427.

[610] Abkommen über die Internationale Zivilluftfahrt (Chicago Convention), UNTS, Bd. 15, S. 295 ff., BGBl. 1956 II, S. 411.

[611] Inter Maritime Organisation (IMO), BGBl. 1986, S. 423.

[612] Die Economic Commission for Europe (ECE) wurde 1947 gegründet. Ihr Sitz ist Genf.

[613] Vgl. nur das Übereinkommen vom 30.9.1957 über die internationale Beförderung gefährlicher Güter auf der Straße (ADR), BGBl. 1969 II, S. 1489; das Übereinkommen vom 19.5.1956 über den Beförderungsvertrag im internationalen Straßengüterverkehr (CMR), BGBl. 1961 II, S. 1119; das Europäische Übereinkommen vom 1.7.1970 über die Arbeit des im internationalen Straßenverkehr beschäftigten Fahrpersonals (AETR), BGBl. 1974 II, S. 1473; das Abkommen vom 18.5.1956 über die Besteuerung von Straßenfahrzeugen zum privaten Gebrauch im internationalen Verkehr, BGBl. 1960 II, S. 2397.

[614] *Erdmenger* in: von der Groeben/Thiesing/Ehlermann, Kommentar zum EU-/EG-Vertrag, Bd. 1, Vorbemerkung zu den Art. 74 bis 84 Rdnr. 29.

Die Außenkompetenzen der Gemeinschaft im Bereich des Verkehrs erstrecken sich im Rahmen ihrer Befugnisse - ebenso wie in der Handelspolitik - dabei sowohl auf autonome als auch auf vertragliche Maßnahmen [615].

1. Autonome Maßnahmen im Verkehrssektor

Von autonomen Maßnahmen spricht man, wenn die Europäische Gemeinschaft Regelungen trifft, die nach außen hin wirken und zu ihrer Gültigkeit keiner Beteiligung eines anderen Rechtssubjekts bedürfen [616]. Dabei handelt es sich im Wesentlichen um außenpolitische Maßnahmen, die unabhängig von völkerrechtlichen Vorgaben vom Gemeinschaftsgesetzgeber gewünscht werden.
Die Befugnisgrundlagen im EG-Vertrag enthalten jedoch nur äußerst selten eine Ermächtigung zum Erlass autonomer Maßnahmen [617]. Derartige Befugnisse sind vom EuGH bislang nur im Abschnitt über den Verkehr ausdrücklich anerkannt worden [618]. So bezieht sich nach Auffassung des Gerichtshofs insbesondere Art. 71 Abs. 1 lit. a EGV nicht nur auf den innergemeinschaftlichen Verkehr, sondern auf den internationalen Verkehr schlechthin. Als weitere Ermächtigungsgrundlagen zum Erlass autonomer Maßnahmen im Bereich des Verkehrs kommen die Art. 71 Abs. 1 lit. b bis d und Art. 80 Abs. 2 EGV in Betracht. Aufgrund dieser Rechtsgrundlagen ist es möglich, „konzentrierte Aktionen gegenüber Mitgliedstaaten vorzusehen oder den Mitgliedstaaten ein bestimmtes Verhalten vorzuschreiben“ [619]. Als Beispiel dafür führt der Gerichtshof in seinem Gutachten 1/94 die für die Seeschifffahrt geltenden Verordnungen Nr. 4058/86 (freier Zugang) [620] und Nr. 4055/86 (freier Dienstleistungsverkehr, Verträge mit Drittstaaten) [621] an [622], die jeweils auf Art. 71 Abs. 1 EGV beruhen.
Wie zuvor festgestellt [623], handelt es sich bei Art. 71 Abs. 1 EGV und Art. 80 Abs. 2 EGV um nicht-ausschließliche Gemeinschaftszuständigkeiten, so dass

---

[615] *Zuleeg* in: Basedow, Europäische Verkehrspolitik, S. 59 ff. [69]; *Basedow/Dolfen* in: Dauses, Handbuch des EU-Wirtschaftsrechts, Bd. 2, Abschnitt L Rdnr. 128.
[616] Vgl. dazu *Hahn* in: Calliess/Ruffert, Kommentar zum EU-/EG-Vertrag, Art. 133 Rdnr. 43.
[617] Nach Auffassung des EuGH, Gutachten 1/94, Slg. 1994, S. I-5267 ff. [5411 f. Rdnr. 81] enthalten u.a. die Kapiteln über das Niederlassungsrecht und den freien Dienstleistungsverkehr keine Bestimmung, die die Zuständigkeit der Gemeinschaft ausdrücklich auf Beziehungen, die dem internationalen Recht unterliegen, erstreckt.
[618] Vgl. dazu EuGH, Rs. 22/70 (Kommission/Rat), Slg. 1971, S. 263 ff. [275 f. Rdnr. 23/28]; ferner EuGH aaO. (Anm. 617), S. I-5411 Rdnr. 79 f.
[619] Siehe EuGH aaO. (Anm. 617), S. I-5412 f. Rdnr. 79.
[620] VO 4058/86/EWG des Rates vom 22.12.1986 für ein koordiniertes Vorgehen zum Schutz des freien Zugangs zu Ladungen in der Seeschiffahrt, ABl. 1986 Nr. L 378/21.
[621] VO 4055/86/EWG des Rates vom 22.12.1986 zur Anwendung des Grundsatzes des freien Dienstleistungsverkehrs auf die Seeschiffahrt zwischen Mitgliedstaaten sowie zwischen Mitgliedstaaten und Drittländern, ABl. 1986 Nr. L 378/1
[622] EuGH aaO. (Anm. 617), S. I-5412 Rdnr. 80.
[623] Siehe dazu die Ausführungen in Teil 2, Abschnitt D, I. 1. b) bb) (1) und Teil 2, Abschnitt D, I. 3. b).

beim Erlass einseitiger, autonomer Maßnahmen im Bereich des Verkehrs das Subsidiaritätsprinzip gem. Art. 5 Abs. 2 EGV berücksichtigt werden muss.

2. Vertragliche Maßnahmen im Verkehrssektor

Sobald verkehrspolitisch relevante Regelungen unmittelbar das Territorium eines Drittstaates berühren, ist ein einseitiges Vorgehen der Gemeinschaft jedoch unzulässig [624]. Die Mitwirkung des betroffenen Drittstaates muss in solchen Fällen durch einen völkerrechtlichen Vertrag gesichert werden. Daher bedarf die Festsetzung rechtsverbindlicher Bestimmungen hinsichtlich des Verkehrs mit Nicht-EG-Staaten regelmäßig einer völkerrechtlichen Vereinbarung. Nach Art. 281 EGV besitzt die Gemeinschaft Rechtspersönlichkeit und damit in den Außenbeziehungen die Fähigkeit, vertragliche Bindungen mit Drittstaaten einzugehen [625]. Art. 300 Abs. 7 EGV erklärt die unter den Verfahrensvoraussetzungen des Art. 300 EGV geschlossenen Drittstaatenabkommen als verbindlich für die Mitgliedstaaten und die Gemeinschaftsorgane. Völkerrechtliche Verträge der Gemeinschaft sind daher ein integrierender Bestandteil der Gemeinschaftsordnung [626]. Dabei bleibt aber grundlegend zu beachten, dass die europäische Vertragsschließungskompetenz wegen des Prinzips der begrenzten Ermächtigung ihren Wesen nach begrenzt bleibt [627]. Die "Außensouveränität" verbleibt damit dem Prinzip nach bis auf weiteres bei den Mitgliedstaaten. Ob die Gemeinschaft im Einzelfall zuständig ist, völkerrechtliche Verpflichtungen einzugehen, entscheidet sich daher nach dem System und den materiellen Vorschriften des Gemeinschaftsrechts. Inwieweit die Gemeinschaftsorgane dann die ihnen im Vertrag zugewiesenen Vertragsschlusszuständigkeiten auch ausüben können, unterliegt nach Art. 5 Abs. 2 EGV, soweit es sich um eine nicht-ausschließliche Gemeinschaftszuständigkeit handelt, der Anwendung des Subsidiaritätsprinzips [628].

Im Folgenden sollen zunächst die expliziten (ausschließlichen) Vertragsschlusskompetenzen ermittelt werden, bevor dann geprüft wird, inwieweit implizite (ausschließliche) Zuständigkeiten die Gemeinschaft zum Abschluss von Verkehrsabkommen berechtigen.

---

[624] *Zuleeg* in: Basedow, Europäische Verkehrspolitik, S. 59 ff. [71 f.]

[625] So der EuGH, Rs. 22/70 (Kommission/Rat), Slg. 1971, S. 263 ff. [274 Rdnr. 13/14]. Die Vertragspartner müssen deren völkerrechtliche Rechtsfähigkeit vorher anerkannt haben, wobei die Anerkennung bereits in der Aufnahme von Vertragsverhandlungen erblickt werden kann, *Bothe* in: ZaöRV 37 (1977), S. 122 ff. [124 ff.].

[626] EuGH, Rs. 181/73 (Haegemann), Slg. 1974, S. 460 ff. [460 Rdnr. 2/6].

[627] *Oppermann*, Europarecht, Rdnr. 1741; vgl. zum Prinzip der begrenzten Ermächtigung auch die Ausführungen in Teil 2, Abschnitt B, I.

[628] *Oppermann* aaO. (Anm. 627) Rdnr. 1742.

a) Explizite Vertragsschlusskompetenzen

Für den Abschluss verkehrspolitisch relevanter Verkehrsabkommen kommen insbesondere die Art. 133 EGV und Art. 71 Abs. 1 EGV, Art. 80 Abs. 2 EGV sowie Art. 155 Abs. 3 EGV als explizite Vertragsschlusskompetenzen in Betracht.

aa) Art. 133 EGV

Art. 133 Abs. 6 UAbs. 3 EGV verweist für die Aushandlung und den Abschluss internationaler Übereinkünfte im Verkehrsbereich ausdrücklich auf den Titel V und Art. 300 EGV [629]. Dieser Verweis entspricht demnach der vom EuGH in seinem Gutachten 1/94 unter Hinweis auf das AETR-Urteil vertretenen Ansicht, wonach internationale Verkehrsabkommen nicht unter Art. 133 EGV (in der Fassung des Vertrages von Maastricht) fallen [630]. Die Rechtsprechung des Gerichtshofes ist damit im EG-Vertrag nunmehr ausdrücklich festgeschrieben: Der Dienstleistungsverkehr im Transportwesen verbleibt außerhalb des Anwendungsbereichs von Art. 133 EGV [631].
Anders verhält es sich nur dort, wo verkehrspolitische Fragen lediglich im Zusammenhang mit einem überwiegenden handelspolitischen Gegenstand geregelt werden sollen [632]. Hiernach ist es beispielsweise bis zum Inkrafttreten des Art. 301 EGV möglich gewesen, Embargomaßnahmen, die gleichzeitig die Unterbrechung des Verkehrsdienstleistungsaustausches mit einschließen, auf

[629] Damit hat der Vertrag von Nizza die im Amsterdamer Vertrag dem Rat eingeräumte Befugnis wieder zurückgenommen, durch einstimmigen Beschluss nach Art. 133 Abs. 5 EGV die ausschließliche Zuständigkeit für Dienstleistungen - einschließlich der Verkehrsdienstleistungen - an sich zu ziehen. Der Ausschluss des Verkehrs aus dem Anwendungsbereich der gemeinsamen Handelspolitik ist auf eine Initiative Dänemarks und der Niederlande zurückzuführen. Diese Mitgliedstaaten haben sich in der Regierungskonferenz von Nizza dafür ausgesprochen, den Verkehrsbereich nicht den allgemeinen Regeln über den Handel mit Dienstleistungen zu unterwerfen, vgl. dazu *Krenzler/Pitschas* in: EuR 2001, S. 442 ff. [455].

[630] EuGH, Gutachten 1/94, Slg. 1994, S. I-5257 ff. [5402 Rdnr. 48]. Der EuGH hat die Grenze der gemeinsamen Handelspolitik dort gezogen, wo es über den Warentausch im eigentlichen Sinne (Warenverkehr) oder die Erbringung von Dienstleistungen als Austausch unkörperlicher Waren bzw. Wirtschaftsgüter hinausgeht, EuGH aaO., S. I-5402 Rdnr. 47. Nach Auffassung des EuGH fiel nur „die grenzüberschreitende Erbringung von Dienstleistungen, die keinen Grenzübertritt von Personen erfordern", unter den Anwendungsbereich des Art. 133 Abs. 1 - 4 EGV in der Fassung des Vertrages von Maastricht, EuGH aaO., S. I-5401 Rdnr. 43, 46. Da der Verkehr als Dienstleistung zu verstehen ist, der auf den Austausch von Personen und Waren gerichtet und dabei jeweils auf einen Grenzübertritt von Personen (Fahrzeuglenker) angewiesen ist, müsse eine Einbeziehung des Verkehrs in Art. 133 Abs. 1 - 4 EGV daher von vornherein verneint werden, EuGH aaO., S. I-5402 Rdnr. 48.

[631] So *Vedder* in: Grabitz/Hilf, Das Recht der Europäischen Union, Bd. 2, Art. 133 Rdnr. 64; *Krenzler/Pitschas* aaO. (Anm. 629), S. 458 f.

[632] EuGH aaO. (Anm. 630), S. I-5403 Rdnr. 51; auch *Zuleeg* in: Basedow, Europäische Verkehrspolitik, S. 59 ff. [62]

Art. 133 Abs. 1 - 4 EGV zu stützen [633], da ein Embargo, das die Einfuhr und die Ausfuhr von Waren betrifft, nicht wirksam sein kann, wenn nicht ebenfalls eine Unterbrechung der Verkehrsdienstleistungen beschlossen würde [634].
Nach herrschender Rechtsauffassung sind die Mitgliedstaaten vom Aushandeln und Abschließen von Zoll- und Handelsabkommen ausgeschlossen [635], so dass das Subsidiaritätsprinzip für verkehrspolitische Maßnahmen mit einem überwiegend handelspolitischen Schwerpunkt nicht geprüft werden muss.

bb) Art. 71 Abs. 1 EGV und Art. 80 Abs. 2 EGV

Der Wortlaut der Art. 71 Abs. 1 EGV und 80 Abs. 2 EGV enthält keinerlei Hinweise, die darauf hinweisen, dass die Europäische Gemeinschaft dazu ermächtigt ist, völkerrechtliche Verträge mit Drittstaaten auszuhandeln und abzuschließen, mit der Folge, dass hier eine ausdrückliche Vertragsschlusskompetenz der Gemeinschaft zu verneinen ist [636].

cc) Art. 155 Abs. 3 EGV

Art. 155 Abs. 3 EGV ermächtigt die Europäische Gemeinschaft mit Drittstaaten zur Förderung von Vorhaben von gemeinsamen Interesse sowie zur Sicherstellung der Interoperabilität zusammenzuarbeiten. Damit ist es unter Berücksichtigung der Verfahrensvorschriften des Art. 300 EGV [637] auch möglich, völkerrechtliche Abkommen in diesem Bereich abzuschließen.
Mit den in Absatz 3 genannten Aktionen ist das gesamte Instrumentarium der Gemeinschaftsbeiträge zum Auf- und Ausbau transeuropäischer Netze gemeint, da Vorhaben von gemeinsamem Interesse nur durch Aufstellung von Netzplänen ermittelt werden, welche die Gemeinschaft nach Ziel- und Prioritätsüberlegun-

---

633 Vgl. nur die zahlreichen auf Art. 133 Abs. 1 EGV gestützten Embargomaßnahmen: VO 2340/90/EWG des Rates vom 8.8.1990 zur Verhinderung des Iraks und Kuwait betreffenden Handelsverkehrs der Gemeinschaft, ABl. 1990 Nr. L 213/1; VO 990/93/EWG des Rates vom 26.4.1993 über den Handel zwischen der Europäischen Wirtschaftsgemeinschaft und der Bundesrepublik Jugoslawien, ABl. 1993 Nr. L 102/14; VO 1608/93 des Rates vom 24.6.1993 über die Einführung eines Embargos in bestimmten Bereichen des Handels zwischen der Europäischen Wirtschaftsgemeinschaft und Haiti, ABl. 1993 Nr. L 155/2.

634 EuGH aaO. (Anm. 630), S. 5403 Rdnr. 51.

635 EuGH, Rs. 41/76 (Donckerwolke), Slg. 1976, S. 1921 ff. [1937 Rdnr. 31/37]: „Da durch Art. 113 Absatz 1 die Zuständigkeit für die Handelspolitik insgesamt auf die Gemeinschaft übertragen worden ist, sind nationale handelspolitische Maßnahmen seit dem Ende der Übergangszeit nur mit einer besonderen Ermächtigung durch die Kommission zulässig"; neuerdings bestätigt durch EuGH aaO. (Anm. 630), S. I-5396 f. Rdnr. 27; vgl. auch *Streinz*, Europarecht, Rdnr. 624; *Müller-Ibold* in: Lenz, EG-Kommentar, Vorbem. Art. 131-134 Rdnr. 15; *Pechstein*, Die Mitgliedstaaten der EG als „Sachwalter des gemeinsamen Interesses", S. 93 f.

636 Siehe auch EuGH, Rs. 22/70 (Kommission/Rat), Slg. 1971, S. 263 ff. [275 Rdnr. 26]; vgl. auch *Bentzien* in: ZLW 47 (1998), S. 439 ff. [443]; *Basedow/Dolfen* in: Dauses, Handbuch des EU-Wirtschaftsrechts, Bd. 2, Abschnitt L Rdnr. 130.

637 *Erberich* in: Bleckmann, Europarecht, § 34, Rdnr. 2739.

gen in Leitlinien festhält (vgl. Art. 155 Abs. 1 Spstr. 1 EGV) [638]. Der Umfang der Außenkompetenzen der Gemeinschaft ist somit im Ergebnis weitgehend durch die ihr nach Art. 155 Abs. 1 EGV zustehenden Befugnisse im Innern vorgegeben [639]. Art. 155 Abs. 1 EGV selbst ist nicht-ausschließlicher Natur [640], so dass sich für den Abschluss von völkerrechtlichen Verträgen mit Drittstaaten in diesem Bereich nichts anderes ergeben kann [641]. Darauf weist neben dem subsidiären Begriff der „Förderung" in Art. 155 Abs. 3 EGV [642] auch der spezifische Gegenstand dieser Zusammenarbeit hin, wonach neben der Gemeinschaft in erster Linie jene Mitgliedstaaten *beteiligt* werden müssen, die eine gemeinsame Grenze mit den betreffenden Drittländern haben [643].
Die infrastrukturpolitische Vertragsschlusskompetenz der Europäischen Gemeinschaft in Art. 155 Abs. 3 EGV ist damit nicht-ausschließlicher Natur, so dass das Subsidiaritätsprinzip wegen Art. 5 Abs. 2 EGV im Rahmen dieser verkehrspolitischen Außenkompetenz berücksichtigt werden muss.

b) Implizite Vertragsschlusskompetenzen

Eine externe Vertragsschlusskompetenz lässt sich im Verkehrssektor nicht nur einer ausdrücklichen Verleihung durch den EG-Vertrag entnehmen, wie sie in Art. 133 Abs. 1 EGV i.V. mit Art. 133 Abs. 1 - 4 EGV für Handelsabkommen und in Art. 155 Abs. 3 EGV für infrastrukturpolitische Abkommen vorgesehen ist, sondern auch aus stillschweigenden Vertragsschlusskompetenzen. Entgegen einer zunächst in der Lehre vertretenen Auffassung [644] hat der Gerichtshof vornehmlich im Bereich des Verkehrs in einem „reasoning from case to case" herausgearbeitet, dass sich die Außenkompetenz der Gemeinschaft zum Abschluss völkerrechtlicher Abkommen auch implizit aus den Vertragsbestimmungen ableiten lässt.

---

638 *Erdmenger* in: von der Groeben/Thiesing/Ehlermann, Kommentar zum EU-/EG-Vertrag, Bd. 3, Art. 129c Rdnr. 44.
639 *Erberich* aaO. (Anm. 637), Rdnr. 2739.
640 Vgl. dazu die Bemerkungen in Teil 2, Abschnitt D, I. 4. a) bb).
641 Für eine konkurrierende Zuständigkeit der Gemeinschaft ebenfalls *Erdmenger* aaO. (Anm. 651), Art. 129c Rdnr. 43, 46; sowie *von Burchard* in: Schwarze, EU-Kommentar, Art. 155 Rdnr. 15; vgl. auch *Frohnmeyer* in: Grabitz/Hilf, Das Recht der Europäischen Union, Altband 1, Art. 129c Rdnr. 19, der von einer gemischten Zuständigkeit der Gemeinschaft spricht.
642 Vgl. zur ergänzenden Bedeutung des Begriffs „Förderung" auch die Bemerkungen in Teil 2, Abschnitt D, I. 4. a) bb).
643 *Erdmenger* aaO. (Anm. 638), Art. 129c Rdnr. 46.
644 Die h.M. schloss aus Art. 7 EGV und Art. 300 Abs. 1 UAbs. 1 Hs. 1 EGV, dass die Gemeinschaft nur über ausdrücklich im EG-Vertrag verankerte Vertragsschließungskompetenzen verfüge, m.w.N. *Vedder*, Die auswärtige Gewalt des Europa der Neun, S. 104 f.

aa) Das Zustandekommen einer impliziten Vertragsschlusskompetenz

(1) Das sog. „AETR-Urteil"

Die Existenz impliziter Außenkompetenzen wurde zum ersten Mal im sog. AETR-Urteil angesprochen [645]. Diesem Urteil lag der Fall zugrunde, dass fünf von sechs Mitgliedstaaten und einige andere europäische Staaten im Rahmen der Wirtschaftskommission der UNO für Europa das Europäische Übereinkommen über die Arbeit der im internationalen Straßenverkehr beschäftigten Fahrzeugbesatzungen (AETR) abschließen wollten, wobei parallel dazu Arbeiten auf der EWG-Ebene zur Harmonisierung der Lenkungs- und Ruhezeiten der im Straßenverkehr beschäftigten Fahrer verliefen. Letztere wiederum führten zum Erlass der VO 543/69/EWG über die Harmonisierung bestimmter Sozialvorschriften im Straßenverkehr [646], woraufhin der Rat durch Beschluss die Haltung festlegte, die die Mitgliedstaaten in den Verhandlungen über das Europäische Übereinkommen einnehmen sollten. Diesem Beschluss des Rates zufolge wurden auch die Verhandlungen zu Ende geführt. Gegen diesen Beschluss des Rates erhob die Europäische Kommission Nichtigkeitsklage mit der Begründung, dass Art. 71 EGV der Gemeinschaft die ausschließliche Kompetenz einräumen würde, auch den grenzüberschreitenden Verkehr zu regeln. Nach Ansicht der Kommission sollte Art. 71 EGV, welcher der Gemeinschaft eine weit gefasste Zuständigkeit zur Durchführung der gemeinsamen Verkehrspolitik verleihen würde, auf diesem Gebiet ebenso für die Außenbeziehungen wie für interne Maßnahmen gelten. Der Rat machte dagegen geltend, dass eine Zuständigkeit zum Abschluss von Abkommen mit dritten Staaten nicht ohne ausdrückliche Vertragsbefugnis angenommen werden könnte [647]. Insbesondere hätte Art. 71 EGV nur innergemeinschaftliche Maßnahmen betroffen und hätte demnach nicht als zum Abschluss internationaler Abkommen berechtigend ausgelegt werden können.
Der Gerichtshof stellte dazu fest, dass sich aus Art. 281 EGV ergebe, dass die Gemeinschaft „die Fähigkeit, vertragliche Bindungen mit dritten Staaten einzugehen, im gesamten Bereich der im ersten Teil des Vertrages (...) umschriebenen Ziele besitze" [648]. Denn diese Zuständigkeit folge „nicht nur aus einer ausdrücklichen Erteilung durch den Vertrag (...), sondern auch aus anderen Vertragsbestimmungen und aus in ihrem Rahmen ergangenen Rechtsakten (...)" [649]. Obgleich Art. 71 EGV im Bereich der Außenkompetenzen die Gemeinschaft ausdrücklich nur dazu ermächtigt, den Verkehr durch autonome Maßnahmen zu

[645] EuGH, Rs. 22/70, Slg. 1971, S. 263 ff.
[646] VO 543/69/EWG des Rates vom 25.3.1969 über die Harmonisierung bestimmter Sozialvorschriften im Straßenverkehr, ABl. 1969 Nr. L 77/49.
[647] Wiedergegeben im Urteil des EuGH aaO. (Anm. 658), S. 267 f.
[648] EuGH aaO. (Anm. 645), S. 274 Rdnr. 14.
[649] EuGH aaO. (Anm. 645), S. 274 f. Rdnr. 15/19.

regeln [650], gab der Gerichtshof der Kommission Recht, denn die vorherige Inkraftsetzung der Verordnung Nr. 543/69, so der EuGH, habe „zwangsläufig die Zuständigkeit der Gemeinschaft für alle Abkommen mit dritten Staaten nach sich gezogen, welche die in der Verordnung geregelten Sachgebiete betreffen“ [651]. Insoweit könne die Zuständigkeit der Gemeinschaft im Innenverhältnis nicht von der Zuständigkeit für das Außenverhältnis getrennt werden.
Auf Grundlage dieser Rechtsprechung sind bislang zwei Verkehrsabkommen im Rahmen des Art. 71 EGV und Art. 80 Abs. 2 EGV geschlossen worden: das Übereinkommen über den grenzüberschreitenden Personengelegenheitsverkehr mit Kraftomnibussen [652] und das (bereits wieder außer Kraft getretene) Luftverkehrsabkommen mit Norwegen und Schweden [653].
Ausgelöst durch das AETR-Urteil ist es heute unbestrittener *acquis communautaire*, dass der EG-Vertrag in seinem allgemeinen System und den materiellen Vorschriften des Gemeinschaftsrechts auch nicht-ausdrückliche, implizite Vertragsschließungskompetenzen vorsieht [654]. Ungeklärt blieb nach Erlass des AETR-Urteils allerdings, ob bereits die bloße Existenz einer internen Gemeinschaftszuständigkeit zum Abschluss eines völkerrechtlichen Vertrages berechtigte.

(2) Das Gutachten 1/76

Ein solcher Fall lag dann beim Entwurf zu einem Übereinkommen über die Errichtung eines europäischen Stilllegungsfonds für die Binnenschifffahrt vor, der die wirtschaftliche Lage der Schifffahrt im Einzugsgebiet des Rheins verbessern sollte. Die besondere Stellung der Schweiz als Rheinuferstaat machte deren Beteiligung an dem Abkommen erforderlich. In seinem Gutachten 1/76 [655] zum Stillegungsfonds für die Binnenschifffahrt hat der Gerichtshof klargestellt, dass die Befugnis, die Gemeinschaft gegenüber Drittstaaten zu verpflichten, sich auch dann stillschweigend aus Art. 70 EGV und Art. 71 EGV ergibt, wenn die internen Maßnahmen der Gemeinschaft erst anlässlich des Abschlusses der völkerrechtlichen Vereinbarungen getroffen werden [656]. Allerdings müsse die Be-

---

[650] Vgl. dazu die Ausführungen in Teil 2, Abschnitt D, II. 1. und in Teil 2, Abschnitt D, II. 2. a) bb).
[651] EuGH aaO. (Anm. 645), S. 275 Rdnr. 23/28.
[652] Übereinkommen über den grenzüberschreitenden Personengelegenheitsverkehr mit Kraftomnibussen vom 12.7.1982, ABl. 1982 Nr. L 230/38.
[653] Luftverkehrsabkommen mit Norwegen und Schweden vom 6.7.1992, ABl. 1993 Nr. L 212/21.
[654] Vgl. dazu *Vedder* in: Grabitz/Hilf, Das Recht der Europäischen Union, Altband 2, Art. 228 Rdnr. 4 m.w.N.
[655] EuGH, Gutachten 1/76, Slg. 1977, S. 741 ff., erstattet aufgrund Art. 300 Abs. 6 EGV Abs. 1 UAbs. 2 zum Entwurf eines Abkommens über die Errichtung eines europäischen Stillegungsfonds für die Rheinschifffahrt.
[656] EuGH aaO. (Anm. 655), S. 755 f. Rdnr. 4.

teiligung an der völkerrechtlichen Vereinbarung notwendig sein, um eines der Ziele der Gemeinschaft zu erreichen.
Der EuGH hat so ersichtlich die Theorie der *implied powers* angewendet, und zwar in einer Verbindung zu den Vertragszielen und zu ausdrücklich eingeräumten Kompetenzen für den Innenbereich. Das entscheidende Vertragsziel findet sich dabei in Art. 3 Abs. 1 lit. f EGV, die interne Zuständigkeitsregel in Art. 71 Abs. 1 EGV. Die so fortentwickelte AETR-Rechtsprechung beruht mithin auf dem Grundgedanken einer „Parallelität der Innen- und Außenkompetenzen der EG“ [657], so dass die Gemeinschaft auch im Außenbereich eine Materie in dem Umfang durch ein Gemeinschaftsabkommen regeln kann, wie ihr der EG-Vertrag im Innenbereich entsprechende Kompetenzen zugewiesen hat. Damit gelangte die Gemeinschaft nach einhelliger Auffassung zu einer umfassenden Außenkompetenz auf dem Gebiet der Verkehrspolitik [658].
Der Lehre von den *implied powers* entsprechend sind auf Grundlage des Art. 71 EGV die Abkommen mit der Schweiz und Österreich über den Güterverkehr auf Schiene und Straße [659], das Verkehrsabkommen mit Slowenien [660] sowie das Verkehrsabkommen mit der Ehemaligen Jugoslawischen Republik Mazedonien [661] geschlossen worden.

(3) Das Gutachten 1/94 (WTO)

Für den Verkehrssektor hat der Gerichtshof im Gutachten 1/94 [662] die sog. AETR-Rechtsprechung dahin weiter präzisiert, dass die Gemeinschaft nur in dem Maße zuständig wird, wie gemeinsame Vorschriften auf interner Ebene erlassen wurden, die durch den Abschluss eines völkerrechtlichen Vertrages beeinträchtigt werden könnten [663]. Das ist nach Meinung des EuGH der Fall, wenn die Gemeinschaft in ihre Rechtsetzungsakte Klauseln über die Behandlung der Angehörigen von Drittstaaten aufgenommen oder sie den Gemeinschaftsorganen explizit die Zuständigkeit zu Verhandlungen mit Drittstaaten übertragen hat [664].

---

[657] *Coen* in: *Bleckmann*, Europarecht, § 31, Rdnr. 927.

[658] *Zuleeg* in: Basedow, Europäische Verkehrspolitik, S. 59 ff. [64]; *Geiger* in: ZaöRV 35 (1977), S. 640 ff. [641 f.]; *Close* in: CML Rev. 27 (1990), S. 107 ff. [116 ff.].

[659] Abkommen mit der Schweiz über den Güterverkehr auf Schiene und Straße vom 2.5.1992, ABl. 1992 Nr. L 373/26; Abkommen mit Österreich über den Güterverkehr auf Schiene und Straße vom 2.5.1992, ABl. 1992 Nr. L 373/6.

[660] Verkehrsabkommen mit Slowenien vom 5.4.1993, ABl. 1993 Nr. L 189/60 und Zusatzprotokoll vom 11.12.1997, ABl. 1997 Nr. L 351/62.

[661] Verkehrsabkommen mit der Ehemaligen Jugoslawischen Republik Mazedonien vom 29.4.1997, ABl. 1997 Nr. L 348/169

[662] EuGH, Gutachten 1/94 (WTO), Slg. 1994, I-5267 ff. über die Zuständigkeit der Gemeinschaft zum Abschluss des neuen Welthandelsvertrages.

[663] EuGH aaO. (Anm. 662), S. I-5411 Rdnr. 77; bestätigt im Gutachten 2/92, Slg. 1995, I-525 ff. [559 Rdnr. 33]; zuletzt EuGH, Rs. C-476/98 (Kommission/Deutschland), Slg. 2002, S. I-9855 ff. Rdnr. 103.

[664] EuGH aaO. (Anm. 662), S. I-5416 Rdnr. 95; bestätigt im Gutachten 2/92, aaO. (Anm. 663), S. 559 f. Rdnr. 33; zuletzt EuGH aa. O (Anm. 663), Rdnr. 110. Ob infolge dieser

Dies gilt nach Auffassung des Gerichtshofs darüber hinaus auch dann, wenn die Gemeinschaft eine vollständige Harmonisierung eines Rechtsetzungsbereichs erreicht hat, denn die soweit erlassenen Rechtsnormen könnten im Sinne des AETR-Urteils beeinträchtigt werden, wenn die Mitgliedstaaten die Freiheit zu Verhandlungen mit Drittstaaten behielten [665].
Des Weiteren schränkte der EuGH seine im Gutachten 1/76 begründete Rechtsprechung wieder ein, wonach die auf die internen Handlungsermächtigungen gestützte externe Zuständigkeit ausgeübt werden kann, ohne dass zuvor ein interner Rechtsakt erlassen wurde [666]. Diese Rechtsprechung beziehe sich nur auf den Fall, in dem der Abschluss einer völkerrechtlichen Vereinbarung erforderlich sei, um Ziele des Vertrages zu verfolgen, die sich durch die Aufstellung autonomer gemeinsamer Regeln nicht erreichen ließen [667]. Nur in dem Fall, dass die Gemeinschaft nachweisen könne, die Verwirklichung der Ziele der betreffenden internen Zuständigkeit sei untrennbar mit der Einbeziehung internationaler Aspekte verbunden, sei die Ausübung einer externen Zuständigkeit ohne vorherige interne Ausübung zulässig [668].

bb) Die Natur der impliziten Vertragsschlusskompetenzen

Nachdem nunmehr der Umfang der impliziten Vertragsschlusskompetenzen im Verkehrssektor skizziert worden ist, soll im Folgenden deren Zuständigkeitsnatur untersucht werden, um somit auch hier den Anwendungsbereich des Subsidiaritätsprinzips festlegen zu können.

(1) Die Natur der sog. „AETR-Außenkompetenzen"

Zur Frage der Ausschließlichkeit führte der Europäische Gerichtshof im AETR-Urteil aus:
„Insbesondere sind in den Bereichen, in denen die Gemeinschaft zur Verwirklichung einer vom Vertrag vorgesehenen gemeinsamen Politik Vorschriften erlassen hat, die Mitgliedstaaten weder einzeln noch selbst gemeinsam handelnd berechtigt, mit dritten Staaten Verpflichtungen einzugehen, die diese Normen beeinträchtigen. In dem Maße, wie diese Gemeinschaftsrechtsetzung fortschreitet, kann nur die Gemeinschaft mit Wirkung für den gesamten Geltungsbereich der

---

Rechtsprechung überhaupt noch vom impliziten Befugnissen die Rede sein kann, erscheint fraglich, vgl. dazu *Dutheil de la Rochère* in: RMCUE 1995, S. 461 ff. [467].

[665] EuGH aaO. (Anm. 662), S. I-5416 f. Rdnr. 96; bestätigt durch EuGH, aaO. (Anm. 663), S. I-559 f. Rdnr. 33.

[666] Vgl. zur Rechtsprechung des EuGH im Gutachten 1/76 die Ausführungen in Teil 2, Abschnitt D, II. 2. b) aa) (2).

[667] EuGH aaO. (Anm. 662), S. I-5413 f. Rdnr. 85; bestätigt im Gutachten 2/92, aaO. (Anm. 662), S. I-559 Rdnr. 32; zuletzt EuGH aaO. (Anm. 663), Rdnr. 83.

[668] EuGH aaO. (Anm. 662), S. I-5414 Rdnr. 86; kritisch zur Einschränkung der impliziten Außenbefugnisse, *Geiger* in JZ 1995, S. 973 ff. [981]; *Gilsdorf* in: EuR 1996, S. 145 ff. [159 ff.].

Gemeinschaftsrechtsordnung vertragliche Verpflichtungen übernehmen und erfüllen [669]. (...) Neben dieser Gemeinschaftszuständigkeit kann es keine konkurrierende Zuständigkeit der Mitgliedstaaten geben, da alles, was außerhalb der Gemeinschaftsorgane geschieht, mit der Einheit des Gemeinsamen Marktes und der einheitlichen Anwendung des Gemeinschaftsrechts unvereinbar ist [670]."

Die wohl h.M. schließt daraus, dass die Gemeinschaft, soweit internes Gemeinschaftsrecht erlassen wurde, zum Abschluss völkerrechtlicher Abkommen ausschließlich zuständig ist [671]. Fraglich ist aber, ob es sich auch um eine Ausschließlichkeit i.S. des Art. 5 Abs. 2 EGV handelt, was von einem Teil der Literatur ausdrücklich bejaht wird [672].

Beim Erlass von sekundärem Gemeinschaftsrecht tritt ohne Zweifel eine „punktuelle Sperrwirkung" ein, die ein Handeln der Mitgliedstaaten ausschließt [673]. Wird aber die betreffende Regelung aufgehoben, so entfällt die Sperrwirkung wieder, mit anderen Worten die Zuständigkeit ist nicht endgültig, sondern nur vorübergehend auf die Gemeinschaft übergegangen. Das Charakteristikum einer ausschließlichen Zuständigkeit i.S. des Art. 5 Abs. 2 EGV ist es aber gerade, dass ein Zuständigkeitsbereich der Gemeinschaft „vollständig und endgültig" übertragen worden ist [674]. Dieser fundamentale Unterschied wird verwischt, wenn man auch die Fälle der Sperrwirkung mit dem Begriff der ausschließlichen Zuständigkeit belegt. Die vom EuGH im AETR-Urteil beschriebene ausschließliche Zuständigkeit lässt sich nicht in Art. 5 Abs. 2 EGV einsetzen; sie entspricht vielmehr der Sperrwirkung bei konkurrierender Gesetzgebungsbefugnis. Denn die Mitgliedstaaten dürfen nach Auffassung des Gerichtshofes keine Verpflichtungen eingehen, „die diese Normen beeinträchtigen" [675]. Durch diese konkrete Prüfung der Vereinbarkeit mit dem einschlägigen sekundären Gemeinschaftsrecht unterscheidet sich die Konstellation von der einer (echten) ausschließlichen Kompetenz, bei der die Rechtsetzungskompetenz der Mitgliedstaaten generell ausgeschlossen sind.

Demnach erlangt die Europäische Gemeinschaft mit der Setzung von Sekundärrecht keine ausschließliche Befugnis zum Abschluss verkehrspolitisch relevanter

---

[669] EuGH, Rs. 22/70 (Kommission/Rat), Slg. 1971, S. 263 ff. [274 f. Rdnr. 17 f.].

[670] EuGH aaO. (Anm. 669), S. 276 Rdnr. 30 f.

[671] Vgl. nur *Erdmenger* in: von der Groeben/Thiesing/Ehlermann, Kommentar zum EG-/EU-Vertrag, Bd. 1, Vorbemerkung zu den Art. 74 bis 84 Rdnr. 34; *Jung* in: TranspR 1998, S. 133 ff. [150 f.]; *Stein* in: ZLW 50 (2001), S. 135 ff. [148].

[672] So ausdrücklich *von Borries* in: Everling/Narjes/Sedemund, Europarecht, Kartellrecht, Wirtschaftsrecht, S. 22 ff. [34]; *Toth* in: CML Rev. 29 (1992), S. 1079 ff. [1080 f., 1096]; *Geiger* in: Heinze/Schmitt, Festschrift für Wolfgang Gitter, S. 267 ff. [275, 278]; *Schima* in: ÖJZ 1997, S. 761 ff. [763]; differenzierend *Jung* in: TranspR 1999. S. 129 ff. [133, 137], der eine ausschließliche Zuständigkeit unter Hinweis auf das Gutachten 1/94, Slg. 1994, S. I-5267 ff. [5411 Rdnr. 77, 5416 f. Rdnr. 95 f.] nur dann bejaht, wenn die innergemeinschaftlichen Normen durch separate völkerrechtliche Abkommen beeinträchtigt werden können.

[673] Vgl. dazu *von Borries* in: EuR 1994, S. 263 ff. [274].

[674] Siehe dazu bereits die Ausführungen in Teil 2, Abschnitt B, II. 2.

[675] EuGH aaO. (Anm. 669), S. 274 f. Rdnr. 17 f.

völkerrechtlicher Verträge. Das Subsidiaritätsprinzip findet also auch dann Berücksichtigung, wenn die Gemeinschaft gemäß der AETR-Doktrin aufgrund erlassenen Sekundärrechts zum Abschluss von Verkehrsabkommen befugt ist.

(2) Die Natur der sog. „Gutachten 1/76-Außenkompetenzen"

Ein Teil der Rechtsliteratur will der Folgerechtsprechung des EuGH zum Gutachten 1/76 entnehmen, dass die Gemeinschaft immer auch dann ausschließlich zuständig ist, wenn die Gemeinschaft allein aufgrund der Erforderlichkeit eines Abkommens in einem bestimmten Bereich die Außenzuständigkeit beanspruchen kann [676]. Dem ist jedoch entgegenzuhalten, dass der Gerichtshof in den umstrittenen Urteilsstellen [677] nur ausgeführt hat, dass die Gemeinschaft - auch bei Fehlen einer entsprechenden Regelung - aufgrund der Erforderlichkeit eines Abkommens in einem bestimmten Bereich die Außenzuständigkeit beanspruchen kann, ohne dass zuvor ein interner Rechtsakt erlassen worden ist, womit sie dann „zu einer ausschließlichen Zuständigkeit werden kann" [678].
„Ausschließlich" wird diese Zuständigkeit also nur dann, wenn die Erforderlichkeit konkret anerkannt wird, d.h. mit ihrer konkreten Ausübung [679], wobei aber zu berücksichtigen ist, dass die tatsächliche Ausübung einer gemeinschaftlichen Zuständigkeit nur eine Sperrwirkung begründet, in keinem Fall aber eine ausschließliche Gemeinschaftskompetenz i.S. des Art. 5 Abs. 2 EGV [680].
Im Ergebnis muss das Subsidiaritätsprinzip auch dann berücksichtigt werden, wenn der Gemeinschaft allein aufgrund der Erforderlichkeit eines Abkommens in einem bestimmten Bereich die Außenzuständigkeit zusteht.

---

[676] *Stadler* in: Schwarze, EU-Kommentar, Art. 70 Rdnr. 15; *Erdmenger* aaO. (Anm. 671), Vorbemerkung zu den Art. 74-84 Rdnr. 33; vgl. auch das Vorbringen der Kommission zu den Rsen C-466-469, 471, 472, 475, 476/98, wiedergegeben in den Schlussanträgen des Generalanwalts Tizzano, in:
http://europa.eu.int/servlet/portail/CuriaServlet?curialLink=%26lang%3DDE%26ident%3D4718%26model%3Ddoc_curia, Rdnr. 59 f.

[677] Vgl. die Gutachten 1/94, Slg. 1994, S. I-5267 ff. [5413 f. Rdnr. 85]: „Daher ist es verständlich, daß die externe Zuständigkeit ausgeübt werden kann, ohne daß zuvor ein interner Rechtsakt erlassen worden ist, und damit zu einer ausschließlichen Zuständigkeit werden kann" und Gutachten 2/92, Slg. 1995, S. I-521 ff. [559 Rdnr. 32]: „Zwar hat der Gerichtshof im Gutachten 1/76 entschieden, daß die auf die internen Handlungsermächtigungen der Gemeinschaft gestützte externe Zuständigkeit ausgeübt werden kann, ohne daß zuvor ein interner Rechtsakt erlassen worden ist, und daß sie damit zu einer ausschließlichen Zuständigkeit werden kann."

[678] Zum selben Ergebnis gelangen auch *Gilsdorf* in: EuR 1996, S. 145 ff. [148] und *Geiger* in: JZ 1995, S. 973 ff. [977].

[679] Siehe mit ausführlicher Begründung auch die Schlussanträge des Generalanwalts *Tizzano* aaO. (Anm. 676), Rdnr. 46 ff.

[680] Siehe dazu die Ausführungen in Teil 2, Abschnitt B, II. 2.

3. Fazit

Für den Umfang der gemeinschaftlichen Verkehrsaußenkompetenzen bleibt zusammenfassend festzuhalten, dass die Gemeinschaft für autonome Maßnahmen zwar umfangreiche Kompetenzen in den Vorschriften (Art. 71 Abs. 1 EGV und Art. 80 Abs. 2 EGV) über die gemeinsame Verkehrspolitik besitzt; im ungleich bedeutsameren Bereich der Vertragsschlusskompetenzen steht der Gemeinschaft als (ausdrückliche) Kompetenzgrundlage demgegenüber nur Art. 133 Abs. 1 EGV und Art. 155 Abs. 3 EGV zur Verfügung, wobei noch zu berücksichtigen ist, dass auf Art. 133 Abs. 1 EGV nur verkehrspolitisch relevante Abkommen gestützt werden können, die zwingend mit der gemeinsamen Handelspolitik verbunden sind, was in der Praxis jedoch nicht häufig der Fall sein dürfte.
Um diesem Ungleichgewicht entgegenzuwirken, hat der Europäische Gerichtshof in ständiger Rechtsprechung - insbesondere anhand verkehrspolitisch relevanter Sachverhalte - die impliziten Vertragsschlusskompetenzen entwickelt, die es dem Gemeinschaftsgesetzgeber, unter mittlerweile engen Voraussetzungen, ermöglichen, unabhängig von einer expliziten Befugnis verkehrspolitisch relevante Abkommen abzuschließen.
Im Hinblick auf die Anwendung des Subsidiaritätsprinzips ist schließlich zu bemerken, dass die verkehrspolitischen Außenkompetenzen, abgesehen von dem hier nur selten einschlägigen Art. 133 Abs. 1 EGV, sämtlich nichtausschließlicher Natur sind, so dass das Subsidiaritätsprinzip sowohl für autonome als auch für vertragliche Verkehrsmaßnahmen allgemein Anwendung finden muss.

E. Zusammenfassende Bewertung

Für den Bereich der Verkehrsbinnenkompetenzen ist zusammenfassend festzuhalten, dass der EG-Vertrag ein umfangreiches Instrumentarium zur Verwirklichung der verkehrspolitischen Ziele zur Verfügung stellt, welches durchweg alle wichtigen Bereiche verkehrspolitischer Rechtsetzung erfasst.
Etwas anders verhält sich hingegen die Situation im Bereich der verkehrspolitischen Außenkompetenzen. Für die sog. autonomen Maßnahmen stellt der Vertrag in den Vorschriften über den Verkehr in Titel V zwar umfangreiche Befugnisse zur Verfügung. Letztere umfassen jedoch nicht die gemeinschaftliche Kompetenz zum Abschluss von völkerrechtlichen Verkehrsabkommen. Hierzu finden sich neben den begrenzten ausdrücklichen Befugnissen in Art. 133 Abs. 1 EGV und Art. 155 Abs. 3 EGV die sog. impliziten Vertragsschlusskompetenzen, die jedoch durch die neuere Rechtsprechung des EuGH in ihrem Umfang empfindlich beschränkt wurden.
Zur Anwendung des Subsidiaritätsprinzips gemäß Art. 5 Abs. 2 EGV ist anzumerken, dass bis auf Art. 89 EGV (i.V. mit Art. 71 Abs. 1 lit. d EGV bzw.

Art. 80 Abs. 2 EGV) und Art. 133 Abs. 1 EGV sämtliche Befugnisse zur Verwirklichung der verkehrspolitischen Ziele nicht-ausschließlicher Natur sind.
Dieses bei der Vertragsanalyse gefundene Ergebnis könnte schließlich in der Entscheidung in der Rs. 13/83 [681], dem Urteil über die Untätigkeit des Rates auf dem Gebiet des Verkehrs, evtl. eine Bestätigung finden. Der Gerichtshof akzeptierte nämlich stillschweigend die bisherige Regelung des Verkehrsbereichs durch die Mitgliedstaaten vor der Schaffung einer gemeinsamen Verkehrspolitik auf Gemeinschaftsebene [682]. Da eine solche notwendigerweise die nationalen Maßnahmen ersetzen müsste, ließe sich hier wohl auf eine Billigung einer konkurrierenden Zuständigkeitslage schließen [683].
Das Ergebnis des zweiten Teils der Arbeit stellt sich demnach wie folgt dar: Den umfangreichen verkehrspolitischen Befugnissen steht in beinahe sämtlichen verkehrspolitischen Rechtsetzungsbereichen das Subsidiaritätsprinzip als Kompetenzausübungsregel gegenüber.
Inwieweit allerdings das Subsidiaritätsprinzip nach Art. 5 Abs. 2 EGV die verkehrspolitische Kompetenzausübung tatsächlich zu begrenzen vermag, soll Gegenstand des nun folgenden dritten Teils der Arbeit sein.

---

[681] EuGH, Rs. 13/83 (Parlament/Rat), Slg. 1985, S. 1513 ff.
[682] EuGH aaO. (Anm. 681), S. 1595 Rdnr. 46 f.
[683] So *Pechstein*, Die Mitgliedstaaten der EG als „Sachwalter des gemeinsamen Interesses“: Gesetzgebungsnotstand im Gemeinschaftsrecht, S. 82; ebenso *Wasmeier*, Umweltabgaben und Europarecht, S. 59.

3. Teil:

Die gemeinschaftliche Kompetenzausübung im Bereich des Verkehrs: Die Anwendung der Subsidiaritätskriterien

A. Einführung

Nachdem das Anwendungsfeld des Subsidiaritätsprinzips im Verkehrssektor ermittelt worden ist, soll nunmehr die Wirkungsweise der einzelnen Subsidiaritätskriterien auf die gemeinschaftliche Verkehrsrechtsetzung analysiert werden. Im Rahmen dieser Untersuchung soll vor allem geprüft werden, inwieweit die in den ersten Teilen ermittelten verkehrspolitischen Ziele und Ermächtigungsgrundlagen die Wirkungsweise des Subsidiaritätsprinzips zu beeinflussen vermögen.
Um dieser Untersuchung eine tragfähige Grundlage zu geben, muss in einem ersten Schritt zunächst der Inhalt der in Art. 5 Abs. 2 EGV niedergelegten Subsidiaritätskriterien ermittelt werden.

B. Die Kriterien der Subsidiarität

Die in Art. 5 Abs. 2 EGV aufgeführten Prüfungskriterien sind kausal miteinander verknüpft, so dass für das gemeinschaftliche Tätigwerden eine doppelte Bedingung erfüllt sein muss: Erst wenn eine ausreichende Verwirklichung der Ziele einer Maßnahme auf mitgliedstaatlicher Ebene verneint wird, darf in die zweite Prüfungsstufe der „besseren Gemeinschaftsverwirklichung" eingetreten werden, was sich aus der Verknüpfung der ersten Prüfungsstufe - nämlich der mitgliedstaatlichen Ebene - durch das Wort „daher" mit der zweiten Prüfungsstufe - nämlich der gemeinschaftlichen - ergibt. Die beiden Subsidiaritätskriterien gelten damit kumulativ und nicht alternativ [684], was seit dem Inkrafttreten des Amsterdamer Vertrages am 1. Mai 1999 auch im „Protokoll über die Anwendung der Grundsätze der Subsidiarität und der Verhältnismäßigkeit" (im folgenden: Subsidiaritätsprotokoll) primärrechtlich kodifiziert wurde. Unter Nummer 5 heißt es dort, dass Maßnahmen der Gemeinschaft nur gerechtfertigt sind, „wenn beide Bedingungen des Subsidiaritätsprinzips erfüllt sind" [685].

---

[684] Vgl. nur *Merten* in: Merten, Die Subsidiarität Europas, S. 77 ff. [81 f.]; *Lienbacher* in: Schwarze, EU-Kommentar, Art. 5 Rdnr. 17; *Pieper* in: DVBl. 1993, S. 705 ff. [709]; *Epiney* in: AJP/PJA 1993, S. 950 ff. [957]; a.A. *Beutler* in: *Beutler/Bieber/Pipkorn/Streil*, Die Europäische Union, Abschnitt 3, S. 85.

[685] Ebenso hieß es bereits in dem vom Europäischen Rat am 11./12.12.1992 beschlossenen Gesamtkonzept für die Anwendung des Subsidiaritätsprinzips und des Artikels 3b des Vertrags über die Europäische Union durch den Rat: „Damit ein Tätigwerden der Gemeinschaft gerechtfertigt ist, muss dem Rat der Nachweis erbracht werden, dass die beiden Anforderun-

I. Das Negativkriterium

Der Europäischen Gemeinschaft ist also ein Handeln untersagt, wenn die Mitgliedstaaten „das Ziel der in Betracht gezogenen Maßnahme“ ausreichend erreichen können. Nur wenn die Mitgliedstaaten das in der Maßnahme anvisierte Ziel nicht ausreichend erreichen können, kommt also ein Tätigwerden der Gemeinschaft in Betracht [686].

Nach Nr. 5 Spstr. 1 des Subsidiaritätsprotokolls ist dabei zu prüfen, ob die angestrebte Maßnahme transnationale Aspekte aufweist, die durch die Mitgliedstaaten nicht zufriedenstellend geregelt werden können. Weiter ist nach Nr. 5 Spstr. 2 des Subsidiaritätsprotokolls zu kontrollieren, ob Maßnahmen der Mitgliedstaaten allein oder das Fehlen gemeinschaftlicher Maßnahmen überhaupt zu den Erfordernissen des Vertrags in Widerspruch stehen oder in anderer Weise die Interessen der Mitgliedstaaten erheblich beeinträchtigen können. Zu diesen Erfordernissen zählt Nr. 5 Spstr. 2 beispielhaft die Korrektur von Wettbewerbsverzerrungen, die Vermeidung verschleierter Handelsbeschränkungen und die Stärkung des wirtschaftlichen und sozialen Zusammenhalts.

Ein Teil der Literatur folgert aus dem Wort „nur“, der Formulierung „sofern und soweit ... nicht ausreichend erreicht werden können“ sowie dem Begriff „erforderliches Maß“ in Art. 5 Abs. 3 EGV, dass es sich beim sog. Negativkriterium um ein Kriterium der Erforderlichkeit handele [687], womit sich nicht zuletzt die deutsche Verhandlungsposition gegenüber anderen Vorschlägen durchgesetzt habe [688].

Diese Interpretation kann aber weder durch den Wortlaut des Art. 5 Abs. 2 EGV noch durch die Kenntnis über den Verlauf der Vertragsverhandlungen gestützt werden. Aus der Formulierung „nicht ausreichend“ kann nicht ein Kriterium der Erforderlichkeit herausgelesen werden. Eine solche Sichtweise ist vom Wortlaut losgelöst und findet auch nach den sonstigen Auslegungsregeln keine Grundlage. Diese Annahme wird durch die Entwicklung der Vertragsverhandlungen bestätigt, denn der wesentlich engere Vorschlag der deutschen Delegation vom 7. Januar 1991 „wird nur insoweit tätig, wie die Maßnahmen aufgrund ihrer Tragweite oder ihrer Auswirkungen die Grenzen eines Mitgliedstaates überschreitende Lösungen erfordern“ [689] konnte gerade nicht durchgesetzt werden.

---

gen des Subsidiaritätskriteriums erfüllt sind“, abgedruckt in Bulletin der Bundesregierung Nr. 140 vom 28.12.1992, S. 1277 ff. [1281].

[686] Es handelt sich also zunächst um einen negativen Test, vgl. *Langguth* in: Lenz, Kommentar zum EG-Vertrag, Art. 5 Rdnr. 24; *Scherler* in: DVBl. 1993, S. 281 ff. [282].

[687] Von *Bogdandy/Nettesheim* in: Grabitz/Hilf, Das Recht der Europäischen Union, Altband 1, Art. 3 b Rdnr. 33; *Kahl* in: AöR 118 (1993), S. 414 ff. [426]; *Schima*, Das Subsidiaritätsprinzip im Europäischen Gemeinschaftsrecht, S. 112; *Langguth* aaO. (Anm. 686), Art. 5 Rdnr. 25; *Kenntner* in: NJW 1998, S. 2871 ff. [2873]; *Emiliou* in: EL Rev. 17 (1992), S. 383 ff. [401 f.]; *von Borries* in: EuR 1994, S. 263 ff. [277] spricht vom „Notwendigkeitstest“.

[688] Vgl. *Kahl* aaO. (Anm. 687), S. 426.

[689] Zitiert nach *Konow* in: DÖV 1993, S. 405 ff. [406].

Der Maastrichter Vertrag blieb damit hinter dem deutschen Vorschlag zurück, so dass das Negativkriterium letztendlich nicht als ein Erforderlichkeitskriterium gedeutet werden kann [690].
Es stellt sich weiterhin die Frage, ob es darauf ankommt, dass in den Mitgliedstaaten ein *tatsächlicher* Befund anzutreffen ist, den die EG-Organe als mangelhaft ansehen, oder ob es maßgebend ist, dass die Mitgliedstaaten aufgrund ihres begrenzten Zugriffes nicht in der Lage sind, die entsprechende gemeinschaftlichen Ziele zu erreichen. Der Wortlaut des Art. 5 Abs. 2 EGV spricht für die zweite Variante. Die Vorschrift stellt nicht darauf ab, ob die gemeinschaftlichen Ziele auf der mitgliedstaatlichen Ebene „erreicht werden", sondern ob sie „erreicht werden können" [691]. Auch in der Sache wird die zweite Variante dem Sinn und Zweck des Subsidiaritätsprinzips besser gerecht, die der kleineren Einheit auch sachliche Entscheidungs- und Beurteilungskompetenzen übertragen will, woraus zu entnehmen ist, dass es prinzipiell der Entscheidung der Mitgliedstaaten überlassen bleibt, ob sie die fraglichen Ziele erreichen wollen oder nicht. Insofern schließt die Möglichkeit der Verwirklichung von gemeinschaftlichen Zielen auf mitgliedstaatlicher Ebene ein Handeln der Gemeinschaft im Bereich der nicht-ausschließlichen Gesetzgebung aus. Nur in den Fällen, in denen zwei oder mehr Mitgliedstaaten [692] wegen des begrenzten Zugriffs des nationalen Rechts zur Erreichung der Ziele objektiv nicht in der Lage sind, kann die Gemeinschaft rechtsetzend tätig werden [693]. Dabei gilt zu beachten, dass der Europäischen Gemeinschaft ein Tätigwerden bereits dann untersagt ist, wenn die Mitgliedstaaten die fraglichen Ziele „ausreichend" erreichen können. Damit ist nicht darauf abzustellen, ob sie die Ziele der in Betracht gezogenen Maßnahme optimal bzw. perfekt realisieren können [694]. Auf welcher Ebene innerhalb eines Mitgliedstaates dies geschehen kann - auf der Ebene der Länder, Regionen und Gemeinden - ist dann allein Sache der Mitgliedstaaten und wird im Vertrag nicht geregelt [695].
Umstritten ist, ob die intergouvernementale Zusammenarbeit im Bereich des Subsidiaritätsprinzips als Handeln der Mitgliedstaaten einzustufen ist, mit der Folge, dass ein Handeln in diesem Bereich ein Tätigwerden der Gemeinschaft

---

[690] Ebenso *Konow* aaO. (Anm. 689), S. 406, 409; *Calliess*, Subsidiaritäts- und Solidaritätsprinzip in der Europäischen Union, S. 110; *Neubauer*, Implizite Vertragsschlusszuständigkeiten der Europäischen Gemeinschaft und Subsidiaritätsprinzip, S. 143.
[691] Vgl. ebenfalls *Merten* in: Merten, Die Subsidiarität Europas, S. 77 ff. [81].
[692] Art. 5 Abs. 2 EGV spricht von den „Mitgliedstaaten" im Plural.
[693] *Merten* aaO. (Anm. 691), S. 80 f.; *Calliess* in: Calliess/Ruffert, Kommentar zum EUV/EGV, Art. 5 Rdnr. 40; *Zuleeg* in: von der Groeben/Thiesing/Ehlermann, Kommentar zum EU-/EGV, Bd. 1, Art. 3b Rdnr. 21; zum Teil a.A. *Epiney* in: AJP/PJA 1993, S. 950 ff. [960], nach der bereits das Fehlverhalten eines Mitgliedstaates die Realisierung des zu verwirklichenden Ziels gefährden können soll.
[694] Ebenfalls *Pieper* in: DVBl. 1993, S. 705 ff. [709]; *Scherler* aaO. (Anm. 686), S. 282; zurückhaltender *Lambers* in: EuR 1993, S. 229 ff. [S. 237].
[695] *Lambers* aaO. (Anm. 694), S. 235; *Langguth* aaO. (Anm. 686), Art. 5 Rdnr. 27.

ausschließen würde [696]. Angesichts des Umstands, dass das Subsidiaritätsprinzip nicht bezweckt, dem Handeln der Gemeinschaftsorgane durch zwischenstaatliche Zusammenarbeit auf internationaler Ebene und damit vom Bürger ebenso entfernter Ebene vorzubeugen, sondern die Ziele der Gemeinschaft möglichst bürgernah auf Ebene der Gemeinden, Kreise, Länder oder der einzelnen Staaten zu verwirklichen, ist ein Ausweichen der Mitgliedstaaten auf die völkerrechtliche Ebene abzulehnen [697].

II. Das Positivkriterium

Die zweite Voraussetzung für ein Handeln der Gemeinschaft - die bessere Verwirklichung des Ziels auf Gemeinschaftsebene - scheint zwangsläufig gegeben zu sein, wenn die erste Voraussetzung bejaht wird [698]. Kann ein Ziel von den Mitgliedstaaten nicht erreicht werden, dann wird eine Regelung auf Gemeinschaftsebene, sofern sie nur eine gewisse Wirksamkeit entfaltet, effektiver sein. Dafür spricht auch das Wort „daher" in der Formulierung des Art. 5 Abs. 2 EGV. Gleichwohl wird im sog. „Positivkriterium" [699] zu Recht eine eigenständige Voraussetzung gesehen [700]. Denn es kann sich eben doch herausstellen, dass für die Gemeinschaft ähnliche oder andere Schwierigkeiten auftauchen, die eine bessere Bewältigung von Problemen verhindern [701]. So ist es durchaus denkbar, dass die Mitgliedstaaten ein gemeinschaftliches Ziel nicht erreichen können, die Gemeinschaft dazu aber ebenso wenig in der Lage ist. Infolgedessen muss die Verknüpfung „daher" nicht konsekutiv, sondern muss additativ im Sinne eines „zusätzlich" verstanden werden und wäre besser mit „darüber hinaus" bezeichnet worden [702].
Nach Nr. 4 und Nr. 5 des Subsidiaritätsprotokolls ist der Nachweis zu erbringen, dass Maßnahmen auf Gemeinschaftsebene aufgrund ihrer Größenordnung oder ihrer Auswirkungen im Vergleich zu einem Tätigwerden auf mitgliedstaatlicher Ebene deutliche Vorteile erbringen würden. Es geht also um das zielgerichtete *tatsächliche* Können der verschiedenen Handlungsebenen. Im Mittelpunkt die-

[696] So *Lambers* aaO. (Anm. 694), S. 236; dagegen *Schmidhuber* in: DVBl. 1993, S. 417 ff. [419]; *Jarass* in: EuGRZ 1994, S. 209 ff. [211]; *Durand* in: Commentaire Megret, Le droit de la CEE, Bd. 1, S. 430 Rdnr. 132 und S. 434 Rdnr. 138.
[697] Ebenso *Epiney* in: AJP/PJA 1993, S. 950 ff. [958]; *Schwartz* in: AfP 1993, S. 409 ff. [412]; *Schmidhuber* in: DVBl. 1993, S. 417 ff. [419]; *Frowein* in: FS für Peter Lerche, S. 401 ff. [408]; vgl. dazu auch die Ausführungen des Generalanwalts *Jacobs* in der Rs. C-377/98, Slg. 2001, 7079 ff. [Rdnr. 83].
[698] So *Pieper* in: DVBl. 1993, S. 705 ff. [709]; *von Bogdandy/Nettesheim* in: Grabitz/Hilf, Das Recht der Europäischen Union, Altband 1, Art. 3b Rdnr. 38.
[699] So *Pipkorn* in: EuZW 1992, S. 697 ff. [699].
[700] *Kahl* in: AöR 118 (1993), S. 414 ff. [435]; *Jarass* in: EuGRZ 1994, S. 209 ff. [211]; *Pieper* aaO. (Anm. 698), S. 709; *Goppel* in: EuZW 1993, S. 367 ff. [367 f.].
[701] So auch *Jarass* aaO. (Anm. 700), S. 211.
[702] So *Stein* in: Merten, Die Subsidiarität Europas, S. 23 ff. [30].

ses „Besser-Kriteriums“ steht die von Politikbereich zu Politikbereich und von Einzelmaßnahme zu Einzelmaßnahme gesondert und immer wieder neu zu beurteilende Frage der bestmöglichen Zielverwirklichung. Aus dem Effektivitätsgedanken resultiert eine inhaltliche Begrenzung der Gemeinschaftskompetenzen im Sinne einer „materiellen Qualifizierung“ [703]. Die Kommission spricht in diesem Zusammenhang in ihrer „Mitteilung an den Rat und das Europäische Parlament über das Subsidiaritätsprinzip“ von einem „Mehrwert-Test“, bei dem nunmehr die Effizienz der Gemeinschaftsmaßnahme beurteilt werden muss [704]. Gemäß Nr. 4 des Subsidiaritätsprotokolls muss der Begriff „besser“ auf qualitativen oder - soweit möglich - auf quantitativen Kriterien beruhen. Der hierfür entscheidende Maßstab des „Umfangs“ und der „Wirkungen“ in Art. 5 Abs. 2 EGV ist sowohl für den Bedarf an supranationalem Handeln als auch für die Entscheidung über die Regelbarkeit auf mitgliedstaatlicher Ebene heranzuziehen. Zum „Umfang“ gehören in erster Linie quantitative Kriterien, wie z.B. der verwaltungsmäßige und finanzielle Aufwand. Die „Wirkungen“ sind hingegen unter dem qualitativen Aspekt zu prüfen, ob die in Betracht gezogenen Maßnahmen wegen ihres Inhalts und ihrer Tragweite supranationale statt nationale Maßnahme erfordern [705], also mit anderen Worten der Natur der Sache nach zentral und einheitlich gestaltet werden müssen [706].

III. Gerichtliche Kontrolle der Subsidiaritätskriterien

1. Justitiabilität

Ein Teil des Schrifttums vertritt die Auffassung, dass das Subsidiaritätsprinzip wegen seiner unbestimmten Begriffe ohne weitere primärrechtliche Konkretisierung nicht justitiabel sei [707]. Das Subsidiaritätsprinzip sei lediglich eine politische Handlungsmaxime und Leitidee für die Gemeinschaft bei der Ausübung der ihr zugewiesenen Zuständigkeiten, die allenfalls zur Bewahrung des Konsenses und als Orientierung für künftige Entscheidungen dienen könne.
Die Behauptung, dass die Unbestimmtheit der Formulierung in Art. 5 Abs. 2 EGV ein Hindernis für seine Anwendung durch den EuGH darstelle, ist nicht

---

[703] *Kahl* in: AöR 118 (1993), S.414 ff. [428]; *Pipkorn* in: EuZW 1992, S. 697 ff. [699].
[704] Kommission der EG, Die künftige Entwicklung der gemeinsamen Verkehrspolitik, Globalkonzept einer Gemeinschaftsstrategie für eine auf Dauer tragbare Mobilität, Weißbuch, Mitteilung der Kommission vom 2.12.1992, KOM (1992) 494endg., S. 8; ebenso *Pipkorn* aaO. (Anm. 699), S. 699.
[705] Ebenfalls *Blanke* in: Hrbek, Das Subsidiaritätsprinzip in der Europäischen Union: Bedeutung und Wirkung für ausgewählte Politikbereiche, S. 95 ff. [102].
[706] *Konow* in: DÖV 1993, S. 405 ff. [408].
[707] *Grimm* in: FAZ vom 17.9.1992, S. 38; *Möschel* in: JZ 1992, S. 877 ff. [882]; kritisch jüngst auch *Lienbacher* in: Schwarze, EU-Kommentar, Art. 5 Rdnr. 25 ff.; vgl. des Weiteren die Auflistung der Literaturstimmen, welche die Justitiabilität des Subsidiaritätsprinzip ablehnen, bei *Calliess*, Subsidiaritäts- und Solidaritätsprinzip in der Europäischen Union, S. 300.

haltbar. Indem die Bestimmung des Art. 5 EGV und insofern sein zentraler Begriff, das Subsidiaritätsprinzip selbst, dem System des primären Gemeinschaftsrecht angehören, ist die Subsidiarität „selbstverständlich" justitiabel [708]. Auch sonst ist es Aufgabe der Gerichte, unbestimmte Rechtsbegriffe auszulegen und anzuwenden. Der Gerichthof hatte bereits vielfach die Gelegenheit Gemeinschaftsnormen mit vergleichbarem Grad an Unbestimmtheit auszulegen [709]. Dies gilt sowohl für die Grundfreiheiten und Grundrechte als auch für die allgemeinen Rechtsgrundsätze wie das Verhältnismäßigkeits- und Vertrauensschutzprinzip [710].

Weiter gilt ist es zu beachten: Würde man alle Bestimmungen mit konkretisierungsbedürftigen und schwer auslegbaren Begriffen zu rechtlich unverbindlichen politischen Leitlinien erklären, bräche wohl nahezu jede staatliche bzw. supranationale Verfassungsrechtsordnung in sich zusammen [711].

Des Weiteren lässt der Wortlaut des Art. 5 Abs. 2 EGV („die Gemeinschaft wird (...) tätig") keinen Zweifel daran, dass es sich nicht nur um eine politische Handlungsmaxime handeln soll. Durch die Aufnahme des Subsidiaritätsprinzips in Art. 5 EGV unter zwei anerkannte Gemeinschaftsrechtsgrundsätze - dem Prinzip der begrenzten Ermächtigung in Absatz 1 und dem Verhältnismäßigkeitsprinzip in Absatz 3 - wird zudem klargestellt, dass das Subsidiaritätsprinzip zusammen mit diesen das Handeln der Gemeinschaft in rechtsverbindlicher Weise regeln soll [712].

Schließlich weist auch das Subsidiaritätsprotokoll in Nr. 13 daraufhin, dass die Einhaltung des Subsidiaritätsprinzips gemäß den Bestimmungen des Vertrages geprüft wird. Hierzu ist der Europäische Gerichtshof nach Art. 220 EGV berufen, der ihm aufträgt, das Recht in der Gemeinschaft „bei Auslegung und Anwendung dieses Vertrages" zu wahren. Dies kann er insoweit im Rahmen einer Nichtigkeitsklage (Art. 230 EGV) eine Überschreitung oder im Rahmen einer Untätigkeitsklage (Art. 232 EGV) eine Unterschreitung der in Art. 5 Abs. 2 EGV enthaltenden Parameter gerügt wird. Aber auch ein Vertragsverletzungsverfahren der Kommission oder eines Mitgliedstaates nach Art. 226 f. EGV, ein Vorabentscheidungsverfahren nach Art. 234 EGV sowie eine inzidente Normenkontrolle nach Art. 241 EGV können ihm hierzu Gelegenheit geben [713].

---

[708] So ausdrücklich *Pescatore* in: Due/Lutter/Schwarze, Festschrift für Ulrich Everling, Bd. 2, S. 1071 ff. [1090]; ebenso *Müller-Graff* in: ZHR 159 (1995), S. 34 ff. [56]; *Schwarze* in: DVBl. 1995, S. 1265 ff. [1267].

[709] So *von Borries* in: EuR 1994, S. 263 ff. [283].

[710] Gleiches gilt für die Grundpflicht zur Gemeinschaftsloyalität, die nach Auffassung des EuGH auch für innerstaatliche Stellen gilt, vgl. dazu EuGH, Rs. 103/88 (Fratelli Costanza), Slg. 1989, S. 1839 ff. [1870 f. Rdnr. 30 f.]; ferner *von Bogdandy* in: Grabitz/Hilf, Kommentar zur Europäischen Union, Altband 1, Art. 5 Rdnr. 24.

[711] So i.E. auch *Kahl* in: AöR 118 (1993), S. 414 ff. [419].

[712] *Lambers* in: EuR 1993, S. 229 ff. [240].

[713] Vgl. zu den unterschiedlichen Klagemöglichkeiten hinsichtlich der Geltendmachung des Subsidiaritätsprinzips, *Pescatore* aaO. (Anm. 708), S. 1091 ff.

Als Zwischenergebnis kann damit festgehalten werden, dass das Subsidiaritätsprinzip des Art. 5 Abs. 2 EGV grundsätzlich justitiabel ist [714].
Daran anschließend soll im folgenden Abschnitt untersucht werden, in welchem Umfang der Gerichtshof das Subsidiaritätsprinzip kontrollieren darf.

2. Umfang der Kontrolle

Die Formulierung „... wird die Gemeinschaft ... nur tätig, sofern und soweit ..." gibt der Gemeinschaft die Berechtigung zu handeln. Sie kann, muss aber keine Maßnahmen treffen. Mithin besteht ein (Entschließungs-)Ermessen der Gemeinschaft [715]. Durch die Worte „nur ... sofern und soweit ..." wird dieses Ermessen an das Negativ- und Positivkriterium als Bedingungen eines Tätigwerden gekoppelt.
Demzufolge wird sich der Gerichtshof an der Funktionenteilung zwischen den verschiedenen Organen der Gemeinschaft derart auszurichten zu haben, dass die gerichtliche Überprüfung von Maßnahmen der politisch verantwortlichen und legitimierten Gemeinschaftsorgane grundsätzlich deren Ermessens- bzw. Beurteilungsspielraum zu beachten hat [716]. Denn die Frage der effizienten Zielverwirklichung stellt eine Prognose dar, deren Einschätzungen nicht in jeder Beziehung (empirisch) verifizierbar sind und die daher mit zukunftsorientierten Einschätzungen arbeiten muss [717]. Würde sich der Gerichtshof an die Stelle der Gemeinschaftsorgane setzen, wären die funktionellen Grenzen der Gerichtsbarkeit überschritten [718]. Insoweit wird die gerichtliche Überprüfung von Gemein-

---

[714] Von dieser Möglichkeit geht auch der Gerichtshof aus, siehe dazu EuGH, Rs. C-84/94 (Vereinigtes Königreich/Rat), Slg. 1996, S. I-5755 ff. [5811 Rdnr. 57 ff.]; EuGH, Rs. C-233/94 (Deutschland/Parlament), Slg. 1997, S. I-2405 ff. [2461 Rdnr. 54 ff. u. 65 ff.]; EuGH, Rs. C-377/98 (Niederlande/Parlament u. Rat), Slg. 2001, S. I-7079 ff., Rdnr. 30 ff.; zuletzt EuGH, Rs. C-491 (The Queen), Slg. 2002, S. I-11453 ff. Rdnr. 173 ff.; vgl. des Weiteren die wohl h.M. in der Literatur, siehe nur *Schmidhuber/Hitzler* in: NVwZ 1992, S. 720 ff. [724]; *Kahl* aaO. (Anm. 711), S. 440; *Calliess*, Subsidiaritäts- und Solidaritätsprinzip in der Europäischen Union, S. 297 ff.; *Gilsdorf* in: Randelzhofer/Scholz/Wilke, Gedächtnisschrift für Eberhard Grabitz, S. 77 ff. [80]; *Pipkorn* in: EuZW 1992, S. 697 ff. [700]; *Frowein* in: Festschrift für Peter Lerche, S. 400 ff. [406]; *Stein* in: Merten, Die Subsidiarität Europas, S. 23 ff. [36 f.]; zudem verpflichtet auch das Bundesverfassungsgericht den EuGH auf das Subsidiaritätsprinzip, dessen „Einhaltung (er) ... zu überwachen habe", BVerfGE 89, S.155 ff. [211].

[715] So ausdrücklich *Calliess*, Subsidiaritäts- und Solidaritätsprinzip in der Europäischen Union, S. 312.

[716] *Hirsch* in: Böttcher/Hueck/Jähnke, Festschrift für Walter Odersky zum 65. Geburtstag am 17. Juli 1996, S. 197 ff. [212].

[717] So auch *Epiney* in: AJP/PJA 1993, S. 950 ff. [961].

[718] *Müller-Graff* in: ZHR 159 (1995), S. 34 ff. [62 f.]; *Langguth* in: Lenz, Kommentar zum EG-Vertrag, Art. 5 Rdnr. 36.

schaftsmaßnahmen anhand des Art. 5 Abs. 2 EGV nur in begrenztem Ausmaß stattfinden können [719].

Im Rahmen dieser Prüfung unterscheidet der Gerichtshof - anders als etwa die deutschen Gerichte - nicht zwischen Ermessens- und Beurteilungsspielraum [720]. So wendet der EuGH auch bei der Prüfung von Rechtsbegriffen mit Beurteilungsspielraum die Grundsätze der Ermessensprüfung an [721].

Nach der Rechtsprechung des EuGH ist ein Ermessensmissbrauch u.a. dann gegeben, wenn der Gesetzgeber einen anderen Zweck verfolgt als denjenigen, zu dem ihm die Befugnisse erteilt worden sind, oder wenn er aufgrund unzutreffender Tatsachen oder sachfremder Erwägungen, d.h. „willkürlich oder unsachlich" entscheidet [722]. Allgemeine Grenze ist in diesem Falle also die offenkundige Überschreitung der Ermessensgrenze.

Daraus ergibt sich für die Anwendung des Art. 5 Abs. 2 EGV, dass der Gerichtshof eine Maßnahme zunächst daraufhin kontrollieren wird, ob der Gemeinschaftsgesetzgeber den zugrundeliegenden Sachverhalt umfassend aufgeklärt hat und dabei alle erforderlichen Informationen berücksichtigt hat. Im nächsten Schritt wird der Gerichtshof feststellen, dass alle rechtlichen Vorgaben des Art. 5 Abs. 2 EGV sowie die zusätzlichen Vorgaben der jeweiligen Befugnisnorm, auf welche die Maßnahme gestützt worden ist, in die Prognose Eingang gefunden haben und in ihrer Bedeutung nicht offensichtlich verkannt wurden. Hierauf gestützt wird der Gerichtshof dann weiter prüfen, inwieweit sachfremde Erwägungen oder offensichtlich fehlerhafte Schlussfolgerungen die Entscheidung über die Maßnahme beeinflusst haben [723].

Folglich kann dem EuGH nicht zugestimmt werden, wenn er, wie in der Rs. C-84/94, formuliert: „Sobald der Rat festgestellt hat, dass ... die in diesem Bereich bestehenden Bedingungen .... harmonisiert werden müssen, setzt die Erreichung dieses Ziels durch das Setzen von Mindestvorschriften unvermeidlich ein gemeinschaftsweites Vorgehen voraus ..." [724]. Wenn diese Aussage des Gerichtshofs so zu verstehen ist, dass sich aus der einfachen Feststellung des Rates die Unvermeidlichkeit einer Gemeinschaftsmaßnahme ergibt, dann wäre das Subsidiaritätsprinzip in seiner rechtlichen Wirkung praktisch bedeutungslos [725]. Es bleibt zu hoffen, dass es sich bei diesem Urteil um eine Einzelfallentschei-

---

[719] So auch *von Borries* in: EuR 1994, S. 263 ff. [284].

[720] *Lambers* in: EuR 1994, S. 263 ff. [284].

[721] Vgl. EuGH, Slg. 1985, Rs. 183/84 (Söhnlein Rheingold), S. 3351 ff. [3361 Rdnr. 24 f.]; *Ipsen*, Europäisches Gemeinschaftsrecht, S. 247, 522 f.; *Calliess* aaO. (Anm. 715), S. 313.

[722] EuGH Rs. 52 u. 55/65 (Deutschland/Kommission), Slg. 1966, S. 220 ff. [237]; EuGH Rs. 105/75 (Giuffrida/Rat), Slg. 1976, S. 1395 ff. [1402 f. Rdnr. 10/11, 12/14]; EuGH, Rs. 204/86 (Griechenland/Rat), Slg. 1988, S. 5354 ff. [5361 f. Rdnr. 23-26].

[723] So *Calliess* aaO. (Anm. 715), S. 326.

[724] EuGH, Rs. C-84/94 (Vereinigtes Königreich/Rat), Slg. 1996, S. I-5755 ff. [5808 f. Rdnr. 47].

[725] Kritisch in diesem Sinn auch *Calliess* aaO. (Anm. 715), S. 351 ff.; *Schima* in: ÖJZ 1997, S. 761 ff. [766 ff.]; *Simm*, Der Gerichtshof der Europäischen Gemeinschaft im föderalen Kompetenzkonflikt, S. 152.

dung gehandelt hat [726]. Dafür spricht, dass der Gerichtshof ohne Berücksichtigung etwaiger Feststellungen des Rates in zwei weiteren Entscheidungen selbständig geprüft hat [727], ob die jeweilige Maßnahme den Voraussetzungen des Subsidiaritätsprinzips genügt.
In der Rs. C-377/98 bejaht der EuGH die Einhaltung des Art. 5 Abs. 2 EGV mit folgender Begründung [728]:
„Das Ziel der Richtlinie, durch Vermeidung und Ausräumung der Unterschiede in den Rechtsvorschriften und Praktiken der Mitgliedstaaten im Bereich des Schutzes biotechnologischer Erfindungen das reibungslose Funktionieren des Binnenmarktes zu gewährleisten, hätte durch Maßnahmen auf der Ebene allein der Mitgliedstaaten nicht erreicht werden können. Da das Ausmaß dieses Schutzes unmittelbare Auswirkungen auf den Handel und folglich auch auf den innergemeinschaftlichen Handel hat, liegt es im Übrigen auf der Hand, dass das fragliche Ziel aufgrund des Umfangs und der Wirkungen der in Betracht gezogenen Maßnahmen besser auf Gemeinschaftsebene erreicht werden konnte."
Der EuGH hat hier also die in Frage stehende Maßnahme - wenn auch nur mit wenigen Worten - selbständig daraufhin untersucht, ob sie dem Negativ- und Positivkriterium des Subsidiaritätsprinzips genügt. Eine etwaige Einschätzungsprärogative des Rates hat der EuGH vollständig außer Acht gelassen.

3. Die Begründungspflicht des Art. 253 EGV als „Anker" der gerichtlichen Kontrolle

Da Art. 5 Abs. 2 EGV die Voraussetzung für die Inanspruchnahme einer Kompetenzvorschrift ist, erstreckt sich die Begründungspflicht des Art. 253 EGV auch auf die Anforderungen des Subsidiaritätsprinzips. Eine entsprechende Verpflichtung enthält auch das Subsidiaritätsprotokoll in Nr. 4 und Nr. 9 Spstr. 2.
Da die Begründungspflicht eine formelle Anforderung darstellt, ist deren Nichtbeachtung als „eine Verletzung wesentlicher Formvorschriften" nach Art. 230 Abs. 1 EGV zu betrachten [729]. Mit der aus dem Subsidiaritätsprinzip folgenden Begründungspflicht der Organe folgt auch eine Beweislastumkehr: Nicht die

---

[726] *Schima* aaO. (Anm. 725), S. 767 äußert die Hoffnung, dass es sich nur um einen Sonderfall gehandelt haben möge, weil die Mitgliedstaaten sich in ex-Art. 118a EWGV ausnahmsweise die Harmonisierung zum Ziel gesetzt und somit einen grundsätzlichen Handlungsbedarf der Gemeinschaft jedenfalls anerkannt haben.

[727] EuGH, Rs. C-377/98 (Niederlande/Parlament und Rat), Slg. 2001, S. I-7079 ff., Rdnr. 30 ff.; EuGH, Rs. C-491/01 (The Queen), Slg. 2002, S. I-11453 ff., Rdnr. 173 ff.

[728] EuGH, Rs. C-377/98 aaO. (Anm. 727), Rdnr. 32.

[729] Vgl. nur *Schwarze*, Europäisches Verwaltungsrecht, Bd. 2, S. 1350; *Pipkorn* in: EuZW 1992, S. 697 ff. [700]; *Pieper* in: DVBl. 1993, S. 705 ff. [711]; *Langguth* in: Lenz, Kommentar zum EG-Vertrag, Art. 5 Rdnr. 37; *Schima*, Das Subsidiaritätsprinzip im Europäischen Gemeinschaftsrecht, S. 764; *Zuleeg* in: von der Groeben/Thiesing/Ehlermann, Kommentar zum EU-/EG-Vertrag, Bd. 1, Art. 3b Rdnr. 27; *Moersch*, Leistungsfähigkeit und Grenzen des Subsidiaritätsprinzips: eine rechtsdogmatische und rechtspolitische Untersuchung, S. 308.

Mitgliedstaaten sind im Verfahren des Normerlasses verpflichtet, die Überschreitung der Subsidiaritätsvorgabe nachzuweisen, sondern die Gemeinschaft muss ihr Tätigwerden begründen [730].
Nach ständiger Rechtsprechung des EuGH verlangt Art. 253 EGV, dass die Begründung inhaltlich die wichtigsten rechtlichen und tatsächlichen Erwägungen enthält, auf denen die Maßnahme beruht und die für das Verständnis der Gedankengänge der erlassenden Organe erforderlich sind [731].
Stärker als bei Individualakten ist - nach Auffassung des EuGH - bei legislativen Maßnahmen zu berücksichtigen, dass hier eine allgemeine Situation abstrakt zu regeln ist, so dass nicht auf alle Einzelheiten eingegangen werden muss, sondern eine Benennung der Gesamtlage und der allgemeinen Ziele des Rechtsaktes in der Regel ausreicht [732]. Aus der Rechtsprechung des EuGH zur Begründungspflicht nach Art. 253 EGV ergibt sich allerdings auch, dass der Umfang der erforderlichen Begründung proportional zur Größe des Ermessensspielraums ist, der dem Gemeinschaftsorgan bei Erlass der jeweiligen Maßnahme zur Verfügung steht [733]. Aus letzterem kann - auch für gemeinschaftliche Normativakte - gefolgert werden, dass an den Inhalt und den Umfang der Begründungspflicht erhöhte Anforderungen gelten, wenn sich die Begründungspflicht auf das unbestimmt formulierte Subsidiaritätsprinzip in Art. 5 Abs. 2 EGV erstreckt.
In der Rs. C-233/94 prüfte der Gerichtshof dann erstmalig, ob der Gemeinschaftsgesetzgeber im Hinblick auf die Subsidiaritätsprüfung der Begründungspflicht des Art. 253 EGV nachgekommen ist [734]. Der Gerichtshof hat den Text der in Frage stehenden Richtlinie 94/19/EG im Einzelnen untersucht und dazu festgestellt, dass die Richtlinie in der zweiten Begründungserwägung Überlegungen zu den Dimensionen enthält, derentwegen das Ziel der anvisierten Maßnahme besser auf Gemeinschaftsebene verwirklicht werden kann [735]. Den glei-

---

[730] *Pieper* aaO. (Anm. 729), S. 711; *Pipkorn* aaO. (Anm. 729), S. 697 ff., ähnlich *Schmidthuber/Hitzler* in: NVwZ 1992, S. 720 ff. [725].

[731] Grundlegend EuGH, Rs. 6/54 (Niederlande/Hohe Behörde), Slg. 1954-1955, S. 213 ff. [232 f.]

[732] EuGH, Rs. 87/78 (Welding), Slg. 1978, S. 2457 ff. [2468 Rdnr. 11]; EuGH, Rs. C-466/93 (Atlanta Fruchthandelsgesellschaft), S. I-3799 ff. [3809 f.].

[733] EuGH, Rs. 36-40 (Präsident/Hohe Behörde), Slg. 1960, S. 885 ff. [921 f.]; EuGH, Rs. 185/85 (Union siderurgique du Nord et de l'Est de la France/Kommission), Slg. 1986, S. 2079 [2098 Rdnr. 20 ff.] ; vgl. auch *Schwarze*, Europäisches Verwaltungsrecht, Bd. 2, S. 2079 Rdnr. 20 ff.; *Müller-Ibold*, Die Begründungspflicht im europäischen Gemeinschaftsrecht und im deutschen Recht, S. 89 ff.

[734] EuGH, Rs. C-233/94 (Deutschland/Parlament u. Rat), Slg. 1997, S. I-2405 ff. [2451 ff. Rdnr. 22-29].

[735] In Nr. 2 der Begründungserwägung der RL 94/19/EG des Europäischen Parlaments und des Rates vom 30.5.1994 über Einlagesicherungssysteme heißt es: „Werden die Beschränkungen der Tätigkeiten von Kreditinstituten aufgehoben, so ist es zweckmäßig, sich zugleich mit der Situation zu befassen, die im Falle des Nichtverfügbarwerdens der Einlagen in einem Kreditinstitut mit Zweigstellen in anderen Mitgliedstaaten entstehen kann. Ein Mindestmaß an Harmonisierung der Einlagesicherung muß gewährleistet sein ohne Rücksicht darauf, wo

chen Gedankengang ortet der EuGH auch in der dritten Begründungserwägung [736]. Weiter weist der Gerichtshof daraufhin, dass der Gemeinschaftsgesetzgeber in der fünften Begründungserwägung [737] ausgeführt habe, dass das mit der Empfehlung der Kommission angestrebte Ziel durch die von den Mitgliedstaaten ergriffenen Maßnahmen nicht vollständig erreicht worden sei. Damit hätten die rechtsetzenden Gemeinschaftsorgane festgestellt, dass das Ziel ihres Tätigwerdens von den Mitgliedstaaten nicht in ausreichendem Maße verwirklicht werden konnte. Allein diesen Erwägungen entnimmt der Gerichtshof, dass die Voraussetzungen des Art. 253 EGV erfüllt worden sind [738]. Eine ausdrückliche Erwähnung des Subsidiaritätsprinzips hat der Gerichtshof nicht verlangt [739]. Der EuGH hat insofern klargestellt, dass es ihm auf den Inhalt und nicht auf die bloße Form der Begründung ankam [740].

Der Gemeinschaftsgesetzgeber hat demzufolge in seiner Begründung der jeweiligen Maßnahme substantiiert eine genaue und aufgegliederte Aufstellung der tatsächlichen und rechtlichen Erwägungen hinsichtlich des „ob" seines Tätigwerdens anhand der Kriterien des Art. 5 Abs. 2 EGV zu geben. Aus den Gründen muss sich einerseits das genaue Ziel der geplanten Maßnahme ergeben, andererseits muss der Gemeinschaftsgesetzgeber die Beweggründe benennen, weshalb das angestrebte Ziel nur durch ein gemeinschaftliches Tätigwerden erreicht werden kann.

Eine Grenze für den Inhalt der Begründungspflicht sieht der Gerichtshof allgemein darin, dass er den Gemeinschaftsgesetzgeber nur für verpflichtet hält, seine eigene Auffassung darzustellen [741]. Insbesondere hält er die Gemeinschaftsorgane nicht für verpflichtet, in den Begründungserwägungen konkrete wissen-

---

in der Gemeinschaft die Einlagen lokalisiert sind. Für die Vollendung des Binnenmarktes ist die Einlagensicherung genauso wichtig wie die aufsichtsrechtlichen Vorschriften".

[736] EuGH aaO. (Anm. 734), S. I-2452 Rdnr. 26; in Nr. 3 der Begründungserwägung der RL 94/19/EG heißt es: „ Im Falle der Schließung eines zahlungsunfähigen Kreditinstitutes müssen die Einleger der Zweigstellen, die in einem anderen Mitgliedstaat als demjenigen gelegen sind, in dem das Kreditinstitut seinen Sitz hat, durch dasselbe Sicherungssystem wie die übrigen Einleger des Instituts geschützt sein. Die den Kreditinstituten aus der Teilnahme an einem Sicherungssystem erwachsenden Kosten stehen in keinem Verhältnis zu denjenigen, die bei einem massiven Abheben von Einlagen nicht nur bei dem sich in Schwierigkeiten befindlichen Unternehmen, sondern auch bei an sich gesunden Unternehmen entstehen würden, wenn das Vertrauen der Einleger in die Stabilität des Bankensystems erschüttert wird."

[737] In Nr. 5 der Begründungserwägung der RL 94/19/EG heißt es: „Das mit der Empfehlung 87/63/EWG der Kommission vom 22. Dezember 1986 zur Einführung von Einlagesicherungssystemen in der Gemeinschaft (4) angestrebte Ziel wurde durch die von den Mitgliedstaaten im Anschluß daran ergriffenen Maßnahmen nicht vollständig erreicht. Diese Situation kann dem reibungslosen Funktionieren des Binnenmarktes abträglich sein".

[738] EuGH aaO. (Anm. 734), S. I-2453 Rdnr. 28.

[739] EuGH, aaO. (Anm. 734), S. I-2453 Rdnr. 28, vgl. auch EuGH, Rs. C-377/98 (Niederlande/Parlament und Rat) , Slg. 2001, S. I-7079 ff. Rdnr. 33.

[740] Ebenso *Schima* in: ÖJZ 1997, S. 761 ff. [769].

[741] EuGH, verb. Rsen 142 u. 156/84 (Bat u. Reynolds/Kommission), Slg. 1987, S. 4487 ff. [4585 f. Rdnr. 73].

schaftliche Beweise zu erbringen oder andere Lösungswege oder Erwägungen zu erörtern [742].

Insgesamt stellt die Begründungspflicht des Art. 253 EGV ein wirksames Instrumentarium dar, mit dessen Hilfe das Subsidiaritätsprinzip zumindest in seinen Eckpunkten gerichtlich kontrollierbar ist [743].

C. Wirkungsweise der Subsidiaritätskriterien im Bereich verkehrspolitischer Rechtsetzung

Unter Berücksichtigung der oben ermittelten Ergebnisse soll in diesem Abschnitt anhand möglichst justitiabler Kriterien versucht werden, die Wirkungsweise des Subsidiaritätsprinzips im Bereich der verkehrsspezifischen Rechtsetzung zu konkretisieren. Mit Hilfe dieser Kriterien soll es dann u.a. möglich sein, den Umfang der Begründungspflicht (Art. 253 EGV) bzgl. der Berücksichtigung des Art. 5 Abs. 2 EGV im Verkehrssektor in Grundzügen zu skizzieren.

Damit das geschehen kann, gilt es in einem ersten Schritt, Konkretisierungsmaßstäbe zur Anwendung des Subsidiaritätsprinzips zu entwickeln und auf ihre Tragfähigkeit hin zu untersuchen.

I. Konkretisierung des Subsidiaritätsprinzips anhand der verkehrspolitischen Zielvorgaben

Einer eingehenderen Untersuchung wert erscheint zunächst die Frage, ob gemeinschaftliche Zielangaben eine Sperrwirkung für die Anwendung des Art. 5 Abs. 2 EGV bewirken können.

Im Protokoll über die Anwendung der Grundsätze der Subsidiarität und der Verhältnismäßigkeit heißt es, dass die Grundsätze der Subsidiarität „unter Beachtung der allgemeinen Bestimmungen und der Ziele des Vertrages" angewandt werden (Nr. 2), bzw. dass das Subsidiaritätsprinzip „unter Berücksichtigung der im Vertrag festgelegten Ziele" angewandt werden soll (Nr. 3). Auch diese nunmehr primärrechtlich [744] verankerte „Verpflichtung", bei der Prüfung eines Rechtsaktes am Maßstab der Subsidiaritätskriterien die Ziele des EG-Vertrages zu berücksichtigen, ist zunächst einmal nichts Neues. Worauf sonst sollte sich die Prüfung, ob die Ziele der in Betracht gezogenen Maßnahmen den Subsidiaritätskriterien entsprechen, beziehen ? Will man nicht unterstellen, dass das Protokoll ohnehin Selbstverständliches wiedergibt, stellt sich die Frage, ob

---

[742] EuGH, Rs. 14/81 (Alpha Steel/Kommission), Slg. 1982, S. 749 ff. [765 f. Rdnr. 16 ff.].

[743] *Calliess*, Das Subsidiaritäts- und Solidaritätsprinzip in der Europäischen Union, S. 337, bezeichnet daher die Begründung zu Recht als „Anker" der gerichtlichen Kontrolle des Subsidiaritätsprinzips durch den Gerichtshof.

[744] Das Protokoll über die Anwendung der Grundsätze der Subsidiarität und der Verhältnismäßigkeit ist gemäß Art. 311 EGV Bestandteil des EG-Vertrages.

mit der Bezugnahme auf die Gemeinschaftsziele ein prinzipieller „Vorrang der Ziele" vor dem Subsidiaritätsprinzip ausgedrückt werden soll [745]. Ob das der Fall ist, soll im folgenden Abschnitt untersucht werden.

1. Das Spannungsverhältnis zwischen den Gemeinschaftszielen und der Anwendung des Subsidiaritätsprinzips

Bei der Prüfung von Zuständigkeitsregelungen sind regelmäßig immer auch die Ziele des EG-Vertrages zu berücksichtigen. Die Gemeinschaftsziele sind jedoch zum Teil sehr weit gefasst, so dass auch die Auslegung der Zuständigkeitsnormen den Gemeinschaftsorganen weite Spielräume lässt.
Dem Subsidiaritätsprinzip fällt dabei die Aufgabe zu, den Schwierigkeiten entgegenzuwirken, die sich für die Kompetenzabgrenzung aus dieser Zielgebundenheit der Gemeinschaftsrechtsetzung ergeben [746], womit dem Subsidiaritätsprinzip seiner Zwecksetzung nach eine Konkretisierungsfunktion zukommt [747].
Es besteht damit zunächst einmal kein Widerspruch zwischen dem tätigkeitsbezogenen Ansatz des Subsidiaritätsprinzips und der zielgerichteten Definition der Gemeinschaftskompetenzen [748]. Jedoch ist zu berücksichtigen, dass das Subsidiaritätsprinzip diese Konkretisierungsfunktion nur dann erfüllen kann, wenn die in Betracht gezogenen Maßnahmen tatsächlich im Rahmen von weit gefassten Zielen ergriffen werden. Denn das Subsidiaritätsprinzip kann seine Funktion nicht erfüllen, wenn feststeht, dass ein vertraglich fixiertes Ziel die Vornahme einer bereits hinreichend konkretisierten Handlung erfordert.
Daraus könnte folgende Schlussfolgerung für die Anwendung des Subsidiaritätsprinzips gezogen werden: Die Wirkungsweise des Subsidiaritätsprinzips ist um so größer, je unbestimmter die einer Maßnahme zugrunde liegenden Ziele sind; je genauer also eine Aufgabe durch den Vertrag definiert wird, desto weniger Raum bleibt für die Subsidiarität [749]. Diese Annahme wird durch folgende Überlegungen bestätigt: Hinter dem sog. Mehrwert einer Regelung auf höherer Ebene steht die Entscheidung, ob und wie eine bestimmte Aufgabe in Angriff genommen werden soll [750]. Diese (Ermessens-)Entscheidung im Rahmen des

[745] Vgl. auch *Kahl* in: JBl. 1999, S. 701 ff. [708].
[746] Vgl. nur *Lienbacher* in: Schwarze, EU-Kommentar, Art. 5 Rdnr. 12.
[747] So *Kahil*, Europäisches Sozialrecht und Subsidiarität, S. 100.
[748] *Schmidhuber* in: DVBl. 1993, S. 417 ff. [418].
[749] So ausdrücklich auch Nr. 4 Abs. 2 Spstr. 5 der Grundprinzipien des vom Europäischen Rat von Edinburgh vom 12.12.1992 aufgestellten Gesamtkonzepts für die Anwendung des Subsidiaritätsprinzips und des Art. 3 b des Vertrages über die Europäische Union, abgedruckt bei *Calliess*, Subsidiaritäts- und Solidaritätsprinzip in der Europäischen Union, Anhang 2, S. 291 ff.; vgl. darüber hinaus auch *Lenaerts/Van Ypersele* in: CDE 1994, S. 3 ff. [26]; *Kahil* aaO. (Anm. 747), S. 100; *Bieber* in: Nörr/Oppermann, Subsidiarität: Idee und Wirklichkeit, S. 165 ff. [180].
[750] *Schweitzer/Fixson* in: Jura 1992, S. 579 ff. [582].

Art. 5 Abs. 2 EGV ist, wie bereits festgestellt [751], zwar überwiegend politischer Natur und von einem Gericht nur eingeschränkt überprüfbar, jedoch ist nach ständiger Rechtsprechung des EuGH zu berücksichtigen, dass die Ziele der Gemeinschaft bei der Auslegung und Anwendung der Vertragsvorschriften beachtet werden müssen [752]. Insofern bilden die gemeinschaftlichen Ziele Anknüpfungspunkte einer teleologischen Interpretation und sind zugleich Leitlinien der Ermessensausübung [753]. Das Ermessen in Art. 5 Abs. 2 EGV wäre folglich zumindest reduziert, wenn eine im EG-Vertrag hinreichend konkretisierte Pflicht zur Verwirklichung der anvisierten Ziele bestünde. Führt in einem solchen Fall die Anwendung des Art. 5 Abs. 2 EGV dazu, dass eine Maßnahme nicht ergriffen wird, so kann das angestrebte Ziel nicht auf Gemeinschaftsebene verfolgt werden. Das Ergebnis der Subsidiaritätsprüfung stünde dann in Widerspruch zu dem in Rede stehenden Ziel.

Der EG-Vertrag kann aber nicht gleichzeitig Handlungspflichten auferlegen und verbieten [754], womit sich die Frage stellt, ob eine rechtliche Verpflichtung zum Tätigwerden im Wege der Spezialität zur Nichtanwendung des Subsidiaritätsprinzips führen kann. Den Anwendungsbereich des Subsidiaritätsprinzips unter Hinweis auf den Grundsatz der Spezialität einzuschränken würde aber bedeuten, die Prüfung der „Erforderlichkeit" einer Maßnahme vom Subsidiaritätsprinzip auf die Justitiabilität der Gemeinschaftsziele zu verlagern. Dadurch würde der Sinn und Zweck des Art. 5 Abs. 2 EGV umgangen [755]. Das einzige Kriterium, das zur Nichtanwendung des Subsidiaritätsprinzips führt, ist nach Art. 5 Abs. 2 EGV die Ausschließlichkeit einer Gemeinschaftsbefugnis [756]. Art. 5 Abs. 2 EGV ist also selbst dann zu prüfen, wenn sich aus jeweils zugrundeliegendem gemeinschaftlichen Ziel eine rechtliche Verpflichtung zu ihrer Umsetzung ergeben würde. Somit wird das Subsidiaritätsprinzip nach Art. 5 Abs. 2 EGV nicht im Wege der Spezialität von der rechtlichen Verpflichtung zum Tätigwerden verdrängt.

Ein Vorrang hinreichend konkretisierter Gemeinschaftsziele oder gar - wie oben in der Fragestellung noch angenommen - ein allgemeiner Vorrang der gemeinschaftlichen Ziele kann daher nicht angenommen werden.

---

[751] Vgl. dazu die Ausführungen in Teil 3, Abschnitt B, III. 2.

[752] EuGH, Rs. 32/65 (Italienische Republik/Kommission, Slg. 1966, S. 457 ff. [483]; EuGH, Rs. 15/81 (Gaston Schul), Slg. 1982, S. 1409 ff. [1431 f. Rdnr. 33]; EuGH, Rs. 85/76 (Hoffmann-La Roche), Slg. 1979, S. 461 ff. [552 f. Rdnr. 125]; EuGH, Rs. 299/86 (Drexl), Slg. 1988, S. 1213 ff. [1235 Rdnr. 24]; vgl. auch *von Bogdany* in: Grabitz/Hilf, Das Recht der Europäischen Union, Bd. 1, Art. 3 Rdnr. 3; *Hatje* in: Schwarze, EU-Kommentar, Art. 2 Rdnr. 9; *Schweitzer/Hummer*, Europarecht, Rdnr. 1036.

[753] EuGH, verb. Rsen 6 u. 7/73 (Commercial Solvents/Kommission), Slg. 1974, S. 223 ff. [254 Rdnr. 32]; EuGH, Gutachten 1/94, Slg. 1994, S. I-5267 ff. [5401 Rdnr. 45 f.]; vgl. auch *Geiger*, Kommentar zum EU-/EGV, Art. 2 Rdnr. 11; *Hatje* aaO. (Anm. 752), Art. 3 Rdnr. 4; *Schweitzer/Hummer* aaO. (Anm. 752), Rdnr. 1035.

[754] *Lenaerts/Van Ypersele* aaO. (Anm. 749), S. 25.

[755] *Kahil* aaO. (Anm. 747), S. 103.

[756] Vgl. hierzu die Bemerkungen in Teil 2, Abschnitt B, II.

Die Wirkungsweise der Subsidiaritätskriterien kann aber durchaus begrenzt werden, falls inhaltlich präzise vertragliche Handlungspflichten vorliegen, die das Ermessen der Gemeinschaftsorgane zwar nicht völlig verdrängen, jedoch begrenzen können [757]. Je enger danach eine Handlungspflicht des Gemeinschaftsgesetzgebers zum Tätigwerden umschrieben ist, um so eher ist die Zielverfolgung der Überprüfung durch den EuGH zugänglich und um so präziser sind auch die Kriterien der Zielverwirklichung, die im Rahmen des Subsidiaritätsprinzips zu prüfen sind und dessen Geltung beschränken.
Im Folgenden soll daher untersucht werden, welche Rechtspflichten sich aus den verkehrspolitischen Zielen für die Gemeinschaft im Einzelnen ergeben, d.h. es soll festgestellt werden, inwieweit hinreichend konkretisierte Rechtsetzungsaufträge im Verkehrssektor die Tragweite des Subsidiaritätsprinzips einzuschränken vermögen.

2. Die Bestimmtheit der verkehrspolitischen Ziele

a) Das sog. „Untätigkeitsurteil" des EuGH

Infolge der jahrelangen Verzögerungen wichtiger verkehrspolitischer Maßnahmen und im Hinblick auf die bevorstehende Schaffung des Binnenmarktes hat das Europäische Parlament mit der am 22. Januar 1983 beim Europäischen Gerichtshof eingereichten Klage die Feststellung begehrt, dass der Rat erstens den EWG-Vertrag, insbesondere die ex Art. 3 lit. e, Art. 61, Art. 74, Art. 75 und Art. 84 EWGV (Art. 3 Abs. 1 lit. f, Art. 51, Art. 70, Art. 71 u. Art. 80 EGV) verletzt habe, indem er die Einführung einer gemeinsamen Verkehrspolitik und die Festlegung ihres Rahmens unterlassen habe, und zweitens unter Verletzung des EWG-Vertrages über 16 einschlägige Vorschläge im Bereich des Verkehrs nicht entschieden habe [758].
Die gerichtliche Feststellung dieser Pflichtverletzung setzte voraus, dass es das Parlament, der Rat oder die Kommission unterließen, „einen Beschluss zu fassen" (Art. 232 EGV). Ein i.S. des Art. 232 EGV justitiabler Verfassungsauftrag liegt vor, wenn die Handlungspflicht durch gewisse präzise Bestimmungen des Vertrages wie diejenigen, in denen bestimmte Fristen festgesetzt sind, hinreichend genau bestimmt werden kann [759].
Das Schwergewicht des Untätigkeitsurteils lag deshalb auf der Frage, ob dem Rat bei der Etablierung einer gemeinsamen Verkehrspolitik ein Ermessen eingeräumt wurde oder ob der EG-Vertrag den Rat zur Einführung einer solchen Politik in rechtlich verbindlicher Weise verpflichtete.

---

[757] So auch *Calliess* aaO. (Anm. 749), S. 330.
[758] Rs. 13/83 (Parlament/Rat), Slg. 1985, S. 1513 ff. [1563 ff.]
[759] EuGH aaO. (Anm. 758), S. 1593 Rdnr. 37, 49; ebenfalls *Krück* in: von der Groeben/Thiesing/Ehlermann, Kommentar zum EU-/EG-Vertrag, Bd. 4, Art. 175 Rdnr. 11 f.; *von Bogdandy* in: Grabitz/Hilf, Das Recht der Europäischen Union, Bd. 1, Art. 3 Rdnr. 4.

aa) Auffassung des Europäischen Parlaments

Der Kern der Argumentation des Europäischen Parlament [760] bestand darin, dass sich eine Rechtspflicht zur Einführung einer gemeinsamen Verkehrspolitik sowohl aus dem Wortlaut der Bestimmungen über die Verkehrspolitik wie auch aus der Zielsetzung und Systematik des Vertrages ergebe.
Diese rechtliche Verpflichtung habe ihre Grundlage in der grundsätzlichen Bestimmung des ex-Art. 3 lit. e EWGV (Art. 3 Abs. 1 lit. f EGV). Der imperative Charakter dieser Regelung werde durch die Verknüpfung bestätigt, die zwischen den verschiedenen Teilen des EG-Vertrages bestehe. Die Verfolgung der in diesen Artikeln aufgestellten Ziele sei nämlich unerlässlich für die Erfüllung der Aufgaben der Gemeinschaft. Diese Verpflichtung ergebe sich auch aus ex-Art. 74 EWGV (Art. 70 EGV), der insbesondere das Vorhandensein eines verbindlichen Rahmens für die gemeinsame Politik als logische Voraussetzung für die Anwendung von Einzelmaßnahmen erfordere. Darüber hinaus erlege ex-Art. 75 EWGV (Art. 71 EGV) dem Rat die unbedingte Verpflichtung auf, für den internationalen Verkehr gemeinsame Regelungen aufzustellen und für die Zulassung zum nationalen Verkehr die Bedingungen festzulegen, sowie alle sonstigen zweckdienlichen Vorschriften zu erlassen.
Das Parlament war schließlich der Auffassung, dass der Rat auch im Falle des ex-Art. 75 Abs. 1 lit. c EWGV und ex-Art. 84 Abs. 2 EWGV (Art. 71 Abs. 1 lit. d EGV und Art. 80 Abs. 2 EGV), verpflichtet sei, die erforderlichen Maßnahmen zu erlassen, d.h. innerhalb einer Frist, die angemessen sei, um den Erwartungen der Rechtsbetroffenen hinsichtlich des Zustandekommens einer gemeinsamen Politik gerecht zu werden. Eine hinreichend konkretisierte Verpflichtung bestünde daher auch für Maßnahmen betreffend die Harmonisierung der technischen Vorschriften für die Fahrzeuge, die Regelung des Marktzugangs, die technische Harmonisierung der Verkehrsnetze und die Beseitigung von Lücken und Engpässen im Verkehrsnetz sowie die Angleichung der verkehrsspezifischen Sozialvorschriften [761].

bb) Auffassung des Ministerrates

Der Rat lehnte im Verfahren vor dem EuGH die vom Europäischen Parlament behauptete rechtliche Verpflichtung zur Einführung einer gemeinsamen Verkehrspolitik ab [762]. Er bestritt zwar nicht, dass ex-Art. 75 Abs. 1 lit. a und b EWGV (Art. 71 Abs. 1 lit. a und b EGV) eine Rechtspflicht zum Handeln festlege. Diese Rechtspflicht sei aber nicht hinreichend genau präzisiert und könne

---

760 Wiedergegeben im Urteil des EuGH in der Rs. 13/83 (Parlament/Rat), Slg. 1985, S. 1513 ff. [1573 f.].
761 EuGH aaO. (Anm. 758), S. 1572.
762 Wiedergegeben im Urteil des EuGH in der Rs. 13/83 (Parlament/Rat), Slg. 1985, S. 1513 ff. [1576 ff.].

deswegen nicht Gegenstand einer Klage nach ex-Art. 175 EWGV (Art. 232 EGV) sein. Der Titel über den Verkehr zeige nur einen Weg auf, der für die Etablierung einer gemeinsamen Verkehrspolitik zu beschreiten sei, er lege allerdings weder das Ziel inhaltlich fest, noch den Zeitpunkt, zu welchem das Ziel erreicht werden müsse.

Diese Feststellung gelte erst recht auch für ex-Art. 75 Abs. 1 lit. c EWGV und ex-Art. 84 Abs. 2 EWGV (Art. 71 Abs. 1 lit. d EGV und Art. 80 Abs. 2 EGV).

cc) Schlussanträge des Generalanwalts

Generalanwalt *Jacobs* war anders als das Parlament in seinen Schlussanträgen der Meinung, dass die in ex-Art. 75 Abs. 1 lit. c EWGV und ex-Art. 84 Abs. 2 EWGV (Art. 71 Abs. 1 lit. d EGV und Art. 80 Abs. 2 EGV) enthaltenen verkehrspolitischen Rechtsetzungsaufträge nicht hinreichend genau konkretisiert seien, da diese Vorschriften dem Rat einen weiten Beurteilungsspielraum zur Gestaltung der Verkehrspolitik beließen [763]. Eine allgemeine hinreichend bestimmte Rechtspflicht ergebe sich auch nicht aus den ex-Art. 3 lit. e EWGV und Art. 74 EWGV (Art. 3 Abs. 1 lit. f EGV und Art. 70 EGV), da diesen Vorschriften kein Hinweis auf eine konkrete Ausgestaltung der Verkehrspolitik entnommen werden könne.

Etwas anderes gelte nur für die Umsetzung der Dienstleistungsfreiheit im Bereich des Verkehrs, wobei der Generalanwalt den Rechtsetzungsauftrag in ex-Art. 75 Abs. 1 lit. a EWGV (Art. 71 Abs. 1 lit. a EGV) nicht nur für die Dienstleistungsfreiheit, sondern darüber hinaus auch für die Harmonisierung auf steuerlichen, sozialem und technischem Gebiet als justitiabel i.S. des Art. 232 EGV einstufte [764]. Der Rat habe selber in der auf ex-Art. 75 EWGV und ex-Art. 100 EWGV (Art. 71 EGV und Art. 94 EGV) gestützten und an die Mitgliedstaaten gerichteten Entscheidung 65/271/EWG vom 13. Mai 1965 über die Harmonisierung bestimmter Vorschriften, die den Wettbewerb im Eisenbahn-, Straßen- und Binnenschiffsverkehr beeinflussen [765], die in ex-Art. 75 Abs. 1 lit. a EWGV (Art. 71 Abs. 1 lit. a EGV) enthaltende Handlungspflicht konkretisiert. In dieser Entscheidung werde u.a. die Harmonisierung der Berechnungsgrundlagen für die Kraftfahrzeugsteuer und für die Besteuerung der Binnenschiffe, die Einbeziehung aller Güterförderungen in das gemeinsame Mehrwertsteuersystem, der Abbau oder finanzielle Ausgleich der sog. Verpflichtungen des öffentlichen Dienstes, der öffentlichen Verkehrsunternehmen sowie die Angleichung der Sozialvorschriften vorgeschrieben und ein genauer Zeitplan für alle Einzelmaßnahmen festgelegt.

---

[763] Schlussanträge des Generalanwalts, Rs. 13/83 (Parlament/Rat), Slg. 1985, S. 1513 ff. [1537 f.].

[764] Schlussanträge des Generalanwalts aaO. (Anm. 763), S. 1544 f.

[765] ABl. 1965, 88/1500.

dd) Entscheidung des EuGH

Zunächst stellte der Gerichtshof fest, dass ein zusammenhängendes Regelwerk, das als gemeinsame Verkehrspolitik bezeichnet werden könnte, nicht existiert [766]. Eine allgemeine rechtliche Verpflichtung zur Einführung einer gemeinsamen Verkehrspolitik existiere daher nicht, so dass der Rat sich zu Recht auf einen Ermessensspielraum berufen könne [767]. Der Gerichtshof fügte allerdings hinzu, dass dieser Ermessensspielraum „durch die Erfordernisse der Errichtung des Gemeinsamen Marktes und durch gewisse präzise Bestimmungen des Vertrages wie denjenigen, in denen bestimmte Fristen gesetzt sind", begrenzt sei [768], wobei das Fehlen einer gemeinsamen Politik als solches aber nicht notwendig eine inhaltlich hinreichend bestimmte Untätigkeit darstelle, um nach ex-Art. 175 EWGV (Art. 232 EGV) justitiabel zu sein [769].
Im nächsten Schritt prüfte der EuGH, ob einzelne verkehrspolitische Ziele vorliegen, die hinreichend genau präzisierbar sind. Dabei stellte er fest, dass für die Realisierung der Dienstleistungsfreiheit auf dem Gebiet des Verkehrs wegen ex-Art. 42 EWGV (Art. 51 Abs. 1 EGV) die Bestimmungen über den Verkehr anzuwenden seien [770]. Die in den ex-Art. 59 EWGV und ex-Art. 60 EWGV (Art. 49 EGV und Art. 50 EGV) niedergelegten Grundsätze der Dienstleistungsfreiheit müssten also durch die Einführung einer gemeinsamen Verkehrspolitik verwirklicht werden.
Der Umfang dieser Verpflichtung sei schließlich durch den E(W)G-Vertrag eindeutig bestimmt. So habe der Gerichtshof schon 1981 entschieden, dass die Dienstleistungsfreiheit das Gebot der Beseitigung sämtlicher Diskriminierungen des Leistungserbringers aufgrund seiner Staatsangehörigkeit oder des Umstandes, dass er in einem anderen Mitgliedstaat als denjenigen ansässig ist, in dem die Dienstleistung erbracht werden soll, umfasst [771]. Insoweit verfüge der Rat also nicht mehr über einen Ermessensspielraum, auf den er sich in anderen Bereichen der gemeinsamen Verkehrspolitik wirksam berufen könne. Da nach Auffassung des EuGH das zu erreichende Ergebnis aufgrund der ex-Art. 59 EWGV, ex-Art. 60 EWGV und ex-Art. 61 EWGV i.V. mit ex-Art. 75 Abs. 1 lit. a und b EWGV (Art. 49 EGV, Art. 50 EGV und Art. 51 EGV i.V. mit Art. 71 Abs. 1 lit. a und b EGV) feststeht, könne nur hinsichtlich der näheren Einzelheiten ein „gewisses Ermessen" ausgeübt werden [772]. Die in Art. 75 Abs. 1 lit. a und b EWGV (Art. 71 Abs. 1 lit. a und b EGV) vorgesehene Verpflichtung könne des-

[766] EuGH, Rs. 13/83 (Parlament/Rat), Slg. 1985, S. 1513 ff. [1595 Rdnr. 46].
[767] EuGH aaO. (Anm. 766), S. 1596 Rdnr. 50; vgl. ebenfalls bereits EuGH, Rs. 97/78 (Schumalla), Slg. 1978, S. 2311 ff. [2317 Rdnr. 4]; zuletzt bestätigt durch EuGH, verb. Rsen C-248 u. 249/95 (SAM Schiffahrt), Slg. 1997, S. I-4475 ff. [4502 Rdnr. 23].
[768] EuGH aaO. (Anm. 766), S. 1566 Rdnr. 49.
[769] EuGH aaO. (Anm. 766), S. 1597 Rdnr. 53.
[770] EuGH aaO. (Anm. 766), S. 1597 Rdnr. 54 ff.
[771] Der EuGH aaO. (Anm. 766), S. 1599 Rdnr. 64 beruft sich hier auf das Urteil des EuGH in der Rs. 279/80 (Webb), Slg. 1981, S. 3305 ff. [3322 ff.]
[772] EuGH aaO. (Anm. 766), S. 1600 Rdnr. 66.

halb, soweit sie die Herstellung der Dienstleistungsfreiheit zum Inhalt habe, Gegenstand eines die Untätigkeit des Rates feststellenden Urteils sein [773].
Schließlich stellte der Gerichtshof fest, dass es dem Rat freistehe, zusätzlich zu den gebotenen Maßnahmen zur Herstellung der Dienstleistungsfreiheit „Begleitmaßnahmen" zu ergreifen, wobei Inhalt und Reihenfolge jedoch in seinem Ermessen stünden [774]. Zu diesen Begleitmaßnahmen seien insbesondere die Maßnahmen zur Harmonisierung der Wettbewerbsbedingungen zu zählen [775].

b) Das Meinungsbild in der Literatur

Wenn auch ein Teil der Literatur der Rechtsauffassung des EuGH folgt [776], so wird doch im Schrifttum teilweise vehement kritisiert, dass der Gerichtshof nicht auch die Untätigkeit des Rates hinsichtlich der Maßnahmen zur Harmonisierung auf steuerlichen, sozialem und technischem Gebiet sowie zur Ausgestaltung und Finanzierung der Infrastruktur festgestellt habe [777]. Begründet wird diese Kritik vor allem damit, dass einseitige Liberalisierungsmaßnahmen, die ohne parallele Beseitigung der teilweise krassen Wettbewerbsverzerrung, die den außer- und innergemeinschaftlichen Handel ins Wanken bringen könnten, mit den in Art. 3 Abs. 1 lit. g und h EGV niedergelegten Zielen unvereinbar seien [778]. Der Rat sei daher verpflichtet, zusätzlich zu den gebotenen Liberalisierungsmaßnahmen geeignete Maßnahmen zur Angleichung der Wettbewerbsbedingungen zwischen den Verkehrsträgern und innerhalb eines Verkehrsträgers zwischen den einzelnen Verkehrsunternehmen zu ergreifen.
Darüber hinaus enthalte der Begriff der Verkehrspolitik bereits aus der Natur der Sache wichtige Grundelemente, die das Ermessen des Rates einschränken. Zu diesen Grundelementen gehörten zum einen die Entwicklung großer Verkehrswege, die alle Teilräume des gemeinsamen Marktes miteinander verbinden und zum anderen die Angleichung der Regelung für die Benutzung dieser Wege, damit der Austausch von Personen und Waren innerhalb der Gemeinschaft und mit Drittstaaten möglichst reibungslos und kostengünstig erfolgen könne. Dar-

---

[773] EuGH aaO. (Anm. 766), S. 1600 Rdnr. 67.
[774] EuGH aaO. (Anm. 766), S. 1601 Rdnr. 71.
[775] EuGH aaO. (Anm. 766), S. 1601 Rdnr. 78.
[776] So ausdrücklich *Grabitz* in: Integration 8 (1985), S. 103 ff. [107]; *Mückenhausen* in: Lenz, Kommentar zum EG-Vertrag, Art. 70 Rdnr. 2; zustimmend wohl auch *Basedow* in: Basedow, Europäische Verkehrspolitik, S. 1 ff. [19 ff.].
[777] So ausdrücklich *Erdmenger* in: EuR 1985, S. 375 ff. [388]; *Brandt* in: TranspR 1986, S. 89 ff. [92 f.]; kritisch auch, *Bock*, Der deutsche Güterkraftverkehr im Spannungsfeld einer europäischen Marktordnung, S. 90; *Scherler*, Strukturunterschiede der schweizerischen und der europäischen Verkehrsrechtsordnung, S. 62 sowie *Frohnmeyer* in: Grabitz/Hilf, Das Recht der Europäischen Union, Bd. 1, Art. 70 Rdnr. 77, der aber aus Gründen der Gewaltenteilung die Notwendigkeit anerkennt, den Begriff der Justitiabilität nach strengen und klaren Kriterien auszulegen, um die Einflussnahme der Gerichte in den Kompetenzbereich der Rechtsetzung zu minimieren.
[778] *Brandt* aaO. (Anm. 777), S. 92 f.

aus folge, dass die verkehrspolitischen Ziele nicht nur im Hinblick auf die Beseitigung von Diskriminierungen aufgrund der Staatsangehörigkeit oder des Wohnsitzes beim Erbringen von Transportleistungen, sondern auch bzgl. der sog. Begleitmaßnahmen hinreichend genau konkretisiert seien [779].
Spezielle Verpflichtungen zur Angleichung der Wettbewerbsbedingungen würden sich schließlich auch aus der am 13. Mai 1965 erlassenen Entscheidung des Rates 65/271/EWG über die Harmonisierung bestimmter Vorschriften, die den Wettbewerb im Eisenbahn-, Straßen- und Binnenschiffsverkehr beeinflussen, ergeben. Da der Rat davon bis heute keinen Gebrauch gemacht habe, sei diese Harmonisierungsentscheidung rechtsverbindlich geblieben. Der Rat habe damit sein Ermessen in Bezug auf die Notwendigkeit und die Einzelheiten der Harmonisierung der Wettbewerbsbedingungen ausgeübt, reduziert und gebunden [780]. Angesichts dieser Ermessensschrumpfung sei es verfehlt, dem Rat eine schrankenlose Freiheit im Hinblick auf die Harmonisierung der Wettbewerbsbedingungen zu zugestehen [781].

c) Stellungnahme

Dem EuGH ist zuzustimmen, wenn er die in Art. 71 Abs. 1 lit. a und b EGV enthaltende Verpflichtung zur Verwirklichung der Dienstleistungsfreiheit im Bereich des Eisenbahn-, Straßen- und Binnenschiffsverkehrs inhaltlich für hinreichend konkretisiert hält. Dies gilt insbesondere für die in Art. 71 Abs. 1 lit. b EGV enthaltende Verpflichtung, nach dem dort vorgesehenen Verfahren innerhalb der in ex-Art. 75 Abs. 2 EWGV genannten Übergangszeit „für die Zulassung von Verkehrsunternehmern zum Verkehr innerhalb eines Mitgliedstaates, in dem sie nicht ansässig sind, die Bedingungen fest[zu]legen". Diesem Auftrag lässt sich entnehmen, dass auch nicht in einem Mitgliedstaat ansässige Verkehrsunternehmer zum Verkehr innerhalb dieses Mitgliedstaates zuzulassen sind, und dass der Rat zu diesem Zweck alle erforderlichen Bedingungen festzulegen hat, wobei er lediglich über einen Ermessensspielraum dahin gehend verfügt, wie diese Bedingungen im Einzelnen ausgestaltet sein sollen.
Weniger konkret ist hingegen der Umfang der Handlungspflicht, die sich aus Art. 71 Abs. 1 lit. a EGV ergibt. Danach obliegt es dem Rat, „für den internationalen Verkehr aus oder nach dem Hoheitsgebiet eines Mitgliedstaates oder für den Durchgangsverkehr durch das Hoheitsgebiet eines oder mehrerer Mitgliedstaaten gemeinsame Regeln auf[zu]stellen". Wenn diese Vorschrift auch weniger präzise als die unter Buchstabe b genannte Verpflichtung ist, so sind doch die *Grundzüge* der Dienstleistungsfreiheit in den Art. 49 EGV und Art. 50 EGV hinreichend genau präzisiert [782]. Der in Art. 71 Abs. 1 lit. a EGV enthaltende

---

[779] *Erdmenger* aaO. (Anm. 777), S. 390.
[780] *Brandt* aaO. (Anm. 772), S. 93; ähnlich auch *Erdmenger* aaO. (Anm. 772), S. 390.
[781] So ausdrücklich *Brandt* aaO. (Anm. 772), S. 93.
[782] Zu diesen Grundsätzen zählt der EuGH in der Rs. 279/80 (Webb), Slg. 1981, S. 3305 ff. [3324 Rdnr. 14], das Gebot der Beseitigung sämtlicher Diskriminierungen des Leistungserb-

Auftrag ist also insofern hinreichend konkretisiert, dass die Dienstleistungsfreiheit grundsätzlich auch im *transnationalen* Personen- und Güterverkehr zu verwirklichen ist.
Allerdings erstreckt sich die Justitiabilität der verkehrspolitischen Ziele allein auf die Umsetzung der Dienstleistungsfreiheit und nicht auch auf die sog. „Begleitmaßnahmen“ [783]. Dem Generalanwalt ist zuzustimmen, wenn er dem Rat im Rahmen der Art. 71 Abs. 1 lit. d EGV und Art. 80 Abs. 2 EGV einen weiten Beurteilungsspielraum zubilligt, da der Inhalt dieser Vorschriften nicht annährend so genau präzisiert werden kann, wie für die in Art. 49 EGV, Art. 50 EGV und Art. 51 EGV i.V. mit Art. 71 Abs. 1 lit. a und b EGV festgesetzte Dienstleistungsfreiheit [784]. Gleiches gilt auch für Art. 71 Abs. 1 lit. c EGV, Art. 93 EGV, Art. 95 EGV, Art. 155 EGV und Art. 175 EGV, die zwar teilweise Umsetzungsfristen unterliegen [785], jedoch keine im Vergleich zu Art. 71 Abs. 1 lit. a und b EGV hinreichend präzise formulierten Ziele zu verwirklichen haben [786].
Eine Ausnahme kann dabei auch nicht für die Harmonisierung der verkehrsspezifischen Vorschriften zur Verwirklichung des Binnenmarktes gemacht werden. Wenn auch Art. 14 Abs. 2 EGV den Binnenmarkt inhaltlich umreißt, so geschieht dies doch in einer derart abstrakten und auf die inhaltlich durchgängig auslegungsbedürftigen Normen des EG-Vertrag bezugnehmenden Weise, dass dadurch unterschiedliche Einzelvorstellungen und Konzepte zur Binnenmarktintensität denkbar sind. Welches Maß und welcher Grad an Marktzugangsfreiheit und an Einebnung wettbewerblicher Unterschiede erreicht werden soll, ist vom EG-Vertrag nicht mit hinreichender Ausdrücklichkeit vorgegeben. Gleiches gilt für die damit verbundene Frage, welches Maß an mitgliedstaatlich begründeten Unterschiedlichkeiten für den Wirtschaftssektor innerhalb des Binnenmarktes insgesamt oder in seinen sektoralen Teilbereichen erträglich und hin-

---

ringers aufgrund seiner Staatsangehörigkeit oder des Umstands, dass er in einem anderen Mitgliedstaat als demjenigen ansässig ist, in dem die Dienstleistung erbracht werden soll.

783 Zu den Begleitmaßnahmen zählen vor allem die Maßnahmen zur Harmonisierung der Wettbewerbsbedingungen, vgl. dazu die Bemerkungen in Teil 3, Abschnitt C, I. 2. a) dd).

784 Siehe dazu die Ausführungen in Teil 2, Abschnitt D, I. 1. a) aa) (1).

785 Vgl. die Umsetzungsfrist für den gemeinsamen Markt in ex-Art. 8 Abs. 1 EWGV und für den Binnenmarkt in Art. 14 Abs. 1 EGV, wobei jedoch zu berücksichtigen ist, dass der EEA eine Erklärung beigefügt ist, in der hervorgehoben wird, dass die Festsetzung des Termins „31.12.1992 keine automatische Wirkung“ mit sich bringt. Damit wird zwar nicht das Primärrecht modifiziert, diese Erklärung ist aber entweder entsprechend Art. 31 WVRK oder als entstehungsgeschichtlich bedeutsames Dokument bei der Auslegung des Art. 14 Abs. 1 EGV zu berücksichtigen. Vgl. dazu ferner *Pipkorn* in: von der Groeben/Thiesing/Ehlermann, Kommentar zum EU-/EG-Vertrag, Bd. 1, Art. 14 Rdnr. 4; *Hatje* in: Schwarze, EU-Kommentar, Art. 14 Rdnr. 17; allgemein zur Möglichkeit, die von der Regierungskonferenz angenommenen und der Schlussakte zur EEA beigefügten Erklärungen zur Auslegung der Bestimmungen der EEA heranzuziehen, *Hilf/Pache* in: von der Groeben/Thiesing/Ehlermann, Kommentar zum EWG-Vertrag, Bd. 4, 4. Auflage, Einheitliche Europäische Akte-Schlussakte, Rdnr. 3 ff.

786 Im Umkehrschluss ebenso *Calliess*, Das Subsidiaritäts- und Solidaritätsprinzip der Europäischen Union, S. 86 f.

nehmbar ist. Im Rahmen des geltenden primären Gemeinschaftsrechts kann und muss die gemeinschaftlich verbindliche Definitionsbefugnis zur konzeptionellen und konkreten Ausgestaltung der Binnenmarktintensität letztlich bei den Gemeinschaftsorganen liegen [787]. Dabei verfügt der Gemeinschaftsgesetzgeber über ein beträchtliches politisches Ermessen, zu welchem Zeitpunkt, in welcher Form und mit welchem Inhalt die Maßnahmen getroffen werden sollen [788].
Die Ansicht des Generalanwalts und von Teilen der Literatur, dass die Ziele der gemeinsamen Verkehrspolitik durch die sog. Harmonisierungsentscheidung des Rates aus dem Jahr 1965 [789] bereits hinreichend genau umschrieben sind, ist entgegenzuhalten, dass sich die Auffassungen zum Inhalt einer gemeinsamen Verkehrspolitik seit dem erwähnten Beschluss des Rates von 1965 weiterentwickelt haben, und dass insbesondere die jeweilige Bedeutung der verschiedenen Bestandteile einer solchen Politik im Laufe der Zeit unterschiedlich beurteilt wird [790]. Letzteres zeigen vor allem die unterschiedlichen konzeptionellen Ansätze der Rechtsangleichung, was insbesondere folgende Stichworte belegen mögen: Totalharmonisierung [791], Minimalharmonisierung [792], gegenseitige Anerkennung [793], Mischkonzepte.
Im Ergebnis hat der Gerichtshof zu Recht bestätigt, sich aus dem politischen Streit zwischen den Organen der Gemeinschaft weitgehend herauszuhalten, was seiner Rolle als Verfassungsgericht der Gemeinschaft entspricht. Ein Verfassungsgericht kann in einem politischen Streit unter Organen einer Organisation nur dann eingreifen, wenn die Verfassung dieser Organisation Rechte und Pflichten hinreichend genau umschreibt [794]. Die Judikative findet ihre funktionell-rechtlichen Grenzen dort, wo die genuinen Aufgaben der anderen Organe beginnen. Mit der von Teilen der Literatur geäußerten Kritik - wenn sie auch vom rein verkehrspolitischen Standpunkt aus gesehen verständlich sein mag - werden die Grenzen der Funktionsverteilung unter den Organen der Gemeinschaft und insbesondere die Grenzen der rechtsprechenden Gewalt verkannt [795]. Die Judikative darf nicht den Fehler begehen, sich zum „Ersatzgesetzgeber" im

[787] So ausdrücklich *Müller-Graff* in: ZHR 199 (1995), S. 34 ff. [42].
[788] *Hatje* aaO. (Anm. 785), Art. 14 Rdnr. 15.
[789] Entscheidung 65/271/EWG des Rates vom 13. Mai 1965 über die Harmonisierung bestimmter Vorschriften, die den Wettbewerb im Eisenbahn-, Straßen- und Binnenschiffsverkehr beeinflussen, ABl. 1965, 88/1500.
[790] Vgl. auch EuGH, Rs. 13/83 (Parlament/Rat), Slg. 1985, S. 1513 ff. [1596 Rdnr. 51].
[791] Vgl. dazu *Vieweg* in: Müller-Graff, Technische Regeln im Binnenmarkt, S. 63 ff.
[792] Hierzu *Anselmann* in: Müller-Graff, Technische Regeln im Binnenmarkt, S. 102 ff.; kritisch zu einer Rechtsangleichung, die sich auf die Regelung von Mindestnormen beschränkt, *Taschner* in: Gedächtnisschrift für L.-J. Constantinesco, S. 775 f.
[793] *Forwood/Clough* in: EL Rev. 11 (1986), 383 ff. [385 f., 394 ff.]; zu den Schwierigkeiten mit der Gleichwertigkeitanerkennung, *Everling* in: Liber amicorum Pescatore, S. 238.
[794] *Grabitz* in: Integration 8 (1985), S. 103 ff. [107].
[795] *Lukes* in: Baur/Müller-Graff/Zuleeg, Europarecht, Energierecht, Wirtschaftsrecht, Festschrift für Bodo Börner zum 70. Geburtstag, S. 195 ff. [203 Fn. 31, 33].

Bereich des Verkehrs aufzuschwingen [796]. Der Gerichtshof hat mit der Forderung strenger Kriterien für die Justiziabilität von Rechtsakten insofern die Einflussnahme der rechtsprechenden Gewalt auf Maßnahmen der vollziehenden Gewalt auf ein kontrollierbares Minimum beschränken wollen [797].

3. Fazit

Für die Anwendung des Subsidiaritätsprinzips auf die rechtsetzende Tätigkeit der Gemeinschaft im Bereich des Verkehrs bedeutet die Konkretisierbarkeit der Dienstleistungsfreiheit auf dem Gebiet des Eisenbahn-, Straßen- und Binnenschiffsverkehrs, dass die Verwirklichung der Dienstleistungsfreiheit durch die Anwendung der in Art. 5 Abs. 2 EGV niedergelegten Kompetenzausübungskriterien nicht gefährdet werden darf, was aber nicht heißt, dass das Subsidiaritätsprinzip in diesem Rechtsetzungsbereich überhaupt nicht mehr zu beachten wäre. So sind die Subsidiaritätskriterien des Art. 5 Abs. 2 EGV vor allem hinsichtlich der „näheren Einzelheiten" zu berücksichtigen, „die zur Herbeiführung dieses Ergebnisses unter Berücksichtigung der Besonderheiten des Verkehrs gemäß Art. 75 in Betracht zu ziehen sind" [798].
Demgegenüber sind die übrigen verkehrspolitischen Ziele wie die Harmonisierung auf steuerlichen, sozialem und technischem Gebiet oder die Errichtung einer transeuropäischen Infrastruktur im EG-Vertrag nicht hinreichend genau präzisiert, so dass sich aus den verkehrspolitischen Ziele regelmäßig keine Ansatzpunkte ergeben, mit denen die Wirkungsweise des Subsidiaritätsprinzip konkretisiert werden könnte. Im Gegenteil scheint die fehlende Bestimmtheit eher auf eine größere Tragweite des Subsidiaritätsprinzips im Bereich der verkehrspolitischen Rechtsetzung hinzudeuten, was sich insbesondere in einem erhöhten Begründungsaufwand im Rahmen des Art. 253 EGV niederschlagen könnte [799]. Ob das tatsächlich der Fall ist, soll in den nächsten zwei Abschnitten näher untersucht werden. Bis dahin lässt sich zumindest festhalten, dass die verkehrspolitischen Zielvorgaben, abgesehen von der Verwirklichung der Dienstleistungsfreiheit, mangels hinreichender Bestimmbarkeit die Wirkungsweise des Subsidiaritätsprinzips nicht einzugrenzen vermögen.

---

[796] *Zuleeg* in: Basedow, Europäische Verkehrspolitik, S. 59 ff. [61].
[797] *Frohnmeyer* in: Grabitz/Hilf, Das Recht der Europäischen Union, Bd. 1, Art. 70 Rdnr. 77.
[798] EuGH, Rs. 13/83 (Parlament/Rat), Slg. 1985, S. 1513 ff. [1600 Rdnr. 65].
[799] Vgl. zur Begründungpflicht des Art. 253 EGV im Rahmen der Subsidiaritätsprüfung die Ausführungen in Teil 3, Abschnitt B, III. 3.

II. Konkretisierung des Subsidiaritätsprinzips mittels der verkehrspolitischen Kompetenzvorgaben

Da das Subsidiaritätsprinzip gemäß Art. 5 Abs. 2 EGV seine Wirkung nur im Zusammenspiel mit einer konkreten Rechtsgrundlage entfalten kann und soll [800], ist es notwendig, bei der Suche nach Anhaltspunkten, die für eine Konkretisierung des Subsidiaritätsprinzips hilfreich sein könnten, auf die einzelnen Kompetenznormen zu rekurrieren.
Einzelne Befugnisgrundlagen des EG-Vertrages enthalten zum Teil ähnlich strenge bzw. sogar wesentlich strengere Prüfungsmaßstäbe der Kompetenzabgrenzung als das Subsidiaritätsprinzip in Art. 5 Abs. 2 EGV. Wenn etwa in Art. 150 Abs. 1 EGV die strikte Beachtung der Verantwortung der Mitgliedstaaten für die Bildungsinhalte festgelegt ist, zeigt dies auch, dass für eine konkurrierende Rechtsetzungstätigkeit der Gemeinschaft in diesem Politikbereich prinzipiell keine Notwendigkeit besteht [801]. Auf tatbestandlicher Ebene sind hier also Norminhalt und Subsidiaritätsgedanke eng miteinander verflochten [802].
Demzufolge können sich bereits aus dem Wortlaut und dem systematischen Zusammenhang einer konkreten Rechtsgrundlage einzelne Hinweise zur Wirkungsweise des Subsidiaritätsprinzips ergeben [803]. Im Falle einer Verschärfung der Anforderungen an ein gemeinschaftliches Tätigwerden wird die Wirkungsweise des Art. 5 Abs. 2 EGV auf ein Minimum reduziert bzw. im Falle ähnlich strenger Anforderungen jedoch zumindest geschwächt. Umgekehrt kann das Fehlen jeglicher Konkretisierungshinweise in einer gemeinschaftlichen Befugnisgrundlage aber auch zu einer verschärften Subsidiaritätsprüfung führen.
Im nun anschließendem Abschnitt sollen die einzelnen Kompetenzgrundlagen, die zur Verwirklichung einer gemeinsamen Verkehrspolitik in Betracht kommen, getrennt nach Sachbereichen daraufhin untersucht werden, inwieweit auf tatbestandlicher Ebene Voraussetzungen vorliegen, die die Wirkungsweise des Subsidiaritätsprinzips konkretisieren.

---

[800] Siehe dazu die Bemerkungen in Teil 2, Abschnitt A.

[801] *Hailbronner* in: Hailbronner, Europa der Zukunft: zentrale und dezentrale Lösungsansätze, S. 49 ff. [56]; siehe ferner *Lambers* in: EuR 1993, S. 229 ff. [231]; *Pipkorn* in: EuZW 1992, S. 697 ff. [698]; vgl. schließlich auch *Konow* in: DÖV 1993, S. 405 ff. [407], der Art. 149 f. EGV für „einen weiteren Anwendungsfall des Subsidiaritätsprinzips" hält.

[802] Allgemein dazu *Schmidhuber* in: DVBl. 1993, S. 414 ff. [420]; *Hailbronner* aaO. (Anm. 801), S. 56; *von Borries* in: Everling/Narjes/Sedemund, Europarecht, Kartellrecht, Wirtschaftsrecht: Festschrift für Arved Deringer, S. 22 ff. [36]; *Calliess*, Subsidiaritäts- und Solidaritätsprinzip in der Europäischen Union, S. 127 f; für die gemeinschaftlichen Außenkompetenzen siehe *Gilsdorf* in: EuR 1996, S. 145 ff. [151].

[803] Vgl. auch *Bieber* in: Nörr/Oppermann, Subsidiarität: Idee und Wirklichkeit, S. 165 ff. [172].

1. Verkehrsbinnenmarkt

a) Liberalisierung des Verkehrsdienstleistungssektors

aa) Liberalisierung im Binnenverkehrsbereich - Art. 71 Abs. 1 lit. a, b und d EGV

Im Rahmen des Art. 71 Abs. 1 lit. a EGV ist der Erlass gemeinsamer Regeln zur Liberalisierung des Dienstleistungsverkehrs für den sog. Binnenverkehr von vornherein auf den internationalen grenzüberschreitenden Verkehr begrenzt. Art. 71 Abs. 1 lit. b EGV betrifft allein die Zulassung von Verkehrsunternehmen innerhalb eines Mitgliedstaates, in dem sie nicht ansässig sind.
Eine Liberalisierung der Verkehrsdienstleistungen soll also nur dort stattfinden, wo ein die Grenzen der einzelnen Mitgliedstaaten überschreitender Zusammenhang besteht. Eine Liberalisierung der Verkehrsdienstleistungen ohne internationalen Bezug ist in Art. 71 Abs. 1 lit. a und b EGV gerade nicht vorgesehen, was als Ausdruck des Subsidiaritätsgedankens gewertet werden kann. Die Gemeinschaft soll nach Art. 71 Abs. 1 lit. a und b EGV mit anderen Worten nur dann tätig werden, wenn ein transnationaler Bezug ein ausschließlich mitgliedstaatliches Tätigwerden als nicht ausreichend erscheinen lässt, was im Hinblick auf das sog. Negativkriterium zu einer eingeschränkten Subsidiaritätsprüfung führt.
Anders verhält es sich jedoch im Hinblick auf Art. 71 Abs. 1 lit. d EGV, der es der Gemeinschaft ermöglicht, Liberalisierungsmaßnahmen zu erlassen, die - ohne transnationalen Bezug - ausschließlich nationale Verkehrsunternehmen betreffen. Hier ist die Eingriffsmöglichkeit der Gemeinschaft wegen des unbestimmten Wortlauts („alle sonstigen zweckdienlichen Vorschriften“) also nahezu unbegrenzt, was im Gegenzug auf eine verschärften Subsidiaritätsprüfung (Art. 5 Abs. 2 EGV) im Rahmen der Kompetenzausübung hinweist.

bb) Liberalisierung im Bereich der Seeschiff- und Luftfahrt - Art. 80 Abs. 2 EGV

Die für die Liberalisierung des Dienstleistungsverkehrs im Bereich der Seeschiff- und Luftfahrt einschlägige Ermächtigungsgrundlage des Art. 80 Abs. 2 EGV enthält in ihrem Wortlaut („geeignete Vorschriften“) im Gegensatz zu Art. 71 Abs. 1 EGV keinerlei Hinweise, die das Subsidiaritätsprinzip (Art. 5 Abs. 2 EGV) konkretisieren, so dass jeweils genau zu prüfen sein wird, ob ein etwaiger transnationaler Bezug besteht, der im Ergebnis zu einem gemeinschaftlichen Tätigwerden führen könnte.

b) Rechtsharmonisierung zur Errichtung eines Verkehrsbinnenmarktes - Art. 93 - 95 EGV; Art. 71 Abs. 1 lit. a u. d EGV bzw. Art. 80 Abs. 2 EGV

Die Rechtsangleichungskompetenzen zur Errichtung eines Verkehrsbinnenmarktes (Art. 93 - 95 EGV; Art. 71 Abs. 1 lit. a und d EGV bzw. Art. 80 Abs. 2 EGV) [804] enthalten einige Hinweise für eine auf der Tatbestandsebene vorgezogene Subsidiaritätsprüfung.

aa) Unmittelbare Hemmnisse und spürbare Wettbewerbsverzerrungen als Festschreibung des Subsidiaritätsgedankens

Bei den Rechtsetzungsvorschlägen im Rahmen der Art. 94 EGV und Art. 95 EGV ist zunächst zu prüfen, inwieweit die nationalen Rechtsvorschriften eine unmittelbare Auswirkung auf das Funktionieren des Gemeinsamen Marktes bzw. des Binnenmarktes entfalten. Rechtsangleichende Maßnahmen sind nur dann zulässig, wenn sich Rechtsnormen in den einzelnen Mitgliedstaaten in spürbarer Weise negativ auf das Funktionieren des Binnenmarktes bzw. Gemeinsamen Marktes, insbesondere auf die Ausübung der Grundfreiheiten, auswirken [805]. Es ist mit anderen Worten festzustellen, wie gravierend die Beschränkung der Grundfreiheiten tatsächlich ist [806]. Entscheidend ist insofern das Vorliegen einer *tatsächlichen* und nicht bloß abstrakten Gefährdung des grenzüberschreitenden Wirtschaftsverkehrs. Diese Prüfungskriterien sollen damit in erster Linie verhindern helfen, dass nicht jede denkbare Wettbewerbsverzerrung zum Angelpunkt gemeinschaftlicher Tätigkeit gemacht wird. Damit beinhalten die Art. 94 EGV und Art. 95 EGV bereits eine Festschreibung des Subsidiaritätsgedankens in einer Richtung: Angleichung nur dort, wo mitgliedstaatliche Vorschriften den Gemeinsamen Markt betreffen, d.h. im Sinne des Art. 94 EGV und Art. 95 EGV einen negativen Effekt haben [807].

In der Vergangenheit sind diese gerade skizzierten Vorgaben zur Inanspruchnahme einer Rechtsangleichungskompetenz in der Rechtsetzungspraxis allerdings nicht immer streng gehandhabt worden, so dass der in ihnen enthaltene Subsidiaritätsgedanke nicht immer zur Anwendung gelangte. Jedoch scheint sich in neuerer Zeit im Hinblick auf die gerichtliche Kontrolle der Rechtsangleichungskompetenzen ein Wandel anzudeuten. So verlangt der Gerichtshof im sog. „Tabakurteil", dass eine auf Art. 95 EGV gestützte Maßnahme die Voraussetzungen für die Errichtung und das Funktionieren des Binnenmarktes *tatsächlich* verbessern soll [808]. Die bloße Feststellung von Unterschieden zwischen den nationalen Regelungen und die abstrakte Gefahr von Beeinträchtigungen der

---

[804] Vgl. dazu die Ausführungen auf in Teil 2, Abschnitt D, I. 1. a) ee).

[805] Für Art. 94 EGV, vgl. *Oppermann*, Europarecht, Rdnr. 1210.

[806] *von Borries* in: Everling/Narjes/Sedemund, Europarecht, Kartellrecht, Wirtschaftsrecht: Festschrift für Arved Deringer, S. 22 ff. [36].

[807] Für Art. 94 EGV ebenso, *Pieper*, Subsidiarität, S. 201; ähnlich *Constantinesco* in: Integration 13 (1990), S. 165 ff. [169].

[808] EuGH, Rs. C-376/98 (Deutschland/Parlament), Slg. 2000, S. I-8419 ff. [8524 Rdnr. 84 f.].

Grundfreiheiten oder daraus möglicherweise resultierenden Wettbewerbsverzerrungen sollen für die Wahl dieser Befugnisgrundlage gerade nicht genügen. Insofern müssen, so der Gerichtshof, tatsächlich Hemmnisse für den freien Warenverkehr und die Dienstleistungsfreiheit sowie spürbare Wettbewerbsverzerrungen bestehen, die durch die Harmonisierungsmaßnahme beseitigt werden sollen [809]. Sollte diese Rechtsprechung bestätigt werden, findet im Rahmen der (verkehrsspezifischen) Rechtsangleichung bereits auf tatbestandlicher Ebene eine strenge Prüfung dahingehend statt, welche der beiden Rechtsetzungsebenen (die gemeinschaftliche oder die mitgliedstaatliche) eher in der Lage ist, den Binnenmarkt bzw. den Gemeinsamen Markt zu realisieren, wodurch sich im Ergebnis der Begründungsaufwand im Hinblick auf das Subsidiaritätsprinzip erheblich reduzieren würde [810].

bb) Das Erforderlichkeits-/Notwendigkeitskriterium

Die Harmonisierungskompetenz des Art. 93 EGV enthält des Weiteren die ausdrückliche Voraussetzung, dass eine Harmonisierung der steuerspezifischen Rechtsvorschriften nur dann zulässig ist, wenn diese Harmonisierung für die Erreichung und das Funktionieren des Binnenmarktes *notwendig* ist. Im Gegensatz zu Art. 5 Abs. 2 EGV gilt aufgrund dieser Formulierung das Kriterium der Notwendigkeit/Verhältnismäßigkeit auch für die Frage des "ob“ eines gemeinschaftlichen Tätigwerdens. Demzufolge muss bei einer auf Art. 93 EGV gestützten Maßnahme nicht nur das Mittel, das „Wie“ verhältnismäßig sein (Art. 5 Abs. 3 EGV), sondern es ist zusätzlich auch zu prüfen, ob ein Handeln der Gemeinschaft - hinsichtlich der Errichtung und des Funktionieren des Binnenmarktes - notwendig ist. Notwendig ist ein gemeinschaftliches Handeln immer dann, wenn gleich wirksame mildere Mittel auf mitgliedstaatlicher Ebene als Alternative zu einem Handeln auf Gemeinschaftsebene nicht zur Verfügung stehen [811]. Darüber hinaus muss das Handeln der Gemeinschaft in einem angemessenen Verhältnis zu dem angestrebten Zweck stehen; mit anderen Worten ist eine konkrete Güterabwägung zwischen dem Ziel der Maßnahme und dem Eingriff in die Zuständigkeit vorzunehmen. Die Notwendigkeit einer Rechtsangleichungsmaßnahme kann dann zu verneinen sein, wenn einer Behinderung des grenzüberschreitenden Wirtschaftsverkehrs oder einer Wettbewerbsverfälschung lediglich geringes Gewicht zukommt oder als Alternative zu einer Angleichung die gegenseitige Anerkennung der nationalen Rechtsvorschriften in Frage kommt. Die Notwendigkeit von Maßnahmen zur Rechtangleichung bedeutet insofern, dass deren Ziele eben gerade nicht auf Ebene der Mitgliedstaaten erreichbar sind. Für Überlegungen im Rahmen des Subsidiaritätsprinzips nach Art.

---

[809] EuGH aaO. (Anm. 808), S. I-8527 ff. Rdnr. 96 ff., 106 ff.

[810] Vgl. dazu EuGH, Rs. C-377/98 (Niederlande/Parlament u. Rat), Slg. 2001, S. I-7079 ff. Rdnr. 32.

[811] Siehe für das Erforderlichkeitskriterium in Art. 44 Abs. 2 lit. g EGV ebenfalls, *Calliess*, Subsidiaritäts- und Solidaritätsprinzip in der Europäischen Union, S. 129.

5 Abs. 2 EGV, inwieweit „die Ziele von in Betracht gezogenen Maßnahmen auf Ebene der Mitgliedstaaten" ausreichend erreicht werden können, bleibt hier also kein Raum mehr [812]. Damit wird das Negativkriterium in Art. 5 Abs. 2 EGV durch das strengere Notwendigkeitskriterium in Art. 93 EGV verdrängt.
Hingegen bleibt das sog. Positivkriterium auch weiterhin zu prüfen, denn es kann sich, etwa im Hinblick auf die Errichtung eines gemeinschaftlichen Kontrollsystems zur Überwachung der Lenk- und Ruhezeiten im Fernverkehr, die Konstellation ergeben, dass ein gemeinschaftliches Vorgehen zwar erforderlich ist, jedoch ein Handeln auf Gemeinschaftsebene - beispielweise mangels personeller und finanzieller Ressourcen - nicht effektiver ist als ein mitgliedstaatliches Vorgehen [813].
Es stellt sich nunmehr die Frage, ob diese Erkenntnis auch für die übrigen in Betracht kommenden Befugnisnormen zur verkehrsspezifischen Rechtsangleichung gilt.
Festzuhalten bleibt zunächst, dass die Art. 71 Abs. 1 EGV, Art. 80 Abs. 2 EGV, Art. 94 EGV und Art. 95 EGV ihrem Wortlaut gemäß gerade nicht den Begriff „notwendig" enthalten. Jedoch könnte sich aus der Zusammenschau dieser Artikel etwas anderes ergeben. So erklärt Art. 3 Abs. 1 lit. h EGV die Rechtsangleichung nur dann zur Gemeinschaftsaufgabe, „soweit dies für das ordnungsgemäße Funktionieren des Gemeinsamen Marktes erforderlich ist". Zwar ist es richtig, dass Art. 3 Abs. 1 lit. h EGV nur eine Aufgabenzuweisung an die Gemeinschaft, nicht aber eine Kompetenzzuweisung an ihre Organe enthält [814]. Gerade deswegen hat sie aber eine mittelbare kompententielle Bedeutung, wie es auch der Praxis der Gemeinschaftsorgane entspricht, Art. 3 (und 2) EGV immer dann heranzuziehen, wenn es darum geht, die einzelnen Kompetenzvorschriften extensiv auszulegen [815]. Denn Organkompetenzen setzen Aufgaben der juristischen Person voraus, für die sie wahrgenommen werden [816]. Für Aufgaben, die nicht existieren oder die erledigt sind, gibt es auch keine Kompetenz mehr. Das bedeutet gemäß dem in Art. 3 Abs. 1 lit. h EGV aufgeführten Vertragstext, dass die vorgesehene Maßnahme zur Angleichung der innerstaatlichen Rechtsvorschriften für das Funktionieren des Gemeinsamen Marktes erforderlich sein

---

812 In diesem Sinn vgl. auch Generalanwalt *Geelhoed* in den Schlussanträgen zur Rs. 491/01 (The Queen), Slg. 2002, S. I-11453 ff., Rdnr. 285.

813 In diesem Sinne nimmt *Stamm* in: Jünemann, Internationaler Transport-Kongress, S. 13 ff. [18] an, dass eine gemeinschaftliche Harmonisierung mitgliedstaatlicher Vorschriften im Hinblick auf die Verfolgung von Verstößen mit größter Vorsicht zu genießen ist.

814 Vgl. dazu *Ukrow* in: Calliess/Ruffert, Kommentar zum EU-/EG-Vertrag, Art. 3 Rdnr. 1.

815 Siehe EuGH, Rs. 8/73 (Massey-Ferguson), Slg. 1973, S. 897 ff. [907 Rdnr. 3]; ferner *Zuleeg* in: von der Groeben/Thiesing/Ehlermann, Kommentar zum EU-/EG-Vertrag, Bd. 1, Art. 3 Rdnr. 4.

816 Die Aufgabenzuweisungen in Art. 3 EGV und Art. 14 EGV verpflichten die Gemeinschaft als juristische Person; die Kompetenzzuweisung in den Art. 71 Abs. 1 lit. a und b, Art. 94 und Art. 95 EGV berechtigen und verpflichten gegebenenfalls ihre Organe. Vgl. zum Verhältnis von (Staats-)Aufgaben und Organkompetenzen, *Bull*, Die Staatsaufgaben nach dem Grundgesetz, S. 52 ff.

muss [817]. Diese Voraussetzung gilt darüber hinaus nicht nur für Art. 94 EGV, sondern wird für die Angleichungsermächtigung der Art. 94 EGV, Art. 71 Abs. 1 lit. a und d EGV und Art. 80 Abs. 2 EGV auch noch durch Art. 14 Abs. 1 EGV bestätigt [818], wonach die Gemeinschaft im Rahmen dieser Befugnisse nur die „erforderlichen Maßnahmen" zur Binnenmarktverwirklichung trifft. Mithin wird auch bei der Binnenmarktechtsetzung im Rahmen dieser Kompetenznormen das Negativkriterium des Art. 5 Abs. 2 EGV durch das speziellere Erforderlichkeitskriterium verdrängt wird [819].

cc) Fazit

Zusammenfassend bleibt damit festzuhalten, dass die Wirkungsweise des Subsidiaritätsprinzips im Hinblick auf das Negativkriterium auf dem Gebiet der Verkehrsbinnenmarktrechtsangleichung praktisch bedeutungslos ist. Das Subsidiaritätsprinzip in Art. 5 Abs. 2 EGV bewirkt in diesen gemeinschaftlichen Rechtsetzungsbereich lediglich hinsichtlich des Positivkriteriums eine tätigkeitsbezogene Sperrwirkung.

c) Unsetzung des Kartellverbots und der Missbrauchsaufsicht im Verkehrssektor - Art. 83 EGV (i.V.m. Art. 71 Abs. 1 lit. d EGV bzw. Art. 80 Abs. 2 EGV)

Die Rechtsgrundlage zur Verwirklichung des Kartellverbots im Verkehrssektor (Art. 83 EGV [i.V.m. Art. 71 Abs. 1 lit. d EGV bzw. Art. 80 Abs. 2 EGV]) [820] enthält, wie die Rechtsgrundlagen zur Harmonisierung der Rechtsvorschriften zur Errichtung eines (Verkehrs-)Binnenmarktes, einige nützliche Hinweise zur Wirkungsweise des Subsidiaritätsprinzips.
Auf den ersten Blick hin enthält Art. 83 EGV im Hinblick auf den Erlass „zweckdienlicher" Vorschriften zur Umsetzung des Kartellverbots (Art. 81 EGV, Art. 82 EGV) hin keinen Anhaltspunkt, der auf Berücksichtigung des Subsidiaritätsgedankens hindeutet. Erst durch den Verweis auf die Art. 81 f. EGV ergeben sich Anhaltspunkte auf eine Konkretisierung des Subsidiaritätsprinzips.

[817] *Bruha* in: ZaöRV 46 (1986), S. 1 ff. [13 ff.]; *Langeheine* in: Grabitz/Hilf, Kommentar zum EU-/EGV, Altband 1, Art. 100 Rdnr. 12.
[818] *Müller-Graff* in: ZHR 159 (1995), S. 34 ff. [71]; *ders.* in: NJW 1993, S. 13 ff. [17].
[819] Allgemein *Müller-Graff* aaO. (Anm. 818), S. 71 f.; für Art. 94 EGV und Art. 95 EGV ebenso *Calliess* aaO. (Anm. 811), S. 129 f.; für das Erforderlichkeitskriterium in Art. 44 Abs. 2 lit. g EGV ähnlich *Buck* in: Hrbek, Das Subsidiaritätsprinzip in der Europäischen Union, S. 73 ff. [80], die jedoch darüber hinaus das Subsidiaritätsprinzip für gänzlich unanwendbar hält; a.A. *Nowoczyn*, Bildungspolitische Kompetenzen der Europäischen Gemeinschaft nach Maastricht, S 145, der das Erforderlichkeitskriterium in Art. 126 Abs. 1 EGV gegenüber Art. 5 Abs. 2 EGV für „unschärfer" hält.
[820] Vgl. dazu die Ausführungen in Teil 2, Abschnitt D, I. 1. a) dd).

So sind nach der sog. Zwischenstaatlichkeitsklausel in Art. 81 Abs. 1 EGV und Art. 82 EGV nur solche Verhaltensweisen verboten, die den *zwischenstaatlichen* Handel zu beeinträchtigen geeignet sind oder beeinträchtigen. Der Handel zwischen Mitgliedstaaten wird beeinträchtigt, wenn sich an Hand objektiver rechtlicher oder tatsächlicher Umstände mit hinreichender Wahrscheinlichkeit voraussehen lässt, dass die Verhaltensweise den Warenverkehr zwischen den Mitgliedstaaten in einer Weise beeinflussen wird, die den Zielen eines einheitlichen Marktes zuwiderläuft [821]. Verhaltensweisen mit ausschließlich innerstaatlicher Wirkung werden demzufolge nicht von den Regelungen des europäischen Kartellrechts erfasst. Hinzu kommt, dass die Wettbewerbsbeeinträchtigung innerhalb des Gemeinsamen Marktes *spürbar* sein muss [822]. Aufgrund dieser Voraussetzungen kommen Verstöße durch örtlich tätige Verkehrsunternehmen kaum in Betracht.
Für die legislative Tätigkeit im Rahmen der Art. 83 EGV kann insofern festgehalten werden, dass ein gemeinschaftliches Handeln ausgeschlossen werden muss, wenn dem wettbewerbswidrigen Verhalten eine bloße innerstaatliche Wirkung beizumessen ist; insofern ist die Frage der geeigneten Aktionsebene bereits im Rahmen der Kompetenz*verteilung* vorab entschieden worden. Die Zwischenstaatlichkeitsklausel und die daraus fließende grundsätzliche Zuständigkeit der Mitgliedstaaten für alle wettbewerbsbeeinträchtigenden Maßnahmen mit ausschließlich innerstaatlichen Auswirkungen kann damit als Ausprägung des Subsidiaritätsprinzips (Art. 5 Abs. 2 EGV) verstanden werden [823]. Mithin besteht im Bereich der kartellrechtsspezifischen Rechtsetzung im Verkehrssektor im Rahmen des Art. 83 EGV (i.V.m. Art. 71 Abs. 1 lit. d EGV bzw. Art. 80 Abs. 2 EGV kaum mehr Raum für die Anwendung des Art. 5 Abs. 2 EGV, der das Subsidiaritätsprinzip für die Kompetenz*ausübung* festschreibt [824].

---

[821] EuGH, Rs. 5/69 (Völk), Slg. 1969, S. 295 ff. [302].

[822] Vgl. dazu EuGH aaO. (Anm. 821), S. 302; siehe in der Literatur statt vieler, *Koch* in: Grabitz/Hilf, Kommentar zur Europäischen Union, Altband 1, Art. 85 Rdnr. 98; *Oppermann*, Europarecht, Rdnr. 1036; *Streinz*, Europarecht, Rdnr. 818.

[823] So ausdrücklich für legislative Maßnahmen im Rahmen des Art. 83 EGV, *Calliess*, Das Subsidiaritäts- und Solidaritätsprinzip in der Europäischen Union, S. 222; ausführlich dazu *Idot*, L'application du principe de la subsidiarité dans le droit de la concurrence, S. 3 ff.; vgl. ferner *Kahl* in: AöR 118 (1993), S. 414 ff. [416], der den Subsidiaritätsgedanken in Art. 81 EGV normativ verkörpert wissen will.

[824] Für Art. 83 EGV ebenso *Calliess* aaO. (Anm. 823), S. 222, der jedoch das Subsidiaritätsprinzip gänzlich unangewendet wissen will. *Calliess* aaO. (Anm. 823), S. 222, weist des Weiteren unter Hinweis auf die weite Auslegung der Zwischenstaatlichkeitsklausel durch den EuGH des Weiteren darauf hin, dass die verbliebenen mitgliedstaatlichen Kompetenzen zur Umsetzung des Kartellverbots relativ begrenzt sind.

2. Verkehr und Umweltschutz - Art. 94 EGV; Art. 175 EGV; Art. 71 Abs. 1 lit. a u. d EGV bzw. Art. 80 Abs. 2 EGV

Soweit nationale verkehrsspezifische Maßnahmen die Schaffung des Binnenmarktes rechtmäßig behindern, ist das Negativkriterium des Art. 5 Abs. 2 EGV regelmäßig erfüllt, da die umweltverkehrspolitischen Maßnahmen gewöhnlich auf Art. 95 EGV ruhen [825] und damit das im Vergleich zum Negativkriterium strengere Erforderlichkeitskriterium des Art. 95 EGV bereits auf Tatbestandsebene erfüllt haben. Demnach werden produkt- und produktionsbezogene gemeinschaftliche Maßnahmen im Bereich der Verkehrsumweltpolitik in der Regel den Anforderungen des Art. 5 Abs. 2 EGV entsprechen, entfalten sie doch regelmäßig Auswirkungen auf die Verwirklichung des Binnenmarktes.
Anders liegt es bei der Festlegung von Umweltqualitätsstandards ohne einen Bezug zum Binnenmarkt. Art. 175 EGV enthält im Gegensatz zu Art. 95 EGV keinen vergleichbaren Hinweis auf den Subsidiaritätsgedanken. Etwas anderes ergibt sich hierbei auch nicht aus dem Begriff der Umwelt: Zwar können Umweltbelastungen durchaus überregionale Konsequenzen mit sich ziehen, so dass zahlreiche umweltpolitische Problemstellungen auch globaler Natur sind [826]. So können bestimmte Umweltbelastungen in den betroffenen Gebieten keine oder nur geringe schädliche Auswirkungen entfalten; sie können aber für die Entstehung von weltweiten Umweltbeeinträchtigungen mitursächlich (vgl. nur das sog. Ozonloch) sein, so dass sich die Problemstellung von einer lokalen oder regionalen auf eine internationale oder gar globale Ebene verlagert. Jedoch ist „Umwelt" ebenso auch ein lokaler Begriff [827]. Ihre Qualität bzw. Belastung kann immer nur in Bezug auf einen bestimmten Raum und eine bestimmte Zeit festgelegt werden. Aufgrund unterschiedlicher tatsächlicher Bedingungen und differenzierter Sensibilität der Ökosysteme sind daher grundsätzlich unterschiedliche Emissions- und Immissionsstandards für verschiedene Regionen denkbar. Mithin kann dem Begriff der Umwelt nicht ohne weiteres ein transnationales Element entnommen werden, welches die Gemeinschaft von vornherein zur gemeinschaftlichen Rechtsetzung im Bereich der (Verkehrs-)Umweltpolitik prädestiniert.
Es bleibt daher festzuhalten, dass Art. 175 EGV keiner Hinweise im Hinblick auf die Konkretisierung des Subsidiaritätsprinzips enthält. Bestätigt wird dieses Ergebnis auch dadurch, dass das Subsidiaritätsprinzip in ex-Art. 130r Abs. 4 S. 1 EWGV - wenn auch in abgewandelter Form [828] - zuerst im Bereich der Umweltpolitik Einzug gefunden hat. Art. 130r Abs. 4 S. 1 EWGV wurde als Kompetenzausübungsregel gerade deswegen eingeführt, weil ex-Art. 130r EWGV (Art.

---

[825] Vgl. zu den Rechtsgrundlagen im Umweltbereich die Ausführungen in Teil 2, Abschnitt D, I. 2. a).
[826] *Epiney* in: Umweltrecht in der Europäischen Union, S. 89.
[827] So *Epiney/Knoepfl* in: URP/DEP 1993, S. 17 ff.
[828] Vgl. zu den Voraussetzungen des ex-Art. 130r Abs. 4 S. 1 EWGV, *Grabitz/Nettesheim* in: Grabitz/Hilf, Das Recht der Europäischen Union, Altband 1, Art. 130r Rdnr. 76 ff.

174 Abs. 1 EGV) i.V. mit ex-Art. 130s EWGV (Art. 175 EGV) der Gemeinschaft vom Wortlaut her ein horizontal unbeschränktes Tätigkeitsfeld eröffnete [829]. Es lag gerade im Interesse einiger Mitgliedstaaten [830], dieses vertikal zu beschränken, um eigene Handlungsspielräume zu erhalten [831].
Für die verkehrsumweltpolitischen Maßnahmen, die ausschließlich umweltpolitische Ziele verfolgen, bedeutet diese Erkenntnis, dass das Subsidiaritätsprinzip des Art. 5 Abs. 2 EGV nicht bereits durch die umweltspezifischen Kompetenznormen (Art. 175 EGV i.V. mit Art. 174 EGV) konkretisiert und damit in seiner Wirkungsweise abgeschwächt wird.

3. Verkehrssicherheit - Art. 95 EGV; Art. 71 Abs. 1 lit. c EGV

Für die auf Art. 95 EGV beruhenden Maßnahmen zur Verbesserung der Verkehrssicherheit, die unmittelbar im Zusammenhang mit den wirtschaftlichen Zielsetzungen stehen, gilt im Hinblick auf die Anwendung des Subsidiaritätsprinzips (Art. 5 Abs. 2 EGV) das Gleiche wie bei den Harmonisierungsmaßnahmen zur Errichtung eines Verkehrsbinnenmarktes. Das Erforderlichkeitskriterium und das Vorliegen einer spürbaren Wettbewerbsvoraussetzung in Art. 95 EGV konkretisieren das Subsidiaritätsprinzip des Art. 5 Abs. 2 EGV auf kompetentieller Ebene bereits soweit, dass für die Anwendung der Subsidiaritätskriterien in diesem Rechtsetzungsbereich nur noch wenig Raum verbleibt [832].
Anders verhält es sich allerdings im Hinblick auf die Maßnahmen zur Verbesserung der Verkehrssicherheit, die das Verhalten der Verkehrsteilnehmer regeln und in keinem unmittelbaren Zusammenhang mit binnenmarktorientierten Zielsetzungen des EG-Vertrages stehen. Die dafür zuständige Kompetenzvorschrift des Art. 71 Abs. 1 lit. c EGV enthält in ihrem Wortlaut keinen Anhaltspunkt auf eine Begrenzung gemeinschaftlicher Zuständigkeit, der die Wirkungsweise des Subsidiaritätsprinzips (Art. 5 Abs. 2 EGV) beschränken könnte. Die Formulierung „Maßnahmen zur Verbesserung der Verkehrssicherheit" in Art. 71 Abs. 1 lit. c EGV erlaubt es der Gemeinschaft zur Verbesserung der verhaltensbeeinflussten Verkehrssicherheit in umfassender Weise rechtsetzend tätig zu werden [833], was im Ergebnis auf eine strengere Berücksichtigung des Subsidiaritätsprinzips (Art. 5 Abs. 2 EGV) hinweist.

---

[829] Vgl. auch *Calliess*, Subsidiaritäts- und Solidaritätsprinzip in der Europäischen Union, S. 46.
[830] Siehe für die Bundesrepublik etwa BR-Drucks. 150/86 vom 4.4.1986, S. 28.
[831] Das wird auch im Vorschlag der Ratspräsidentschaft vom 11.11.1985 deutlich, zitiert bei *Krämer* in: von der Groeben/Thiesing/Ehlermann, Kommentar zum EU-/EG-Vertrag, Bd. 3, Art. 130r Rdnr. 58; vgl. auch *Lietzmann* in: Rengeling, Europäisches Umweltrecht und europäische Umweltpolitik, S. 163 ff. [173];
[832] Vgl. dazu die Ausführungen in Teil 3, Abschnitt D, II. 1. b).
[833] Siehe dazu die Bemerkungen in Teil 2, Abschnitt D, I. 3. a).

4. Verkehrsinfrastruktur

a) Maßnahmen im Bereich des Art. 156 EGV i.V. m. Art. 155 Abs. 1 EGV

Art. 154 EGV, auf den die Befugnisnorm des Art. 155 Abs. 1 EGV verweist, enthält im Hinblick auf das Subsidiaritätsprinzip mehrere bemerkenswerte Vorgaben für ein Vorgehen der Gemeinschaft im Rahmen der transeuropäischen Verkehrsnetze.

Zunächst fällt in Absatz 1 die zurückhaltende Formulierung auf: „Um einen Beitrag ... zu leisten ..., trägt die Gemeinschaft zum Auf- und Ausbau der transeuropäischen Netze ... bei." Diese - sprachlich wenig geglückte [834] - doppelte Betonung des „Beitrags" drückt den subsidiären Gedanken des Gemeinschaftsvorgehen aus, wie er allgemein auch in Art. 5 Abs. 2 EGV niedergelegt wurde [835].

Vergleichbares findet sich auch im Hauptregelungsgegenstand des Titels XV. Die in Art. 154 Abs. 1 EGV erwähnten transeuropäische Netze sind nationale Netze, die über die nationalstaatlichen Grenzen miteinander verbunden sind [836]. Durch den Begriff transeuropäisch wird damit bestimmt, dass die Gemeinschaft nunmehr auf den grenzüberschreitenden Zusammenhang dieser Netze hinwirken soll [837]. Im Ergebnis ist es der Gemeinschaft daher verwehrt, gestützt auf Titel XV zu Infrastrukturen von nur lokaler oder regionaler Bedeutung beizutragen.

Bemerkenswert ist ferner, dass nach Art. 154 Abs. 1 EGV die Unionsbürger, die Wirtschaftsbeteiligten sowie die regionalen und sogar lokalen Gebietskörperschaften als Adressaten für die Vorteile eines Aus- uns Aufbaus der transeuropäischen Netze genannt werden. Ferner ist die einzige Stelle des EG-Vertrages, wo eine solche unmittelbare Adressierung der Unionsbürger und der regionalen und lokalen Gebietskörperschaften vorgenommen wird [838]. Der Vertrag konkretisiert an dieser Stelle also das implizit enthaltene Subsidiaritätsprinzip in der Form, dass die Vorteile der gemeinschaftlichen Maßnahmen nach Art. 154 ff. EGV nicht nur den Mitgliedstaaten, sondern auch den Bürger oder den sie vertretenen Gebietskörperschaften unterhalb der einzelstaatlichen Ebene zu Gute kommen müssen.

Schließlich beschränkt Art. 154 Abs. 2 EGV die Gemeinschaftstätigkeit, indem er bestimmt, dass diese „auf die Förderung des Verbundes und der Interoperabilität der einzelstaatlichen Netze sowie des Zugangs zu diesen Netzen" abzielt. Der Begriff der „Förderung" deutet zunächst daraufhin, dass andere Träger die-

---

[834] So *Jürgensen*, Gemeinschaftlicher und nationaler Grundrechtsschutz bei der Realisierung transeuropäischer Verkehrsnetze, S. 42.

[835] Vgl. *Erbrich* in: Bleckmann, Europarecht, § 34, Rdnr. 2730; *Erdmenger* in: von der Groeben/Thiesing/Ehlermann, Kommentar zum EU-/EGV, Bd. 3, Vorbem. zu den Art. 129b bis 129d Rdnr. 2; *Bogs*, Die Planung transeuropäischer Verkehrsnetze, S. 45.

[836] *Dieter/Grüter* in: Lenz, Kommentar zum EG-Vertrag, Vorbem. Art. 154 - 156 Rdnr. 9; *Erdmenger* aaO. (Anm. 835), Art. 129 b Rdnr. 2.

[837] *Erdmenger* aaO. (Anm. 835), Art. 129b Rdnr. 2.

[838] *Dieter/Grüter* aaO. (Anm. 836), Art. 154 Rdnr. 9.

ser Maßnahmen sind und die Gemeinschaft nur unterstützend (fördernd) tätig werden kann. Das impliziert, dass die Gemeinschaft ihr Hauptaugenmerk auf den Verbund dieser Netze, ihre Interoperabilität und den Zugang zu ihnen richten soll und gerade keine „gemeinschaftsweiten umfassenden Pläne für Verkehrs- (...) netze aufstellen" soll [839]. Die insoweit beschränkte Zuständigkeit der Gemeinschaft kommt also nur dann zum Tragen, wenn die grenzüberschreitende Funktion und gemeinschaftsweite Bedeutung von Verkehrsnetzen allein auf mitgliedstaatlicher Ebene nicht angemessen berücksichtigt werden kann [840].

Die Gemeinschaft hat nach Art. 154 EGV folglich eine integrierende Funktion, die die originäre Zuständigkeit der Mitgliedstaaten unberührt lässt und lediglich die gemeinschaftsweite Dimension ergänzt [841].

Diese Aufteilung der Zuständigkeiten zwischen der Gemeinschaft und ihren Mitgliedstaaten liegt auch den Art. 155 f. EGV zugrunde.

Nach Art. 155 Abs. 1 Spstr. 2 EGV gibt die Gemeinschaft *Leitlinien* [842] vor, die für die für die Infrastruktur verantwortlichen Mitgliedstaaten Orientierungen sein sollen. Dadurch wird klargestellt, dass die Vertragspartner die Erreichung der übergeordneten Ziele transeuropäischer Netze durch Festlegung bestimmter Grundelemente der Gemeinschaftsaktion unterstützen wollten, ohne in die fortbestehenden nationalen Zuständigkeiten auf dem Gebiet der Infrastruktur einzugreifen [843].

In diesen Leitlinien sollen die Vorhaben von *gemeinsamen Interesse* ausgewiesen werden. Dass dieser Begriff und nicht derjenige des „gemeinschaftlichen Interesse" verwendet wird, spricht dafür, dass die Vorhaben nicht nur im Interesse der Gemeinschaft, sondern auch im konkreten Interesse eines oder mehrerer betroffener Mitgliedstaaten sein müssen [844].

Auch Art. 155 Abs. 1 Spstr. 2 EGV enthält einen deutlichen Hinweis auf den Subsidiaritätsgedanken. Hier bildet das Wort „notwendig" eine Grenze im Sinne des Verhältnismäßigkeitsprinzips für ein gemeinschaftliches Handeln, aufgrund dessen die weniger strengen Kriterien des Art. 5 Abs. 2 EGV für die Frage des „Ob" eines Tätigwerden verschärft und insoweit sogar verdrängt werden [845].

---

[839] Vgl. BT-Drs. 12/3895 vom 1.12.1992, S. 9.

[840] Vgl. auch *Dieter/Grüter* aaO. (Anm. 836), Art. 154 Rdnr. 6.

[841] Vgl. zum subsidiären Charakter des Art. 154 Abs. 2 EGV auch *Abeele/Capouet* in: Commentaire Megret, Le droit de la CE, Bd. 8, Teil 4, S. 142; *Vinois* in: RMUE 1993, Heft 1, S. 93 ff. [102]; *ders.* in: RMCUE 1995, S. 83 ff. [86].

[842] Siehe zum Begriff der Leitlinien die Anmerkungen in Teil 2, Abschnitt D, I. 4. a) aa) (1).

[843] Vgl. auch Kommission der EG, „Verkehrsinfrastruktur", Mitteilung der Kommission vom 11.6.1992, KOM (92) 231endg., S. 8: „Die Aktion muß zwar auf gemeinschaftlicher Ebene definiert werden, aber es obliegt den Mitgliedstaaten, die spezifischen Trassen sowie den Zeitpunkt und den Rhythmus der Verwirklichung der Infrastruktur auf das definierte Ziel hin zu bestimmen. In der Tat lässt der hinweisende Charakter der Leitschemata für das Gemeinschaftsnetz den Mitgliedstaaten die Entscheidungsfreiheit."; vgl. auch *Frohnmeyer* in: Grabitz/Hilf, Das Recht der Europäischen Union, Art. 129c Rdnr. 2.

[844] So *Ukrow* in: Calliess/Ruffert, Kommentar zum EU-/EGV, Art. 155 Rdnr. 6.

[845] *Calliess*, Das Subsidiaritäts- und Solidaritätsprinzip in der Europäischen Union, S. 141 f.

Auch hinsichtlich der in Art. 155 Abs. 1 Spstr. 3 EGV vorgesehenen finanziellen Unterstützung ist die Gemeinschaft nach ausdrücklicher Vorschrift nur subsidiär tätig: sie kann die finanziellen Anstrengungen der Mitgliedstaaten (nur) *unterstützen*, d.h. sie nicht etwa *ersetzen* [846].
Schließlich bestimmt Art. 156 S. 2 EGV als „letztes Mittel der Subsidiaritätsgarantie“ [847], dass Vorhaben, die das Hoheitsgebiet eines Mitgliedstaates betreffen, der Billigung des betroffenen Mitgliedstaates bedürfen.
Aus alledem wird deutlich, dass es sich hier um eine rahmensetzende Kompetenz der Gemeinschaft handelt: Während die primäre Zuständigkeit bei den Mitgliedstaaten verbleibt, hat die Gemeinschaft koordinierende und orientierende Funktionen wahrzunehmen [848]. Die Gemeinschaftskompetenz nach Art. 155 Abs. 1 EGV i.V. mit Art. 156 EGV ist - auch ganz unabhängig von Art. 5 Abs. 2 EGV - subsidiär und baut auf den nationalen Netzen auf, welche die eigentliche Substanz der transnationalen Verkehrsnetze sind und auch bleiben sollen [849].
Zusammenfassend kann vor diesem Hintergrund festgehalten werden, dass sich Titel XV aufgrund der oben beschrieben vielfachen Ausprägung des Subsidiaritätsgedanken in seinen Regelungen wie kaum ein anderer Titel [850] durch eine strikte Berücksichtigung des Subsidiaritätsprinzips auszeichnet [851]. Werden die in Art. 154 EGV bis 156 EGV niedergelegten Vorgaben eingehalten, bleibt letztlich kaum mehr Raum, das Ergebnis wegen eines Verstoßes gegen das Subsidiaritätsprinzip in Frage zu stellen [852].

b) Maßnahmen im Bereich der Art. 71 Abs. 1 lit. d EGV bzw. Art. 80 Abs. 2 EGV

Art. 71 Abs. 1 lit. d EGV und Art. 80 Abs. 2 EGV ermöglichen es der Gemeinschaft, in örtliche und regionale Infrastrukturbelange rechtsgestaltend einzuwir-

---

[846] Nach *Erbrich* aaO. (Anm. 835), Rdnr. 2736 kommt hier „die Subsidiarität der gemeinschaftlichen Tätigkeit deutlich zum Ausdruck“.
[847] *Dieter/Grüter* aaO. (Anm. 836), Art. 154 Rdnr. 16.
[848] *Brandt/Schäfer* in: CML Rev. 33 (1996), S. 931 ff. [964]; *Vinois* in: RMCUE 1995, S. 83 ff. [85] spricht von einer „rôle de stimulateur“ der Europäischen Union.
[849] Kritisch dazu *Dieter/Grüter* aaO. (Anm. 836), Art. 154 Rdnr. 16, denen die Art und Weise, wie dieser Titel verfasst ist, zu sehr von der Anfangssituation ausgehend und weniger auf die Zukunft ausgerichtet erscheint. Bei der nächsten Vertragsrevision verlangen diese Kommentatoren, die Bestimmungen stärker an die zukünftigen Notwendigkeiten der Netze anzupassen.
[850] *Dieter/Grüter* aaO. (Anm. 836), Art. 154 Rdnr. 16.
[851] So auch die Kommission der EG, Mitteilung über die künftige Entwicklung der gemeinsamen Verkehrspolitik vom 2. 12. 1992, Globalkonzept einer Gemeinschaftsstrategie für eine auf Dauer tragbare Mobilität, Dok. KOM (92) 494endg., S. 55 Rdnr. 139, wonach die Bestimmungen über die transeuropäischen Netze Klarheit über die Anwendung des Subsidiaritätsprinzips in diesem Bereich schaffen; vgl. ferner *Dieter/Grüter* aaO. (Anm. 836), Vorbem. Art. 154 - 156 Rdnr. 7 und Art. 154 Rdnr. 16; *Mestre/Petit* in: Constantinesco/Kovar/Simon, Traité sur l'Union Européenne, Commentaire article par article, Art. 129 B, C u. D Rdnr. 5.
[852] So auch *Bogs* aaO. (Anm. 835), S. 45.

ken [853]. Der Wortlaut der Art. 71 Abs. 1 lit. d EGV („alle sonstigen zweckdienlichen Vorschriften") und 80 Abs. 2 EGV („geeignete Vorschriften") gewährt der Gemeinschaft dazu ein im Vergleich zu Art. 95 EGV oder Art. 71 Abs. 1 lit. a EGV denkbar weites Ermessen [854]. So ist die Gemeinschaft in ihrer rechtsgestaltenden Tätigkeit nicht etwa wie in Art. 95 EGV auf „erforderliche" oder wie in Art. 71 Abs. 1 lit. a EGV den internationalen Verkehr betreffende Maßnahmen beschränkt, so dass sich in tatbestandlicher Ebene keinerlei Hinweise auf eine Konkretisierung des Subsidiaritätsprinzips ergeben. Im Hinblick auf eine gemeinschaftliche Ausgestaltung des regionalen Verkehrsnetzes erfährt das Subsidiaritätsprinzip des Art. 5 Abs. 2 EGV anhand der dafür in Betracht kommenden Rechtsgrundlagen insofern keiner Einschränkung in seiner Wirkungsweise [855].

5. Die verkehrspolitischen Außenkompetenzen

Für den Erlass autonomer verkehrspolitischer Maßnahmen mit Außenwirkung sind die - ebenfalls für gemeinschaftliche Binnenmaßnahmen einschlägigen - Art. 71 Abs. 1 EGV und Art. 80 Abs. 2 EGV die richtige Rechtsgrundlage [856]. Die Wirkungsweise der Subsidiaritätskriterien wird infolgedessen ebenso wie beim Erlass binnenorientierter Maßnahmen durch die materiellen Voraussetzungen der Art. 71 Abs. 1 EGV und Art. 80 Abs. 2 EGV begrenzt.

Ähnliches gilt auch für die Vertragsschlusskompetenzen. Die zur Verwirklichung eines transeuropäischen Verkehrsnetzes in Betracht kommende ausdrückliche Vertragsschlusskompetenz des Art. 155 Abs. 3 EGV entspricht im Hinblick auf die materiellen Voraussetzungen den entsprechenden Binnenkompetenzen der Art. 156 EGV i.V. mit Art. 155 Abs. 1 EGV [857], so dass für die Wirkungsweise des Subsidiaritätsprinzips im Rahmen des Art. 155 Abs. 3 EGV auf die oben gemachten Ausführungen zu Art. 156 EGV i.V. mit Art. 155 Abs. 1 EGV verwiesen werden kann [858].

Für die impliziten Vertragsschlusskompetenzen gilt im Hinblick auf die Anwendung des Subsidiaritätsprinzip das Gleiche wie für die jeweils zugrunde liegenden ausdrücklichen Binnenkompetenzen: Weisen letztere - wie Art. 71 Abs. 1 lit. a EGV - subsidiaritätskonkretisierende Hinweise auf, die die Wirkungsweise des Subsidiaritätsprinzips (Art. 5 Abs. 2 EGV) begrenzen, so muss das denklo-

---

[853] Vgl. dazu die Anmerkungen in Teil 2, Abschnitt D, I. 4. c).

[854] Vgl. zum Ermessensspielraum der Art. 71 Abs. 1 lit. d EGV und Art. 80 Abs. 2 EGV die Ausführungen in Teil 1, Abschnitt B, I. 2.

[855] Für eine konsequente Anwendung des Subsidiaritätsprinzip in diesem Rechtsetzungsbereich vgl. nur *Schmidhuber* in: DVBl. 1993, S. 417 ff. [420]; *Fonger* in: Int. Verkw. 46 (1994), S. 621 ff. [628]; *Frohnmeyer* in: Grabitz/Hilf, Das Recht der Europäischen Union, Altband 2, Art. 129c Rdnr. 10.

[856] Siehe dazu die Ausführungen in Teil 2, Abschnitt D, II. 1.

[857] Siehe dazu die Bemerkungen in Teil 2, Abschnitt D, II. 2. a) cc).

[858] Vgl. dazu die Ausführungen in Teil 3, Abschnitt C, II. 4. a).

gisch auch für die implizite Inanspruchnahme dieser Kompetenzvorschrift gelten; enthalten hingegen die entsprechenden Binnenkompetenzen, wie etwa Art. 71 Abs. 1 lit. c EGV (verhaltensorientierte Verkehrssicherheit) oder Art. 175 EGV (Verkehrsumweltpolitik), keine subsidiaritätskonkretisierenden Anhaltspunkte, so deutet das auf eine verschärfte Subsidiaritätsprüfung hin.
Für die Anwendung des Subsidiaritätsprinzips (Art. 5 Abs. 2 EGV) im Bereich der verkehrspolitischen Außenkompetenzen gilt mithin Folgendes: Da zum Erlass außenpolitischer Maßnahmen immer auch die materiellen Voraussetzungen der jeweils entsprechenden Binnenkompetenzen erfüllt sein müssen, wird die Wirkungsweise des Subsidiaritätsprinzips auf dem Feld der verkehrspolitischer Außenmaßnahmen ebenso wie beim Erlass der entsprechenden verkehrspolitischen Binnenmaßnahmen begrenzt.

6. Zwischenergebnis

Zusammenfassend kann festgehalten werden, dass der überwiegende Teil der zur Verwirklichung einer gemeinsamen Verkehrspolitik in Betracht zu ziehenden Befugnisgrundlagen bereits auf tatbestandlicher Ebene verwertbare Hinweise zur Wirkungsweise des Subsidiaritätsprinzips enthält.
Die Wirkungsweise des Art. 5 Abs. 2 EGV wird insbesondere im Bereich der verkehrspolitischen Binnenmarktgesetzgebung (Art. 71 Abs. 1 lit. a und d EGV, Art. 93 - 95 EGV) zum Teil erheblich eingeschränkt, was jedoch nicht bedeutet, dass Art. 5 Abs. 2 EGV in diesem Rechtsetzungsbereich überhaupt keine Anwendung mehr findet. So stehen zwar einige der in den einzelnen Befugnisgrundlagen enthaltenen Kriterien in einem mitunter engen Nachbarschaftsverhältnis zum Subsidiaritätsprinzip, sie sind jedoch nicht in der Lage, die Subsidiaritätskriterien in Art. 5 Abs. 2 EGV vollständig zu ersetzen [859].
Keine Hinweise zur Konkretisierung des Subsidiaritätsprinzips enthält hingegen die Gemeinschaftsbefugnis zur Verwirklichung der verhaltensorientierten Verkehrssicherheit (Art. 71 Abs. 1 lit. c EGV). Gleiches gilt für Teilbereiche der Verkehrsumweltpolitik (Art. 175 EGV) und der Verkehrsinfrastrukturpolitik (Art. 71 Abs. 1 lit. d EGV).

---

[859] Damit wäre die von *Pechstein* in: DÖV 1991, S. 535 ff. [537], *Pieper*, Subsidiarität, S. 207, *Hochbaum* in: DÖV 1992, S. 285 ff. [289], sowie *Kahl* m.w.N. in: AöR 118 (1993), S. 414 ff. [416] vertretene These wiederlegt, dass sich das Subsidiaritätsprinzip, wie es in Art. 5 Abs. 2 EGV niedergelegt ist, bereits vor Inkrafttreten des Maastrichter Vertrages aus den verschiedenen Vertragsbestimmungen ableiten ließ und dadurch das Handeln der Gemeinschaft in den einzelnen Politikbereichen bereits vor Inkrafttreten Art. 5 Abs. 2 EGV entscheidend bestimmte; siehe auch das Urteil des EuGeI, Rs. T-29/92 (SPO/Kommission), Slg. 1995, S. I-289 ff. [394 f. Rdnr. 331], wonach das Subsidiaritätsprinzip vor dem Inkrafttreten des Vertrages über die Europäische Union kein allgemeiner Rechtsgrundsatz war, an Hand dessen die Rechtmäßigkeit der Gemeinschaftshandlungen zu prüfen war.

Für verkehrspolitische Maßnahmen im Bereich der Außenkompetenzen kann im Hinblick auf eine kompetentielle Konkretisierung des Art. 5 Abs. 2 EGV auf die jeweils entsprechenden Binnenkompetenzen verwiesen werden.

III. Die Umsetzung des Subsidiaritätsprinzips unter Berücksichtigung der verkehrspolitischen Besonderheiten

Nachdem nun in den beiden vorangegangenen Abschnitten untersucht worden ist, inwieweit einerseits die Bestimmtheit der verkehrspolitischen Ziele und andererseits die Voraussetzungen der einzelnen verkehrspolitischen Rechtsgrundlagen geeignet sind, die Wirkungsweise des Art. 5 Abs. 2 EGV zu begrenzen, soll nunmehr geprüft werden, welchen Einfluss die im Rahmen der verkehrspolitischen Rechtsetzung zu berücksichtigenden verkehrsspezifischen Eigenheiten auf die Anwendung des Subsidiaritätsprinzips entfalten.

1. Die Transnationalität des Verkehrs

Eine der im Rahmen der verkehrspolitischen Ziele zu beachtende Besonderheiten ist die Transnationalität des Verkehrs [860].
Nach Nr. 5 Abs. 2 Spstr. 1 des Protokolls über die Anwendung der Grundsätze der Subsidiarität und der Verhältnismäßigkeit soll bei der Frage, ob die Voraussetzungen des Art. 5 Abs. 2 EGV erfüllt sind, geprüft werden, ob der betreffende Bereich transnationale Aspekte aufweist, die durch Maßnahmen der Mitgliedstaaten nicht ausreichend geregelt werden können. Denn eine Regelung durch die Mitgliedstaaten ist immer dort besonderen Schwierigkeiten ausgesetzt, wo grenzüberschreitende Wirtschaftsvorgänge berührt werden oder wo es um den grenzüberschreitenden Zugang zu nationalen Märkten geht. Umgekehrt ist in solchen Fällen eine einheitliche, EG-weite Regelung besonders leistungsfähig [861]. Die Voraussetzungen des Subsidiaritätsprinzips werden daher häufiger erfüllt sein, wenn der in Betracht gezogene Rechtsetzungsbereich transnationale Aspekte aufweist.
Sobald Personen, Güter oder Nachrichten über die nationalstaatlichen Grenzen hinweg transportiert werden sollen, müssen dafür die infrastrukturellen Voraussetzungen geschaffen und die nationalen Verkehrswegenetze miteinander verbunden werden. Außerdem müssen Bedingungen geschaffen werden, die den Verkehrsvorgang auf dem fremden Territorium regeln. Dies gilt insbesondere dann, wenn die Verkehre mit ausländischen Verkehrsmitteln durchgeführt werden. Die Notwendigkeit für staatsübergreifende verkehrspolitische Vereinbarungen resultiert daher aus dem Umstand, dass sich die Auswirkungen des Verkehrs

---

[860] Vgl. zur Transnationalität des Verkehrs die Anmerkungen in Teil 1, Abschnitt D, I. 3. a).
[861] Siehe dazu auch *Schmidhuber* in: DVBl. 1993, S. 417 ff. [418]; *Jarass* in: EuGRZ 1994, S. 209 ff. [215].

nicht auf die einzelnen Staatsterritorien begrenzen lassen, und/oder dass sich die Verkehrsbedürfnisse der Unternehmen und Haushalte nicht von vornherein auf ihren Heimatstaat beschränken. Besonders deutlich wird dies im Bereich verkehrsumweltpolitischer Rechtsetzung [862]. So resultieren negative Umweltbelastungen in größerem Umfang nicht zuletzt aus dem transnationalen Güter- und Personenverkehr innerhalb der Gemeinschaft. Im Mittelpunkt stehen dabei sowohl Schadstoffbelastungen der Luft als auch Lärmbelästigungen durch Kraftfahrzeuge. Da solche Umweltbeeinträchtigungen nicht auf einen Mitgliedstaat begrenzt sind, sondern auch im jeweils angrenzenden Mitgliedstaat zu negativen Umweltwirkungen führen, bilden lokale oder regionale Einheiten keine problemadäquaten Handlungsebenen zur Begrenzung von Emissionen aus dem grenzüberschreitenden Kraftzeugverkehr. Die mit der Mobilität der Emissionsquellen verbundenen „Spilloverwirkungen" legen vielmehr eine Übertragung der verkehrsumweltpolitischen Entscheidungsbefugnisse auf die gemeinschaftliche Ebene nahe [863]. Die Notwendigkeit für staatsübergreifende verkehrspolitische Vereinbarungen ist auch in anderen verkehrspolitischen Sachbereichen zu beobachten.

So muss bei einem aus einem anderen Mitgliedstaat einfahrenden Fahrzeug geklärt werden, ob die Qualifikation, die zum Führen des Fahrzeugs im Herkunftsland berechtigt, anerkannt und damit den inländischen Qualifikationen gleichgestellt werden kann oder nicht. Auch die technische Ausstattung der Verkehrsmittel muss so beschaffen sein, dass sie den nationalen Vorschriften der übrigen Mitgliedstaaten entspricht. Weiterhin müssen die Abmessungen und Gewichte der Verkehrsmittel so bemessen sein, dass mit ihnen eine Benutzung der Verkehrsinfrastruktur in den übrigen Mitgliedstaaten möglich ist. Von ganz wesentlicher Bedeutung für den grenzüberschreitenden Verkehr ist auch, dass sich die Anforderungen an das Verkehrsverhalten der Verkehrsteilnehmer sowie die verkehrsregelnden Maßnahmen in den einzelnen Staaten nicht allzu sehr voneinander unterscheiden dürfen, weil ansonsten der Verkehrsablauf und die Verkehrssicherheit erheblich beeinträchtigt werden könnten [864].

Zu diesen überwiegend technischen Problemen im internationalen Verkehr treten regelmäßig noch wirtschaftliche Gesichtspunkte hinzu. Die durch nationale Interessenlagen mit der Verkehrspolitik aufgebauten technischen und ökonomi-

---

[862] Siehe dazu *Döring*, Subsidiarität und Umweltpolitik in der Europäischen Union, S. 259 f.

[863] Vgl. auch *Hansjürgens* in: Postlep, Aktuelle Fragen zum Föderalismus, S. 73 ff. [92].

[864] Siehe dazu auch *Stadler* in: Schwarze, EU-Kommentar, Art. 71 Rdnr. 13, der vermutet, dass tendenziell wegen der zunehmenden Internationalität der Verkehrsbewegungen im Bereich der Verkehrssicherheit die Bedeutung des Subsidiaritätsprinzip abnehmen wird; für eine Beachtung des Subsidiaritätsprinzip auf dem Feld der Verkehrssicherheit jedoch *Mückenhausen* in: Lenz, Kommentar zum EG-Vertrag, Art. 71 Rdnr. 12, der seine Auffassung damit begründet, dass geographische und klimatische Bedingungen sowie Lebensgewohnheiten in den Mitgliedstaaten unterschiedliche Regelungen zur Verkehrssicherheit nahe legen; für eine strengere Anwendung des Subsidiaritätsprinzips in diesem Bereich auch der Verkehrsausschuss des Deutschen Bundestages in seiner Stellungnahme zum Ratifizierungsgesetzentwurfs zum Maastrichter Vertrag, BT-Drs. 12/3895, S. 10.

schen Probleme im internationalen Verkehr sind mit der Erhöhung von Transportkosten verbunden, entweder weil lange Grenzaufenthalte erforderlich werden, da die Güter an der Grenze umgeladen werden bzw. die Personen umsteigen müssen, oder weil durch die Monopolstellung der Länder die Transportpreise für die Ein- und Ausfuhr von Personen, Gütern und Nachrichten überhöht sind [865]. Diese kostensteigernden Maßnahmen im grenzüberschreitenden Verkehr ver- oder behindern zusätzlich den internationalen Handel oder die Freizügigkeit im Reiseverkehr und reduzieren damit die mit Verkehrsbeziehungen möglich gewordenen Wohlfahrtssteigerungen.
Eine zunehmende wirtschaftliche Verflechtung der Staaten, die aufgrund des abgeleiteten Charakters der Verkehrsnachfrage mit einem wachsenden grenzüberschreitenden Verkehrsaufkommen verbunden ist, kann ohne eine Vergemeinschaftung in wesentlichen Teilen der Verkehrpolitik nicht erreicht werden.
Die Mitgliedstaaten werden im Gegensatz zur Gemeinschaft regelmäßig nicht in der Lage sein, den Verkehr mit den Mitteln des Rechts selbstständig zu ordnen, so dass ein Gemeinschaftshandeln vielfach sinnvoller erscheinen wird. Diese Feststellung darf aber nicht dahin verstanden werden, dass die Internationalität des Verkehrs ausnahmslos die Gemeinschaft als geeignetere Aktionsebene prädestiniert. Denn die Transnationalität des Verkehrs stellt nur einen Aspekt dar, mit dessen Hilfen die Wirkungsweise des Subsidiaritätsprinzips näher konkretisiert werden kann. Letzten Endes muss die Subsidiaritätsprüfung - wegen der unendlichen Vielzahl denkbarer Sachverhalte - immer eine Einzelfallentscheidung bleiben.

2. Die Abhängigkeit des Verkehrs von (staatlicher) Infrastruktur(-finanzierung)

a) Die Infrastrukturfürsorge als primär einzelstaatliche Aufgabe

Als weitere verkehrspolitische Besonderheit ist jedoch auch zu berücksichtigen, dass die Verkehrsinfrastruktur weitgehend von Seiten der Mitgliedstaaten errichtet, betrieben und erhalten wird [866]. Diese vorrangige Zuständigkeit der Mitgliedstaaten im Verkehrswegebereich korrespondiert spiegelbildlich mit einem entsprechend weitgehenden mitgliedstaatlichen Handlungsspielraum, umso mehr als sich die Gemeinschaftsaktionen im Rahmen der Art. 154 ff. EGV sachgegenständlich auf die Errichtung *transeuropäischer* (Verkehrs-)Netze beschränken.
Eine verbindliche europäische Verkehrsinfrastrukturplanung kann sich bei Beachtung des Subsidiaritätsprinzips deshalb nur auf die zentralen, grenzüberschreitenden Magistralen beschränken. Regionale und innerstaatliche Infra-

[865] So *Köberlein*, Kompendium der Verkehrspolitik, S. 268.
[866] Siehe hierzu die Bemerkungen in Teil 1, Abschnitt D, I. 3. b).

strukturplanungen müssen auch weiterhin regionale oder nationale Aufgaben bleiben [867].

Den Mitgliedstaaten muss es daher weitgehend überlassen bleiben zu entscheiden, ob und nach Maßgabe welcher Grundsätze und Verfahren eine Verkehrsinfrastruktur zu planen und schließlich zu errichten ist [868].

Diese Erkenntnis muss im Rahmen der Subsidiaritätsprüfung des Art. 5 Abs. 2 EGV regelmäßig dazu führen, dass Planung, Bau und Betrieb von Verkehrsinfrastrukturen eine den Mitgliedstaaten obliegende Aufgabe darstellen [869]. Die Europäische Gemeinschaft sollte hingegen auf eine lediglich flankierende, unterstützende Rolle verwiesen bleiben.

b) Die sog. Politik des goldenen Zügels

Es stellt sich allerdings die Frage, ob nicht die Gefahr besteht, dass die Gemeinschaft mittels der im EG-Vertrag vorgesehenen finanziellen Förderungsmöglichkeiten [870] zumindest mittelbar auf die nationale Raumordnungspolitik Einfluss zu nehmen vermag, was in der Rechtsetzungspraxis zu einer zurückhaltenden Berücksichtigung des Subsidiaritätsprinzips von Seiten der im Rat vertretenen Mitgliedstaaten führen könnte.

aa) Die gemeinschaftlichen Förderungsinstrumente im Verkehrssektor

Art. 155 Abs. 1 Spstr. 3 EGV enthält die Kompetenz, einen Beitrag zur Finanzierung von Infrastrukturvorhaben der transeuropäischen Netze von gemeinsamen Interesse zu leisten. Dieser Gemeinschaftsbeitrag wird konstitutiv im jährlichen Haushaltsplan der Gemeinschaft festgelegt und betrug für das Jahr 2000 für alle drei Infrastrukturbereiche (vgl. Art. 154 Abs. 1 EGV) zusammen 688 Mio. €, wobei der Großteil von 584 Mio. € auf den Verkehrsinfrastrukturbereich

---

[867] Vgl. auch *Fonger* in: Int. Verkw. 46 (1994), S. 621 ff. [629].

[868] *Epiney/Gruber*, Verkehrsrecht in der EU, S. 345.

[869] So auch *Brandt/Schäfer* in: CML Rev. 33 (1996), S. 931 ff. [964]; *von Burchard* in: Schwarze, EU-Kommentar, Art. 154 Rdnr. 9; *Erdmenger* in: von der Groeben/Thiesing/Ehlermann, Kommentar zum EU-/EG-Vertrag, Bd. 3, Art. 129b Rdnr. 3; *Nitsch* in: Deutsche Verkehrswissenschaftliche Gesellschaft, Europäischer Verkehrskongress, Transeuropäische Netze und Verkehrsqualität, S. 1 ff. [2]; *Schmidhuber* in: DVBl. 1993, S. 417 ff. [420] stellt unter Berücksichtigung des Art. 5 Abs. 2 EGV folgende Hypothese an: Der Ausbau einer Ortsdurchfahrt kann am besten von der betroffenen Gemeinde geplant werden; „die Verbindung zwischen zwei Gemeinden eines Landes sollte Ländersache sein, die überregionalen Straßenverbindungen zwischen zwei Ländern müssen sich in die Bundesplanung einfügen, und die Planung der großen europäischen Verkehrsachseen sollte sinnvollerweise auf gemeinschaftsebene abgestimmt werden".

[870] Vgl. allgemein zur der Infrastrukturfinanzierungskompetenz der Gemeinschaft im Rahmen des Art. 155 Abs. 1 Spstr. 3 EGV die Ausführungen in Teil 2, Abschnitt D, I. 4. a) aa) (3).

entfiel [871]. Dieser Förderungsgrößenordnung entsprechend sieht Art. 18 Abs. 1 der Finanzordnung [872] für den Zeitraum von 2000-2006 einen Finanzrahmen von insgesamt 4, 6 Mrd. € vor.
Weiterhin besteht über den sog. Kohäsionsfonds [873] die Möglichkeit zur finanziellen Förderung von Infrastrukturvorhaben. Der Kohäsionsfonds fördert gemäß Art. 161 Abs. 2 EGV Vorhaben im Umwelt- und Verkehrsinfrastrukturbereich der transeuropäischen Netze. Der im Kohäsionsfonds verfügbare Gesamtbetrag beläuft sich im Zeitraum 2000-2006 auf immerhin 18 Mrd. €, von denen voraussichtlich 50 bis 60 % für Verkehrsweginvestitionen [874] in den sog. Kohäsionsländern [875] verwendet werden. Die Gemeinschaftsunterstützung kann sich dabei bis auf 85 % der öffentlichen Ausgaben für ein Projekt belaufen [876].
Der Verwirklichung transeuropäischer Verkehrsnetze dient des Weiteren auch der auf Grundlage von Art. 159 f. EGV errichtete Europäische Fonds für regionale Entwicklung [877], für den im Zeitraum 1999 bis 2006 insgesamt 195 Mrd. € zur Verfügung stehen [878]. Dieser Fonds verfolgt ganz allgemein das Ziel, durch strukturrelevante Beteiligungen zum Ausgleich der wichtigsten regionalen Ungleichgewichte in der Gemeinschaft beizutragen [879]. Im Unterschied zum Kohäsionsfonds beschränkt sich die Förderung nicht auf Umweltschutzmaßnahmen und Verkehrsinfrastrukturen. Diese sind aber, da ein wichtiges Basiselement einer wirtschaftlichen Angleichung von Regionen, ein bedeutendes Einsatzfeld des Regionalfonds [880]. Der Mitteleinsatz ist anders als beim Kohäsionsfonds [881]

---

[871] Siehe im Detail: Europäisches Parlament, Endgültige Festlegung des Gesamthaushaltsplanes der Europäischen Union für das Haushaltsjahr 2000 vom 16.12.1999, ABl. 2000 Nr. L 40/1, S. 924.

[872] VO 2236/95/EG des Rates vom 18.9.1995 über die Grundregeln von Gemeinschaftszuschüssen für transeuropäische Netze, ABl. 1995 Nr. L 228/1, zuletzt geändert durch die VO 1655/1999/EG des Europäischen Parlaments und des Rates vom 19.7.1999, ABl. 1999 Nr. L 197/1. Gemäß Art. 5 Abs. 3 dieser VO darf der EG-Zuschuss jedoch 10 % der Investitionssumme für die jeweiligen Vorhaben nicht überschreiten.

[873] Vgl. dazu die VO 1164/94/EG des Rates vom 16.5.1994 zur Errichtung des Kohäsionsfonds, ABl. 1994 Nr. L 130/1, zuletzt geändert durch die VO 1264/99/EG des Rates vom 21.6.1999, ABl. 1999 Nr. L 161/57.

[874] Vgl. dazu *Erdmenger* in: von der Groeben/Thiesing/Ehlermann, Kommentar zum EU-/EG-Vertrag, Bd. 3, Art. 129c Rdnr. 29.

[875] Das sind nach Art. 2 Abs. 1 der Kohäsionsfondsverordnung solche Staaten bei den das Einkommen unterhalb von 90 % des EU-Gesamtdurchschnitts liegt. Zur Zeit sind dies Irland, Portugal, Spanien und Griechenland.

[876] Vgl. im Einzelnen Art. 7 der Kohäsionsfondsverordnung.

[877] Vgl. zur Implementierung des Europäischen Fonds für regionale Entwicklung die VO 1260/1999/EG des Rates vom 21.6.1999 mit allgemeinen Bestimmungen über den Strukturfonds, ABl. 1999 Nr. L 161/1.

[878] FAZ vom 2.1.2002, Nr.1, S. 14.

[879] Siehe zu den Aufgaben des Regionalfonds auch *Carl* in: EuZW 1992, S. 301 ff.; *Glaesner*, Der Grundsatz des wirtschaftlichen und sozialen Zusammenhalts im Recht der Europäischen Wirtschaftsgemeinschaft, S. 53 ff.

[880] Nach Art. 2 Abs. 1 lit. b der VO 1260/1999/EG beteiligt sich der sog. Regionalfonds u.a. an der Finanzierung von Infrastrukturinvestitionen.

auch nicht auf Vorhaben von gemeinsamen Interesse im Sinne von Art. 155 Abs. 1 Spstr. 1 EGV beschränkt, da die Regionalentwicklung auch Infrastrukturen zu fördern hat, die der regionalen Mobilität dienen. Die Mittel aus dem Regionalfonds kommen in erster Linie für Infrastrukturvorhaben in den sog. „Ziel-1 Regionen", den Regionen mit Entwicklungsrückstand, in Frage, soweit eine solche Verwendung in den gemeinschaftlichen Förderkonzepten und Programmplanungsdokumenten vorgesehen ist. Allein im Zeitraum zwischen 1993 und 1996 sind 3,638 Mrd. ECU aus dem Regionalfonds für die Finanzierung der Verkehrsnetze verwendet worden [882].

Schließlich können Verkehrsinfrastrukturen durch die Europäische Investitionsbank (EIB) und durch den Europäischen Investitionsfonds (EIF) gefördert werden. Bei den Unterstützungsmaßnahmen handelt es sich um Darlehen und Bürgschaften, die solchen Akteuren zugute kommen sollen, die auf dem Kapitalmarkt mangels ausreichender Sicherheiten nicht zum Zuge kommen [883].

Die Aufgaben der EIB werden in Art. 267 EGV umrissen. Als Anknüpfungspunkt für die Förderung von Infrastrukturen der transeuropäischen Netze dient hierbei Art. 267 lit. c EGV, wonach Vorhaben von gemeinsamen Interesse für mehrere Mitgliedstaaten, die wegen ihres Umfangs oder ihrer Art mit den in den einzelnen Mitgliedstaaten vorhandenen Mitteln nicht vollständig finanziert werden können, durch die EIB unterstützt werden können. Ohne weiteres lassen sich unter diesen Vorhabenbegriff die Verkehrsinfrastrukturen subsumieren. In dem Statut der Europäischen Investitionsbank wurde die Unterstützung von Verkehrsinfrastrukturprojekten i.S. der Art. 154 ff. EGV auch ausdrücklich als vorrangiges Ziel festgeschrieben [884].

Ähnliches trifft auch für den Einsatz von Finanzmitteln des Europäischen Investitionsfonds zu. Der Fonds bezweckt nach Art. 2 Spstr. 1 der Satzung des EIF [885] die Entwicklung transeuropäischer Infrastrukturnetze in den Bereichen Verkehr, Telekommunikation und Energie zu fördern.

bb) Die Gemeinschaftsfinanzierung als politisches Steuerungsmittel

Die Gemeinschaft verfügt nach dem oben Gesagten über ein rechtlich umfangreiches Instrumentarium zur finanziellen Unterstützung von Verkehrsinfrastrukturen. Die im Rahmen dieser Förderungsmöglichkeiten vorgesehenen Un-

---

(Art. 155 Abs. 1 Spstr. 1 EGV) ausgewiesen sind. Das ist in Art. 3 Abs. 1 der VO zur Errichtung des Kohäsionsfonds dementsprechend ausdrücklich festgelegt.

882 *Erdmenger* in: Deutsche Verkehrswissenschaftliche Gesellschaft, Transeuropäische Netze und Verkehrsqualität, S. 19 ff. [39].

883 Dies sind in der Regel private Investoren.

884 Art. 2 Spstr. 1 und Art. 3 Abs. 1 der Satzung des Europäischen Investitionsfonds vom 25.5.1994, ABl. 1994 Nr. L 173/1. Die Europäische Investitionsbank bewilligte allein bis Ende 1996 10, 359 Mrd. ECU als Darlehen für die Finanzierung transeuropäischer Verkehrsnetze, vgl. *Erdmenger* aaO. (Anm. 882), S. 39.

885 Vom Rat der Gouverneure der EIF am 25.5.1994 verabschiedet, ABl. 1994 Nr. L 173/1.

terstützungssummen können dabei auch durchaus beachtliche Größenordnungen erreichen.
Diese diversen Möglichkeiten der Gemeinschaft, Verkehrsinfrastrukturvorhaben finanziell zu unterstützen, mag demzufolge auch die Entscheidung über die Durchführung eines Vorhabens in der Praxis erheblich beeinflussen [886], so dass die Gefahr besteht, dass Bedenken hinsichtlich der Vereinbarkeit mit dem Subsidiaritätsprinzip von den Empfängern (in der Regel die Mitgliedstaaten) zurückgestellt werden [887]. Das gilt insbesondere für Verkehrsinfrastrukturprojekte, die ein überdurchschnittliches Finanzierungsvolumen erwarten lassen, denn je größer das erwartete Finanzvolumen veranschlagt werden muss, desto eher werden die Mitgliedsstaaten auf Finanzierungshilfen der Gemeinschaft angewiesen sein, was wiederum die mitgliedstaatliche Prioritätensetzung im Bereich der Verkehrsinfrastrukturen zu beeinflussen vermag [888]. Mit diesen Wirkungen der sog. Politik des „goldenen Zügels" [889] könnte sich auch die lange Zeit zu beobachtende Zurückhaltung der Mitgliedstaaten gegenüber einer Mitfinanzierung von Infrastrukturprojekten durch die Gemeinschaft erklären lassen [890].

3. Zwischenergebnis

Die staatenübergreifende Verflechtung des Verkehrs spricht aufgrund der daraus resultierenden eingeschränkten einzelstaatlichen Problemlösungskompetenzen für eine weniger strenge Anwendung der Subsidiaritätskriterien im Bereich verkehrspolitischer Gemeinschaftsrechtsetzung.
Eine Ausnahme bildet dabei allein der Verkehrsinfrastrukturbereich: Wegen der primären Verantwortung der Mitgliedstaaten für die Infrastruktur sollte das Sub-

---

[886] Vgl. auch die Kommission der EG, „Verkehrsinfrastruktur", Mitteilung der Kommission vom 11.6.1992, KOM (92) 231endg., S. 8, die der Auffassung ist, dass mit Hilfe der finanziellen Anreizmittel der Gemeinschaft „bestimmte Zwänge auf nationale Ebene" verringert werden können.
[887] *Calliess*, Das Subsidiaritäts- und Solidaritätsprinzip in der Europäischen Union, S. 142.
[888] *Epiney/Gruber*, Verkehrsrecht in der EU, S. 359.
[889] Vgl. hierzu auch *Frowein* in: Festschrift für Peter Lerche, S. 401 ff. [404 f.], der sich kritisch mit den Wirkungen des Prinzips des „goldenen Zügels" in den USA auseinandersetzt; siehe auch *Jarass* in: AöR 121 (1996), S. 173 ff. [184]. Im EG-rechtlichen Bereich hat das Problem des „Golden Zügels" bislang kaum Aufmerksamkeit gefunden, wohl auch deshalb, weil es angesichts der knappen Finanzmittel der Gemeinschaft bisher nur begrenzte Beachtung entfaltet hat. Immerhin finden sich an einigen Stellen im EG-Vertrag entsprechende Vorbehalte. So wird in Art. 149 Abs. 4 EGV wie in Art. 152 Abs. 4 EGV festgehalten, dass die Förderung unter Ausschluss jeglicher Harmonisierung der Rechts- und Verwaltungsvorschriften der Mitgliedstaaten erfolgen muss. Ähnliches gilt für die Vorschrift des Art. 163 Abs. 3 EGV, die ausdrücklich einen Rückgriff auf Ermächtigungen in anderen Titeln des EG-Vertrages für den Bereich der Forschung und technologischen Entwicklung ausschließt. In der Regel fehlt es in den übrigen Politikbereichen an einer derartigen Beschränkung der Förderungskompetenz.
[890] Vgl. auch *Jürgensen* in: UPR 1998, S. 12 ff. [15].

sidiaritätsprinzip des Art. 5 Abs. 2 EGV, soweit seine Anwendung nicht schon in den dafür in Betracht kommenden Gemeinschaftskompetenzen vorweggenommen wird (vgl. Art. 156 EGV i.V. mit Art. 155 Abs. 1 EGV), in diesem gemeinschaftlichen Rechtsetzungsbereich prinzipiell eine strengere Anwendung erfahren. Aufgrund der vielfältigen finanziellen Förderungsmöglichkeiten der Gemeinschaft im Verkehrsinfrastruktursektor besteht wegen der Politik des goldenen Zügels allerdings die latente Gefahr einer Aushöhlung des Subsidiaritätsgedankens.

IV. Zusammenfassende Bewertung

Zusammenfassend bleibt festzuhalten, dass die Anwendung der Subsidiaritätskriterien mit Hilfe der verkehrspolitischen Ziel- und Kompetenzvorgaben sowie der verkehrsspezifischen Besonderheiten insoweit konkretisiert werden kann, als dass diese Maßstäbe Leitlinien zur Wirkungsweise des Subsidiaritätsprinzips auf dem Gebiet verkehrspolitischer Rechtsetzung an die Hand geben. Diese Leitlinien bilden einen gerichtlich nachvollziehbaren Orientierungsrahmen, mit dessen Hilfe der Begründungsaufwand (Art. 253 EGV) im Hinblick auf das Subsidiaritätsprinzips zumindest in Grundzügen skizziert werden kann.
Die oben beschriebenen Anwendungskriterien sind allerdings nicht in der Lage, die Wirkungsweise des Subsidiaritätsprinzips exakt vorher zu bestimmen, um so die Anwendung der Subsidiaritätskriterien in Art. 5 Abs. 2 EGV von vornherein zu determinieren. Unter welchen Voraussetzungen letztendlich ein Ziel tatsächlich nicht ausreichend auf mitgliedstaatlicher Ebene bzw. besser auf Gemeinschaftsebene erreicht werden kann, wird daher im Zweifelsfall von den Umständen des Einzelfalls und in einer im Ergebnis wertenden Betrachtungsweise abhängen.

Schluss

A. Zusammenfassung der Ergebnisse

1. Die Ziele der gemeinsamen Verkehrspolitik werden durch die allgemeinen Vertragsgrundsätze bestimmt. Die Einführung einer Verkehrspolitik, die vom Binnenmarktkonzept des EG-Vertrages abweicht und dirigistischen Vorstellungen unterliegt, ist im EG-Vertrag nicht vorgesehen.

2. Die Besonderheiten des Verkehrs sind im Hinblick auf die inhaltliche Ausgestaltung der gemeinsamen Verkehrspolitik insoweit zu berücksichtigen, als dass sie den Wesensgehalt der allgemeinen Vertragsgrundsätze unberührt lassen. Zu den verkehrspolitischen Besonderheiten sind weniger die ökonomischen Merkmale und die staatlicherseits vorgegebenen gemeinwirtschaftlichen Auflagen als vielmehr die tatsächlichen Besonderheiten, wie die Transnationalität und die einzelstaatliche Sachherrschaft über die Verkehrsinfrastruktur, zu zählen.

3. Als besonders herausragendes verkehrspolitisches Ziel ist die Verwirklichung des Binnenmarktes hervorzuheben, das sich einerseits aus der Bedeutung der Verkehrswirtschaft als eigenständigen Wirtschaftssektor und andererseits aus der Rolle des Verkehrswesen als Instrument zur Integration des Binnenmarktes ergibt. Der (Verkehrs-)Binnenmarkt ist jedoch nicht als ein Vertragsziel anzusehen, das gegenüber den anderen Vertragszielen des EG-Vertrages absoluten Vorrang gebührt, was für die Ausgestaltung der gemeinsamen Verkehrspolitik bedeutet, dass insbesondere ökologische, soziale und verkehrssicherheitsrelevante Belange gleichermaßen neben dem Verkehrsbinnenmarktziel zu berücksichtigen sind.

4. Diesem umfangreichen verkehrspolitischen Zielkatalog stehen im EG-Vertrag eine Vielzahl gemeinschaftlicher Rechtsetzungsbefugnisse gegenüber, welche nahezu sämtliche Bereiche verkehrspolitischer Rechtsetzung erfassen.
Etwas anders gestaltet sich hingegen die Situation im Bereich der verkehrspolitischen Außenkompetenzen. Für die sog. autonomen Maßnahmen stellt der EG-Vertrag in den Vorschriften über den Verkehr in Titel V zwar umfangreiche Befugnisse zur Verfügung. Letztere umfassen jedoch nicht die Kompetenz zum Abschluss von völkerrechtlichen Verkehrsabkommen. Hierzu finden sich neben den begrenzten ausdrücklichen Befugnissen in Art. 133 Abs. 1 EGV und Art. 155 Abs. 3 EGV die impliziten Vertragsschlusskompetenzen, die allerdings durch die neuere Rechtsprechung des EuGH in ihrem Umfang empfindlich beschränkt wurden.

5. Mit Ausnahme des Art. 89 EGV (i.V.m. Art. 71 Abs. 1 lit. d EGV bzw. Art. 80 Abs. 2 EGV) und des Art. 133 Abs. 1 EGV sind sämtliche zur Verwirk-

lichung einer gemeinsamen Verkehrspolitik in Betracht kommende Rechtsgrundlagen inbegriffen der Binnenmarktkompetenzen nicht-ausschließlicher Natur, was zu einer vorbehaltlosen Anwendung des Subsidiaritätsprinzips im Bereich der verkehrspolitischen Rechtsetzung führt.

6. Mit Hilfe der Zielvorgaben, Rechtsgrundlagen und Besonderheiten der Verkehrspolitik ist es möglich, die Wirkungsweise der in Art. 5 Abs. 2 EGV verankerten - justitiablen - Subsidiaritätskriterien zumindest im Kern vorherzubestimmen.
Als „Anker“ der gerichtlichen Kontrolle dient dabei vor allem die Begründungspflicht des Art. 253 EGV, die den Gemeinschaftsgesetzgeber dazu zwingt in der Begründung der jeweiligen Maßnahme substantiiert eine genaue und aufgegliederte Aufstellung der tatsächlichen und rechtlichen Erwägungen hinsichtlich des „ob“ seines Tätigwerden zu geben.

7. Die verkehrspolitischen Zielvorgaben vermögen, abgesehen von der Verwirklichung der (Verkehrs-)Dienstleistungsfreiheit, mangels hinreichender Bestimmbarkeit die Wirkungsweise des Subsidiaritätsprinzips nicht einzugrenzen.

8. Der überwiegende Teil der zur Einführung einer gemeinsamen Verkehrspolitik in Betracht kommenden Befugnisgrundlagen enthält hingegen in den Tatbestandsvoraussetzungen handhabbare Hinweise zur Wirkungsweise des Subsidiaritätsprinzips. Insbesondere die Rechtsgrundlagen zur Verwirklichung eines Verkehrsbinnenmarktes und zur Errichtung eines transeuropäischen Verkehrsnetzes weisen kompetentielle Vorgaben auf, die die Wirkungsweise des Subsidiaritätsprinzips bereits auf kompetentieller Ebene konkretisieren.

9. Die Transnationalität des Verkehrs erfordert vielfach ein grenzüberschreitendes Tätigwerden, was im Ergebnis regelmäßig zu einer Inanspruchnahme der gemeinschaftlichen Handlungsebene führen wird. Das Subsidiaritätsprinzip wird im Verkehrssektor seine Rolle als Kompetenzausübungsschranke nur beschränkt ausüben können.
Eine Ausnahme bildet allein der Verkehrsinfrastrukturbereich, der überwiegend im Eigentum und im Verantwortungsbereich der einzelnen Mitgliedstaaten liegt. Hier wird die Anwendung des Art. 5 Abs. 2 EGV voraussichtlich häufiger zu einem mitgliedstaatlichen Tätigwerden zwingen, wenngleich in der Rechtsetzungspraxis die latente Gefahr besteht, dass die verschiedenen gemeinschaftlichen Finanzierungsinstrumente im Bereich der Verkehrsinfrastruktur zu einer eingeschränkten Anwendung des Subsidiaritätsprinzips führen.

10. Unter welchen Voraussetzungen allerdings ein Ziel letztendlich tatsächlich nicht ausreichend auf mitgliedstaatlicher Ebene bzw. besser auf Gemeinschaftsebene erreicht werden kann, wird in der Regel von den Umständen des Einzelfalls und in einer im Ergebnis wertenden Betrachtungsweise abhängen, da sämt-

liche Konkretisierungsmaßstäbe das Subsidiaritätsprinzip in Art. 5 Abs. 2 EGV nicht vollständig zu ersetzen vermögen.

B. Die Bewertung der Ergebnisse im Kontext der übrigen Politikbereiche

Abschließend stellt sich die Frage, inwieweit dieses für die gemeinsame Verkehrspolitik erzielte Ergebnis auch für andere Gemeinschaftspolitiken fruchtbar gemacht werden kann, wobei bei der Beantwortung dieser Fragestellung jedoch mit Vorsicht vorgegangen werden muss, da die Gemeinschaft neben den allgemeinen Zielen an spezielle Vertragsbestimmungen gebunden ist und die einzelnen Politikfelder spezifischen primärrechtlichen Anforderungen unterliegen.
Im Folgenden soll anhand der oben erzielten Ergebnisse in gebotener Kürze geprüft werden, inwieweit das Subsidiaritätsprinzip des Art. 5 Abs. 2 EV auch in anderen Politikfeldern mit Hilfe der oben aufgestellten Konkretisierungsmaßstäbe handhabbarer gemacht werden kann, womit aber kein abschließendes Ergebnis in dem Sinne erreicht werden soll, dass nun auch für die übrigen Politiken die Wirkungsweise des Subsidiaritätsprinzips möglichst exakt skizziert wird. Angestrebt ist vielmehr ein Orientierungsrahmen, mit dessen Hilfe die Anwendung des Subsidiaritätsprinzip auch in anderen Politikbereichen exakter vorherbestimmt werden kann.

I. Zieldefinition

Um der Anwendung des Subsidiaritätsprinzips in Art. 5 Abs. 2 EGV einen tragfähigen Ausgangspunkt zu geben, sind für jeden einzelnen in Betracht kommenden Politikbereich zunächst die einschlägigen gemeinschaftlichen Zielvorgaben genau zu bestimmen. So sind beispielsweise die Aufgaben einer gemeinschaftlichen Bildungspolitik abschließend auf die in Art. 149 Abs. 2 EGV niedergelegten Ziele festgelegt [891], so dass andere als in Art. 149 Abs. 1 EGV genannte Bildungsziele von vornherein nicht von der Europäischen Gemeinschaft wahrgenommen werden dürfen und damit auch nicht am Maßstab des Art. 5 Abs. 2 EGV gemessen werden können.

II. Kompetenzcharakter

In einem nächsten Schritt sind sodann die jeweils einschlägigen Rechtsgrundlagen zur Umsetzung dieser Ziele zu ermitteln, um im Anschluss daran die Frage zu klären, welcher dieser Zuständigkeiten ausschließlicher bzw. nicht-ausschließlicher Natur ist. Unter Anwendung der oben entwickelten Kriterien ist

[891] *Zuleeg* in: DVBl. 1992, S. 1329 ff. [1334]; *Ress* in: DÖV 1992, S. 944 ff. [947].

in *jedem Einzelfall* zu untersuchen, ob eine Tätigkeit der Europäischen Gemeinschaft dem Subsidiaritätsprinzip des Art. 5 Abs. 2 EGV unterworfen ist. Diese Aussage gilt auch für die Rechtsgrundlagen zur Verwirklichung des Binnenmarktes, für die ebenfalls in jeden Einzelfall die Zuständigkeitsnatur zu bestimmen ist. Die Auffassung, dass Maßnahmen, die der Verwirklichung des Binnenmarktes dienen, dem Subsidiaritätsprinzips nicht unerworfen sind, kann insofern nicht aufrecht erhalten werden [892]. Damit ist die Anwendung des Subsidiaritätsprinzip beispielsweise auch im Rahmen der gemeinschaftlichen Wettbewerbsharmonisierung nicht von vornherein ausgeschlossen. Im Ergebnis wird nach den oben aufgestellten (strengen) Kriterien nur für wenige gemeinschaftliche Rechtsetzungsbereiche eine ausschließliche Zuständigkeit anzunehmen sein [893], so dass das Subsidiaritätsprinzip des Art. 5 Abs. 2 EGV wohl in der Mehrzahl der Politikbereiche berücksichtigt werden muss.
Die Wirkungsweise der Subsidiaritätskriterien in Art. 5 Abs. 2 EGV kann dann mit Hilfe der jeweils in Betracht kommenden gemeinschaftlichen Zielvorgaben, Rechtsgrundlagen und Besonderheiten eines jeden Politikbereichs zumindest im Kern vorherbestimmt werden.

III. Zweckgerichtete Konkretisierung

Die gemeinschaftlichen Zielvorgaben der einzelnen Politiken werden mangels hinreichender Bestimmbarkeit [894] jedoch voraussichtlich nur in wenigen Einzelfällen dazu geeignet sein, die Wirkungsweise des Art. 5 Abs. 2 EGV näher zu konkretisieren, so dass die Bestimmtheit der Ziele kaum dazu taugt, das Subsidiaritätsprinzips in der Rechtsetzungspraxis handhabbarer zu machen.

IV. Tatbestandliche Konkretisierung

Anders verhält es sich jedoch mit den einzelnen gemeinschaftlichen Rechtsgrundlagen, die anders als die entsprechenden Zielvorgaben nicht nur für einige wenige Ausnahmefälle dazu geeignet sind, die Wirkungsweise der Subsidiaritätskriterien in Art. 5 Abs. 2 EGV in den jeweiligen Politikbereichen näher zu skizzieren. Das gilt insbesondere für die gemeinschaftliche Rechtsangleichung und Wettbewerbspolitik [895], ebenso aber auch für die gemeinschaftliche Bildungs-, Kultur- und Sozialpolitik, die in ihren Rechtsgrundlagen jeweils Voraussetzungen enthalten, die das Subsidiaritätsprinzip bereits auf tatbestandlicher

[892] Siehe dazu die ausführlichen Bemerkungen in Teil 2, Abschnitt D, I. 1. b) aa).
[893] Vgl. dazu die Ausführungen von *Dittert*, Die ausschließlichen Kompetenzen der Europäischen Gemeinschaft im System des EG-Vertrag, S. 195 f.
[894] Siehe dazu auch *Kerridge* in: Harv. ILJ 27 (1986), S. 243 ff. [248]; *Jacqué* in: RTDE 21 (1985), S. 761 ff. [766].
[895] Vgl. dazu die unter Teil 3, Abschnitt C, II. 1. c) gemachten Ausführungen.

Ebene konkretisieren. So werden beispielsweise im Rahmen der bildungspolitischen Kompetenz des Art. 149 Abs. 2 EGV die Subsidiaritätskriterien dadurch konkretisiert, dass die Gemeinschaft zur Zielerreichung nur beiträgt und zwar allein durch Förderung der Zusammenarbeit zwischen den Mitgliedstaaten, sowie durch Unterstützung und Ergänzung der mitgliedstaatlichen Tätigkeit, wobei jeweils Voraussetzung ist, dass dies zur Zielverwirklichung erforderlich ist [896], womit die Frage des „Ob" eines Tätigwerdens der Gemeinschaft über das Negativkriterium des Art. 5 Abs. 2 EGV hinausgehend, dem strengeren Verhältnismäßigkeitskriterium unterworfen wird.

Nur einige wenige Politikbereiche wie die gemeinsame Umweltpolitik in Art. 175 Abs. 1 EGV oder die gemeinsame Agrarpolitik in Art. 37 Abs. 2 UAbs. 3 EGV enthalten in ihren Rechtsgrundlagen keinerlei Hinweise zur Konkretisierung des Subsidiaritätsprinzips. Ein Großteil der im Zuge der Subsidiaritätsdebatte diskutierten „Problemfälle" könnte damit schon auf dieser Ebene, d.h. bevor es überhaupt zu einer „Subsidiaritätsprüfung" im eigentlichen Sinne kommt, zugunsten der unteren Ebene entschieden werden [897]. Damit sind spektakuläre Änderungen des Kompetenzacquis im Wege zukünftiger Vertragsänderungen bei einer Überprüfung anhand des Subsidiaritätsprinzips [898] eher unwahrscheinlich. Neuere Diskussionsbeiträge aus dem politischen Bereich, die das Subsidiaritätsprinzip als Kompetenzzuweisungsregel zur Durchmusterung des erforderlichen Befugnisbestandes der europäischen Handlungsebene nutzen, führen im Ergebnis zu auffälligen Bestätigungen des Status quo des bestehenden gemeinschaftlichen Kompetenzsystems [899].

V. Besonderheiten des Politikbereichs

Inwieweit die Besonderheiten der einzelnen Politikbereiche die Wirkungsweise des Subsidiaritätsprinzips in Art. 5 Abs. 2 EGV zu beeinflussen vermögen, kann an dieser Stelle nicht beantwortet werden, sondern muss für jedes einzelne Politikfeld detailliert untersucht werden. So kann etwa die Verfolgung forschungspolitischer Ziele ganz andere Strategien verlangen als die Behandlung von Bildung, Gesundheitswesen und Kultur, und während für bestimmte verkehrspolitische Belange Gemeinschaftsaktionen erforderlich sein mögen, sind die Bereiche

---

[896] Vgl. auch *Zuleeg* in: DVBl. 1992, S. 1329 ff. [1334]; *Lambers* in: EuR 1993, S. 229 ff. [231]; *Calliess*, Subsidiaritäts- und Solidaritätsprinzip, S. 131 ff.

[897] Ebenso *Bruha* in: Riklin/Batliner, Subsidiarität, S. 375 ff. [400].

[898] Eine Regierungskonferenz zur Frage der Kompetenzabgrenzung zwischen der Europäischen Union und ihren Mitgliedstaaten ist für das Jahr 2004 anvisiert, vgl. 23. Erklärung zur Zukunft der Europäischen Union, Erklärung für die Schlussakte der Konferenz der Vertretet der Regierungen der Mitgliedstaaten. Das Thema der Zuständigkeitsordnung ist in dieser Erklärung in Ziff. 7 als Frage definiert, „wie eine genauere, dem Subsidiaritätsprinzip entsprechende Abgrenzung der Zuständigkeiten zwischen der Europäischen Union und den Mitgliedstaaten geschaffen und ihre Einhaltung überwacht werden kann".

[899] Vgl. *Fischer* in: Integration 23 (2000), S. 149 ff.; *Schäuble* in: FAZ v. 8.6.2000, S. 10.

Katastrophenschutz und Fremdenverkehr möglicherweise besser im Verantwortungsbereich nationaler Entscheidungsträger zu belassen [900].

VI. Einzelfallbetrachtung

Schließlich ändern diese Konkretisierungsmaßstäbe jedoch nichts daran, dass die Frage unter welchen Voraussetzungen die einzelnen Ziele der jeweiligen Politikbereiche tatsächlich nicht ausreichend auf mitgliedstaatlicher Ebene bzw. besser auf Gemeinschaftsebene erreicht werden können, letztendlich von den Umständen des Einzelfalls und in einer im Ergebnis wertenden Betrachtungsweise abhängen wird, da die Konkretisierungskriterien - wegen der unübersehbaren Vielzahl denkbarer Sachverhaltskonstellationen [901] - nicht in der Lage sind, die Subsidiaritätsprüfung des Art. 5 Abs. 2 EGV vollständig zu ersetzen.
Im Ergebnis ist es nach dem oben Gesagten jedoch regelmäßig möglich und auch zweckdienlich, für einen einzelnen Politikbereich Leitlinien für die Wirkungsweise des Subsidiaritätsprinzips aufzustellen, die dann im Hinblick auf eine konkrete Gemeinschaftsmaßnahme zur Anwendung gelangen.

---

[900] So bereits ausdrücklich *Kahil*, Europäisches Sozialrecht und Subsidiarität, S. 28 f.

[901] Insofern gilt auch für die Konkretisierung des Subsidiaritätsprinzips, was Gustav Radbruch Anfang des letzten Jahrhunderts für das nationale Gesetzesrecht in einer rhetorischen Frage konstatierte: „Wer kann vollends sämtliche Tatbestände, die das unendlich vielgestaltige Leben je einmal an den Strand spülen wird, voraussehen ?“, *Radbruch* in: Archiv für Sozialwissenschaft und Sozialpolitik, Bd. 22 (1906), S. 355 ff. [356].

Literaturverzeichnis

Abeele, Michel Vanden / *Capouet*, Yvan

Les Réseaux Transeuropéens, in: Commentaire Mégret. Le droit de la CE. Culture, Santé, Consommateurs, Réseaux transeuropéens, Recherche et développement, Technologique, Environnement, Energie, Band 8, 2. Auflage, Brüssel 1996, Teil 4, S. 127 ff.

Aberle, Gerd

Die ökonomischen Grundlagen der europäischen Verkehrspolitik, in: Basedow, Jürgen (Hrsg.), Europäische Verkehrspolitik. Nach dem Untätigkeitsurteil des Europäischen Gerichtshofes gegen den Rat vom 22. Mai 1985 – Rechtssache 13/83 (Parlament ./. Rat), Tübingen 1987, S. 29 ff.

Ders.

Transportwirtschaft: einzelwirtschaftliche und gesamtwirtschaftliche Grundlagen, 3. Auflage, München / Wien 2000

Andresen, Reimer

Europäische Wirtschaftsgemeinschaft und Verkehrsintegration, Düsseldorf 1960

Anselmann, Norbert

Die Bezugnahme auf harmonisierte technische Regeln im Rahmen der Rechtsangleichung, in: Müller-Graff, Peter-Christian (Hrsg.), Technische Regeln im Binnenmarkt, Baden-Baden 1991, S. 102 ff.

Aussant, Jill / *Fornasier*, Raffaello

La politique commune des transports, in : Commentaire Mégret. Le droit de la CE. Libre circulation des personnes, Des services et des capitaux, Transports, Band 3, 2. Auflage, Brüssel 1990, Teil 4, S. 192 ff.

Basedow, Jürgen

Verkehrsrecht und Verkehrspolitik als europäische Aufgabe, in: Basedow, Jürgen (Hrsg.), Europäische Verkehrspolitik. Nach dem Untätigkeitsurteil des Europäischen Gerichtshofes gegen den Rat vom 22. Mai 1985 – Rechtssache 13/83 (Parlament ./.Rat), Tübingen 1987, S. 1 ff.

Ders.

Der europäische Verkehrsmarkt als Rechtsproblem, in: TranspR 1989, S. 402 ff.

Ders.

Wettbewerb auf den Verkehrsmärkten. Eine rechtsvergleichende Untersuchung zur Verkehrspolitik, Heidelberg 1989

Ders.

Zielkonflikte und Zielhierarchien im Vertrag über die Europäische Gemeinschaft, in: Due, Ole / Lutter, Marcus / Schwarze, Jürgen (Hrsg.), Festschrift für Ulrich Everling, Band 1, Baden-Baden 1995, S. 49 ff.

Ders.

Verkehr, in: Immenga, Ulrich / Mestmäcker, Ernst-Joachim (Hrsg.), EG-Wettbewerbsrecht. Kommentar, Band 2, München 1997

Ders. / Dolfen, Michael
Verkehrs- und Transport, in: Dauses, Manfred A. (Hrsg.), Handbuch des EU-Wirtschaftsrechts, Band 2, Loseblattsammlung, Stand: November 1999, München 2000

Bentzien, Joachim
Die Zuständigkeit der EU für Luftverkehrsabkommen mit Drittstaaten, in: ZLW 47 (1998), S. 439 ff.

Berkenkopf, Paul
Grundfragen einer einheitlichen europäischen Verkehrspolitik, in: Greiß, Franz / Meyer, Fritz W. / Müller-Armak, Alfred (Hrsg.), Wirtschaft, Gesellschaft und Kultur: Festgabe für Müller-Armack, Berlin 1961, S. 363 ff.

Berkelova, Marie
Die Vollendung des europäischen Binnenverkehrsmarktes und der Reformbedarf der deutschen Verkehrspolitik dargestellt am Beispiel des Straßengüterverkehrs, Dissertation Bochum, Bochum 1992

Bieber, Roland
Zur Rolle der Mitgliedstaaten bei der Ausfüllung von Lücken im EG-Recht, in: Bieber, Roland / Ress, Georg, Die Dynamik des Europäischen Gemeinschaftsrechts, Baden-Baden 1987, S. 283 ff.

Ders.
Verkehr, in: Beutler, Bengt / Bieber, Roland / Pipkorn, Jörn / Streil, Jochen, Die Europäische Union, Rechtsordnung und Politik, 4. Auflage, Baden-Baden 1993, Abschnitt 15.1, S. 476 ff.

Ders.
Subsidiarität im Sinne des Vertrages über die Europäische Union, in: Nörr, Knut Wolfgang / Oppermann, Thomas (Hrsg.), Subsidiarität: Idee und Wirklichkeit. Zur Reichweite eines Prinzips in Deutschland und Europa, Tübingen 1997, S. 165 ff.

Blanke, Hermann-Josef
Das Subsidiaritätsprinzip als Schranke des Europäischen Gemeinschaftsrechts ?, in: EuR 1991, S. 133 ff.

Ders.
Normativer Gehalt und Justitiabilität des Subsidiaritätsprinzips nach Art. 3 b EGV, in: Hrbek, Rudolf, (Hrsg.), Das Subsidiaritätsprinzip in der Europäischen Union: Bedeutung und Wirkung für ausgewählte Politikbereiche, Baden-Baden 1995, S. 95 ff.

Blonk, W.A.G.
Regulation (EEC) No. 1017/68 of the Council of july 19, 1968. Applying rules of competition to transport by rail, road ands inland waterways, in: CML Rev. 6 (1968/96), S. 451 ff.

Bock, Stephan
Der deutsche Güterkraftverkehr im Spannungsfeld einer europäischen Marktordnung, Dissertation Tübingen, Stuttgart 1988

Boegner, J.-M.
Le Marché commun de six à neuf, Paris 1974

Bogs, Eckhard

Die Planung transeuropäischer Verkehrsnetze, Dissertation Freiburg, Berlin 2002

von Borries, Reimer

Beck-Rechtsberater: Europarecht von A bis Z. Europäischer Binnenmarkt. Europäische Gemeinschaft. Europäische Union, 2. Auflage, München 1993

Ders.

Gedanken zur Tragweite des Subsidiaritätsprinzips im Europäischen Gemeinschaftsrecht, in: Everling, Ulrich / Narjes, Karl-Heinz / Sedemund, Joachim (Hrsg.), Europarecht, Kartellrecht, Wirtschaftsrecht: Festschrift für Arved Deringer, Baden-Baden 1993, S. 22 ff.

Ders.

Das Subsidiaritätsprinzip im Recht der Europäischen Union. Deutscher Landesbericht für den XVI. FDI-Kongreß 1994 in Rom, in: EuR 1994, S. 263 ff.

Bothe, Michael

Die Kompetenzstruktur des modernen Bundesstaates in rechtsvergleichender Sicht, Habilitation Heidelberg, Berlin / Heidelberg / New York 1977

Ders.

Die Stellung der Europäischen Gemeinschaft im Völkerrecht, in: ZaöRV 37 (1977), S. 122 ff.

Brandt, Eberhard

Untätigkeit in der europäischen Verkehrspolitik. Anmerkungen zum Untätigkeitsurteil des Europäischen Gerichtshofs vom 22. Mai 1985, in: TranspR 1986, S. 89 ff.

Ders.

Verkehrspolitik und transeuropäische Netze in: Röttinger, Moritz / Weyringer, Claudia (Hrsg.), Handbuch der europäischen Integration. Strategie – Struktur – Politik der Europäischen Union, 2. Auflage, Wien / Köln / Bern 1996

Ders. / *Schäfer*, Eberhard

Trans-alpine transit traffic: Towards sustainable mobility, in: CML Rev. 33 (1996), S. 931 ff.

Brenner, Michael / *Huber*, Peter

Europarecht und Europäisierung in den Jahren 2000/2001, in: DVBl. 2001, S. 1013 ff.

Bribosia, Hervé

Subsidiarité et répartition des compétences entre la Communauté et ses Etats membres. Commentaire sur l'article 3B du traité de Maastricht, in: RMCUE 1992, S. 165 ff.

Brinkhorst, Laurens Jan

Subsidiarity and European Environmental Policy, in: European Institute of Public Administration (Hrsg.), Subsidiarity: The Challenge of Change, Maastricht 1991, S. 89 ff.

Broussolle, Denis

Transports, in: Encyclopédie Dalloz, Répertoire communautaire, Band 3, Loseblattsammlung, Stand : September 1998,

Bruha, Thomas

Rechtsangleichung in der Europäischen Wirtschaftsgemeinschaft. Deregulierung durch „Neue Strategie“ ?, in: ZaöRV (46) 1986, S. 1 ff.

Ders.

Das Subsidiaritätsprinzip im Recht der Europäischen Gemeinschaft, in: Riklin, Alois / Batliner, Gerard (Hrsg.), Subsidiarität - Ein interdisziplinäres Symposium, Baden-Baden 1994, S. 375 ff.

Buck, Petra

Subsidiaritätsprinzip und Europäisierung des Gesellschaftsrechts, in: Hrbek, Rudolf (Hrsg.), Das Subsidiaritätsprinzip in der Europäischen Union. Bedeutung und Wirkung für ausgewählte Politikbereiche, Baden-Baden 1995, S. 73 ff.

Bull, Hans Peter

Die Staatsaufgaben nach dem Grundgesetz, Habilitation Hamburg, Kronberg/Ts. 1977

Button, Kenneth

Das integrierte europäische Verkehrskonzept, in: Button, Kenneth, Europäische Verkehrspolitik – Wege in die Zukunft, Gütersloh 1992, S. 27 ff.

Calliess, Christian

Die Güterkraftverkehrspolitik der EG unter besonderer Berücksichtigung des Umweltschutzes, in: IUR 1992, S. 219 ff.

Ders.

Ansatzpunkte für eine umweltverträgliche Verkehrspolitik im europäischen Binnenmarkt – unter besonderer Berücksichtigung der Querschnittsklausel des Art. 130r Abs. 2 S. 3 EGV, in: ZAU 1994, S. 322 ff.

Ders.

Der Schlüsselbegriff der ausschließlichen Zuständigkeit im Subsidiaritätsprinzip des Art. 3b II EGV, in: EuZW 1995, S. 693 ff.

Ders.

Subsidiaritäts- und Solidaritätsprinzip in der Europäischen Union, Vorgaben für die Anwendung von Art.5 (ex-Art. 3b) EGV nach dem Vertrag von Amsterdam, Dissertation Saarbrücken, 2. Auflage, Baden-Baden 1999

Ders.

Nach dem „Tabakurteil“ des EuGH: Binnenmarkt und gemeinschaftsrechtliche Kompetenzverfassung im neuen Licht, in: JURA 2001, S. 311 ff.

Ders. / *Ruffert*, Matthias (Hrsg.)

Kommentar über die Europäische Union und des Vertrages zur Gründung der Europäischen Gemeinschaft: EUV/EGV, 2. Auflage, Neuwied / Kriftel 2002

(zitiert als *Bearbeiter* in: Calliess/Ruffert, Kommentar zum EU-/EGV)

Campbell, Dennis / *Cotter*, Susan (Hrsg.)

The Law of the European Community. A Commentary on the EC Treaty, Band 2, Loseblattsammlung, New York / San Francisco 1999

(zitiert als *Bearbeiter* in: Campbell/Cotter, The Law of the European Community)

Carl, Dieter

Hilfen der Europäischen Gemeinschaft für Problemregionen, in: EuZW 1992, S. 301 ff.

Cartou, Louis / *Clergerie*, Jean-Louis / *Gruber*, Annie / *Rambaud*, Patrick
L'Union européenne, 3. Auflage, Paris 2000
Classen, Werner
Welche Elemente der Verkehrspolitik sind in der EU bereits harmonisiert und was muss zur weiteren Harmonisierung der Rahmenbedingungen geschehen ? – Aus der Sicht des Landes Baden-Württemberg, in: Deutsche Verkehrswissenschaftliche Gesellschaft, Supranationale Verkehrspolitik-Konfliktpotentiale im europäischen Raum, Reihe B, B 261, Bergisch Gladbach 1999, S. 37 ff.
Cloos, Jim / *Reinesch*, Gaston / *Vignes*, Daniel / *Weyland*, Joseph
Le traité de Maastricht, genèse, analyse, commentaires, Brüssel 1993
Colneric, Ninion
Der Gerichtshof der Europäischen Gemeinschaften als Kompetenzgericht, in: EuZW 2002, S. 709 ff.
Constantinesco, Vlad
Das Recht der Europäischen Gemeinschaften, Band1, Baden-Baden 1977
Ders.
Subsidiarität: Zentrales Verfassungsprinzip für die Politische Union, Integration 13 (1990), S. 165 ff.
Ders. / Jacqué, Jean-Paul / *Kovar*, Robert / *Simon*, Denys
Traité instituant la CEE, Commentaire article par article, Paris 1992
Ders. / *Kovar*, Robert / *Simon*, Denys
Traiter sur l'Union Européenne (signé à Maastricht le 7 février 1992), Commentaire article par article, Paris 1995
(zitiert als *Bearbeiter* i n:Constantinesco/Kovar/Simon, Traiter sur l'Union Européenne)
Dagtoglou, Prodomos
Air Transport and the European Community, in: EL Rev. 6 (1981), S. 335 ff.
Dengler, Fritz
Der verkehrspolitische Auftrag der Deutschen Bahn nach ihrer Privatisierung, in: ZögU 1992, S. 358 ff.
Deregulierungskommission
Marktöffnung und Wettbewerb, Stuttgart 1991
Dittert, Daniel
Die ausschließlichen Kompetenzen der Europäischen Gemeinschaft im System des EG-Vertrages, Frankfurt a.M. 2001
Dolfen, Michael
Der Verkehr im europäischen Wettbewerbsrecht, Dissertation Augsburg, Heidelberg 1991
Döring, Thoma
Subsidiarität und Umweltpolitik in der Europäischen Union, Dissertation Marburg, Marburg 1997
Dörr, Oliver
Die Entwicklung der ungeschriebenen Außenkompetenzen der EG, in: EuZW 1996, S. 39 ff.

Durand, Claire-Françoise
Le principe de subsidiarité, in : Commentaire Mégret. Le droit de la CE. Préambule, Libre circulation des marchandises, Band 1, 2. Auflage, Brüssel 1992, Teil 2

Dutheil de la Rochère, Jacqueline
L'Ère des compétences partagées. À propos de l'étendue des compétences extérieures de la Communauté Européenne, in : RMCUE 1995, S. 461 ff.

Ebenroth, Carsten Thomas / *Fischer*, Rafael / *Sorek*, Christoph
Deutsche Straßenbenutzungsgebühren und EG-Recht, in: BB 1989, S. 1566 ff.

Eilmansberger, Thomas
Rechtsetzung in der EG und EWR, Teil 1 und 2, in: WBl. 1994, S. 1 ff., S. 37 ff.

Eisermann, Karl Stefan
Grundlagen des Gemeinsamen Europäischen Luftverkehrsmarktes, Dissertation Bonn, Bonn 1995

Emiliou, Nicholas
Subsidiarity: An Effective Barrier Against „the Enterprises of Ambition" ?, in: EL Rev. 17 (1992), S. 383 ff.

Ders.
British Report, in: Fédération Internationale pour le Droit Européenne (Hrsg.), XVI. Kongress, Band 1, Le principe de subsidarité, Rome 1994, S. 113 ff.

Epiney, Astrid
Das Subsidiaritätsprinzip. Eine Kompetenzausübungsregel zur Begrenzung gemeinschaftlicher Tätigkeit, in: AJP/PJA 1993, S. 950 ff.

Dies.
Umweltrecht in der Europäischen Union, Köln / Berlin / Bonn / München 1997

Dies. / *Gruber*, Reto
Verkehrspolitik und Umweltschutz in der Europäischen Union. Zur Einbeziehung ökologischer Aspekte im Bereich des Straßen- und Schienenverkehrs, Freiburg (Schweiz) 1997

Dies. / *Gruber*, Reto
Verkehrsrecht in der EU. Zu den Gestaltungsspielräumen der EU-Mitgliedstaaten im Bereich des Landverkehrs, 1. Auflage, Baden-Baden 2001

Dies. / *Knoepfl*, Peter
Der Spielraum des kantonalen Umweltrechts unter dem EWR- und EWG-Vertrag, in: URP/DEP 1992, S. 17 ff.

Erberich, Ingo
Transeuropäische Netze, in: Bleckmann, Albert, Europarecht. Das Recht der Europäischen Union und der Europäischen Gemeinschaften, 6. Auflage, Köln / Berlin / Bonn / München 1997, § 34, S. 988 ff.

Erdmenger, Jürgen
Die Anwendung des EWG-Vertrages auf Seeschiffahrt und Luftfahrt. Zur Auslegung von Art. 84 Abs. 2 des Vertrages, Dissertation Hamburg, Hamburg 1962

Ders.
Verkehrspolitik in: Weidenfeld, Werner / Wessels, Wolfgang (Hrsg.), Jahrbuch der Europäische Integration 1991/92, Berlin 1992, S. 199 ff.

Ders.
EG unterwegs – Wege zur Gemeinsamen Verkehrspolitik, Baden-Baden 1981

Ders.
Die EG-Verkehrspolitik vor Gericht. Das EuGH-Urteil Rs. 13/83 vom 22.5.1985 und seine Folgen, in: EuR 1985, 375 ff.

Ders.
Harmonisierung der Wettbewerbspolitik in der EG-Verkehrspolitik, in: ZVerkWiss 59 (1988), S. 188 ff.

Ders.
Die Transeuropäischen Verkehrsnetze – Ausdruck und Komponente einer kontinentalen Verkehrsqualität, in: Deutsche Verkehrswissenschaftliche Gesellschaft, Europäischer Verkehrskongress. Transeuropäische Netze und Verkehrsqualität, Bergisch Gladbach 1998, S. 19 ff.

Everling, Ulrich
Zur Funktion der Rechtsangleichung in der Europäischen Gemeinschaft. Vom Abbau der Verzerrungen zur Schaffung des Binnenmarktes, in: Capotorti, Francesco / Ehlermann, Claus-Dieter / Frowein, Joachim Abr. (Hrsg.), Du droit international au droit de l'intégration: liber amicorum Pescatore, Baden-Baden 1987, S. 227 ff.

Ders.
Reflections on the structure of the European Union, in: CML Rev. 29 (1992), S. 1053 ff.

Ders.
Kompetenzordnung und Subsidiarität, in: Weidenfeld, Werner (Hrsg.), Reform der Europäischen Union, Gütersloh 1995, S. 166 ff.

Ewers, Hans-Jürgen / *von Stackelberg*, Friedrich
Verkehrspolitik, in: Klemmer, Paul (Hrsg.), Handbuch der Europäische Wirtschaftspolitik, München 1998, Abschnitt O, S. 1151 ff.

Fennel, Phil
The Transport policy case, in: EL Rev. 10 (1985), S. 264 ff.

Fischer, Joschka
Vom Staatenverbund zur Föderation – Gedanken über die Finalität der europäischen Integration, in: Integration 23 (2000), S. 149 ff.

Fonger, Matthias
Auf dem Weg zu einer gesamteuropäischen Infrastrukturplanung ?, in: Int. Verkw. (46) 1994, S. 621 ff.

Förster, Jutta
Verbot steuerlicher Diskriminierung – Gebot steuerlicher Harmonisierung, in: Bleckmann, Albrecht, Europarecht. Das Recht der Europäischen Union und der Europäischen Gemeinschaften, 6. Auflage, Köln / Berlin / Bonn / München 1997, § 24, S. 717 ff.

Forwood, Nicholas / *Clough*, Mark
The Single European Act and Fee Movement. Legal Implications of the Provisions for the Completion of the Internal Market, in: EL Rev. 11 (1986), 383 ff.

Frohnmeyer, Albrecht / *Mückenhausen*, Peter (Hrsg.)
Kommentar zum EG-Verkehrsrecht. Binnenmarkt, Sozialrecht, Verkehrssicherheit, Umweltrecht, Transeuropäische Netze, Loseblattsammlung, Stand: Dezember 2000, München 2001

Frowein, Joachim Abr.
Konkurrierende Zuständigkeit und Subsidiarität. Zur Kompetenzverteilung in bündischen Systemen, in: Festschrift für Peter Lerche, München 1993, S. 401 ff.

Furrer, Andreas
Die Sperrwirkung des sekundären Gemeinschaftsrechts auf die nationalen Rechtsordnungen, Dissertation Sankt Gallen, Baden-Baden 1994

Geiger, Rudolf
Vertragsschlusskompetenzen der Europäischen Gemeinschaft und auswärtige Gewalt der Mitgliedstaaten. Zur neueren Rechtsprechung des Europäischen Gerichtshofs, in: JZ 1995, S. 973 ff.

Ders.
Allgemeine Überlegungen zum Begriff der ausschließlichen Gemeinschaftszuständigkeit als Anwendungsgrenze des Subsidiaritätsprinzips (Art. 3 b Abs. 2 EG-Vertrag), in: Heinze, Meinhard / Schmitt, Jochem, Festschrift für Wolfgang Gitter zum 65. Geburtstag am 30. Mai 1995, Wiesbaden 1995, S. 267 ff.

Ders.
EUV, EGV: Vertrag über die Europäische Union und Vertrag zur Gründung der Europäischen Gemeinschaft. Kommentar, 3. Auflage, München 2000

Geys, Stefan
Die Anwendung der Art. 85, 86 EWG-Vertrag innerhalb des Art. 88 EWG-Vertrag auf die Tarife und Konditionen im internationalen Linienluftverkehr. Die Rechtslage in der Bundesrepublik Deutschland nach dem Urteil des Europäischen Gerichtshofs vom 30.4.1986 in den verbundenen Rechtssachen 209-213/84 „Nouvelles-Frontières", Dissertation Heidelberg, Heidelberg 1987

Gilsdorf, Peter
Der Grundsatz der Subsidiarität und die Gemeinsame Agrarpolitik, in: Randelshofer, Albrecht / Scholz, Rupert / Wilke, Dieter (Hrsg.), Gedächtnisschrift für Eberhard Grabitz, München 1995, S. 77 ff.

Ders.
Die Außenkompetenzen der EG im Wandel. Eine kritische Auseinandersetzung mit Praxis und Rechtsprechung, in: EuR 1996, S. 145 ff.

Glaesner, Adrian
Der Grundsatz des wirtschaftlichen und sozialen Zusammenhalts im Recht der Europäischen Wirtschaftsgemeinschaft: eine Untersuchung seiner Verbindlichkeit und seiner Bezüge zum deutschen Staats- und Verwaltungsrecht, Dissertation Hamburg, Baden-Baden 1990

Goppel, Thomas
Die Bedeutung des Subsidiaritätsprinzips. Der Beitrag Bayerns zur Konkretisierung des Subsidiaritätsprinzips in der EG, in: EuZW 1993, S. 367 ff.

Gottschewski, Martina
Zur rechtlichen Durchsetzung von europäischen Straßen, Dissertation Tübingen 1996, Berlin 1998

Götz, Volkmar
Anmerkung zur Rs. C-376/98 (Deutschland/Parlament u. Rat), in: JZ 2001, S. 34 ff.

Grabitz, Eberhard
Das politische Ermessen des Rates. Zum Urteil des Gerichtshofs in Sachen Verkehrspolitik, in: Integration 8 (1985), S.103 ff.

Ders. / *Zacker*, Christian
Die neuen Umweltkompetenzen der EWG, in: NVwZ 1989, S. 297 ff.

Ders. / *Hilf*, Meinhard (Hrsg.)
Das Recht der Europäischen Union, Altband 1, EUV, Art. 1-136a EGV (Maastrichter Fassung), Loseblattsammlung, Stand: Oktober 1999, München 1999
(zitiert als *Bearbeiter* in: Grabitz/Hilf, Das Recht der Europäischen Union, Altband 1)

Dies.
Das Recht der Europäischen Union, Altband 2, Art. 137-248 EGV (Maastrichter Fassung), Loseblattsammlung, Stand: Oktober 1999, München 1999
(zitiert als *Bearbeiter* in: Grabitz/Hilf, Das Recht der Europäischen Union, Altband 2)

Dies.
Das Recht der Europäischen Union, Band 1, EUV/EGV (Amsterdamer Fassung), Loseblattsammlung, Stand: Mai 2001, München 2001
(zitiert als *Bearbeiter* in: Grabitz/Hilf, Das Recht der Europäischen Union, Bd. 1)

Dies.
Das Recht der Europäischen Union,, Band 2, EUV/EGV (Amsterdamer Fassung), Loseblattsammlung, Stand: Mai 2001, München 2001
(zitiert als *Bearbeiter* in: Grabitz/Hilf, Das Recht der Europäischen Union, Bd. 2)

Greaves, Rosa
Transport law of the European Community, London 1991

Grimm, Dieter
Subsidiarität ist nur ein Wort, in: FAZ Nr. 217 vom 17.9.1992, S. 38

von der Groeben, Hans / *Möller*, Hans (Hrsg.)
Möglichkeiten und Grenzen einer Europäischen Integration, Band 1, Die Europäische Union als Prozeß, Baden-Baden 1980

Ders. / *von Boeckh*, Hans / *Thiesing*, Jochen (Hrsg.)
Kommentar zum EWG-Vertrag, Band 1, Art.1-136, 2. Auflage, Baden-Baden 1974
(zitiert als: *Bearbeiter* in: von der Groeben/von Boeckh/Thiesing, Kommentar zum EWG-Vertrag, Bd. 1, 2. Aufl.)

Ders. / *Thiesing*, Jochen / *Ehlermann*, Claus-Dieter (Hrsg.)
Kommentar zum EWG-Vertrag, Band 4, Art. 189-248, 4. Auflage, Baden-Baden 1991
(zitiert als: *Bearbeiter* in: von der Groeben/Thiesing/Ehlermann, Kommentar zum EWG-Vertrag, Bd. 4, 4. Aufl.)

Dies.
Kommentar zum EU-/EG-Vertrag, Band 1, Art. A-F EUV, Art.1-84 EGV, 5. Auflage, Baden-Baden 1997
(zitiert als: *Bearbeiter* in: von der Groeben/Thiesing/Ehlermann, Kommentar zum EU-/EVG-Vertrag, Bd.1)
Dies.
Kommentar zum EU-/EG-Vertrag, Band 2/I, Art. 85-87 EGV, 5. Auflage, Baden-Baden 1999
(zitiert als: *Bearbeiter* in: von der Groeben/Thiesing/Ehlermann, Kommentar zum EU-/EVG-Vertrag, Bd. 2/I)
Dies.
Kommentar zum EU-/EG-Vertrag, Band 3, Art. 102a-136a EGV, 5. Auflage, Baden-Baden 1999
(zitiert als: *Bearbeiter* in: von der Groeben/Thiesing/Ehlermann, Kommentar zum EU-/EVG-Vertrag, Bd. 3)
Dies.
Kommentar zum EU-/EG-Vertrag,, Band 3, Art. 137-209a EGV, 5. Auflage, Baden-Baden 1997
(zitiert als: *Bearbeiter* in: von der Groeben/Thiesing/Ehlermann, Kommentar zum EU-/EVG-Vertrag, Bd. 4)
Dies.
Kommentar zum EU-/EG-Vertrag, Band 5, Artikel 210 - 248 EGV, Artikel H - S EUV, 5. Auflage, Baden-Baden 1997
(zitiert als: *Bearbeiter* in: von der Groeben/Thiesing/Ehlermann, Kommentar zum EU-/EVG-Vertrag, Bd. 5)
Gröner, Helmut / *Knorr*, Andreas
Entstaatlichung der Postdienste und EG-Binnenmarkt, in: EWS 1990, S. 16 ff.
Guillaume, Gilbert
Observations sur l'arrêt de la Cour de justice des Communautés Européennes du 4 avril 1974 et son application au transport aérien, in : RFDA 30 (1976), S. 534 ff.
Hailbronner, Kay
EG-Verkehrspolitik und Umweltschutz in: Rengeling, Hans-Werner (Hrsg.), Umweltschutz und andere Politiken der Europäischen Gemeinschaft: Referate und Diskussionsberichte / Erste Osnabrücker Gespräche zum Deutschen und Europäischen Umweltrecht am 26./27. November 1992, Köln / Berlin / Bonn / München 1993, S. 149 ff.
Ders.
Das Subsidiaritätsprinzip als Rechtsprinzip nach dem Maastrichter Vertrag, in: Hailbronner, Kay (Hrsg.), Europa der Zukunft – Zentrale und dezentrale Lösungsansätze, Köln 1994, S. 49 ff.
Hallstein, Walter
Die Europäische Gemeinschaft, 5. Auflage, Düsseldorf / Wien 1979
Hamm, Walter
Preise als verkehrspolitisches Ordnungsinstrument, Heidelberg 1964

Ders.
Deregulierung im Verkehr als politische Aufgabe, Mainz 1989
Hansjürgens, B.
Föderalismustheorie und Europäische Umweltpolitik, in: Postlep, Rolf-Dieter (Hrsg.), Aktuelle Fragen zum Föderalismus: ausgewählte Probleme aus Theorie und politischer Praxis des Föderalismus, Marburg 1996, S. 73 ff.
Hatje, Armin
Die gemeinschaftsrechtliche Steuerung der Wirtschaftsverwaltung: Grundlagen, Erscheinungsformen, verfassungsrechtliche Grenzen am Beispiel der Bundesrepublik Deutschland, Habilitation Freiburg, Baden-Baden 1998
Heimes, Anton
Vom Saumpferd zur Transportindustrie. Weg und Bedeutung des Straßengüterverkehrs in der Geschichte, Bonn / Bad Godesberg 1978
Helfrich, Paul
Die Basisfunktion des Verkehrs unter Berücksichtigung der Beziehung von Verkehr und Staat, in: Forschungs- und Sitzungsberichte der Akademie für Raumforschung und Landesplanung, Band XXIV, Hannover 1963, S. 21 ff.
Herber, Rolf
Sind die deutschen Tarife im Straßen- und Binnenschiffsverkehr ungültig ? Überlegungen zur Vereinbarkeit der Regelungen mit dem EG-Recht und zu den Rechtsfolgen ihrer etwaigen Unwirksamkeit, in: TranspR 1992, S. 241 ff.
Hermes, Georg
Staatliche Infrastrukturverantwortung: rechtliche Grundstrukturen netzgebundener Transport- und Übertragungssysteme zwischen Daseinsvorsorge und Wettbewerbsregulierung am Beispiel der leitungsgebundenen Energieversorgung in Europa, Habilitation Freiburg, Tübingen 1998
Himmelmann, Steffen / *Pohl*, Andreas / *Tünnesen-Harmes*, Christian (Hrsg.)
Handbuch des Umweltrechts, Loseblattsammlung, Stand: August 2000, München 2000
(zitiert als *Bearbeiter* in: Himmelmann, Handbuch des Umweltrechts)
Hirsch, Günter
Verkehrsrecht in Europa, in: DAR 2000, S. 500 ff.
Ders.
Das Subsidiaritätsprinzip. Architekturprinzip oder Sprengsatz für die Europäische Union ?, in: Böttcher, Reinhard / Götz, Hueck / Jähnke, Burkhard (Hrsg.), Festschrift für Walter Odersky zum 65. Geburtstag am 17. Juli 1996, Berlin / New York 1996
Hirsche, Walter
Vollendung des Binnenmarktes schließt Liberalisierung der Verkehrsmärkte ein, in: Bundesverband der Deutschen Industrie (Hrsg.), Liberalisierung der Verkehrsmärkte, Köln 1988, S. 79 ff.
Hochbaum, Ingo
Kohäsion und Subsidiarität, in: DÖV 1992, S. 285 ff.

Hof, Christian
Straßenverkehrsabgaben und Europarecht: Eine Unterstützung der Abgabenlast des Straßenverkehrs im Lichte des europäischen Rechts, Dissertation Augsburg, Heidelberg 1998

Hummer, Waldemar
Was ist „gemeinsam" an der gemeinsamen Verkehrspolitik der EG ?, in: Mayer-Tasch, Peter Cornelius / Molt, Walter / Tiefenthaler, Heinz (Hrsg.), Transit: das Drama der Mobilität: Wege zu einer humanen Verkehrspolitik, Zürich 1990

Humphreys, Matthew
A sustainability analysis of the Common Transport Policy, in: ENVL Rev. 3 (2001), S. 170 ff.

Idot, Laurence
L'application du principe de la subsidiarité dans la droit de la concurrence, Saarbrücken 1993

Ipsen, Hans Peter
Europäisches Gemeinschaftsrecht, Tübingen 1972

Jahns-Böhm, Jutta / *Breier*, Siegfried
Güterkraftverkehrspolitik und Umweltschutz nach dem EWG-Vertrag. Überrollt der Straßengüterverkehr die Umwelterfordernisse in der Europäischen Gemeinschaft ?, in: EuZW 1991, S. 523 ff.

Dies.
Die umweltrechtliche Querschnittsklausel des Art. 130 r II 2 EWGV. Eine Untersuchung am Beispiel der Güterkraftverkehrspolitik der Europäischen Gemeinschaft, in: EuZW 1992, S. 49 ff.

Jannott, Dirk
Die Reichweite der Dienstleistungsfreiheit im Güterkraftverkehrs der EG: Das Ende nationaler Marktordnungen, Dissertation Göttingen, Baden-Baden 1991

Jacqué, Jean-Paul
Anmerkung zum Urteil des EuGH in der Rs. 13/83 (Parlament/Rat), in: RTDE 21 (1985), S. 761 ff.

Jarass, Hans D.
EG-Kompetenzen und das Prinzip der Subsidiarität nach Schaffung der Europäischen Union, in: EuGRZ 1994, S. 209 ff.

Ders.
Die Kompetenzverteilung zwischen der Europäischen Gemeinschaft und den Mitgliedstaaten, in: AöR 121 (1996), S. 173 ff.

Jung, Christian H. A.
Subsidiarität im Recht der Wettbewerbsbeschränkungen. Die Aktionsmöglichkeiten nationaler Kartellbehörden in der Europäischen Union, Dissertation Augsburg, Augburg 1994

Ders.
Die Marktordnung des Luftverkehrs – Zeit für neue Strukturen in einem liberalisierten Umfeld, Teil 1und 2, in: ZLW 47 (1998), S. 308 ff., S. 499 ff.

Ders.
Der europarechtliche Rahmen der Verkehrspolitik, in: TranspR 1998, S. 133 ff.
Ders.
Subsidiarität in der europäischen Verkehrspolitik, in: TranspR 1999, S. 129 ff.
Jürgensen, Thomas
Gemeinschaftlicher und nationaler Grundrechtsschutz bei der Realisierung transeuropäischer Verkehrsnetze, Dissertation Potsdam, Berlin 1998
Ders.
Gemeinschaftsrechtliche Aspekte beim Ausbau transeuropäischer Verkehrsnetze, in: UPR 1998, S. 12 ff.
Kahil, Bettina
Europäisches Sozialrecht und Subsidiarität, Dissertation Lausanne, Baden-Baden 1996
Kahl, Arno
Das Subsidiaritätsprinzip im EGV vor und nach dem Inkrafttreten des Vertrages von Amsterdam, in: JBl. 121 (1999), S. 701 ff.
Kahl, Wolfgang
Möglichkeiten und Grenzen des Subsidiaritätsprinzips nach Art. 3b EGV, in: AöR 118 (1993), S. 414 ff.
Kapteyn, P.J.G. / *van Themaat*, P. VerLoren
Introduction to the Law of the European Communities. From Maastricht to Amsterdam, 3. Auflage, London / Den Haag / Bosten 1998
Kenntner, Markus
Das Subsidiaritätsprotokoll des Amsterdamer Vertrages, Anmerkungen zum Begrenzungscharakter des gemeinschaftlichen Subsidiaritätsprinzips, in: NJW 1998, S. 2871 ff.
Kerridge, Ronald D.
Anmerkung zum Urteil des EuGH in der Rs. 12/83 (Parlament/Rat), in: Harv. ILJ 27 (1986), S. 243 ff.
Kirchhof, Paul
Verkehrspolitik im Lichte des deutschen Verfassungsrechts, in: DRiZ 1995, S.253 ff.
Klein, Eckart
Der Einfluß des Europarechts auf das deutsche Steuerrecht, in: Lehner, Moris (Hrsg.), Steuerrecht im europäischen Binnenmarkt: Einfluß des EG-Rechts auf die nationalen Steuerrechtsordnungen, Köln 1996, S. 7 ff.
Klepper, Marian
Vollzugskompetenzen der Europäischen Gemeinschaft aus abgeleitetem Recht, Dissertation Bonn, Baden-Baden 2001
Kloten, Norbert
Die Gemeinwirtschaftlichkeit des Verkehrs. Zum Stilwandel in der Verkehrspolitik, in: ORDO 13 (1962), S. 199 ff.
Knieps, Günter
Theorie der Regulierung und Entregulierung, in: Horn, Manfred / Knieps, Günter / Müller, Jürgen, Deregulierungsmaßnahmen in den USA: Schlußfolgerungen für die Bundesrepublik Deutschland, 1. Auflage, Baden-Baden 1988, S. 39 ff.

Knittel, Wilhelm
Der Schutz der maritimen Interessen in der Europäischen Union, in: AVR 32 (1994), S. 291 ff.

Köberlein, Christian
Kompendium der Verkehrspolitik, München / Wien 1997

Konow, Gerhard
Das Subsidiaritätsprinzip des Vertrages von Maastricht, in: DÖV 1993, S. 405 ff.

Kösters, Christoph / *Lammers*, Eckhard
Verkehrspolitische Implikationen des gemeinsamen EG-Binnenmarktes, in: WiD 1987, S. 192 ff.

Krämer, Ludwig
Überlegungen zu einigen neuen Bestimmungen im Gemeinschaftsrecht, in: Rengeling, Hans-Werner (Hrsg.), Europäisches Umweltrecht und europäische Umweltpolitik, Köln / Berin / Bonn / München 1988, S. 137 ff.

Krauss, Günther
Möglichkeiten und Grenzen einer gemeinsamen Verkehrspolitik der Europäischen Gemeinschaften, in: ZVerkWiss 47 (1976), S. 1 ff.

Krenzler, Horst Günter / *da Fonseca-Wollheim*, Hermann
Die Reichweite der gemeinsamen Handelspolitik nach dem Vertrag von Amsterdam - eine Debatte ohne Ende ?, in: EuR 1998, S. 223 ff.

Ders. / Pitschas, Christian
Fortschritt oder Stagnation ? Die gemeinsame Handelspolitik nach Nizza, in: EuR 2001, S. 443 ff.

Kruse, Jörn
Ökonomie der Monopolregulierung, Göttingen 1985

von Kunowski, Jan
Ordnung des Wettbewerbs und Wirtschaftslenkung in der verkehrspolitischen Gesetzgebung, Grundlagen der Verkehrswirtschaft im deutschen und europäischen Recht, Dissertation München, München 1978

Kuntze, Christian
Die Kompetenzen der Europäischen Gemeinschaft auf dem Gebiet des Steuerrechts, Frankfurt a.M. / u.a. 1999

Laaser, Claus-Friedrich
Regulierung der Verkehrsmärkte in: Soltwedel, Rüdiger et al., Deregulierungs- potentiale in der Bundesrepublik, Tübingen 1986, S. 192 ff.

Ders.
Rentseeking im deutschen Verkehrswesen, Kiel 1983

Lambers, Hans-Jürgen
Subsidiarität in Europa – Allheilmittel oder juristische Leerformel, in: EuR 1993, S. 229 ff.

Lecheler, Helmut
Das Subsidiaritätsprinzip. Strukturprinzip einer europäischen Union, Berlin 1993

Léger, Philippe
Commentaire article par article des traités UE et CE, Basel / Genf / München / Paris / Brüssel 2000
(zitiert als *Bearbeiter* in : Léger, Commentaire article par article des traités UE et CE)

Lenaerts, Koen / *van Ypersele*, Patrick
Le principe de subsidiarité et son contexte: étude de l'article 3 b du traite CE, in: CDE 1994, S. 3 ff.

Lenz, Carl Otto
Die Verkehrspolitik der Europäischen Gemeinschaften im Lichte der Rechtsprechung des Gerichtshofes, in: EuR 1988, S. 158 ff.

Ders.
Die Rechtsprechung des Gerichtshofes der Europäischen Gemeinschaften zur Anwendung des EWG-Vertrages auf den Luftverkehr in: Baur, Jürgen / Müller-Graff / Zuleeg, Manfred (Hrsg.), Europarecht, Energierecht, Wirtschaftsrecht. Festschrift für Bodo Börner zum 70. Geburtstag, Köln / Berlin / Bonn / München, S. 179 ff.

Ders. (Hrsg.)
EG-Vertrag, Kommentar zu dem Vertrag zur Gründung der Europäischen Gemeinschaften, 1. Auflage, Köln / Basel / Wien 1994
(zitiert als *Bearbeiter* in: Lenz, Kommentar zum EGV, 1. Aufl.)

Ders. (Hrsg.)
EG-Vertrag, Kommentar zu dem Vertrag zur Gründung der Europäischen Gemeinschaften, in der durch den Amsterdamer Vertrag geänderten Fassung, 2. Auflage, Köln / Basel / Genf / München / Wien 1999
(zitiert als *Bearbeiter* in: Lenz, Kommentar zum EGV)

Lietzmann, Lutz
Die neuen Umweltbestimmungen im EWG-Vertrag, in: Rengeling, Hans-Werner (Hrsg.), Europäisches Umweltrecht und europäische Umweltpolitik, Köln / Berlin / Bonn / München 1988, S. 163 ff.

Lukes, Rudolf
Zur Geltung der Vertragsbestimmungen über den freien Dienstleistungsverkehr im Verkehrsbereich nach der EuGH-Rechtsprechung, in: Baur, Jürgen / Müller-Graff / Zuleeg, Manfred (Hrsg.), Europarecht, Energierecht, Wirtschaftsrecht, Festschrift für Bodo Börner zum 70. Geburtstag, Köln / Berlin / Bonn / München, S. 195 ff.

Lütkes, Stefan
Zulässigkeit von Geschwindigkeitsbeschränkungen auf Autobahnen nach dem EWG-Vertrag, Dissertation Bonn, Frankfurt 1990

Ders.
Kompetenz der EG für Geschwindigkeitsbeschränkungen für PKW auf Autobahnen ?, in: EuZW 1991, S. 277 ff.

Mathijsen, P.S.R.F.
A Guide to European Union Law, 7. Auflage, London 1999

Maury, Bruno
La réglementation communautaire des transports, in: RTDE 20 (1984), S. 249 ff.

Merten, Detlef

Subsidiarität als Verfassungsprinzip, in: Merten, Detlef (Hrsg.), Die Subsidiarität Europas, Berlin 1993, S. 77 ff.

Mestmäcker, Ernst-Joachim

Europäisches Wettbewerbsrecht, München 1974

Meyer, Hans-Reinhard

Verkehrswirtschaft und Verkehrspolitik. Aktuelles und Grundsätzliches, Bern / Stuttgart 1976

Micklitz, Hans-W. / *Reich*, Norbert

Verbraucherschutz im Vertrag über die Europäische Union – Perspektiven für 1993, in: EuZW 1992, S. 593 ff.

Moersch, Wolfram

Leistungsfähigkeit und Grenzen des Subsidiaritätsprinzips: eine rechtsdogmatische und rechtspolitische Studie, Dissertation Speyer, Berlin 2001

Möschel, Wernhard

Politische Union für Europa: Wunschtraum oder Alptraum ?, in: JZ 1992, S. 877 ff.

Ders.

Zum Subsidiaritätsprinzip im Vertrag von Maastricht, in: NJW 1993, S. 3025 ff.

Most, Otto

Soziale Marktwirtschaft und Verkehr, Bielefeld 1954

Moussis, Nicolas

Accès à L'Union Européenne. Droit, économie, politiques, 8. Auflage, Genval 1998

Ders.

L'application du Traité de Rome au transport maritime à propos de l'arrêt de la Cour des Communautés européennes du 4 avril 174, in : ADMA 1 (1974), S. 149 ff.

Müller, Jürgen

Eisenbahnen, in : Horn, Manfred / Knieps, Günter / Müller, Jürgen, Deregulierungsmaßnahmen in den USA: Schlußfolgerungen für die Bundesrepublik Deutschland, Baden-Baden 1988, S. 171 ff.

Ders. / *Vogelsang*, Ingo

Staatliche Regulierung, Baden-Baden 1979

Müller-Graff, Peter-Christian

Grundelemente des Gemeinschaftsrahmens für Verkehrsdienstleistungen, in: Bruchhausen, Karl / Hefermehl, Wolfgang / Hommelhoff, Peter / Messer, Herbert (Hrsg.), Festschrift für Rudolf Nirk zum 70. Geburtstag am 11. Oktober 1992, München 1992, S. 715 ff.

Ders.

Europäisches Gemeinschaftsrecht und Privatrecht. Das Privatrecht in der europäischen Integration, in: NJW 1993, S. 13 ff.

Ders.

Binnenmarktauftrag und Subsidiaritätsprinzip ?, in: ZHR 159 (1995), S. 34 ff.

Müller-Hermann, Ernst

Die Grundlagen der gemeinsamen Verkehrspolitik in der Europäischen Wirtschaftsgemeinschaft. Eine Untersuchung über die Anwendung des Wettbewerbs-prinzips im gemeinsamen Verkehrsmarkt, Bad Godesberg 1963

Müller-Ibold, Till

Die Begründungspflicht im europäischen Gemeinschaftsrecht und im deutschen Recht – Eine rechtsvergleichende Untersuchung, Frankfurt u.a. 1990

Napp-Zinn, Anton-Felix

Wirtschaftssysteme und Verkehr, in: Festschrift zum 40jährigen Jubiläum des Instituts für Verkehrswissenschaft an der Universität Köln, Düsseldorf 1961, S. 16 ff.

Nettesheim, Martin

Horizontale Kompetenzkonflikte in der EG, in: EuR 1993, S. 243 ff.

Neubauer, Anna

Implizite Vertragsschlusszuständigkeiten der Europäischen Gemeinschaft und Subsidiaritätsprinzip. Eine Untersuchung anhand des Partnerschafts- und Kooperationsabkommens mit Russland, Dissertation Hamburg, Münster / Hamburg / London 2000

Nitsch, Johannes

Die Transeuropäischen Netze aus der Sicht des Bundesverkehrsministerium, in: Deutsche Verkehrswissenschaftliche Gesellschaft, Europäischer Verkehrskongress. Transeuropäische Netze und Verkehrsqualität, Bergisch Gladbach 1998, S. 1 ff.

Nowoczyn, Oliver

Bildungspolitische Kompetenzen der Europäischen Gemeinschaft nach Maastricht, Dissertation Freiburg, Frankfurt a.M. / u.a., 1996

Oppermann, Thomas

Europarecht. Ein Studienbuch, 2. Auflage, München 1999

Pechstein, Matthias

Die Mitgliedstaaten der EG als „Sachwalter des gemeinsamen Interesses“: Gesetzgebungsnotstand im Gemeinschaftsrecht, Dissertation Mainz, 1. Auflage, Baden-Baden 1987

Pernice, Ingolf

Befugnisse der EG auf dem Gebiet des Umwelt- und Technikrechts, in: DV 1989, S. 1 ff.

Ders.

Kompetenzabgrenzung im Europäischen Verfassungsverbund, in: JZ 2000, S. 866 ff.

Pescatore, Pierre

Mit der Subsidiarität leben. Gedanken zu einer drohenden Balkanisierung der Europäischen Gemeinschaften, in: Due, Ole / Lutter, Marcus / Schwarze, Jürgen (Hrsg.), Festschrift für Ulrich Everling, Band 2, Baden-Baden 1995, S. 1071 ff.

Pieper, Ulrich

Subsidiaritätsprinzip – Strukturprinzip der Europäischen Union, in: DVBl. 1993, S. 705 ff.

Ders.

Subsidiarität. Ein Beitrag zur Begrenzung der Gemeinschaftskompetenzen, Dissertation Münster, Köln / Berlin / Bonn / München 1994

Ders.
Der Verkehr, in: Bleckmann, Albert, Europarecht. Das Recht der Europäischen Union und der Europäischen Gemeinschaften, 6. Auflage, Köln / Berlin / Bonn / München 1997, § 29, S. 838 ff.

Pipkorn, Jörn
Das Subsidiaritätsprinzip im Vertrag über die Europäische Union – rechtliche Bedeutung und gerichtliche Überprüfbarkeit, in: EuZW 1992, S. 697 ff.

Pösel, Maria-Elisabeth
Verkehrspolitik: Konfrontation EG-Österreich, in: Economy 9/1990, S. F2 ff.

Predöhl, Andreas
Verkehrspolitik, 2. Auflage, Göttingen 1964

Quesnay, François
Tableau économique, in: Oeuvres économiques et philosophiques, Frankfurt/Paris 1888, S. 305 ff.

Radbruch, Gustav
Rechtswissenschaft als Rechtsschöpfung, in : Archiv für Sozialwissenschaft und Sozialpolitik, Bd. 22 (1906), S. 355 ff.

Ress, Georg
Die neue Kulturkompetenz der EG, in: DÖV 1992, S. 944 ff.

Rinke, Siegfried
Die gesetzlichen Träger der Straßenbaulast, in: Kodal, Kurt / Krämer, Helmut (Hrsg.), Straßenrecht: systematische Darstellung des Rechts der öffentlichen Straßen, Wege und Plätze in der Bundesrepublik Deutschland, 6. Auflage, München 1999, Kapitel 13, S. 322 ff.

Rodière, René
Droit des Transports, Band 2, Paris 1962

Ronellenfitsch, Michael
Transeuropäische Netze, in : Blümel, Willi / Kühlwetter, Hans-Jürgen / Schweinsberg, Ralf (Hrsg.), Aktuelle Probleme des Eisenbahnrechts IV, Vorträge und Diskussionsbeiträge im Rahmen des Forschungsseminars am 16.-18. September 1998 in Verbindung mit dem Eisenbahn-Bundesamt, Speyer 2000

Ders.
Der ÖPNV im europäischen Binnenmarkt, 1. und 2. Teil, in : VerwArch. 2001, S. 131 ff., S. 293 ff.

Roth, Wulf-Henning
Anmerkung zum Urteil des EuGH in der Rs. C-233/94 (Bundesrepublik Deutschland/Parlament u. Rat), in: CML Rev. 35 (1998), S. 459 ff.

Runge, Ch.
Unterliegen die Verkehrsunternehmen dem Kartellverbot des EWG-Vertrages, in: EW 1961, S. 94 ff.

Rupp,Hans Heinrich
Muß das Volk über den Vertrag von Maastricht entscheiden ?, in: NJW 1993, S. 38 ff.

de Ruyt, Jean
L'Acte Unique Européen, 2. Auflage, Brüssel 1989

Salzwedel, Jürgen

Straßen, Wasserstraßen und Luftverkehr, in: Jeserich, Kurt G. A. (Hrsg.), Deutsche Verwaltungsgeschichte, Band 5, Stuttgart 1987, S. 460 ff.

Schäuble, Wolfgang

In: FAZ vom 8.6.2000, S. 10

Schelter, Kurt

La subsidiarité : principe directeur de la future Europe, in: RMC 1991, S. 138 ff.

Scherer, Josef

Subsidiaritätsprinzip und EG-Agrarreform, in: DVBl. 1993, S. 281 ff.

Scherler, Stefan M.

Strukturunterschiede der schweizerischen und der europäischen Verkehrsrechtsordnung, Dissertation Zürich, Zürich 1995

Schima, Bernhard

Das Subsidiaritätsprinzip im Europäischen Gemeinschaftsrecht, Dissertation Wien, Wien 1994

Ders.

Die Beurteilung des Subsidiaritätsprinzips durch den Gerichtshof der Europäischen Gemeinschaften, in: ÖJZ 1997, S. 761 ff.

Schmidhuber, Peter M.

Das Subsidiaritätsprinzip im Vertrag von Maastricht, in: DVBl. 1993, S. 417 ff.

Dies.

Die Verankerung des Subsidiaritätsprinzips im EWG-Vertrag – ein wichtiger Schritt auf dem Weg zu einer föderalen Verfassung der Europäischen Gemeinschaft, in: NVwZ 1992, S. 720 ff.

Dies.

Binnenmarkt und Subsidiaritätsprinzip, in: EuZW 1993, S. 8 ff.

Schmitt, Veit

Die Rechtsgrundlagen der gemeinsamen Verkehrspolitik der EWG in: Verkehr und Gemeinschaftsrecht. Wissenschaftliches Kolloquium am 1. und 2. April 1971 in Bad Ems, Kölner Schriften zum Europarecht, Band 18, Köln / Berlin / Bonn / München 1972, S. 1 ff.

Ders.

Die Voraussetzungen für ein Vetorecht nach Art. 75, Abs. III EWGV, in: Int. TranspZ 1988, S. 1107 ff.

Ders.

Die Harmonisierung der Wettbewerbsbedingungen in der EG-Binnenmarktpolitik. Eine Bilanz der technischen, sozialen und steuerlichen Rechtsetzung, in: EuZW 1993, S. 305 ff.

Schneider, Hans-Peter

Föderative Gewaltenteilung in Europa. Zur Kompetenzabgrenzung zwischen der Europäischen Union und ihren Mitgliedstaaten, in: Cremer, Hans-Joachim / Giegerich, Thomas / Richter, Dagmar / Zimmermann, Andreas, Tradition und Weltoffenheit des Rechts. Festschrift für Helmut Steinberger, Berlin / Heidelberg / New York 2002, S. 1401 ff.

Schoch, Friedrich

Die Europäisierung des Allgemeinen Verwaltungsrechts, in: JZ 1995, S. 109 ff.

Scholl, Nicolas

Europäisches und nationales Wettbewerbsrecht. Die Zwischenstaatlichkeitsklausel in Art. 85 f. EGV und das Subsidiaritätsprinzip, Bern / Zürich 1998

Schön, Wolfgang

Gesellschaftsrecht nach Maastricht, in: ZGR 24 (1995), S. 1 ff.

Schrötter, Jörg

Europäische Verkehrspolitik auf dem Prüfstand. Das Untätigkeitsurteil des EuGH vom 22. Mai 1985 aus integrations- und verkehrspolitischer Sicht, in: Seidl-Hohenveldern, Ignaz (Hrsg), Aktuelle Rechtsfragen - Miscellanea II, Köln / Berlin / Bonn / München 1987, S. 69 ff.

Schulz, Gerhard

Das Eisenbahnwesen des Bundes und die Stellung der deutschen Bahnen auf dem Europäischen Binnenmarkt, Dissertation Freie Universität Berlin, Berlin 1995

Schwartz, Ivo E.

Subsidiarität und EG-Kompetenzen. Der neue Titel „Kultur". Medienvielfalt und Binnenmarkt, in: AfP 1993, S. 409 ff.

Ders.

EG-Kompetenzen für den Binnenmarkt: Exklusiv oder konkurrierend / subsidiär ?, in: Due, Ole / Lutter, Marcus / Schwarze, Jürgen (Hrsg.), Festschrift für Ulrich Everling, Band 2, Baden-Baden 1995, S. 1331 ff.

Schwarze, Jürgen

Europäisches Verwaltungsrecht, Band 2, Baden-Baden 1988

Ders.

Kompetenzverteilung in der Europäischen Union und föderales Gleichgewicht. Zu den Forderungen der deutschen Bundesländer im Hinblick auf die Regierungskonferenz 1996, in: DVBl. 1995, S. 1265 ff.

Ders. (Hrsg.)

EU-Kommentar, Baden-Baden 2000

(zitiert als *Bearbeiter* in: Schwarze, EU-Kommentar)

Schweitzer, Michael

Rechtsetzung durch die Europäische Gemeinschaften und Kompetenzverlust in den Mitgliedstaate, in: Kremer, Harry Andreas (Hrsg.), Die Landesparlamente im Spannungsfeld zwischen europäischer Integration und europäischen Regionalismus. Referate und Diskussionsbeiträge eines Symposiums des Bayrischen Landtags am 9./10. Juni 1988 in München (Maximilianeum), München 1988, S. 20 ff.

Ders. / *Fixson*, Oliver

Subsidiarität und Regionalismus in der Europäischen Gemeinschaft, in: Jura 1992, S. 579 ff.

Ders. / *Hummer*, Waldemar

Europarecht, Das Recht der Europäischen Union. Das Recht der Europäischen Gemeinschaften (EGKS, EG, EAG) – mit Schwerpunkt EG, 5. Auflage, Neuwied/Kriftel/Berlin 1996

Seefeld, Horst

Gemeinsamer Markt und gemeinschaftliche Verkehrspolitik, in: Die Neue Gesellschaft 1984, S. 319 ff.

Seidel, Martin

Umweltrecht der Europäischen Gemeinschaft – Träger oder Hemmnis des Fortschritts ?, in: DVBl. 1989, S. 441 ff.

Ders.

Verkehrsmärkte, Marktforum / Marktbeziehung / Marktverhalten, Tübingen 1959

Selmer, Peter / *Brodersen*, Carsten / *Nicolaysen*, Gert

Straßennutzungsgebühren für den Schwerverkehr: verfassungs- und europarechtliche Probleme, 1. Auflage, Baden-Baden 1989

Simm, Marion

Der Gerichtshof der Europäischen Gemeinschaft im föderalen Kompetenzkonflikt: Kontinuität und Neubesinnung in der Rechtsprechung vor und nach „Maastricht", Dissertation Freiburg, Baden-Baden 1997

Stabenow, Wolfgang

Die Luftfahrt im Rahmen der europäischen Wirtschaftsintegration, in: ZLW 18 (1967), S. 199 ff.

Ders.

Das rechtliche Instrumentarium der europäischen Integration, in: Eur. TranspR. 1969, S. 241 ff.

Stamm, Rolf

Europa: Marktkonforme Möglichkeiten zur Beherrschbarkeit des Verkehrs. Hat die nationale Verkehrspolitik ausgespielt ?, in: Jünemann, Reinhardt (Hrsg.), Internationaler Transport-Kongress: München 1994, Dortmund 1994, S. 13 ff.

Stein, Torsten

Subsidiarität als Rechtsprinzip, in: Merten, Detlef (Hrsg.), Die Subsidiarität Europas, Berlin 1993, S. 23 ff.

Ders.

Code Sharing und Open Skies – Herausforderungen für die europäische Wettbewerbs- und Luftfahrtpolitik, in: ZLW 50 (2001), S. 135 ff.

Ders.

Keine Europäische „Verbots"-Gemeinschaft – das Urteil des EuGH über die Tabakwerbeverbot-Richtlinie, in: EWS 2001, S. 12 ff.

Steindorff, Ernst

Grenzen der EG-Kompetenzen, Heidelberg 1990

Ders.

Quo vadis Europa, in: Weiterentwicklung der Europäischen Gemeinschaften, FIW-Schriftenreihe, Heft 148, Köln 1992, S. 11 ff.

Steiner, Udo

Straßenbau durch Private, in: NJW 1994, S. 1350 f.

Ders.

Straßen- und Wegerecht, in: Steiner, Udo (Hrsg.), Besonderes Verwaltungsrecht, 6. Auflage, Heidelberg 1999, S. 671 ff.

Ders.
Verkehr und Post, in: Isensee, Josef / Kirchhof, Paul (Hrsg.), Handbuch des Staatsrechts der Bundesrepublik Deutschland, Band 3, 2. Auflage, Heidelberg 1996, § 81, S. 1087 ff.

Ders.
Recht der Verkehrswirtschaft, in: Schmidt, Reiner (Hrsg.), Öffentliches Wirtschaftsrecht, Besonderer Teil 2, Berlin / Heidelberg / New York 1996, S. 127 ff.

Stiess, Katia / *Hellert*, Joos
Kein Ende der Tabakwerbung. Zugleich eine Anmerkung zum Urteil des EuGH vom 5. Oktober 2000, Rs. C-376/98, in: ZUM 2000, S. 1038 ff.

Storr, Stefan
Zwischen überkommener Daseinsvorsorge und Diensten von allgemeinem wirtschaftlichem Interesse. Mitgliedstaatliche und europäische Kompetenzen im Recht der öffentlichen Dienste, in: DÖV 2002, S. 357 ff.

Streinz, Rudolf
Europarecht, 5. Auflage, Heidelberg 2001

van Suntum, Ulrich
Verkehrspolitik, München 1986

Ders.
Verkehrspolitik in der Marktwirtschaft, in: APUZ 5/1993, S. 3 ff.

Taschner, Hans Claudius
Rechtsangleichung in der Bewährung. in: Lüke, Gerhard / Ress, Georg / Will, Michael (Hrsg.), Rechtsvergleichung, Europarecht und Staatenintegration: Gedächtnisschrift für Léontin-Jean Constantinesco, Köln / Berlin / Bonn / München 1983, S. 765 ff.

Thum, Rüdiger
Der kombinierte Verkehr im Recht der EU, Dissertation Augsburg, Aachen 1998

Törkel, Bernd
Die gemeinsame Verkehrspolitik der EU: Konzept für eine auf Dauer tragbare Mobilität, Graz 1998

Toth, A.G.
The principle of Subsidiarity in the Maastricht Treaty, in: CML Rev. 29 (1992), S. 1079 ff.

Trüe, Christiane
Das System der Rechtsetzungskompetenzen der Europäischen Gemeinschaft und der Europäischen Union, Dissertation Göttingen, Baden-Baden 2002

Uechtritz, Michael
Möglichkeiten für private Verkehrsinfrastrukturbetreiber außerhalb der öffentlichen Haushalte, in: DVBl. 2002, S. 739 ff.

Ukrow, Jörg
Die Fortentwicklung des Rechts der Europäischen Union durch den Vertrag von Amsterdam, in: ZEuS 1998, S. 141 ff.

Vedder, Christoph Wilhelm
Die auswärtige Gewalt des Europas der Neun, Dissertation Göttingen, Göttingen 1980

Vieweg, Klaus
Technische Normen im EG-Binnenmarkt, in: Müller-Graff, Peter-Christian (Hrsg.), Technische Regeln im Binnenmarkt, Baden-Baden 1991, S. 63 ff.

Vinois, Jean-Arnold
Les réseaux transeuropéens : une nouvelles dimension donnée au Marché unique, in : RMUE 1993, Heft-Nr. 1, S. 93 ff.

Ders.
Après les Conseils Européens de Bruxelles, de Corfou et d`Essen quelles perspectives pour le réseau transeuropéen de transport, in: RMCUE 1995, S. 83 ff.

Voigt, Fritz
Verkehr, Die Theorie der Verkehrswirtschaft, Band 1, Hälfte 1, Berlin 1973

Wägenbaur, Rolf
Die Ermächtigung des Rates der EWG zum Erlaß „zweckdienlicher Vorschriften" auf dem Gebiet des Verkehrs, in: ZHR 130 (1968), S. 217 ff.

Wasmeier, Martin
Umweltabgaben und Europarecht. Schranken des staatlichen Handlungsspielraumes bei der Erhebung öffentlicher Abgaben im Interesse des Umweltschutzes, Dissertation München, München 1995

Weber, Ludwig
Die Zivilluftfahrt im Europäischen Gemeinschaftsrecht, Berlin / Heidelberg / New York 1981

Weinstock, Ulrich
Einige Gedanken zur gemeinsamen Verkehrspolitik – Vom Legalismus zum Pragmatismus, in: Bieber, Roland / Bleckmann, Albert / Capotorti, Francesco / u.a. (Hrsg.), Das Europa der zweiten Generation, Gedächtnisschrift für Christoph Sasse, Band 1, Baden-Baden 1981, S. 511 ff.

Wendrich, Klaus
Der Bau von Straßen für den öffentlichen Verkehr durch Private in der Bundesrepublik, in: BauR 1985, S. 152 ff.

Weyand, Sabine
Verkehrspolitik, in: Oppermann, Thomas / Moersch, Erich-Wolfgang (Hrsg.) Profi-Handbuch Wirtschaftsraum Europa, Steuern, Subventionen, Verkehr, Umwelt, 3. Auflage, Berlin / Bonn / Regensburg 1994, S. 213 ff.

Willeke, Rainer
"Ruinöse Konkurrenz" als verkehrspolitisches Argument, in: ORDO 28 (1977), S. 155 ff.

Ders. u.M.v. *Dicke*, Bernhard / *Werner*, Michael / *Witte*, Hermann
Liberalisierung und Harmonisierung als Aufgabe und Chance einer gemeinsamen Verkehrspolitik im EG-Raum, in: ZVerkWiss 58 (1987), S. 71 ff.

Wohlfarth, Ernst / *Everling*, Ulrich / *Glaesner*, Hans Joachim / *Sprung*, Rudolf
Die Europäische Wirtschaftsgemeinschaft, Kommentar zum Vertrag, Berlin / Frankfurt a. M. 1960
(zitiert als: *Bearbeiter*: Wohlfahrt/Everling/Glaesner/Sprung, Die Europäische Wirtschaftsgemeinschaft)

Zobel, Adolf

Harmonisierung der Wettbewerbsbedingungen in der EG-Verkehrspolitik, in: güterverkehr 1990/8, S. 12 ff.

Zuleeg, Manfred

Verkehrspolitische Außenbeziehungen der Europäischen Gemeinschaft, in: Basedow, Jürgen (Hrsg.), Europäische Verkehrspolitik. Nach dem Untätigkeitsurteil des Europäischen Gerichtshofes gegen den Rat vom 22. Mai 1985 – Rechtssache 13/83 (Parlament ./.Rat), Tübingen 1987, S. 59 ff.

Ders.

Die Stellung der Länder und Regionen im europäischen Integrationsprozeß, in: DVBl. 1992, S. 1329 ff.

Peter Lang · Europäischer Verlag der Wissenschaften

Ralf Bauer

Das Recht auf eine gute Verwaltung im Europäischen Gemeinschaftsrecht

Inhalt, Anwendungsbereich und Einschränkungsvoraussetzungen des Grundrechts auf eine gute Verwaltung in Artikel 41 der Charta der Grundrechte der Europäischen Union

Frankfurt am Main, Berlin, Bern, Bruxelles, New York, Oxford, Wien, 2002.
154 S.
Schriften zum Europa- und Völkerrecht und zur Rechtsvergleichung.
Herausgegeben von Manfred Zuleeg. Bd. 6
ISBN 3-631-39270-2 · br. € 34.00*

In Artikel 41 der im Dezember 2000 proklamierten Charta der Grundrechte der Europäischen Union ist das Recht auf eine gute Verwaltung statuiert. Das Recht – wie es in Artikel 41 der Charta seine Ausprägung gefunden hat – ist offen formuliert und damit auf eine Konkretisierung angelegt. Die Arbeit zeigt Inhalt, Anwendungsbereich und Einschränkungsvoraussetzungen des Grundrechts auf. Besondere Berücksichtigung findet dabei die Rechtsprechung des Europäischen Gerichtshofs (EuGH) sowie des Europäischen Gerichts erster Instanz (EuG), in der das Grundrecht seinen Ursprung hat.

Aus dem Inhalt: Darstellung und Analyse der Rechtsprechung von EuGH und EuG · Betrachtung der mitgliedstaatlichen Rechtsordnungen · Untersuchung der Initiativen des Europäischen Bürgerbeauftragten

FSC
www.fsc.org
MIX
Papier | Fördert gute Waldnutzung
FSC® C083411

Kolibri 360 GmbH
Ferdinand-Jühlke-Straße 7
99095 Erfurt, Deutschland
produktsicherheit@kolibri360.de

Druck:
CPI Druckdienstleistungen GmbH
im Auftrag der
Kolibri 360 GmbH
Ferdinand-Jühlke-Str. 7
99095 Erfurt